プリント形式のリアル過去問で本番の臨場感！

福岡県

久留米大学附設中学校

2025年春受験用

解答集

本書は，実物をなるべくそのままに，プリント形式で年度ごとに収録しています。
問題用紙を教科別に分けて使うことができるので，本番さながらの演習ができます。

■ 収録内容

・解答集(この冊子です)

書籍ＩＤ番号，この問題集の使い方，最新年度実物データ，リアル過去問の活用，
解答例と解説，ご使用にあたってのお願い・ご注意，お問い合わせ

・2024(令和６)年度 ～ 2020(令和２)年度　学力検査問題

・リスニング問題音声《オンラインで聴く》　詳しくは次のページをご覧ください。

○は収録あり	年度	'24	'23	'22	'21	'20
■ 問題収録		○	○	○	○	○
■ 解答用紙		○	○	○	○	○
■ 配点						

全教科に解説があります

注)国語放送問題の音声・原稿も収録(2024年度と2021年度は，放送問題の実施はありません)
注)国語問題文非掲載:2021年度の一

問題文の非掲載につきまして

著作権上の都合により，本書に収録している過去入試問題の本文の一部を掲載しておりません。ご不便をおかけし，誠に申し訳ございません。
本文の一部を掲載できなかったことによる国語の演習不足を補うため，論説文および小説文の演習問題のダウンロード付録があります。弊社ウェブサイトから書籍ＩＤ番号を入力してご利用ください。
なお，問題の量，形式，難易度などの傾向が，実際の入試問題と一致しない場合があります。

教英出版

■ 書籍ＩＤ番号

リスニング問題の音声は，教英出版ウェブサイトの「ご購入者様のページ」画面で，書籍ＩＤ番号を入力してご利用ください。

入試に役立つダウンロード付録や学校情報なども随時更新して掲載しています。

書籍ＩＤ番号　110440

（有効期限：2025年9月30日まで）

【入試に役立つダウンロード付録】

「要点のまとめ(国語／算数)」

「課題作文演習」ほか

【リスニング問題音声】

オンラインで問題の音声を聴くことができます。

有効期限までは無料で何度でも聴くことができます。

■ この問題集の使い方

年度ごとにプリント形式で収録しています。針を外して教科ごとに分けて使用します。①片側，②中央のどちらかでとじてありますので，下図を参考に，問題用紙と解答用紙に分けて準備をしましょう（解答用紙がない場合もあります）。

針を外すときは，けがをしないように十分注意してください。また，針を外すと紛失しやすくなりますので気をつけましょう。

① 片側でとじてあるもの

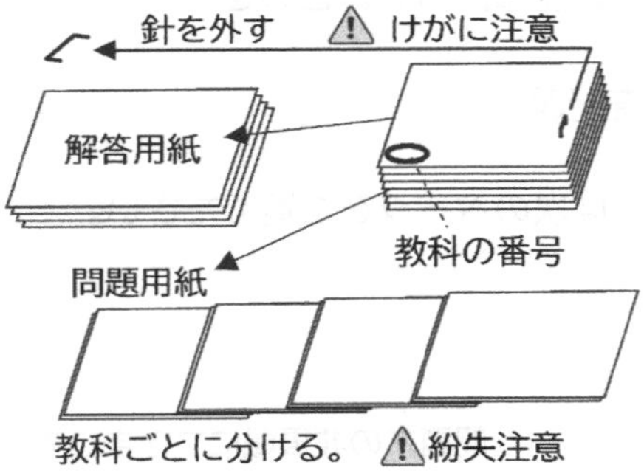

② 中央でとじてあるもの

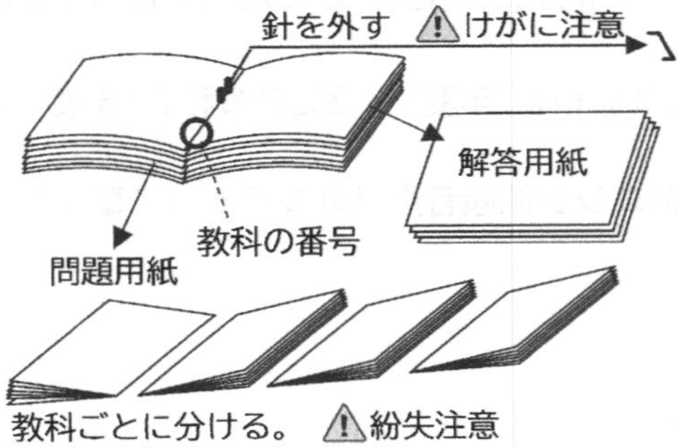

※教科数が上図と異なる場合があります。
解答用紙がない場合や，問題と一体になっている場合があります。
教科の番号は，教科ごとに分けるときの参考にしてください。

■ 最新年度 実物データ

実物をなるべくそのままに編集していますが，収録の都合上，実際の試験問題とは異なる場合があります。実物のサイズ，様式は右表で確認してください。

問題用紙	Ｂ４片面プリント
解答用紙	Ｂ４片面プリント

リアル過去問の活用

～リアル過去問なら入試本番で力を発揮することができる～

本番を体験しよう！

問題用紙の形式（縦向き／横向き），問題の配置や余白など，実物に近い紙面構成なので本番の臨場感が味わえます。まずはパラパラとめくって眺めてみてください。「これが志望校の入試問題なんだ！」と思えば入試に向けて気持ちが高まることでしょう。

入試を知ろう！

同じ教科の過去数年分の問題紙面を並べて，見比べてみましょう。

① 問題の量

毎年同じ大問数か，年によって違うのか，また全体の問題量はどのくらいか知っておきましょう。どのくらいのスピードで解けば時間内に終わるのか，大問ひとつにかけられる時間を計算してみましょう。

② 出題分野

よく出題されている分野とそうでない分野を見つけましょう。同じような問題が過去にも出題されていることに気がつくはずです。

③ 出題順序

得意な分野が毎年同じ大問番号で出題されていると分かれば，本番で取りこぼさないように先回りして解答することができるでしょう。

④ 解答方法

記述式か選択式か（マークシートか），見ておきましょう。記述式なら，単位まで書く必要があるかどうか，文字数はどのくらいかなど，細かいところまでチェックしておきましょう。計算過程を書く必要があるかどうかも重要です。

⑤ 問題の難易度

必ず正解したい基本問題，条件や指示の読み間違いといったケアレスミスに気をつけたい問題，後回しにしたほうがいい問題などをチェックしておきましょう。

問題を解こう！

志望校の入試傾向をつかんだら，問題を何度も解いていきましょう。ほかにも問題文の独特な言いまわしや，その学校独自の答え方を発見できることもあるでしょう。オリンピックや環境問題など，話題になった出来事を毎年出題する学校だと分かれば，日頃のニュースの見かたも変わってきます。

こうして志望校の入試傾向を知り対策を立てることこそが，過去問を解く最大の理由なのです。

実力を知ろう！

過去問を解くにあたって，得点はそれほど重要ではありません。大切なのは，志望校の過去問演習を通して，苦手な教科，苦手な分野を知ることです。苦手な教科，分野が分かったら，教科書や参考書に戻って重点的に学習する時間をつくりましょう。今の自分の実力を知れば，入試本番までの勉強の道すじが見えてきます。

試験に慣れよう！

入試では時間配分も重要です。本番で時間が足りなくなってあわてないように，リアル過去問で実戦演習をして，時間配分や出題パターンに慣れておきましょう。教科ごとに気持ちを切り替える練習もしておきましょう。

心を整えよう！

入試は誰でも緊張するものです。入試前日になったら，演習をやり尽くしたリアル過去問の表紙を眺めてみましょう。問題の内容を見る必要はもうありません。どんな形式だったかな？受験番号や氏名はどこに書くのかな？…ほんの少し見ておくだけでも，志望校の入試に向けて心の準備が整うことでしょう。

そして入試本番では，見慣れた問題紙面が緊張した心を落ち着かせてくれるはずです。

※まれに入試形式を変更する学校もありますが，条件はほかの受験生も同じです。心を整えてあせらずに問題に取りかかりましょう。

久留米大学附設中学校

《国　語》

一 〈作文のポイント〉

・最初に自分の主張、立場を明確に決め、その内容に沿って書いていく。

・わかりやすい表現を心がける。自信のない表現や漢字は使わない。

さらにくわしい作文の書き方・作文例はこちら！→https://kyoei-syuppan.net/mobile/files/sakupo.html

二 問一．①欠　②逆　③視　　問二．①イ　②ウ　③ウ　　問三．①さっぱり　②そっくり　③こってり

問四．(1)所属部首が「辛」で、部首内画数(部首以外の部分の画数)が「6」である　(2)①エ　②ア　③イ

問五．①根幹　②拝借　③講　④則　⑤著

三 問一．A．二　B．鼻　C．波　　問二．もっと厳しい条件下で国のために戦っている　　問三．エ

問四．みんな自分の気持ちを押し殺している　　問五．いつもおなかがすいているため、日の丸の小旗を振って出征兵士を見送るともらえるスルメの足を、どうしても手に入れたいと思う　　問六．Ⅰ．武運をいのり、はげましてくれているのだと思った　Ⅱ．お駄賃のスルメの足が欲しい　　問七．戦地の兵隊のつらさを想像しながら暮らしていたのに、その戦地に喜んで兵士を送り出す儀式に安易に加わった無責任さを自覚し、自分も戦争に加担したのだと思った

四 問一．変化し続ける　　問二．読み書き　　問三．地図リテラシー　　問四．リテラシーという語が、当然知っていなければならないという圧力を感じさせる　　問五．生得的だと考えられるほど、訓練しなくても獲得できる／長年にわたる習練の結果によってはじめて獲得できるものであり、しばらく使用せずにいるとすぐに忘却される

問六．オ　　問七．読み書きは、誰もが身につけているあたりまえの技能だとされるが、その獲得と能力の保持は簡単なことではなく、これほど普及したのは歴史的にみれば最近のことだ　　問八．イ，エ

《算　数》

1 (1)1.111　(2)32　(3)19，24，49，99　(4)(ア)25.12　(イ)62.8

2 (1)平　理由…2100は100で割り切れるが，400で割り切れないから。　(2)19　(3)28124，木

3 (1)55　(2)77　(3)(ア)263　(イ)右図

250	272
228	249

4 (1)18　(2)9　(3)(ア)3　(イ)36

5 (1)(ア)18.56　(イ)6.28　(2)2.71　(3)9.42　(4)19.27

《理　科》

1 問1．あ．火山　い．火山灰　問2．a．2　b．2　c．2　d．2　e．2　f．1
問3．G，F，E，D，C，I，H，B，A　問4．①オ　②キ　③カ　④ア　問5．液状化
問6．⑤オ　⑥エ　⑦ク　問7．え．ハード　お．ソフト　か．ハザードマップ

2 問1．15　問2．35　問3．415　問4．450　問5．450　問6．510　問7．50　問8．9.8
問9．下グラフ　問10．下グラフ　問11．3

3 あ．カルシウム　い．骨ずい　う．血小板　え．背骨〔別解〕せきつい　お．ろっ骨　か．骨ばん
き．関節　く．なん骨　け．内臓　こ．けん
ア．C　イ．B　ウ．A　エ．A　オ．B　カ．A　キ．B　ク．B　ケ．A　コ．A
サ．A　シ．B　ス．A　セ．B　ソ．B　タ．A　チ．A　ツ．A　テ．C　ト．B
a．B　b．C　c．C

4 問1．A．外えん　B．内えん　C．えん心　問2．物質…すす〔別解〕炭素　理由…ろうが完全燃焼したから。
問3．下線部(a)…水にとけていた空気が，とけきれなくなって出てきたから。　下線部(c)…銅管内の空気の体積が大きくなって出てきたから。　問4．(1)ウ　(2)①イ　②ア　③イ　④ウ　⑤イ　⑥イ　【あ】真空
問5．氷…エ　水…ア，ウ，エ　水蒸気…イ，ウ，オ　問6．0.59

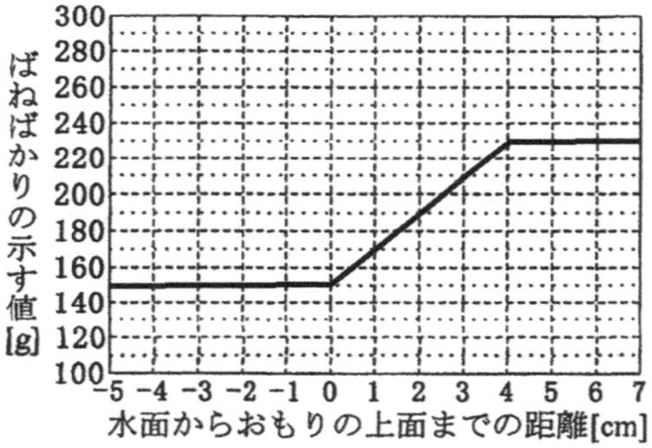

2問9のグラフ

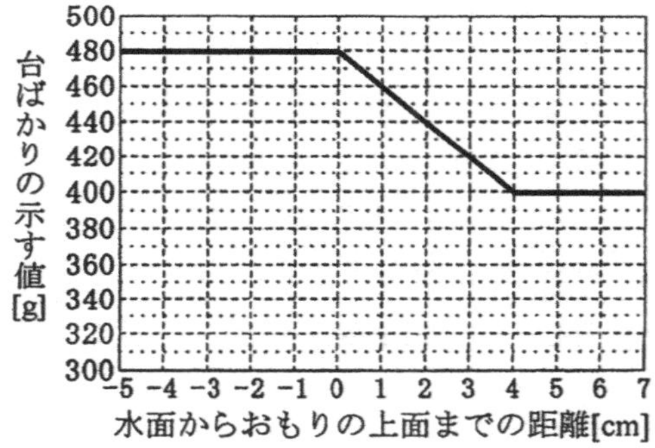

2問10のグラフ

《社　会》

1 (1)①イ　②エ　③ア　(2)イ　(3)千島海流〔別解〕親潮　(4)トレーサビリティ　(5)エ
(6)中国…ア　ロシア…エ

2 (1)イ　(2)ア．関税　イ．ニーズ　(3)2番目…ア　4番目…イ　(4)イ　(5)旅行や外食，イベント

3 (1)X．みそ　Y．屋台　(2)調　(3)イ　(4)応仁の乱　(5)近松門左衛門　(6)北前船　(7)肥料

4 (1)イギリス　(2)①地租改正　②オ　(3)イ　(4)①イ　②ア　(5)アメリカから輸入できなくなった鉄や石油などの資源を得るため。

5 (1)キ　(2)イ　(3)ウ　(4)記号…A　理由…3年ごとに選挙が実施されているから。　(5)エ　(6)ア

《2024 国語 解説》

二 問二① イは、「なりやむ」ということを「ない」で打ち消している(動詞＋助動詞)。「とんでもない」「もったいない」「みっともない」「おとなげない」は、分解できない一語(形容詞)である。 ② ウは、「自慢」という名詞に「だ」(断定の意味の助動詞)が付いたもの。「見事だ」「静かだ」「なめらかだ」「幸せだ」は、語尾を「～な」という形に変化させることができる語(形容動詞)である。 ③ それぞれの動詞を受け身でない形で使うと、ア「父が私を負う」、イ「妹が私を頼る」、エ「母が私を叱る」、オ「兄が私を呼ぶ」というように、「～を」をともなう。ウの「泣く」という動詞は、「娘が私を～」という形をとることができない。

三 問二 おまわりさんが「寒いぐらいで～泣くな！」と言っていること、そう言われたトットが「寒くて、眠くて、おなかがすいても、泣かないでいましょう。だって、兵隊さんはもっともっとつらいんだから」と思っていることから読みとる。

問三 傍線部②の直前に「ママがそんな落語みたいな話を聞かせてくれた～トットも『アハハハ』と声を出して笑った。そのころは、まだお店にも少しは売るものがあって」とあることから、エのような内容が読みとれる。

問五 傍線部④の前後に、「スルメは旗を振るともらえるお駄賃なんだ」とわかって「兵隊さんの出征式を心待ちにするようになった」こと、「出征する兵隊さんのために～旗を振った。そのたびにスルメの足をもらっては、夢中になってそれをしゃぶった」ことが書かれている。ここから、「授業中」に「教室を抜け出して」でも、どうしてもスルメが欲しかったのだと読みとれる。

問六 直前の段落の「トットが日の丸の小旗を振って兵隊さんを見送ったのは、スルメの足が欲しかったからだ。でも、兵隊さんたちは～『見送ってくれるこの子たちのために戦うんだ』と自分に言い聞かせて、戦地に赴いたのかもしれない」から読みとる。

問七 「本文全体を踏まえて」とあることに注意する。戦争中、トットは「寒くて～おなかがすいても、泣かないでいましょう。だって、兵隊さんはもっともっとつらいんだから」と思って過ごすようにしていた。一方で、空腹に耐えかねて「スルメ欲しさ」のあまり「バンザーイ！」と旗を振って兵隊さんを厳しい戦地へと送り出していたのである。そして「戦争が終わり～万歳をするのは、けっしてやってはならないことだと知った」とき、「その兵隊さんが戦死したなら、その責任の一端はトットにもある」と考え、「どんな理由があっても～『バンザーイ！』なんて言って見送るべきではなかった～無責任だった」と後悔しているのである。

四 問二 傍線部②のある段落では「読み書き」について述べている。

問四 それが「リテラシー」だと言われると、自分がそれを知らなかった場合に、「そんなことも知らないの？」と言われた気がする、あるいは「本来そんなことは誰もが知っているはず、あるいは知っているべきだ」という意味がこめられていると感じてしまうのである。つまり、「リテラシー」は、そのようなプレッシャーを感じさせる言葉だということ。

問五 傍線部⑤の直後の２段落で「話し言葉～特別な訓練～を必要としない～生得的であるとさえ考えられている」「文字の読み書き(書き言葉)～長年にわたる習練の結果によってはじめて獲得される～しばらく使っていなければ、あっという間に忘却されていく」と説明されている。

問七 傍線部④の２段落後で「文字の読み書きが、誰もが身につけている技能～とみなされている。これはじつに驚くべきことである」と述べているのを参照。以降で、このことについて「たとえば～ほとんど全員が、楽譜を読みピアノを弾く～驚くに違いない～しかし～文字の読み書き～驚く人はあまりいないだろう」「読み書きは～ピアノを弾くことと似ている～長年にわたるレッスン～習練を怠れば、たちまち～劣化していく。じつにそれは読み書きと似ている」と説明したうえで、「ピアノ～ごく一部にしか普及していない～のに対して、読み書きはほとんどの住民に普及している～地球上のすべての人～目指されている」ことを「やはり驚くべきこと」だと言っている。つまり筆者は、読み書きは、現在あたりまえのこととして普及しているが、それは決してあたりまえではないということを言いたいのである。そして、傍線部⑦の後で「いまではそれは、あたりまえ～じつのところ～決して盤石（びくともしない、ゆるぎない）でも安定的でもなく、むしろつい最近の出来事」だと続けている。

問八　イ．筆者は、「ピアノを弾くこと」と「文字の読み書き」は、技能の獲得や能力の維持の難しさが似ているのに、「ピアノ～ごく一部にしか普及していない」のに対して「読み書きはほとんどの住民に普及している」ことを「驚くべきこと」だと言っている。このことを言うための比較なので、「同じ程度に広く普及する可能性を持っている」は、適さない。　エ．本文中で「実際のところ、読めるけれど書けない漢字はざらにある（たくさんあってめずらしくない）のではないだろうか」と述べていることに合わない。

《2024　算数　解説》

1 (1)　与式＝５×{0.3－0.25×(0.3＋0.016)}＋0.006＝５×(0.3－0.316÷４)＋0.006＝５×(0.3－0.079)＋0.006＝５×0.221＋0.006＝1.105＋0.006＝**1.111**

(2)　**【解き方】右図の太線の図形はブーメラン型の図形なので，角ア＝角ＤＧＥ－(△＋×)で求められる。**

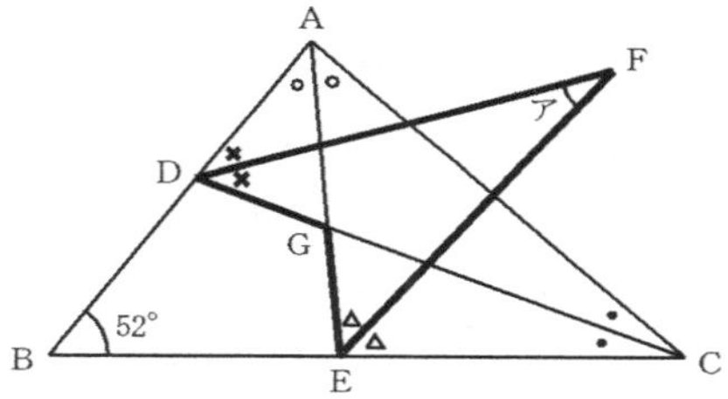

三角形ＡＢＣの内角の和より，○＋●＝(180°－52°)÷２＝64°

角ＤＧＥ＝角ＡＧＣ＝180°－(○＋●)＝180°－64°＝116°

三角形ＡＢＥ，三角形ＣＢＤそれぞれについて，三角形の外角の性質より，△×２＝52°＋○，××２＝52°＋●だから，

△＋×＝{(52°＋○)＋(52°＋●)}÷２＝(104°＋64°)÷２＝84°

よって，角ア＝角ＤＧＥ－(△＋×)＝116°－84°＝**32°**

(3)　**【解き方】100 をある整数Ａで割ったときの商をＢ，余りをＣとすると，100＝Ａ×Ｂ＋Ｃと表すことができる。商と余りが等しいので，100＝Ａ×Ｂ＋Ｂ＝Ｂ×(Ａ＋１)となることを利用する。**

商は割る数より小さいから，ＢはＡより小さいので，ＢはＡ＋１より小さい。よって，積が 100 になるような整数Ｂ，Ａ＋１の組は(Ｂ，Ａ＋１)＝(１，100)(２，50)(４，25)(５，20)となるから，ある整数Ａの値として考えられる数は，100－１＝**99**，50－１＝**49**，25－１＝**24**，20－１＝**19** の４個である。

(4)(ア)　**【解き方】回転体は右図のようになる。矢印のように円柱を移動させる。**

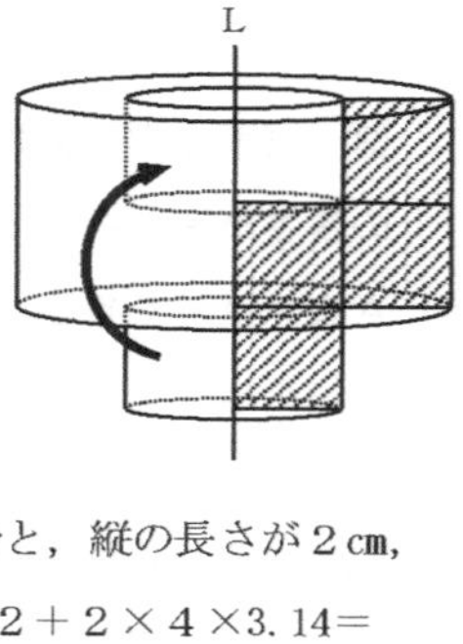

求める体積は，底面の半径が２cm，高さが２cmの円柱の体積だから，

２×２×3.14×２＝**25.12**(㎤)である。

(イ)　**【解き方】上下から見える図形の面積に，側面積を足して求める。**

この立体を上下から見たときの図形は半径２cmの円だから，その面積の和は

２×２×3.14×２＝８×3.14(㎠)

側面積は，縦の長さが１cm，横の長さが１×２×3.14＝２×3.14(cm)の長方形の面積２つ分と，縦の長さが２cm，横の長さが２×２×3.14＝４×3.14(cm)の長方形の面積１つ分だから，(１×２×3.14)×２＋２×４×3.14＝

12×3.14(㎠)である。よって，求める表面積は8×3.14＋12×3.14＝**62.8(㎠)**

2 (1) 2100÷100＝21，2100÷400＝5余り100より，2100は100で割り切れて400で割り切れないので，**平年**である。

(2) 西暦(せいれき)2101年は今年の2101−2024＝77(年後)である。77÷4＝19余り1より，今年をふくめて4の倍数となる年は19＋1＝20(回)ある。(1)より，2100年は閏年(うるうどし)ではないから，全部で20−1＝**19(回)**ある。

(3) 西暦2101年1月20日は，今日からちょうど77年後で，その間に閏年が19回あるから，<u>365×77＋1×19＝</u>28124(日後)である。下線部の式を変形すると，365×77＋14＋5＝(7の倍数)＋5だから，西暦2101年1月20日の曜日は，土曜日から5日後の，**木曜日**である。

3 (1) **【解き方】n行1列の整数は，1からnまでの連続する整数の和である。**

10行1列の整数は1から10までの連続する整数の和だから，**55**である。

(2) 11行2列の整数は，12行1列の整数より1だけ小さい整数だから，55＋11＋12−1＝**77**である。

(3)(ア) **【解き方】太わくの左上の整数を基準として，他の整数を求める。**

左下は10行1列の整数だから，(1)より55なので，左上の数は55＋11＝66である。右下の整数は左上の整数より1だけ小さいから，66−1＝65である。右上の整数は12行1列より1だけ小さいから，66＋12−1＝77である。よって，求める和は55＋66＋65＋77＝**263**である。

(イ) **【解き方】4個の整数の平均と4個の数との関係を考える。**

問題の図の太わくの中の4個の数の平均は，$\frac{35}{4}＝8\frac{3}{4}$である。(ア)の太わくの4個の数の平均は，$\frac{263}{4}＝65\frac{3}{4}$である。したがって，4個の数の平均は，左上の数より$\frac{1}{4}$小さいと推測できる。

太わくの中の4個の数の和が999のとき，左上の数は，$\frac{999}{4}＋\frac{1}{4}＝250$と推測できるので，実際に調べてみる。

1からmまで連続する整数の和が250に近くなるような整数mを探すと，$\frac{(1＋22)×22}{2}＝253$より，m＝22が見つかる。よって，250の位置は右図のようになり，太わくの中の4個の整数の和は，228＋249＋250＋272＝999となるから，正しい。

23行	276				
22行	253	275			
21行	231	252	274		
20行		230	251	273	
19行			229	**250**	**272**
…				**228**	**249**
…	…	…	…	…	…
	1列	2列	3列	4列	5列

4 (1) **【解き方】正方形はひし形にふくまれるから，正方形の面積は(対角線)×(対角線)÷2で求められることを利用する。**

○の長さをa㎝として考える。図1の正方形の面積は3×3＝9(㎠)だから，a×a÷2＝9より，a×a＝18となる。よって，正方形ABCDの面積はa×a＝**18(㎠)**

(2) **【解き方】図2の正四面体は，1辺の長さが3㎝の立方体から，4つの合同な三角すいを切り取ってできる。**

図2の立方体の体積は3×3×3＝27(㎤)であり，立方体から切り取った4つの三角すいの体積の和は，(3×3÷2×3÷3)×4＝18(㎤)だから，正四面体の体積は27−18＝**9(㎤)**である。

(3) **【解き方】図3の面ADFEで図iのように作図すると，ADとGFの長さが等しく平行だから，四角形ADFGは平行四辺形となるので，AG＝DFである。同様に，DG＝AEである。**

図 i

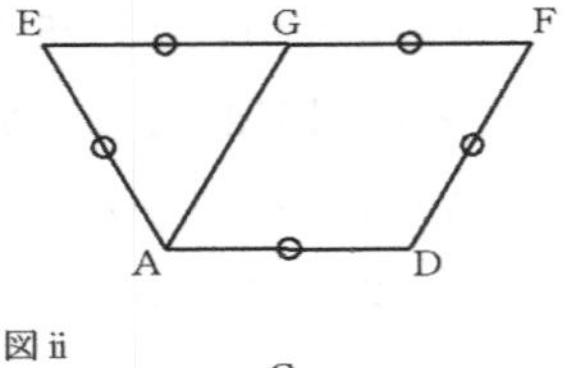

立体を組み立てると図iiのようになり，四角すいG‐ABCDを，図2の正四面体2つではさんだ形である。

(ア) GHの長さは図2の立方体の高さと等しく**3㎝**である。

(イ) 四角すいG‐ABCDの体積は，18×3÷3＝18(㎤)だから，

図 ii

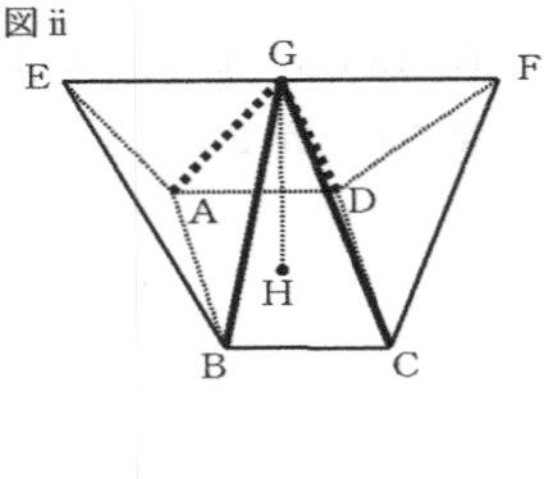

この立体の体積は 18＋ 9 × 2 ＝**36**(cm³)

5 (1)(ア) **【解き方】図ｉのように作図すると，三角形ＡＣＤ，三角形ＡＣＥ，三角形ＡＢＥはすべて合同な直角二等辺三角形となる。**

図ｉ

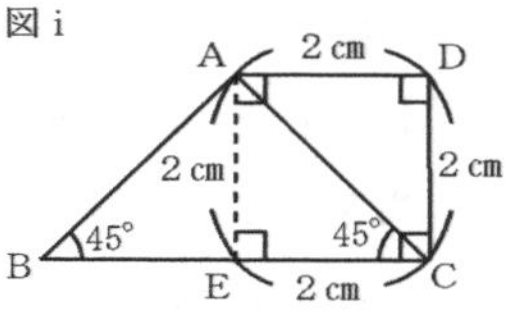

ＡＣ＝ａcmとすると，正方形ＡＥＣＤの面積から，ａ×ａ＝(２×２)×２＝８
また，ＢＣ＝２＋２＝４(cm)である。
状態①から状態②になったとき，四角形ＡＢＣＤが通過する部分の面積は，
半径が４cm，中心角が 90° のおうぎ形の面積と，四角形ＡＢＣＤの面積の和だから，
$4\times4\times3.14\times\frac{90°}{360°}+(2+4)\times2\div2=12.56+6=$**18.56**(cm²)

(イ) Ａ－Ｃが通過する部分の面積は図ⅱの色つき部分であり，半径がａcm，中心角が 90° のおうぎ形の面積だから，$a\times a\times3.14\times\frac{90°}{360°}=8\times3.14\times\frac{1}{4}=2\times3.14=$**6.28**(cm²)

図ⅱ

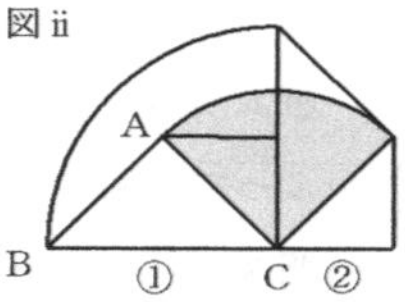

(2) **【解き方】Ａ－Ｃが通過する部分は図ⅲの色つき部分である。半径が２cmの半円の面積から，合同な２つの直角二等辺三角形とおうぎ形の面積の和を引いて求める。**

２つの直角二等辺三角形をつなげると，三角形ＡＣＤと合同な直角二等辺三角形になるから，面積の和は２×２÷２＝２(cm²)である。よって，おうぎ形の半径をｂcmとすると，直角二等辺三角形の面積について(ｂ×ｂ÷２)×２＝２より，ｂ×ｂ＝２となる。
したがって，おうぎ形の面積は$b\times b\times3.14\times\frac{90°}{360°}=1.57$(cm²)だから，求める面積は
２×２×3.14÷２－(２＋1.57)＝**2.71**(cm²)

図ⅲ

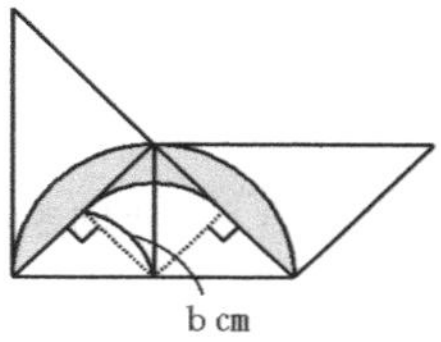

(3) **【解き方】Ａ－Ｃが通過する部分は図ⅳの色つき部分であり，回転した角度は 180° －45° ＝135° である。求める面積は，(半径４cmのおうぎ形の面積)＋(三角形ＡＢＣの面積)－(三角形ＡＢＣの面積)－(半径がＡＢのおうぎ形の面積)＝(半径４cmのおうぎ形の面積)－(半径がＡＢのおうぎ形の面積)で求められる。**

図ⅳ

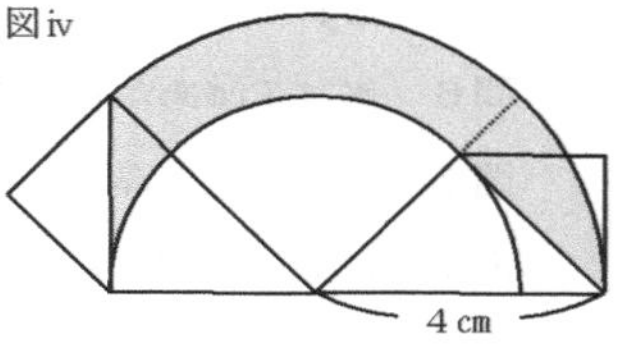

(1)より，ＡＢ＝ａcmでａ×ａ＝８だから，求める面積は，
$4\times4\times3.14\times\frac{135°}{360°}-a\times a\times3.14\times\frac{135°}{360°}=3\times3.14=$**9.42**(cm²)である。

(4) **【解き方】Ａ－Ｃが通過する部分は図ｖの色つき部分であり，太線で分けた㋐から㋓の４つの部分について，それぞれ面積を求める。**

図ｖ

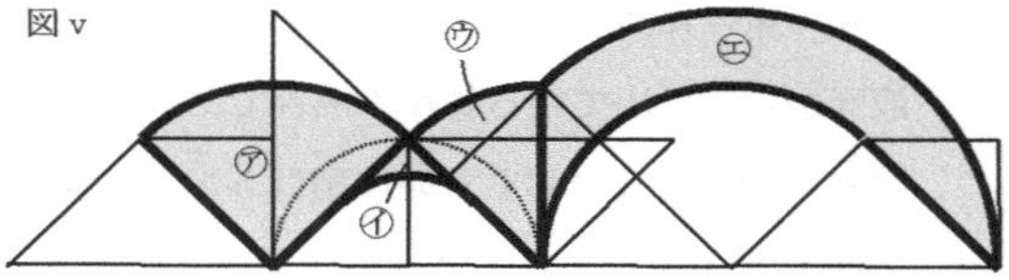

㋐の部分の面積は(1)より，２×3.14(cm²)
㋑の部分の面積は(2)より，ｂ×ｂ－1.57＝２－1.57＝0.43(cm²)
㋒の部分の面積は，$a\times a\times3.14\times\frac{45°}{360°}=3.14$(cm²)
㋓の部分の面積は(3)より，３×3.14(cm²)
以上より，求める面積は２×3.14＋0.43＋3.14＋３×3.14＝６×3.14＋0.43＝**19.27**(cm²)

1 問1　ぎょう灰岩は，火山灰などの火山ふん出物がおし固められてできたものである。

問2　a．泥(どろ)(でい岩のつぶ)とれき(れき岩のつぶ)では，れきの方がつぶが大きく重いため，より浅いところにたい積する。ここでは，でい岩の層ができたときと比べて，れき岩の層ができたときの川の水位は下がったと考えた。

b．上盤(うわばん)(図では断層の左側)が下にずれているので，左右方向に引く力がはたらいてできた正断層である。

問3　地層の逆転はないから，下にある層ほど古い時代にできたと考えればよい。また，不整合面の上には断層が見られないから，不整合面は断層の後にできたと考えられる。

2 問1，2　図1のばねばかりの値と図2の台ばかりの値の和は，図3の台ばかりの値とばねばかりの値の和と等しい。よって，図3のばねばかりの値は50＋400－415＝35(g)である。図3のばねばかりの値が図1のばねばかりの値よりも小さくなったのは，図3の物体には浮力(ふりょく)がはたらくためであり，その大きさは50－35＝15(g)である。よって，図3で物体がおしのけた水も15gであり，その体積は15㎤だから，物体の体積も15㎤である。

問3　糸を切った瞬間(しゅんかん)，物体にはたらく上向きの力は水からの浮力だけである。このとき，水は物体から浮力と同じ大きさで下向きの力を受けるので，台ばかりは400＋15＝415(g)を示す。

問4　物体が水中を落下しているとき，物体にはたらく上向きの力は水からの浮力と抵抗(ていこう)力であり，一定の速さで落下するときには，浮力と抵抗力の大きさの和が物体の重さと等しい。よって，水は物体から物体の重さと同じ大きさで下向きの力を受けるので，台ばかりは400＋50＝450(g)を示す。

問5　物体がビーカーの底について静止しているとき，物体にはたらく上向きの力は水からの浮力とビーカーの底が物体をおす力であり，これらの力の大きさの和は物体の重さと等しい。よって，問4と同様に450gである。

問6　氷は1㎤あたりの重さが0.92gだから，469.2gの氷の体積は469.2÷0.92＝510(㎤)である。

問7　氷は海水に浮(う)かんでいるから，氷にはたらく浮力は氷の重さと同じ469.2gであり，このとき氷は469.2gの海水をおしのけていることになる。よって，海水1㎤あたりの重さは1.02gだから，氷がおしのけた469.2gの海水の体積は，469.2÷1.02＝460(㎤)である。これが海水面の下にある氷の体積だから，海水面から上に出ている氷の体積は510－460＝50(㎤)である。

問8　50÷510×100＝9.80…→9.8%　なお，液体に浮いている物体の液体中の体積の割合は，それぞれの1㎤あたりの重さに着目して求めることができる。例えば，ここでは，$\frac{0.92}{1.02}\times100=90.19\cdots$→90.2%と求めることができ，液面から上に出ている体積の割合であれば，$\frac{1.02-0.92}{1.02}\times100=9.80\cdots$→9.8%となる。

問9，10　図5のおもりの体積は5×4×4＝80(㎤)だから，おもりが水面下にすべてあるとき，おもりにはたらく浮力は80gである。よって，水面からおもりの上面までの距離が0㎝になるまでは，ばねばかりは230－80＝150(g)，台ばかりは400＋80＝480(g)を示す。また，水面からおもりの上面までの距離が0㎝より大きくなると，水面の下にあるおもりの体積は一定の割合で減っていくので，おもりにはたらく浮力の大きさも一定の割合で減り，ばねばかりの値は一定の割合で増えていく。高さ4㎝の物体全体が水中から出るのは，水面からおもりの上面までの距離が4㎝のときであり，水面からおもりの上面までの距離が4㎝以上になるとおもりに浮力ははたらかないから，ばねばかりの示す値は230g，台ばかりの示す値は400gで一定になる。

問11　ばねばかりと台ばかりの示す値の和は常に230(おもり)＋400(ビーカー＋水)＝630(g)だから，ばねばかりの示す値が台ばかりの示す値のちょうど半分になる，つまり，ばねばかりと台ばかりの示す値の比が1：2になるとき，ばねばかりの示す値は$630\times\frac{1}{1+2}=210$(g)である。よって，問9のグラフより，ばねばかりの示す値が210gのときの水面からおもりの上面までの距離は3㎝と読み取れる。

3 ス～チ．筋肉が縮んで引っ張る力を生み出すから，けんが力点である。けんはひじの関節をまたいで，関節よりも手の先に近いところの骨についているから，力点が支点と作用点の間にあるてこである。このようなてこはピンセットやトングなどと同様に，力点での小さな動きを作用点で大きな動きに変えることができる。　ツ～ト．つま先側が支点であり，けんがついているかかと側が力点だから，作用点はこれらの間にある。このようなてこは栓抜き(せんぬ)と同様に，力点に加えた力よりも作用点ではたらく力を大きくすることができる。

4 問２　内えんでは酸素が不足するため，ろうが不完全燃焼を起こし，すすが発生する。

問３，４　気体はふつう，水の温度が高くなるととけることができる量が少なくなる。銅管内に水を入れた船では，水の温度が高くなると，水にとけていた空気がとけきれなくなって出てくる。ただし，このとき出てくる空気では船を前進させることができない。さらに加熱を続けると，銅管内の水がふっとうして水蒸気に変化する。水から水蒸気に変化するときには体積が非常に大きくなるため，加熱部分で水から変化した水蒸気が，銅管内の口付近にある水を勢いよくおし出すことで，船が前進する。加熱部分からはなれた水蒸気が銅管から出る前に冷やされて水にもどると，体積が非常に小さくなるため銅管内が真空に近い状態になり，新しい水が吸いこまれる。このように，水の状態が液体→気体→液体→気体→…と変化をくり返すことで，船が前進し続ける。これに対し，銅管内に水を入れない船では，銅管内の空気があたためられて体積が大きくなり（膨張(ぼうちょう)し），銅管内に入りきらなくなった空気が出てくるが，それにより船が前進することはない。

問６　１㎤の水を100℃の水蒸気にすると，体積は１×1.04×1630＝1695.2(㎤)になる。このとき重さは1.00ｇのまま変化しないから，1.00ｇ→0.001kgより，100℃の水蒸気１㎥→1000000㎤の重さは$0.001\times\frac{1000000}{1695.2}=0.589\cdots\to$ 0.59kgである。

《2024　社会　解説》

1 (1)①　イ　　A．正しい。B．誤り。配合飼料は牧草よりも価格が高くなる。　②　エ　　アはエストニア，イはラトビア，ウはベラルーシ，カはトルコ。　③　ア　　ポーツマス条約で得た南樺太の境界が，北緯50度である。

(2)　イ　　A．正しい。B．正しい。C．誤り。栃木県や群馬県では，冷涼な高原で酪農が営まれている。

(3)　千島海流〔別解〕親潮　　寒流の千島海流上空で，南東の季節風が冷やされて発生した霧が根釧台地などをおおうため，北海道の東部は夏でも気温が低くなる。

(5)　エ　　国際的な合意に基づいて輸入されるミニマムアクセス米は，加工用，海外援助用に使われ，余った分は備蓄されている。

(6)　中国＝ア　ロシア＝エ　　貿易金額が最も多いアが中国，地下資源の輸入が多いエがロシアである。

2 (1)　イ　　ア．誤り。関連工場はメーカーの下請けであり，対等な関係とはいえない。また，同じ敷地内にはない。ウ．誤り。関東や関西へも，多くはキャリアカーにより運ばれる。エ．誤り。東京都大田区や茨城県日立市は，自動車ではなく電気機械の工場が多い。

(2)　ア＝関税　イ＝ニーズ　　イ．ニーズ(Needs)は「求めているもの・要求」という意味。

(3)　２番目＝ア　４番目＝イ　　エ→ア→ウ→イの順番に行われる。

(4)　イ　　ビールびんのほとんどが，リサイクル(再利用)ではなくリユース(再使用)される。

(5)　物販系分野やデジタル系分野の市場規模は拡大したが，旅行サービスや飲食サービスなどのサービス系分野の市場規模は縮小した。

3 (1)　X＝みそ　Y＝屋台　　X．大豆と塩を使った食品を考える。Y．江戸の町では，天ぷら・すし・そばなどが屋台で提供されていた。

(2)　調　　調(地方の特産物)と庸(労働の代わりの布)は，農民が都まで運ばなければならなかった。

(3)　イ　　平清盛の命を受けた平重衡らが，東大寺・興福寺などの仏教寺院を焼討ちにした(南都焼討)。

(4)　応仁の乱　　応仁の乱は京都を主戦場として10年余りも続いたため，都の貴族や僧が地方に避難したことで，都の文化も地方に広がっていった。

(5)　近松門左衛門　　『曾根崎心中』は人形浄瑠璃の演目である。

(6)　北前船　　酒田を起点として日本海から下関を経由して瀬戸内海を通って大阪に至る航路を西まわり海路という。

(7)　肥料　　イワシを干した干鰯や油かすは，お金を出して買う金肥であった。干鰯は，綿花栽培の肥料として特に近畿地方を中心に利用された。

4 (1)　イギリス　　直前に「世界に先駆けて産業革命が始まり」とあることからイギリスと判断する。イギリスの駐日公使パークスの助言もあって，イギリスの技術と資金の援助を受けることとなった。

(2)①　地租改正　　年貢米による税収では，米の不作などで税収が不安定になるために，地租改正が行われた。地租改正では，土地所有者に地価を定めた地券を発行し，地価の３％を現金で納めさせることとした。

②　オ　　あ．誤り。帝国議会は，天皇が法律を制定するにあたり，事前に同意を得るための協賛機関であった。い．正しい。う．正しい。

(3)　イ　　あ．正しい。い．誤り。石川啄木の「地図の上…」の歌は，1910年の韓国併合を批判したものであり，八幡製鉄所の開業は1901年だから，「と詠んだのち」の部分が誤り。

(4)　①＝イ　②＝ア　　アは2016年，イは1965年，ウは1995年の時間地図である。「起こった時期に最も近い」ことに注意する。①は1964年，②は2011年のことである。

(5)　日本がインドシナ半島に侵攻すると，アメリカは日本への石油・鉄などの輸出を禁止し，中国・東南アジアからの日本軍の撤兵を求めた。1941年，陸軍大臣の東条英機が首相になると，政府は開戦を御前会議で決定し，陸軍がイギリス領のマレー半島に上陸し，海軍はハワイの真珠湾にあるアメリカ軍基地を奇襲攻撃した。

5 (1)　キ　　ａは個人住民税，ｂは固定資産税等，ｃは地方法人課税等として地方公共団体に納められる税である。

(2)　イ　　ａ．正しい。ｂ．誤り。議会は市町村長の不信任決議ができる。議員総数の３分の２以上が出席し，出席議員の４分の３以上の賛成によって首長の不信任を議決することができる。首長は通知を受けてから10日以内に議会を解散することができる。

(3)　ウ　　地方自治法によって直接請求権が保障されている。ア．誤り。国の議員(国会議員)の解職請求はできない。イ．誤り。国会も傍聴できる。エ．誤り。副知事・副市長などの解職を直接請求することはできるが，国務大臣の解職を直接請求することはできない。

(4)　Ａ　　参議院は，議員の任期が６年で半数が３年ごとに改選され，解散がないので，選挙が３年ごとに行われる。議員の任期が４年で解散がある衆議院は，選挙が定期的にならない。

(5)　エ　　ア．誤り。選挙を担当するのは法務省ではなく総務省である。イ．誤り。国務大臣の過半数は国会議員である。ウ．誤り。内閣に属する省庁のうち，文化庁は京都府にある。

(6)　ア　　障がいのある人の中には，郵便による不在者投票をすることができる人もいる。イ．誤り。旅行や行楽で投票日当日に投票所に行けない人は，期日前投票をすることができる。ウ．誤り。転居前の地域で投票することができる。エ．誤り。インターネットを利用した投票は，まだ認められていない。

2023 解答例 令和5年度　久留米大学附設中学校

《国　語》

一　問一．身体の動きが止まって外からのし激がないため、元気に活動できず、退くつするという影響。
問二．休けいなしで学習した場合の定着度と集中力と、休けいをはさんで学習した場合の定着度と集中力を比べることで、学習の合間の休けいが学習にあたえる効果を調べるための実験。　問三．グループAの集中力は、時間の経過とともに落ちていき、四〇分を過ぎると切らしてしまう人が多かったと考えられる。グループBの集中力は、落ちてきても休けいのたびに回復し、最後まで一定レベルを保てる人が多かったと考えられる。　問四．集中力を切らさずに勉強するためには、家のなかに勉強するスペースを複数用意し、それらを移動するついでに短い息ぬきの時間をとるのが良いというアドバイスをしている。

二　問一．(1)A．がかり　B．かせ　C．なみ　D．つき　(2)B，D　問二．(1)エ　(2)エ　(3)ア
問三．ア，イ，ウ，オ　問四．A．季　B．期　C．機　問五．イ

三　問一．ウ　問二．(1)校閲者として、ネットの情報以外に、もう少し説得力のある典拠が必要だと考えた　(2)パンダの尻尾が白いとわかる写真やイラストがたくさん載っている。　問三．インターネットによって、調べるのに必要な労力が減り、情報へのアクセスが容易になったという　問四．(1)ゲラの内容を保証するために、確かな情報を集める〔別解〕さまざまなジャンルのものを調べることに慣れている　(2)エ　問五．確認する必要がある点に気付くことができなければ、調べず、誤りを見のがす可能性がある
問六．a．歴代　b．断言　c．念願　d．異議

四　問一．エ　問二．Ⅰ．うんざりしていて　Ⅱ．父親から教えられても全然上達していない　問三．Ⅲ．父親として自分が上達させてやらなければ　Ⅳ．冷静　問四．父親なんて薄情だと言っていた優太君に、父親として気持ちを伝えてやることができたかという　問五．おじさんが、息子である優太君に会いに来た
問六．Ⅴ．ぶきっちょ　Ⅵ．この世にパパがいない　問七．対面で話すと重く受け止められそうなので、世間話をよそおっておだやかに伝えたいと思った

《算　数》

1　(1)31.95　(2)80　(3)36　(4)(ア)6　(イ)6　(5)AE＝2.5　DE＝$\frac{5}{8}$

2　(1)5　(2)9　(3)$\frac{1200}{7}$

3　(1)①0.4　②0.6　③0.2　(2)①$\frac{1}{3}$　②$1\frac{1}{3}$　①，②以外…$\frac{2}{3}$
(3)0.125，0.75，1.25，2.5，4

4　(1)EJ：JC＝2：1　高さ…16　(2)①PQ＝15　SR＝7.5　②121.5

5　(1)(ア)右図　(イ)②，③，⑥，⑪　(ウ)$346\frac{1}{6}$　(2)(エ)13.5　(オ)$255\frac{1}{6}$

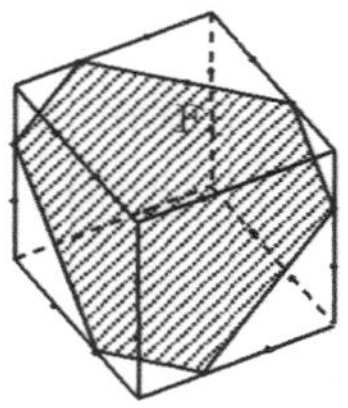

《理　科》

[1] ⑴③　⑵⑤　⑶②　⑷①　⑸⑥　⑹⑧　⑺④　⑻⑦

[2] 問1．X．15　Y．13.5　問2．下グラフ　問3．A．12　B．13　問4．29.5　問5．80
問6．2：3　問7．長さ…16　重さ…200　問8．A．16　B．15　問9．17　問10．15

[3] あ．ひ子　い．ら子　う．そう子葉　え．単子葉　お．がく　か．やく　き．柱頭　く．子ぼう
け．果実　こ．はいしゅ　ア．A　イ．C　ウ．A　エ．A　オ．A　カ．B　キ．D
ク．D　ケ．D　コ．D　サ．A　シ．B　ス．C　セ．A　a．B，C　b．A，D

[4] 問1．⑴③　⑵②　⑶①　問2．銅の熱伝導率は空気よりも非常に大きいので，熱は銅がつながっている部分を伝わるから。　問3．ア　問4．1．カ　2．キ　3．イ　4．ウ　5．ク（3と4は順不同）　問5．⑴ウ
⑵ア　⑶イ　問6．下グラフ

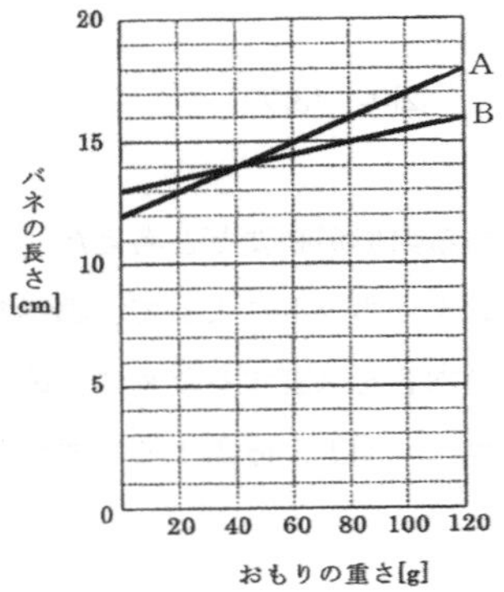

[2]問2のグラフ

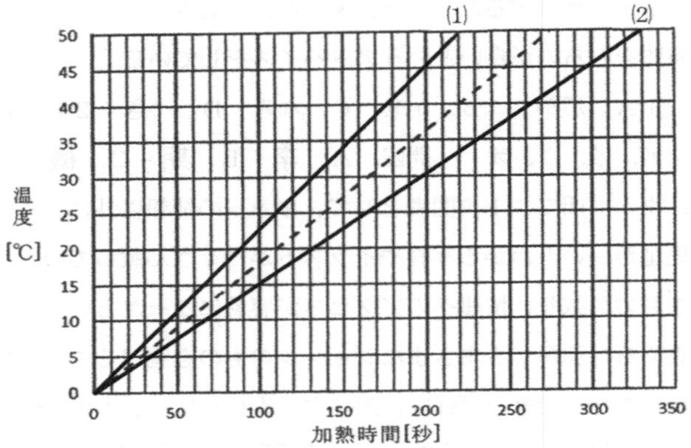

[4]問6のグラフ

《社　会》

[1] ⑴ウ　⑵総農家に占める兼業農家の割合が増える中，兼業農家の規模が多様化し，集団で企業的に行う農家も現れたから。　⑶①ウ　②B．流域面積　C．季節風　③松本…エ　潮岬…ア　⑷北海道…ア　熊本県…エ
⑸エ

[2] ⑴①あ．鋼　い．ナフサ　②イ　③コークス　⑵①綿（花）　②イ　③円高

[3] ⑴ア　⑵エ　⑶エ　⑷イ　⑸イ　⑹ア　⑺ウ　⑻イ

[4] ⑴キ　⑵X．人件費〔別解〕賃金　Y．生糸　⑶ウ　⑷①X．国民総生産〔別解〕GNP　Y．東海道
②d

[5] ⑴A．主権者　B．政治〔別解〕国政　⑵イ　⑶1999

[6] ⑴〇　⑵フランス　⑶拒否　⑷子どもの権利〔別解〕児童の権利に関する

久留米大学附設中学校

《2023　国語　解説》

一　**問一**　「ずっと同じ姿勢でつくえに向かって」いて身体がくたびれる、つまり、身体の動きが止まると、脳はどうなるのか。「身体の動きが止まると、脳は退屈してきます。脳は～外からの刺激がないと元気に活動できないからです」からまとめる。

問二　まず、「どのくらい点数が伸びたかを調べ」て、「学習内容を長期的に脳に定着させるためには、学習の合間の休けいが効果を発揮する可能性を示しています」という結果を得ている。さらに、「学習しているときの脳波も計測しました～集中力の目安～グループＡは時間の経過とともに～低下し～グループＢは～一定の集中力を維持することもわかりました」と言っている。これらの比較からわかるのは、休けいの効果である。

問三　「グループＡは時間の経過とともにガンマ波(集中力の目安)のパワーが低下し、とくに 40 分をさかいに急激に下がっていました」、「グループＢは休けいによってパワーが復活し、学習のあいだ一定の集中力を維持することもわかりました」からそれぞれまとめる。

問四　「勉強に集中するにはどうしたらいいですか？」という相談に対する答えとして、脳の性質や実験の結果をふまえて、脳を退屈させないように、「家のなかに勉強するスペースを複数用意しておくこと～いろいろな場所に移動して、そのついでにストレッチ運動など、短い息抜きの時間をとりましょう」と言っている。

二　**問五**　イの「喉元過ぎれば熱さを忘れる」(苦しいことも、過ぎてしまえばその苦しさを忘れてしまう)と「盗人を捕らえて縄をなう」(事が起こってから準備をしても間に合わない)は、対立的な関係にない。

三　**問一**　直後に「過去読んだゲラにパンダの後ろ姿の写真やイラストレーションがあっただろうか。あったとして、尻尾の色を確かめた覚えがない。自分も尻尾の黒いパンダを見逃していたのではないだろうか」と、傍線部①で思ったことが具体的に書かれている。ここから、ウのような心情が読みとれる。

問二(1)　二重傍線部ｂのある段落で「これが仕事(校閲の仕事)なら、(インターネットで調べたことよりも)もう少し説得力のある典拠が欲しいところです～もっとはっきり『パンダの尻尾は白い』と断言している資料や写真はないだろうか」と思っていることから。　**(2)**　二重傍線部ｃのある段落で「『パンダのお尻の写真』がありました～イラストレーション～尻尾の白いパンダがページのそこかしこに」と述べていることから。

問三　同じ段落で「いまならわざわざ図書館まで足を運ばなくても、パソコンやスマートフォンがあれば～『コトバンク』にアクセスできます～写真や動画を見られますし～オンライン書店や図書館のインターネット予約システムの発達によって容易になりました」と述べている。インターネットの普及によって、調べるための労力が少なくてすみ、筆者のように調べることを仕事にしている専門家も、そうでない人も、調べたいことがあれば簡単に調べられるということ。

問四(1)　傍線部④の直前の段落で、「校正の『調べる』」について、「調べるのは～専門家であっても間違えることがあるのを知っているからです。調べた結果とゲラが異なっていたら、なるべく複数の、信頼できそうな資料を選び、典拠として提示しながら～編集者と著者に注意を促す」と述べている。また、傍線部④の直後で、この調べ方が「人と違って見えるとしたら、仕事でさまざまなジャンルの調べものを経験していることで、調べることに人よりいくぶん慣れているからではないでしょうか」と述べている。　**(2)**　本文中で「たとえ～専門家であっても間違えることがあるのを知っている～調べた結果とゲラが異なっていたら、なるべく複数の、信頼できそうな資料を選び、典拠として提示しながら、いま一度ご確認いただけませんか、と編集者と著者に注意を促す」、小川氏の文章で「どの赤字にも、どの『？』マークにも、『ここ、もう一度考え直されたらいかがでしょうか』～そっと添えられている」と述べていることから、エのような態度だと言える。

問五　同じ段落で「尻尾の黒いパンダを見たときに『～黒でよかった？』と思えなければ、そもそも調べることもできない。校正の技術として『調べる力』があるならば、さらに求められるのは『疑う力』であるともいえます」と述べている。校閲は、誤りや不備だと思われる点を、訂正したり検討したりするよう指摘する仕事である。調べる前の段階として、そもそも疑問を持って確認しようと思わなかったら、間違っていてもそのままOKにしてしまう、見逃すことになるのである。

四　**問一**　「おやじ検定のことをはなしてもいいだろうか？」と聞かれたことに対して、「はなしてもいい」、つまり、話を聞いてもよいという意味で「うなずいた」。傍線部①の前で「ぼく一人だけならさっさと～はなれてた。でも、良がいた。キャッチボールしている親子もいる～ベンチにも何人かすわっている～お母さんたちが目の前をとおる。それにまだ家へ帰りたくなかった～家へ帰ってもぼく一人だ」と思っているので、エが適する。

問二　「良は、おかしいじゃないかといいたいらしい。良のいうとおりだ」とあるとおり、優太も、良が言った「どうしてですか？　あれで、よしっなんですか？」と同じ気持ち、つまり、おじさんが「あの父親にはジャッジマンが白い旗をあげた（よしっと判定した＝ワンポイントあげた）のかもな」と言ったことに疑問を感じたということ。二人が疑問を感じた理由は、「お父さんは、うんざりしている息子に気がついていない～『～ただどなってただけじゃないですか～もっと上手に投げられるようにしてやってワンポイントだったらわかるけど』」「息子の投げるボールは、ひょろひょろしたままだ。始めたころと変わりはない」から読みとれる。

問三　傍線部③の３～８行前でおじさんが言ったことに着目する。「子どもにしたら迷惑なだけ～うるさいだけだったってわかってる。なのに、それを忘れてしまう。おれはこいつの、おやじだ！　これをしてやらなきゃいかんのだ！　って思う。我を忘れるっていうのかな。その気持ちをおしつけてしまう」というのは、自分の息子に対してだからであり、他の家の子どもにはそうはしない。

問四　良は、おじさんは優太のパパなのだと思っている。「はなしをきいてくれてありがとう」と言って立ち去ろうとするおじさんに、「父親と子どもがなにかする時」に行われるという「おやじ検定」の「ジャッジマン」が現れたか、と聞いたのである。つまり、おじさんは優太君のパパなんでしょ、パパとして関わることができましたか、ということを暗に言ったのだ。優太に会いにきて、パパだとはいいだせないものの、「父親なんて薄情なものなんだって」と話していた優太に、おやじ検定の話を通して父親というものについて語ったおじさんの、息子に対する父親としての行動を判定する「ジャッジマン」である。

問五　このあと、良が「今日、おじさんが優太君に会いにきたことが、優太君ちのパパのパパ検定だった。ぼくはそう思った」「会いに来てくれたんだもの。それだけでワンポイントだよ」と言っていることから。

問六　傍線部⑥の前後で、良が「（優太君のパパは）優太君に会いにきたんだ。でも、パパだっていいだせなかったんだよ～ほんと、ぶきっちょだよね～今日、おじさんが優太君に会いにきたことが～パパ検定だった。ぼくはそう思った」と言っていることと、前書きに「良は死別のため」父親がいないと書かれていることを考え合わせる。

問七　「おやじ検定」という父親に関する話をするうえで、おじさんが優太を直視しない理由を考える。対面で目を合わせて話すとどうなるのか。メッセージが強くなりすぎないように、少し距離を保って話しているのだと考えられる。

《2023　算数　解説》

1 (1)　与式$=(41.4-13)\times\frac{1}{8}\times 9=28.4\times\frac{9}{8}=$**31.95**

(2)　**【解き方】この電車が24−10＝14(秒)で走る道のりは，２つの橋の長さの差の，400−120＝280(m)である。**

電車の速さは，分速$\frac{280}{14}$m＝分速20mだから，10秒で20×10＝200(m)走る。よって，電車の長さは，200−120＝**80**(m)

(3)　**【解き方】６の倍数である３つのさいころの目の和は，６，12，18の３つある。それぞれで場合を分けて，３つの目の組み合わせから，ア，イ，ウの組の数を求める。**

目の和が６になる３つの目の組み合わせは，（２，２，２)（１，１，４)（１，２，３)の３組ある。

（２，２，２)のように３つの目が同じになる場合，ア，イ，ウの組は１通りある(これをＡパターンとする)。

（１，１，４)のように１つだけ目が異なる場合，ア，イ，ウの組は３通りある(Ｂパターンとする)。

（１，２，３)のように３つの目が異なる場合，ア，イ，ウの組は１×２×３＝６(通り)ある(Ｃパターンとする)。

目の和が12になる３つの目の組み合わせは，Ａパターンが(４，４，４)の１組，Ｂパターンが(３，３，６)（５，５，２)の２組，Ｃパターンが(１，５，６)（２，４，６)（３，４，５)の３組ある。

目の和が18になる３つの目の組み合わせは，（６，６，６)のＡパターン１組である。

よって，全部で，Ａパターンが１＋１＋１＝３(組)，Ｂパターンが１＋２＝３(組)，Ｃパターンが１＋３＝４(組)だから，ア，イ，ウの組は，１×３＋３×３＋６×４＝**36**(通り)

(4)　最大値が３となるのは，図Ⅰの**６**通り，最大値が１となるのは，図Ⅱの**６**通りである。

図Ⅰ

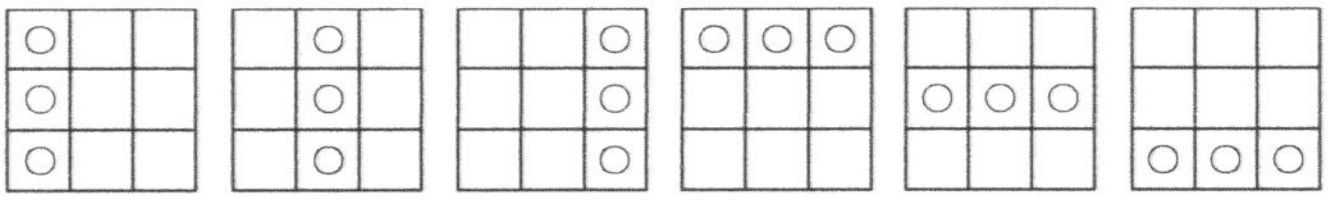

図Ⅱ

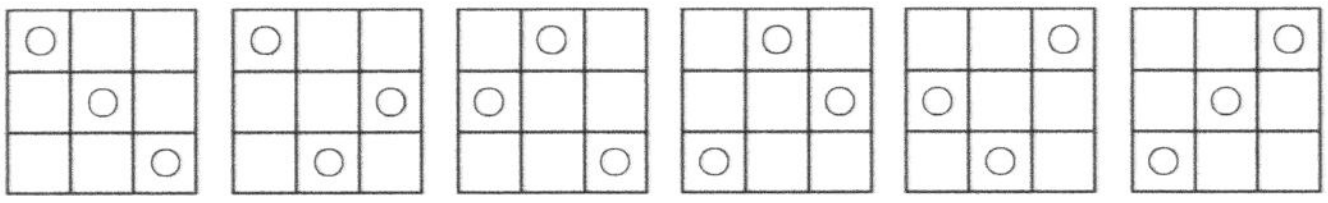

(5)　**【解き方】三角形ＡＢＥは右図の正三角形ＡＢＦを半分にしてできる直角三角形である。**

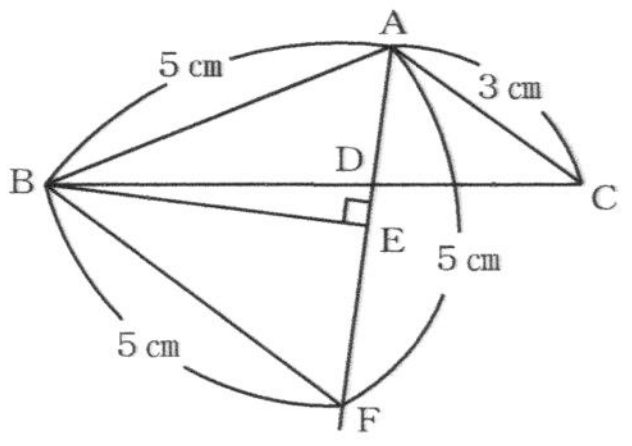

ＡＥ＝５÷２＝**2.5**(cm)

三角形ＡＣＤと三角形ＦＢＤは同じ形だから，ＡＤ：ＦＤ＝ＡＣ：ＦＢ＝３：５

よって，ＡＤ$=5\times\frac{3}{3+5}=\frac{15}{8}$(cm)だから，ＤＥ$=2.5-\frac{15}{8}=$$\mathbf{\frac{5}{8}}$(cm)

2 (1)　**【解き方】100ｇずつ取り出して入れかえたときの食塩水Ｂでの混ぜ方について，右のようなてんびん図がかける。**

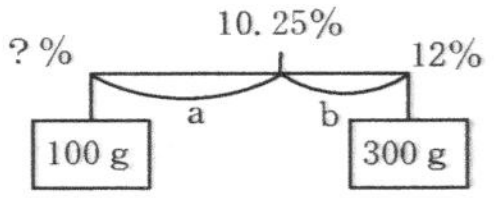

ａ：ｂは，食塩水の量の比である100：300＝１：３の逆比の３：１となる。

したがって，ａ＝(12−10.25)×３＝5.25(%)なので，Ａの濃度は，10.25−5.25＝**５**(%)

(2)　**【解き方】どちらも同じ濃度になったので，この濃度はすべての食塩水を混ぜたときにできる食塩水の濃度と同じである。**

最初のＡとＢをすべて混ぜた場合，右のようなてんびん図がかける。

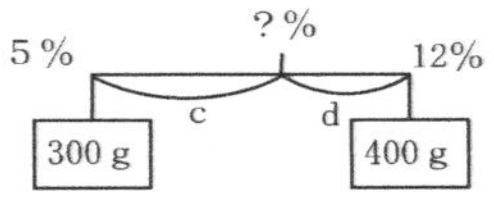

ｃ：ｄは300：400＝３：４の逆比の４：３だから，ｃ$=(12-5)\times\frac{4}{4+3}=4$(%)

よって，求める濃度は，５＋４＝**９**(％)

⑶　**【解き方】⑴のあとＡとＢの食塩水の濃度が何％になっていたとしても，ＡとＢを３：４の比で混ぜれば濃度が９％の食塩水になることが⑵からわかる。**

⑵のとき□ｇずつ取り出したとすると，Ａから□ｇ取り出した残りの食塩水の量と，Ｂから取り出してきてＡに入れた□ｇの食塩水の量の比は３：４である(当然，Ｂの食塩水でも３：４の比で混ぜることになる)。したがって，Ａに入っていた300ｇの食塩水を３：４の比で分けて４の方を取り出したことになるから，取り出した食塩水の量は，$300\times\frac{4}{3+4}=\mathbf{\frac{1200}{7}}$(ｇ)

3　⑴　**【解き方】周期を見つける。**

①操作を繰り返したときの水の量の変化は，0.2→0.4→0.8→1.6→0.6→1.2→0.2→……，となる。したがって，６回ごとに水の量は0.2Ｌになる。2023÷６＝337余り１だから，2023回繰り返すと，338回目の周期の１つ目の**0.4**Ｌになる。

②操作を繰り返したときの水の量の変化は，0.3→0.6→……，となる。このあとは①と同様だから，６回ごとに0.6Ｌになる。最初に0.6Ｌになってから2023－１＝2022(回)操作を繰り返すと，2022÷６＝337より，ちょうど**0.6**Ｌにもどる。

③操作を繰り返したときの水の量の変化は，2.4→1.4→0.4→……，となる。このあとは①と同様だから，６回ごとに0.4Ｌになる。最初に0.4Ｌになってから2023－２＝2021(回)操作を繰り返すと，2021÷６＝336余り５より，337回目の周期の５つ目の**0.2**Ｌになる。

⑵　**【解き方】はじめの水の量を□とし，式に表してみる。**

①水の量を２倍にすることを２回行わないと１Ｌ以上にならない。したがって，□×２×２－１＝□だから，

□×４－１＝□　　□×４－□＝１　　□×３＝１　　$□=\frac{1}{3}$　　よって，はじめの水の量は，$\mathbf{\frac{1}{3}}$Ｌである。

②水の量を１Ｌ減らしたあと，２倍にすることを２回行わないと１Ｌ以上にならない。したがって，

(□－１)×２×２＝□だから，□×４－４＝□　　□×４－□＝４　　□×３＝４　　$□=\frac{4}{3}=1\frac{1}{3}$

よって，はじめの水の量は，$\mathbf{1\frac{1}{3}}$Ｌである。

また，①で求めた$\frac{1}{3}$Ｌに対して操作を繰り返したときの水の量の変化は，$\frac{1}{3}\to\frac{2}{3}\to\frac{4}{3}\to\frac{1}{3}\to$……となる。したがって，はじめの水の量が$\frac{1}{3}$Ｌ，$\frac{2}{3}$Ｌ，$\frac{4}{3}$Ｌ＝$1\frac{1}{3}$Ｌのとき操作を３回繰り返すと元の水の量にもどるから，もう１通りのはじめの水の量は$\mathbf{\frac{2}{3}}$Ｌである。

⑶　**【解き方】０Ｌから操作をさかのぼって考える。１Ｌ未満の水の量から操作をさかのぼるときは，水の量に１Ｌを足す場合と，水の量を$\frac{1}{2}$倍にする場合の２つがあることに気をつける。１Ｌ以上の水の量から操作をさかのぼるときは，水の量に１Ｌを足す。**

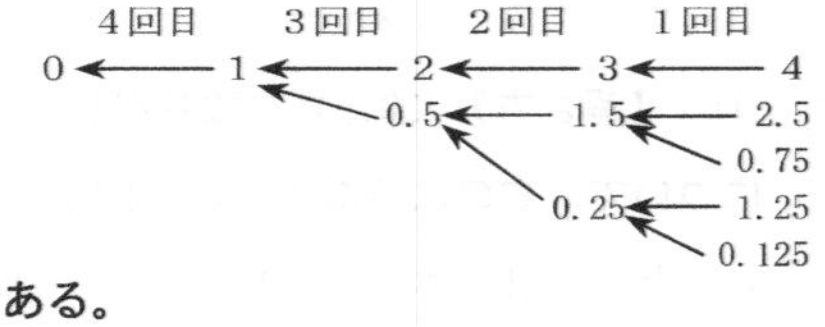

操作をさかのぼると右図のようになる。よって，はじめの水の量として考えられるのは，**0.125，0.75，1.25，2.5，４**である。

4　⑴　**【解き方】図１において，三角形ＡＥＪと三角形ＭＣＪは同じ形である。**

ＥＪ：ＣＪ＝ＡＥ：ＭＣ＝**２：１**

したがって，図１においてＥＧからＪまでの距離(きょり)とＥＧからＣまでの距離の比は，２：(２＋１)＝２：３だから，面ＥＦＧＨからＪまでの高さは，$ＡＥ\times\frac{2}{3}=24\times\frac{2}{3}=\mathbf{16}$(㎝)

⑵①　**【解き方】三角形ＥＦＨにおいて，ＥＨ：ＥＦ＝18：24＝３：４だから，三角形ＥＦＨは３辺の比が３：４：５の直角三角形なので，$ＨＦ=ＥＨ\times\frac{5}{3}=18\times\frac{5}{3}=30$(㎝)である。また，三角形ＡＰＱと三角形ＡＨＦ**

は同じ形，三角形ＪＳＲと三角形ＪＨＦも同じ形である。

ＰＱ：ＨＦ＝ＡＰ：ＡＨ＝ＡＫ：ＡＥ＝１：２だから，ＰＱ＝ＨＦ×$\frac{1}{2}$＝30×$\frac{1}{2}$＝**15**(cm)

ＳＲ：ＨＦを求めるために，底面をＥＦＧＨとしたときの，(ＳまたはＲの高さ)：(Ｊの高さ)を求める。

ＳまたはＲの高さは，ＡＥ×$\frac{1}{2}$＝24×$\frac{1}{2}$＝12(cm)だから，(ＳまたはＲの高さ)：(Ｊの高さ)＝12：16＝３：４なので，(面ＫＬＭＮからＪまでの高さ)：(面ＥＦＧＨからＪまでの高さ)＝(４－３)：４＝１：４

よって，ＳＲ：ＨＦ＝１：４だから，ＳＲ＝ＨＦ×$\frac{1}{4}$＝30×$\frac{1}{4}$＝**7.5**(cm)

②　【解き方】ＰＱとＳＲはともにＨＦ(ＮＬ)と平行だから，ＰＱとＳＲも平行なので，四角形ＰＱＲＳは台形であり，①で上底と下底の長さは求めた。したがって，高さを考える。長方形ＫＬＭＮで図Ｉのように作図する(Ｊ′は長方形ＫＬＭＮ上でＪの真下にある点。ＯはＫＭの真ん中の点だから，図Ⅱのように ＥＣの真ん中の点でもある)。ＴＯ：ＴＵとＰＶの長さを求める。

図Ｉ

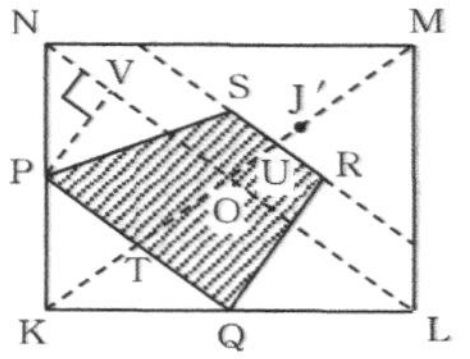

①より，三角形ＪＳＲとＪＨＦの対応する辺の比は１：４だから，

ＵＪ′：ＯＪ′＝１：４より，ＵＪ′＝$\boxed{1}$，ＯＪ′＝$\boxed{4}$，ＯＵ＝$\boxed{4}$－$\boxed{1}$＝$\boxed{3}$とする。

ＥＪ：ＪＣ＝２：１でＥＯ：ＯＣ＝１：１だから，

ＥＯ：ＯＪ＝ＥＯ：(ＥＪ－ＥＯ)＝$\frac{2+1}{2}$：(２－$\frac{2+1}{2}$)＝３：１

これより，ＫＯ：ＯＪ′＝３：１だから，ＫＯ＝ＯＪ′×３＝$\boxed{4}$×３＝$\boxed{12}$

三角形ＫＰＱと三角形ＫＮＬは同じ形で対応する辺の比が１：２だから，

ＫＴ：ＴＯ＝１：１なので，ＴＯ＝ＫＯ×$\frac{1}{2}$＝$\boxed{12}$×$\frac{1}{2}$＝$\boxed{6}$

したがって，ＴＯ：ＴＵ＝$\boxed{6}$：($\boxed{6}$＋$\boxed{3}$)＝２：３

図Ⅱ

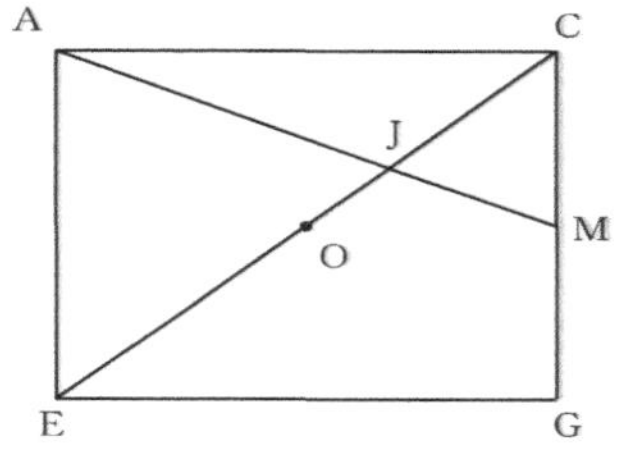

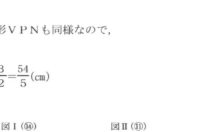

また，三角形ＫＬＮは３辺の比が３：４：５の直角三角形だから，三角形ＶＰＮも同様なので，

ＰＶ＝ＮＰ×$\frac{4}{5}$＝$\frac{18}{2}$×$\frac{4}{5}$＝$\frac{36}{5}$(cm)

ＴＯ：ＴＵ＝２：３，ＰＶ＝$\frac{36}{5}$cmだから，台形ＰＱＲＳの高さは，$\frac{36}{5}$×$\frac{3}{2}$＝$\frac{54}{5}$(cm)

よって，台形ＰＱＲＳの面積は，(15＋7.5)×$\frac{54}{5}$÷２＝**121.5**(cm²)

5　**(1)(ア)　【解き方】⑭の切り口の線は右の図Ｉのようになり，各面に直角二等辺三角形がえがかれる。この切り口の線と平行になるように，⑪にも切り口の線が引かれる。**

⑪の各辺を延長して切り口の線をかいていくと，図Ⅱのようになる。

各面に直角二等辺三角形がえがかれるように線を引く。

図Ｉ(⑭)

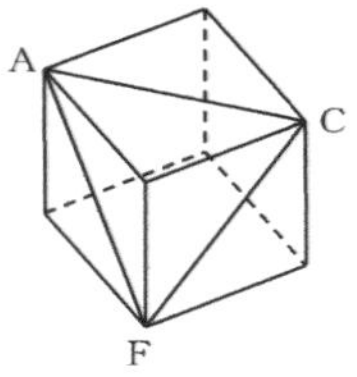

図Ⅱ(⑪)

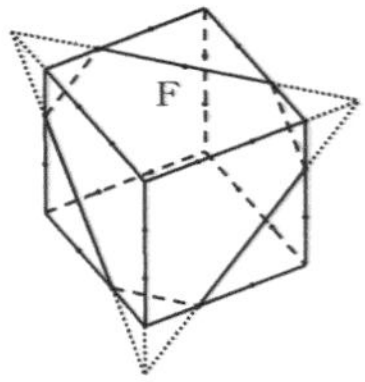

(イ)　図４に切り口となる直線をかきこむと，図Ⅲのようになる。

㋐は３段目の上の面に引かれる直線，㋑は２段目の上の面に引かれる直線，㋒は１段目の上の面に引かれる直線，㋓は１段目の下の面に引かれる直線である。よって，⑭以外で切断される立体は，**②，③，⑥，⑪**である。

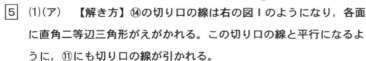

図Ⅲ

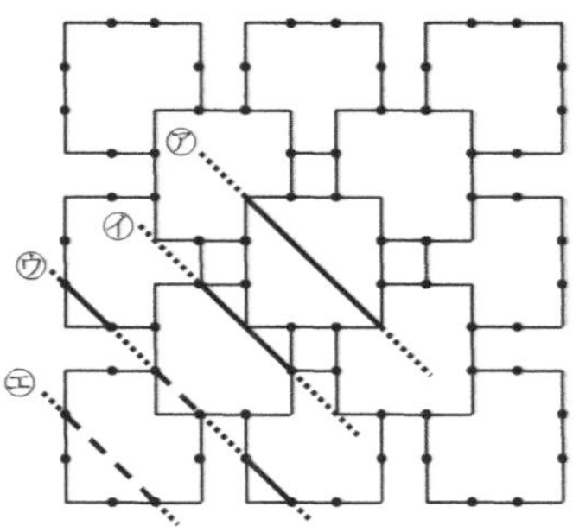

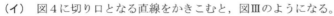

(ウ)　【解き方】(ア)で切り口を作図したときと同様に，②，③，⑥の切り口を作図し，切り取られた立体の体積の合計を求める。

②，⑥の切り口は図Ⅳ，③の切り口は図Ⅴのようになる。
⑪で切り取られた部分は③で残った部分と合同だから，⑪と③で切り取られた体積の合計は，立方体１個ぶんである。

図Ⅳ
（②，⑥）
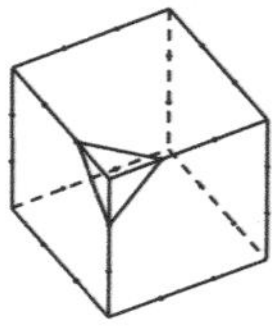

図Ⅴ（③）
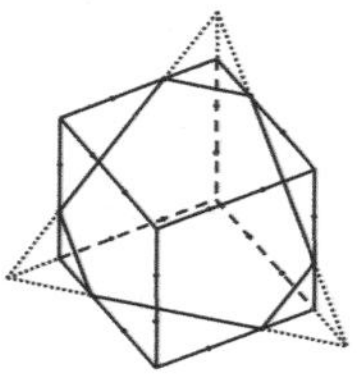

⑭で切り取られた立体の体積は，$(3\times3\div2)\times3\div3=\frac{9}{2}$(cm³)
②と⑥で切り取られた立体の体積は，$(1\times1\div2)\times1\div3=\frac{1}{6}$(cm³)
Ｘの体積は，$3\times3\times3\times14=378$(cm³)だから，Ｙの体積は，$378-27-\frac{9}{2}-\frac{1}{6}\times2=347-\frac{1}{2}-\frac{1}{3}=$**$346\frac{1}{6}$**(cm³)

(2)(エ)　【解き方】⑭で残っている部分は図Ⅵの色つき部分のように，立方体の底面以外の５つの面の対角線が交わる点を頂点にもつ。

⑭で残っている部分のうち，高さ$\frac{3}{2}$cmより上の部分は，図Ⅶのように合同な４つの部分に分けて，それぞれを折り返すことができる。すると，立方体をちょうど半分にした立体になるので，求める体積は立方体の体積の半分だから，
$27\times\frac{1}{2}=$**13.5**(cm³)

図Ⅵ
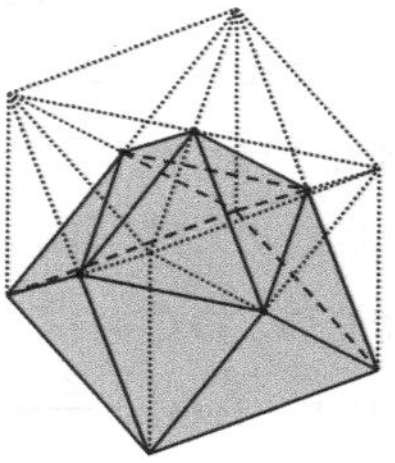

図Ⅶ
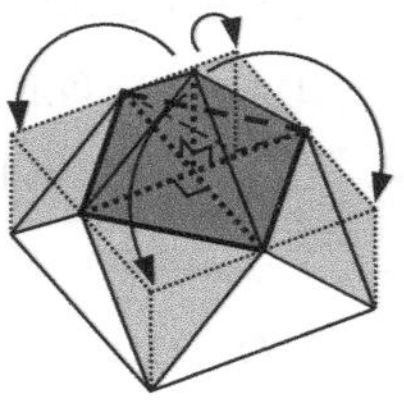

(オ)　【解き方】ＸからＹを作るときの切り取りを４回行ったが，切り取られた部分のうち重なる部分は⑭においてのみ存在する。(イ)の図Ⅲから，１段目，２段目において重なりは存在しないとわかる。

(ウ)で求めた切り取った部分のうち，１段目と２段目の部分の体積の合計は，$27+\frac{1}{6}\times2=\frac{82}{3}$(cm³)
したがって，ＸからＺを作るときに１段目と２段目で切り取った体積の合計は，$\frac{82}{3}\times4=\frac{328}{3}$(cm³)
３段目で残った部分の体積は13.5cm³だから，Ｚの体積は，$27\times13-\frac{328}{3}+13.5=364\frac{1}{2}-109\frac{1}{3}=$**$255\frac{1}{6}$**(cm³)

《2023　理科　解説》

1　**(1)**　イ×…川の中央付近の方が川が深い。

(2)　ア×…川の水が多い方が大きな石が下流に運ばれやすい。

(3)　ウ×…晴れた日に，水でぬれた布から水が蒸発するときに球部の熱をうばうので，布を球部に巻き付けた温度計の方が低い温度を示す。

(5)　ア×…日の入りの時刻が最も早い日と最も昼の長さが短い日は少しずれる。　ウ×…10月の太陽は真西よりも南よりに沈(しず)む。12月の冬至の日に最も南よりになり，少しずつ北寄りに変わっていくので，太陽が同じ位置に沈むのは２月である。

(6)　ア×…月の南中高度は太陽と同様に１年を通じて変化する。太陽と反対に，月の南中高度は冬に高く，夏に低くなる。　イ×…月から地球を見たときに光っている部分は，地球から月を見たときに光っていない部分と同じ形である。　ウ×…地球の自転ではなく月が自転する速さと公転する速さが同じだからである。

(7)　イ×…冬の大三角をつくる星は，おおいぬ座のシリウス，こいぬ座のプロキオン，オリオン座のベテルギウスである。　ウ×…北の空に見えるカシオペア座は北極星を中心に反時計回りに回って見える。

(8) ア×…北の空の星は，北極星からの距離(きょり)が遠いほど大きく動いて見える。　イ×…赤道の東の空では，どの星が動いたあとも地平線に垂直になっている。

2 **問１**　表より，おもりの重さとバネののびは比例の関係にあることがわかる。よって，Aは 20ｇで１cm，Bは 20ｇで0.5 cmのびることがわかるので，Xは15，Yは13.5が入る。

問３　おもりをつるしていない状態での長さは，問２のグラフのおもりの重さが０ｇのときのバネの長さと等しい。

問４　それぞれのバネに60ｇの重さがかかるので，Aは15 cm，Bは14.5 cm，全長は15＋14.5＝29.5(cm)となる。

問５　棒の中央につるしたおもりの重さは半分に分かれて両端(りょうはし)にかかる。AとBの長さが同じになっているので，問２のグラフが交わる40ｇのおもりをそれぞれのバネにつるした状態である。よって，つるしたおもりの重さは40×２＝80(ｇ)である。

問６　図３のとき，おもりからバネまでの距離の比は，それぞれのバネにかかる重さの逆比になるので，分かれるおもりの重さの比はA：B＝２：３となる。

問７　棒が水平になっているのでバネの長さは同じである。グラフより，おもりの重さの比がA：B＝２：３になっているバネの長さは 16 cmで，このときそれぞれにかかるおもりの重さはAが 80ｇ，Bが 120ｇだから，おもりの重さは80＋120＝200(ｇ)である。

問８　バネの長さは合計で 35－４＝31(cm)になるので，バネののびは合計で 31－(12＋13)＝６(cm)である。同じ重さのおもりをつるしたときのバネののびの比は，A：B＝２：１だから，Aが$6\times\frac{2}{2+1}=4$(cm)のびて 12＋４＝16(cm)，Bが６－４＝２(cm)のびて 13＋２＝15(cm)となる。

問９　問８のバネののびに加えて60ｇのおもりの重さを考える必要がある。図５では，60ｇのおもりの重さは，Aののびる長さとBのちぢむ長さが同じになるように分かれる。よって，図４の状態から，Aに20ｇがかかって１cmのび，Bに40ｇがかかって１cmちぢむので，Aは16＋１＝17(cm)，Bは15－１＝14(cm)となる。

問 10　問９と同様に考える。図４の状態から，Aに 20ｇがかかって１cmちぢみ，Bに 40ｇかかって１cmのびるので，Aは16－１＝15(cm)，Bは15＋１＝16(cm)となる。

3 **イ，ウ**　そう子葉類は４枚か５枚，単子葉類は３枚か６枚の花びらをもつものが多い。

エ～コ　条件１～５を表ｉのようにまとめる。光があたる時間だけが異なる条件１と３を比べると，光があたる時間の中断は花芽形成に影響(えいきょう)がないと考えられる。また，光があたらない時間だけが異なる条件２と４を比べると，光があたらない時間の中断は花芽形成に影響する可能性があることわかる。さらに，光があたる時間が同じ２，４，５の結果を考え合わせると，花芽形成は連続して光があたらない時間の長さが条件になっており，Yは２，５で花芽形成し，４で花芽形成しないことから，連続して光があたらない時間が12時間より長いと花芽形成すると考えられる。

表ｉ

条件	光があたる時間	光があたらない時間	花芽形成
1	連続13時間	連続11時間	X○，Y×
2	連続11時間	連続13時間	X×，Y○
3	連続6.5時間×２	連続11時間	X○，Y×
4	連続11時間	連続6.5時間×２	X○，Y×
5	連続11時間	連続12.5時間	X×，Y○

サ～ス，ａ，ｂ　Xは連続して光があたらない時間が 12 時間よりも短くなると花芽形成すると考えられる。このような植物は，アブラナ，アヤメなど，夜の時間が短くなっていく春に花が咲(さ)く植物や若い植物で冬越しする植物に多い。また，Yは連続して光があたらない時間が 12 時間よりも長くなると花芽形成すると考えられる。このような植物は，アサガオ，イネなど，夜の時間が長くなっていく夏から秋に花が咲く植物や種子で冬越しする植物に多い。なお，キュウリやトマトのように日照時間とは無関係に花芽形成するものもある。

4 問1(1) 太陽からの熱は空気を通り抜けて直接地面を温める。このような熱の伝わり方を放射という。 (2) 晴れた日の昼間は，陸の方が海よりもあたたまりやすいから，陸上の空気の温度が高くなって上に移動し，そこに海上の空気が流れこんで海風が吹(ふ)く。このような空気の流れによる熱の伝わり方を対流という。 (3) 熱は金属などのつながっている部分を加熱部分から順に伝わっていく。このような熱の伝わり方を伝導という。真空の部分があることで，熱が伝わらないようになっている。

問2 表1より，空気の熱伝導率は銅と比べて非常に小さいことから，熱は銅のつながっている部分を順に伝わっていくことがわかる。

問3 水を加熱すると，加熱した部分が周りよりも軽くなって上に移動する。そこに新たな水が流れこんで流れができ，全体が温まっていく。よって，アが正答となる。

問5 透明(とうめい)なガラス板は，ストーブからの熱が通り抜けるので，ストーブの反対側にいる人は暖かさを感じるが，黒いペンキを塗(ぬ)ったガラス板は，ストーブからの熱を吸収し，ガラス板に銀めっきした鏡は，ストーブからの熱を反射するので，人は暖かさを感じない。また，ガラス板が熱くなるのは黒いペンキを塗ったときである。

問6(1) 表2より，100gの温度を10℃上げるのに必要な加熱時間はエタノールが33秒，水が55秒だから，水50gとエタノール50gを混合した水溶液(すいようえき)を10℃上げるのに必要な加熱時間は$\frac{33+55}{2}=44$(秒)となる。よって，50℃上げるのに必要な加熱時間が $44\times\frac{50}{10}=220$(秒)の比例のグラフになる。 (2) エタノールの重さを2倍の200gにすると，10℃上げるのに必要な加熱時間も2倍の33×2＝66(秒)になる。よって，50℃上げるのに必要な加熱時間が$66\times\frac{50}{10}=330$(秒)の比例のグラフになる。

《2023 社会 解説》

1 (1) ウ 耕作放棄地とは「以前耕作していた土地で，過去1年以上作物を作付け(栽培)せず，この数年の間に再び作付け(栽培)する意思のない土地」のことを言う。経営耕地面積の減少は見られるが，耕地が他の用途に転用されたかどうかは読み取れず，耕作放棄地が増えていることは読み取れない。

(2) 以前は，規模の小さい家族経営の兼業農家が多かったが，兼業農家の数が増えてくる中で，大型機械の共同購入や集団化によって，大規模経営を行う兼業農家が現れてきた。効率的かつ安定的な農業経営を育成し，このような農業経営が，農業生産の大部分を担う農業構造を確立するために，農業経営の法人化が進められている。

(3)① ウ 国土に対する割合は，山地が61%，丘陵地が11.8%だから，72.8%である。また，台地は11.0%，低地は13.8%，内水域等が2.4%である。また，国土の3分の2が森林(天然林54%，人工林41%，無立木地・竹林5%)であることも覚えておきたい。 ② B＝流域面積 C＝季節風 B．日本の河川は，傾斜が急で，流域面積が狭く，長さが短い。流域面積…降雨時，河川に雨水が流れ込む範囲。C．夏は南東季節風が太平洋側から吹き込むことで，太平洋沿岸に大雨が降り，冬は北西季節風が日本海を渡って吹き込むことで，日本海沿岸に大雪をもたらす。また，どちらの影響も受けにくい瀬戸内では，1年を通じて降水量が少なく水不足になりやすい。

③ 松本＝エ 潮岬＝ア 長野県の松本(図の松本は実際の位置より少し北になっている)は，1年を通して降水量が少なく，冬に冷え込む内陸の気候のエ，紀伊半島の南端にある潮岬は，比較的温暖で夏の降水量が多い太平洋側の気候のアである。背後に紀伊山地がある潮岬は，特に夏の降水量が多いことで知られる地域である。イは瀬戸内の気候の高松，ウは北海道の気候の札幌である。

(4) 北海道＝ア 熊本県＝エ 畜産の割合が高いアとオは，北海道と鹿児島県であり，乳用牛の割合が高いアが北海道，肉用牛の割合が高いオが鹿児島県である。耕種の割合が高いイ，ウ，エのうち，果実の割合が高いエが熊本県である。熊本県はみかんなどの果実栽培がさかんである。畜産のうち鶏卵の割合が高いイは，鶏卵生産量が全国１位の茨城県と判断できるから，ウは千葉県である。

(5) エ　スイートコーンの自給率はほぼ100%，飼料用トウモロコシの自給率はほぼ０%である。

2 (1)① あ＝鋼　い＝ナフサ　あ．銑鉄をつくることを製銑，鋼をつくることを製鋼という。鋼をさまざまな鋼片に変え，圧延機によって製品の素材につくりかえられる。い．原油は，ＬＰガス・ガソリン・ナフサ・灯油・軽油・重油などに分類される。　② イ　諸産業の基礎素材である鉄鋼の生産は，国内生産が主であり，鉄鋼業は空洞化が起きていない産業である。　③ コークス　銑鉄の原料は，鉄鉱石・石炭（コークス）・石灰石である。

(2)① 綿〔別解〕綿花　天然繊維は，植物繊維（綿・麻など）と動物繊維（生糸・羊毛など）に分けられる。

② イ　品目の分類は統計資料によって異なるので注意しよう。機械類が27%となっているので，自動車などの輸送用機械は含まないと判断する。輸入金額のうち，それぞれが占める割合は，イのコンピュータが3.5%，ウの通信機が4.2%，エの半導体等電子部品が3.7%であり，アの自動車の割合は1.7%である。　③ 為替相場において，例えば１ドル＝100円から１ドル＝80円のように円の価値が高まることを円高という。円高は輸出産業に不利なため，貿易摩擦の解消の目的もあって，日本企業の海外進出が進んだ。

3 (1) ア　弥生時代の遺跡は，周囲を濠や柵で囲んだ環濠集落が多く，埋葬された人骨に矢などで射られた跡などがあることから，弥生時代にはムラとムラの争いがあり，強いムラが弱いムラを吸収して，大きなクニになっていったと考えられている。

(2) エ　大化の改新では，公地公民などの方針は表されたが，明確な律令制度がはじめて制定されたのは701年の大宝律令である。また，国司を派遣したことは記録として残っている。土地制度については，班田収授が大化の改新後に行われたことが確認されている。

(3) エ　仏教公伝は６世紀半ばだから，大仏が完成したころは，日本に仏教が伝わってから200年程度である。

(4) イ　『源氏物語』は随筆ではなく長編物語である。平安時代に著された随筆には，清少納言の『枕草子』などがある。

(5) イ　『蒙古襲来絵詞』の一部である。アは平治の乱，ウは壇ノ浦の戦い，エは倭寇を描いたものである。

(6) ア　ａ．正しい。三代将軍足利義満の頃に発展した北山文化は，武家文化と伝統的な公家文化の融合が特色で，日明貿易や禅宗を通じて大陸の文化の影響も受けている。ｂ．正しい。枯山水の庭は河原者と呼ばれた賤民身分の人々によってつくられたと言われている。龍安寺の庭園などが有名である。ｃ．正しい。

(7) ウ　織田信長は，キリスト教を保護するためではなく，自治都市堺の経済力を得るためと堺でつくられる鉄砲を手に入れるために支配したと言われている。織田信長が堺の有力な商人の集まりである会合衆に対して大金を要求すると，堺の商人である今井宗久が会合衆と織田信長の間をとりもち，会合衆が要求された金を支払うことで堺は焼き打ちから逃れたと言われている。

(8) イ　対馬藩が朝鮮から輸入したものは，木綿や朝鮮人参などであった。

4 (1) キ　ａ．誤り。藩校は18世紀にはつくられていた。イギリス艦隊から砲撃を受けた薩摩藩と，イギリス・フランス・アメリカ・オランダの連合艦隊から下関の砲台を砲撃された長州藩は，攘夷をあきらめ，倒幕へと変わっていった。ｂ．正しい。ｃ．誤り。国学は，江戸時代の中頃に本居宣長や平田篤胤らによって確立された学問である。

(3) ウ　日本が好景気を迎えたのは，第一次世界大戦中であり，戦後，ヨーロッパが復興し，ヨーロッパの商品がアジアに再登場してくると，大戦景気は終わり，日本経済は低迷した。

(4)① X＝国民総生産〔別解〕ＧＮＰ Y＝東海道 X．1968年，日本は資本主義諸国の中で，ＧＮＰが第２位となった。Y．1964年，東京オリンピック開催に合わせて，東海道新幹線が開通した。 ② d 1980年代の内容である。

5 (1) A＝主権者 B＝政治〔別解〕国政 大日本帝国憲法では，天皇が，国の元首として軍隊を統率し，外国との条約を結ぶなどの大きな権限を持っていた。

(2) イ 世襲…地位を子孫が代々受け継ぐこと。

(3) 1999 年 1999 年「国旗及び国歌に関する法律」が成立し，日章旗が国旗，君が代が国歌であることが定められた。

6 (1) ○ ＮＧＯは非政府組織の略称である。

(2) フランス 設立時は中華民国が常任理事国であったが，後に中華人民共和国に変更された。ソヴィエト社会主義共和国連邦は現在のロシア連邦の前身である。グレート・ブリテン及び北部アイルランド連合王国はイギリスの正式名称である。

(3) 拒否 1956年まで日本が国際連合に加盟できなかった理由も，ソ連が拒否権を発動していたからであった。

(4) 子どもの権利条約 日本は1994年に批准した。

★久留米大学附設中学校

《国　語》

一　問一．愛用していた茶道具のうちのいくつかを売りはらって用意した。　問二．自分の家が狭いので、百姓の家に預けたまま見ればよいと思ったから。　問三．百姓は、梅の木に実がなるからお金をもらったのであり、玄知がただ梅の木を見るだけなのであれば、お金を受け取るわけにはいかないと考えたから。　問四．梅の木は自分のものだと思うからこそ見ていて面白いのであり、お金を返せば梅の木は再び百姓のものとなって、楽しみが失われるから。

二　問一．①供　②唱　③栄　問二．①イ　②オ　③ク　④キ　問三．①とても　②ばかり　③まるで　④ものの　問四．①ア．重　イ．切　ウ．延　②イ，ウ　③次の行の行頭にくる　④別の単語に属している

三　問一．⑴①　⑵エ　問二．a．顔　b．胸〔別解〕心　問三．c．慣習　d．学習　e．強制　問四．伝承
問五．g．言語文化圏ごとに表現が異なり、何を二つ得るのか、というところに言語文化があらわれている
h．複数の異なる言語文化圏で、青空と雷を組み合わせた、ほとんど同じような表現が使われている
問六．イ，カ

四　問一．ア　問二．遠く青森から親子二人でやってきて旅館に泊まり、行き先も告げず外出した理由。
問三．③とんかつのような特別感がなく手間のかからない料理でよいのかという驚き。　⑦母親の息子を思う気持ちをくみ、親子の再会にふさわしい料理はとんかつしかないという思い。　問四．まだ幼さの残る息子と別れる母親と、これから厳しい修行に入る息子の気持ちを思いやり、しばらく食べられない好物のとんかつをおいしく揚げて、心ゆくまで味わってほしいという思い。　問五．母親が自分の分のとんかつを息子にあげて、その気持ちを受け取った息子が食べている様子。　問六．ア　問七．自分が修行中の身であることを知っていながら、久しぶりに母とともにとる夕食に、思い出深い好物のとんかつを用意してくれたことに感謝する気持ち。
問八．エ，カ

《算　数》

1　⑴0.025　⑵18　⑶3064，5100，8164　⑷$46\frac{2}{3}$　⑸24

2　⑴$1\frac{2}{3}$　⑵250　⑶$\frac{11}{12}$　⑷時刻…12時48分　距離…10.5

3　⑴0.286　⑵12　⑶0.186　⑷18

4　⑴200.96　⑵235.5　⑶2512

5　⑴右図　⑵1.57　⑶1.07　⑷(ア)4.5　(イ)3.14

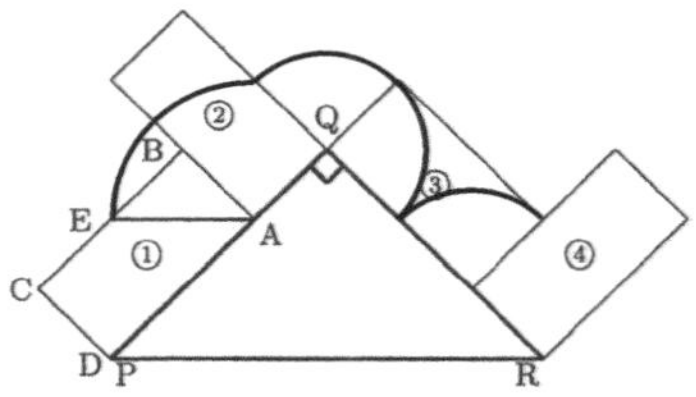

《理　科》

1 1．⑧　2．⑦　3．④　4．⑥　5．⑤　6．②　7．⑥　8．③

2 あ．せきつい　い．あし　う．うろこ　え．胸びれ　お．腹びれ　か．おびれ　き．背びれ　く．しりびれ　け．うで　こ．つばさ　さ．三角形　し．うきぶくろ　す．背びれとしりびれ　せ．レッド　そ．絶めつ危ぐ　た．外来種　ア．B　イ．A　ウ．C　エ．B　オ．A　カ．A　キ．C　ク．A　ケ．A　コ．B　サ．C　シ．A　ス．B

3 問1．エ　問2．イ　問3．C．石灰水　D．酸素　E．炭素
問4．①ア　②ア　③ウ　問5．a．ウ　b．オ
問6．ア，エ，オ　問7．オ　問8．⑴896　⑵26

4 問1．あ．200　い．1　う．2
問2．［力点／作用点］　支点a…［ア／イ］　支点b…［イ／ウ］
問3．1200　問4．96　問5．15　問6．右グラフ
問7．$\frac{8}{7}$

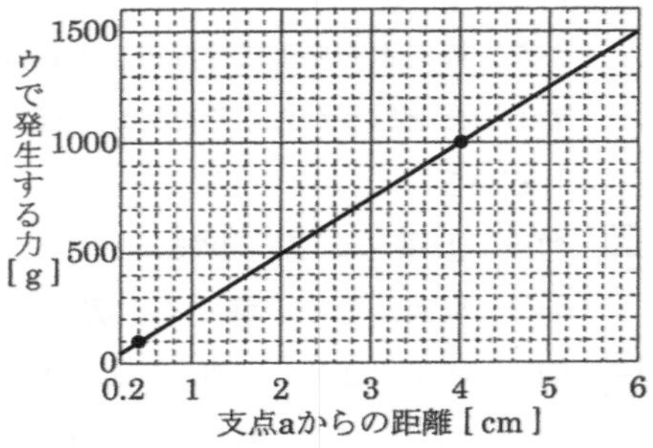

《社　会》

1 ⑴X．輪作　Y．てんさい　⑵エ　⑶仙台　⑷①千葉／茨城　②ウ　⑸ニュータウン　⑹①ウ　②記号…エ　Z．バッテリー　③関連工場からの部品供給が１つでも止まると，自動車生産ができなくなる。　⑺和紙　⑻ア　⑼ウ

2 ⑴イ　⑵オ　⑶イ　⑷ウ　⑸ウ　⑹エ　⑺学問…国学　人物…本居宣長

3 ⑴王朝名…隋　道筋…イ　⑵エ　⑶ウ，オ，カ　⑷ウ　⑸木簡　⑹エ

4 ⑴①ウ　②公債　⑵イ　⑶ア　⑷エ　⑸b　⑹ウ

←解答例は前のページにありますので，そちらをご覧ください。

《2022 国語 解説》

一 問一 「玄知は～これまで持ち慰んだ(愛用していた)茶道具の幾つかを売払った。そして金子(お金)を懐中に～訪ねて往った」より。

問二 玄知の「買取るには買取ったが、うちは邸が狭いから～お前の許に預けておくつもりだ」「乃公は花を見ればいいのだ」という言葉より。

問三 百姓の「俺実が生るから金を貰っただ。花見するだけなら～金は返すだよ」という言葉より。

問四 玄知の「花がお前のものなら、幾ら見たって面白くない。自分のものにして初めて熟々と見ていられるのだから」という言葉より。

三 問一(1) 文章Ⅰで「この本の中で私が文化と称するものは、ある人間集団に特有の、親から子へ、祖先から子孫へと学習により伝承されていく、行動及び思考様式上の固有の型(構図)のことである」と述べていることに、①が合う。 (2) 文章Ⅰでは「つまり文化とは、人間の行動を支配する諸原理の中から本能的で生得的なものを除いた残りの、伝承性の強い社会的強制(慣習)の部分をさす概念だと考えて頂いてよい」と述べている。よって、「本能的で生得的なもの」にあたるエは、筆者が考える「文化」には当たらない。

問二 a 「顔に泥を塗る」は、めんぼくを失わせる、はじをかかせる、という意味。 b 日本人が「人指ゆびで鼻の先をさす」のは「顔が自分の存在を象徴すると考えているからである」というのと同様に考える。つまり、自分の存在の本質だととらえているものが、ゆびでさした先にあるということ。西欧人は「親指で胸のあたりを突く」とあり、慣用句として「Get something off one's chest(胸を開く、打ち明ける)」が取り上げられている。

問三 「人間の言語活動の大部分にも、このような文化の定義があてはまる」ということを具体的に説明したのが、傍線部③のある段落である。「このような」とは、その直前で述べた「人間の行動を支配する諸原理の中から本能的で生得的なものを除いた残りの、伝承性の強い社会的強制(慣習)の部分をさす」ということ。言語を「伝承」することについては、２段落目の「親から子へ、祖先から子孫へと学習により伝承されていく」より。

問四 直前に「よく使われる」とあり、それが「江戸時代にすでに使われていました」ということを述べている。つまり、現代にいたるまで長いあいだ受けつがれ、伝えられてきたということ。

問五 まず、傍線部⑤の「そこ」が指す内容を読み取る。それは、直前の「同じようなことがらを表現するのに、どのような言語表現を使うか～違う場合もあれば同じ場合もあります」ということ。「違う場合」の例が「一石二鳥」で、「同じ場合」の例が「青天の霹靂」である。 g 「一石二鳥(Kill two birds with one stone.)」と同じような意味の表現で、二つ得るものが、「婿」「蠅」「兎」「魚」などのように、言語文化圏によって違うのである。このことについて、文章Ⅱの最後で「何を二つ得るのか、というところにお国柄、つまり言語文化があらわれているようでおもしろいですね」と述べている。 h 傍線部⑤のある段落の直前の段落で、「青天(青く晴れた空)の霹靂(かみなり)」と同じ意味の表現として、英語の「A bolt(電光・いなずま) out of [from] the blue(青空)」や、チベットの「『雲一つない空～雷が落ちる』といういいまわし」を取り上げている。また、「フランスやイタリア、ロシアにも同じようないいまわしがあります」とも述べている。

問六 ア．文章Ⅰで、文化は「ある人間集団に特有の、親から子へ、祖先から子孫へと～伝承されていく～固有の型(構図)」のことだと述べているので、このようなことが言える。 イ．このようなことは文章中で述べられていない。　ウ．文章Ⅰで、文化は「人間の行動を支配する諸原理～伝承性の強い社会的強制(慣習)の部分をさす概念」だと述べているので、このようなことが言える。　エ．文章Ⅰで、文化は「人間の行動を支配する諸原理の中から本能的で生得的なものを除いた残りの～概念」だと述べているので、このようなことが言える。　オ．文章Ⅰで「ある人間集団に特有の」と述べていること、文章Ⅱで「人間の生活はそれぞれの言語文化圏によって、異なります～どのような言語表現を使うか～その言語によって構築されている文化～によって違う場合もあれば」と述べていることなどから、このようなことが言える。　カ．このようなことは文章中で述べられていない。　キ．傍線部⑤のある段落の直後の２段落で「『時は金なり』～英語の『Time is money.』を知ると、『おお！　そっくり』と思いますが～この英語を翻訳したものが『時は金なり』だった～発想が似ているのか～翻訳なのか、というところが大事」だと述べており、「偶然の一致」ではない「翻訳」の可能性があるので、このようなことが言える。

四　**問一**　傍線部①は、３行前の「思わず、あ、と驚きの声を洩らしてしまった」と同じ気持ち。それは「息子の方は～頭がすっかり丸められて、雲水(修行僧)のように青々としていたから」である。この内容に、アが適する。

問二　前書きの「遠く青森から親子連れ～二人の様子から親子心中しにきたのかと怪しむ。翌朝、親子は行き先を告げずに外出した」を参照。親子が何のためにここに来たのかわからず、不審に思っていたということ。

問三　傍線部③は、直後で「<u>そんなもの</u>でよろしいんですか？」と言っていることから、女将にとって意外なリクエストだったということがわかる。女将は「息子さんは今夜で娑婆(俗世界。外の自由な世界)とは当分のお別れですね。お夕食はうんと御馳走しましょう」と言ったのであり、もっと手のかかる、ふだんの食事とはちがうものをイメージしていたのだと考えられる。傍線部⑦は、他のどんな料理でもなく「とんかつ」なのだ、という気持ち。「去年とは違いますから、なにをお出しすればいいのかしら」と聞いた女将に、母親は「修行中の身ですからになあ。したが(けれども)、やっぱし……」と答えた。この会話は、修行僧は動物性の食材をさけるということをふまえたものである。母親の言った「やっぱし」の後に省略されているのは、前回泊まったときと同じように、息子の好きなとんかつをお願いしたい、ということである。けがをした息子のことを心配してはるばるやって来た母親の、息子に一番好きな物を食べさせてやりたいという思いをくみとって、女将は「わかりました。お任せください。」と言ったのである。入門前夜に出したとんかつは、この親子の再会にふさわしいメニューだと言える。

問四　通常の厚さのとんかつをさっと揚げるのではなく、「これまででいちばん厚いとんかつをじっくりと揚げ」たのだから、特別な料理として心をこめ、おいしいとんかつを作ったのだとわかる。明日入門するという息子と、送り出す母親の気持ちをくんで、精一杯のおもてなしをしようと思ったのである。

問五　息子を修行に送り出す母親が、とんかつが大好物の息子よりも早く完食したとは考えられない。好きなとんかつもしばらく食べられず、厳しい修行に向かう息子に、自分のとんかつをあげたのである。そのような母親の気持ちを受け取り、しんみりした空気の中で、息子は「せっせと食べ」ているのである。

問六　息子が入門する前夜に、母親は「面会などせずに～およそ五年間の修行を終えて帰ってくるのを待つつもりでいる」と言っていた(傍線部③の６～７行前)。この気持ちに変わりはないが、「雪作務のとき僧坊の屋根から～転落し、右脚を骨折して～入院している」息子を心配して様子を見に来たということ。よって、アが適する。

問七　「合掌」は、左右の手のひらと指を合わせること。修行中であることを承知のうえで、それでも自分が好きなものを用意してくれた気持ちをありがたく受け取ったのである。

問八　ア．「第三者の視点から」ではなく、女将の視点からである。　イ．「母親の心情を直接的に」描いてはいない。　ウ．母親の方言は「その土地に根ざした人々の暮らしぶり」を表現しているわけではない。　オ．「ともすれば悲劇的になりがちなストーリー」ではない。　よって、エとカが適する。

《2022　算数　解説》

1 (1)　与式より，$0.02-0.001=(\square-0.06\times\frac{2}{5})\times(20-1)$　$0.019=(\square-0.024)\times19$　$\square-0.024=0.019\div19$
$\square=0.001+0.024=0.025$

(2)　**【解き方】まず3枚のカードの組み合わせを考え，それぞれからできる整数の種類を数える。**

3枚のカードの組み合わせは，「1，1，2」「1，1，3」「1，2，2」「1，2，3」「2，2，3」の5組ある。このうち下線を引いた4組からはそれぞれ3種類の整数ができる。「1，2，3」からは$3\times2\times1=6$(種類)の整数ができる。よって，求める種類の数は，$4\times3+6=18$(種類)

(3)　**【解き方】2×C＝3×Dより，C：D＝3：2である。ただし，C＝D＝0のときも2×C＝3×Dが成り立つことに注意する。**

(C，D)の組は，(0，0)(3，2)(6，4)(9，6)の4通りが考えられる。

(C，D)＝(0，0)のとき，$2\times A=10\times B$が成り立つ(A，B)の組は(5，1)だけである。

(C，D)＝(3，2)のとき，$2\times A=10\times B+3$が成り立つ(A，B)の組はない。

(C，D)＝(6，4)のとき，$2\times A=10\times B+6$が成り立つ(A，B)の組は，(8，1)(3，0)の2通りある。

(C，D)＝(9，6)のとき，$2\times A=10\times B+9$が成り立つ(A，B)の組はない。

よって，求める整数は，3064，5100，8164である。

(4)　**【解き方】右図のように記号をおく。直方体ＡＢＣＤ－ＩＪＫＬの体積から，立体ＢＣＤ－ＭＫＮの体積を引けばよい。**

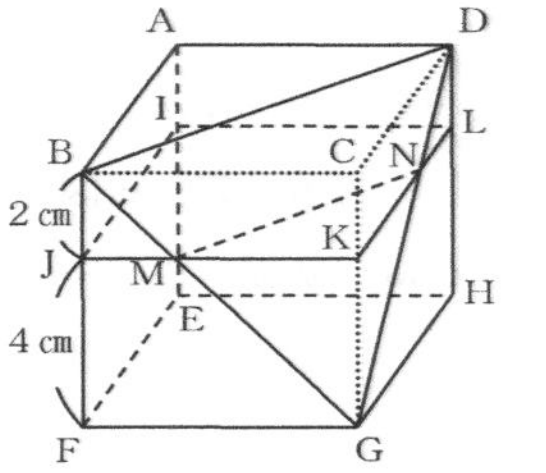

直方体ＡＢＣＤ－ＩＪＫＬの体積は，$6\times6\times2=72$(㎤)

三角すいＧ－ＭＫＮは，三角すいＧ－ＢＣＤを$\frac{GK}{GC}=\frac{4}{6}=\frac{2}{3}$(倍)に縮小した三角すいだから，体積は，$\frac{2}{3}\times\frac{2}{3}\times\frac{2}{3}=\frac{8}{27}$(倍)になる。したがって，立体ＢＣＤ－ＭＫＮの体積は三角すいＧ－ＢＣＤの体積の$1-\frac{8}{27}=\frac{19}{27}$(倍)だから，

$\{(6\times6\div2)\times6\div3\}\times\frac{19}{27}=\frac{76}{3}=25\frac{1}{3}$(㎤)　　よって，求める体積は，$72-25\frac{1}{3}=46\frac{2}{3}$(㎤)

(5)　**【解き方】正三角形，二等辺三角形，平行四辺形の図形の性質を利用する。**

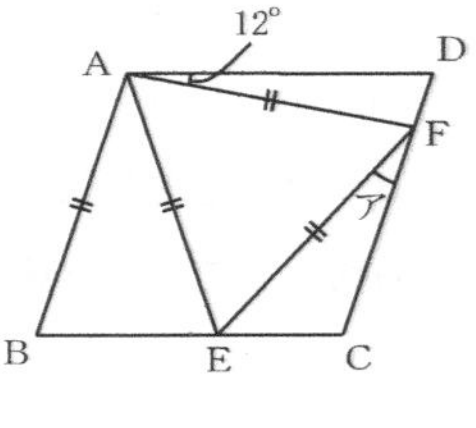

角ＤＡＥ＝12°＋60°＝72°で，平行線の錯角は等しいから，角ＡＥＢ＝角ＤＡＥ＝72°

三角形ＡＢＥは二等辺三角形だから，角ＡＢＥ＝角ＡＥＢ＝72°

平行四辺形のとなりあう内角の和は180°になるから，角ＢＣＦ＝180°－72°＝108°

三角形ＥＣＦにおいて，三角形の外角の性質より，

角ア＝角ＢＥＦ－角ＥＣＦ＝72°＋60°－108°＝24°

2 (1)　**【解き方】道のりが同じときにかかる時間の比は，速さの比の逆比と等しくなる。**

1周目と2・3周目の速さの比は，$1:1.2=5:6$だから，1周でかかる時間の比は$6:5$となる。

よって，求める割合は，$\frac{5}{6}\times2=\frac{5}{3}=1\frac{2}{3}$(倍)

(2)　**【解き方】(1)より，走った時間の合計は1周目でかかった時間の，$1+1\frac{2}{3}+1\times3=\frac{17}{3}$(倍)である。**

12時ちょうどから13時18分までは$60+18=78$(分間)だから，走った時間の合計は，$78-1-9=68$(分間)

よって，1周目にかかった時間は，$68\div\frac{17}{3}=12$(分間)だから，1周目の速さは，分速$\frac{3000}{12}$m＝分速250m

(3)　**【解き方】Ａ君が1周目を走り終えてから6周目を走り終えるまでにかかった時間である，78－12＝66(分)の間に，Ｂ君の時計は，13時15分30秒－12時15分＝1時間30秒＝60.5分進んだ。**

実際の時刻とＢ君の時計が進む速さの比は，$66:60.5=12:11$だから，求める割合は，$\frac{11}{12}$倍である。

⑷　**【解き方】Ａ君が１周目を走り終えたのは12時12分であり，この時点でＢ君の時計は実際の時刻より３分進んでいる。実際の時刻とＢ君の時計が進む速さの比は12：11だから，この比の数の12－11＝１が３分にあたるときの実際の時刻が進んだ時間を求める。**

実際の時刻とＢ君の時計が同じになるときは，12時12分の$3\times\frac{12}{1}=36$(分後)だから，12時48分である。

Ａ君が４周目を走り始めるのは，12時12分＋１分＋12分$\times\frac{5}{3}$＋９分＝12時42分である。このあとは12分ごとに１周するから，12時48分－12時42分＝６分で半周する。

よって，12時48分までにＡ君は３＋0.5＝3.5(周)するから，求める道のりは，３×3.5＝10.5(km)

3　⑴　「成功率」は，２÷７＝0.2857…より，0.286。

⑵　**【解き方】(○を取り出した回数)÷(成功率)を計算すると，操作の回数とほぼ同じ値(あたい)となる。**

５÷0.417＝11.99…だから，操作の回数は12回。

⑶　11回操作を行ったときの○を取り出した回数は，11×0.364＝4.004より，４回。

よって，最終的な「成功率」は，(４＋７)÷(11＋９)＝0.550だから，0.364から，0.550－0.364＝0.186増えた。

⑷　**【解き方】操作の回数に対する×を取り出した回数の割合が，１－0.600＝0.400になるときを考える。**

30回操作を行ったときの○を取り出した回数は，30×0.367＝11.01より，11回だから，×を取り出した回数は30－11＝19(回)。したがって，連続で○を取り出し続けることで成功率が0.600に近くなるのは，19÷0.400＝47.5より，操作を行った回数が47回と48回になったときであり，成功率が0.600をこえるのは，操作を行った回数が48回になったときである。よって，求める回数は，48－30＝18(回)

4　⑴　**【解き方】右図の色をつけた部分の面積を求めればよい。直角三角形ＯＭＢにおいて，ＯＭ：ＭＢ＝６：８＝３：４だから，直角三角形ＯＭＢの３辺の比は３：４：５とわかる。**

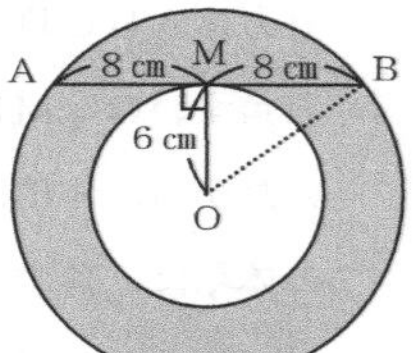

ＯＢ＝ＯＭ$\times\frac{5}{3}$＝10(cm)だから，求める面積は，

10×10×3.14－６×６×3.14＝64×3.14＝200.96(cm²)

⑵　**【解き方】右図の色をつけた部分の面積を求めればよい(わくの部分をふくむ)。**

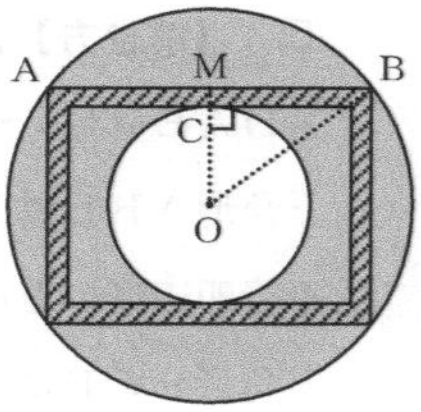

⑴よりＯＢ＝10cmであり，ＯＣ＝12÷２－１＝５(cm)だから，求める面積は，

10×10×3.14－５×５×3.14＝75×3.14＝235.5(cm²)

⑶　**【解き方】底面に使われている板は，⑵と縦と横の長さが同じである。底面の板が回転してできる立体と，それら以外の部分を分けて考える。**

底面の板が回転してできる立体は，底面の半径が10cmで高さが１cmの円柱であり，

それら以外の部分は，⑵で面積を求めた部分を底面とする高さが10－２＝８(cm)の柱体である。

よって，求める体積は，(10×10×3.14×１)×２＋(75×3.14)×８＝800×3.14＝2512(cm³)

5　⑴　右図の３つのおうぎ形の曲線部分をかけばよい。

⑵　**【解き方】右図のうすい色のおうぎ形の面積を求める。このおうぎ形の半径は，１辺が１cmの正方形の対角線の長さと等しい。**

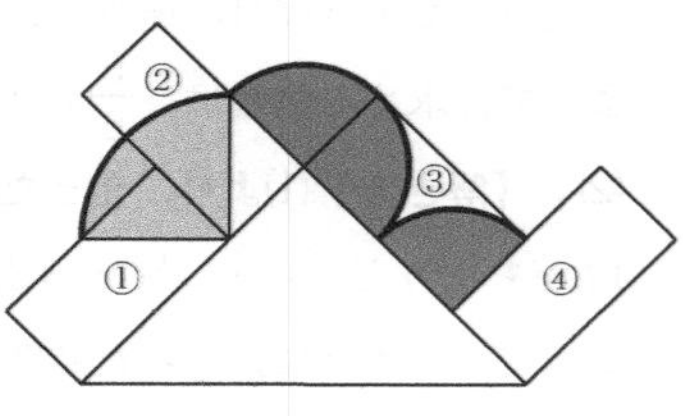

おうぎ形の半径をｒcmとすると，１辺が１cmの正方形の面積より，

ｒ×ｒ÷２＝１だから，ｒ×ｒ＝２

よって，求める面積は，$r\times r\times3.14\times\frac{1}{4}=2\times3.14\times\frac{1}{4}=1.57$(cm²)

(3)　【解き方】面積を求めるのは，右図のこい色の部分である。半径１cmの円の面積の$\frac{3}{4}$から，うすい色の半円の面積と斜線の三角形の面積を引けばよい。

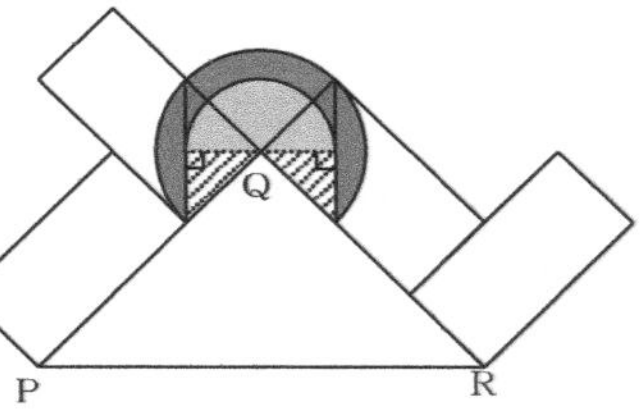

半径１cmの円の面積の$\frac{3}{4}$は，$1\times1\times3.14\times\frac{3}{4}=\frac{3}{4}\times3.14$(cm²)

うすい色の半円の半径は，(2)と同じｒを用いると，$r\times\frac{1}{2}$(cm)と表せるから，半円の面積は，$(r\times\frac{1}{2})\times(r\times\frac{1}{2})\times3.14\times\frac{1}{2}=2\times\frac{1}{8}\times3.14=\frac{1}{4}\times3.14$(cm²)

斜線の２つの三角形を合わせると直角をはさむ２辺が１cmの直角二等辺三角形となるから，その面積は，$1\times1\div2=\frac{1}{2}$(cm²)　　よって，求める面積は，$\frac{3}{4}\times3.14-\frac{1}{4}\times3.14-\frac{1}{2}=\frac{1}{2}\times3.14-\frac{1}{2}=1.07$(cm²)

(4)(ア)　【解き方】四角形ＱＲＳＴはＱＴとＲＳが平行な台形である。

$(1+2)\times(2+1)\div2=4.5$(cm²)

(イ)　【解き方】面積を求めるのは，右図①のこい色の部分である。ＵＳを半径とする円の面積の$\frac{1}{4}$と，三角形ＴＱＵの面積の和から，うすい色のおうぎ形の面積と斜線の三角形の面積を引けばよい。三角形ＴＶＵと三角形ＳＷＵが合同だから，ＵＳを半径とする円の面積の$\frac{1}{4}$から，うすい色のおうぎ形の面積を引けばよい。

図①

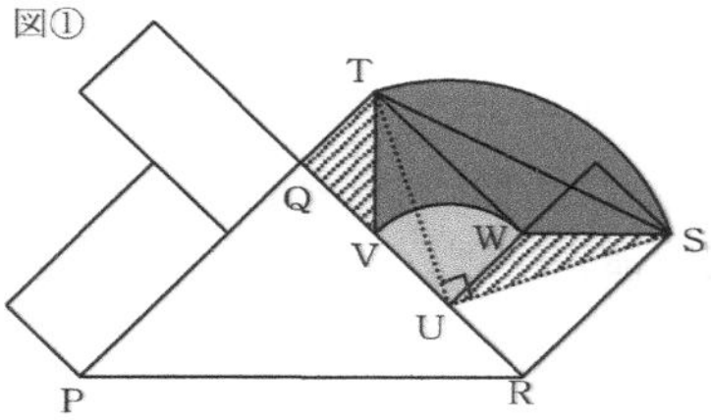

長方形ＡＢＣＤと合同な長方形４つを図②のように並べることで，点線で囲まれた正方形ができ，その面積は，$3\times3-(1\times2\div2)\times4=5$(cm²)だから，ＵＳ×ＵＳ＝５である。したがって，半径がＵＳの円の面積の$\frac{1}{4}$は，

図②

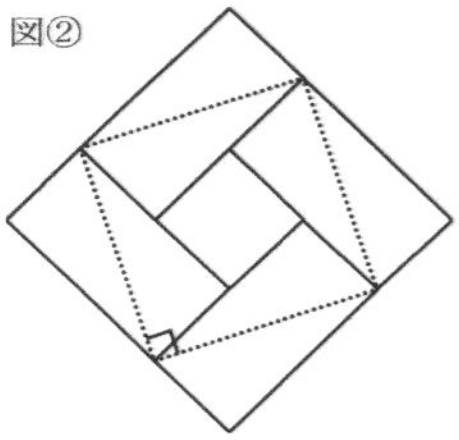

$US\times US\times3.14\times\frac{1}{4}=5\times\frac{1}{4}\times3.14=\frac{5}{4}\times3.14$(cm²)

うすい色のおうぎ形の面積は，$1\times1\times3.14\times\frac{1}{4}=\frac{1}{4}\times3.14$(cm²)

よって，求める面積は，$\frac{5}{4}\times3.14-\frac{1}{4}\times3.14=1\times3.14=3.14$(cm²)

《2022　理科　解説》

1　**(1)**　ア×…東経135度の地点では正午に太陽の高さが最も高くなるが，東経135度より東の地点では正午より前，東経135度より西の地点では正午より後に太陽の高さが最も高くなる。　イ×…棒の影(かげ)は太陽と反対方向にできる。太陽が東→南→西の順に動くので，棒の影は西→北→東の順に動く。　ウ×…太陽の高さが低いときほど影の長さは長くなる。また，同じ時刻での太陽の高度は日によって異なる。よって，１時間ごとにつけた棒の影の先の印と印の間の長さは日によって異なる。

(2)　ア×…太陽が東→南→西の順に動くので，鏡で反射した光は西→南→東の順に動く。　イ×…春分の日と秋分の日では，日本のどの地点でも太陽は真東からのぼり真西にしずむので，昼と夜の長さがほぼ12時間ずつで等しい。

(3)　イ×…東の空で月の下側に見えたクレーターは，南の空では月の左側，西の空では月の上側に見えるようになる。　ウ×…月は地球のまわりを１周する間に１回自転するので，地球に対して常に同じ面を向けていることになり，地球から月の裏側を見ることはできない。

(4)　ア×…オリオン座は，２つの１等星(ベテルギウスとリゲル)と５つの２等星からなる。　ウ×…夏の大三角は，こと座のベガ，わし座のアルタイル，はくちょう座のデネブからなる。

(5)　ア×…地面の土を少しほって温度計の液だめを入れ，上から少し土をかぶせる。

(6)　ウ×…川を流れる間に川底や他の石などとぶつかったりするため，川の下流に行くほど角がとれて丸みを帯びた石が多く見られる。

(7) ア×…北極星の高さは，観察する地点の緯度と等しい。　ウ×…地面にしみこんだ水も，やがては川や海などに流れこみ，地球上を循環する。

(8) イ×…動物がすんでいたあとや動物のふんなども化石に含まれる。

2 あ．背骨(つい骨，せきつい骨)をもつ動物をせきつい動物という。　い．魚類はもたず，両生類とは虫類とほ乳類がもつものとしてはあしや肺などが考えられる。これらのうち，水中で生活する魚の移動手段であるひれが進化したものだから，あしが適する。　く，さ．オスのしりびれは平行四辺形に近い形をしていて，メスのしりびれは三角形に近い形をしている。

ア．後から生じたひれが(４本の)あしの起源になったと考えられていることから，後から生じたひれは１対ずつある胸びれと腹びれであり，先に生じたのは１枚ずつしかないひれである。　イ，ウ．顔が向いている方向に進むから，うくときには顔が上を向くように前に空気を移動させ，もぐるときには顔が下を向くように後に空気を移動させればよい。　エ～キ．口から水を吸いこむときにはえらぶたが閉じていて，えらで気体の交換を行った後，えらぶたを開いて水を出す。

3 **問６**　アはちっ素，酸素，アルゴン，二酸化炭素などからなる混合物，エはいろいろな鉱物からなる混合物，オは食塩と水からなる混合物である。

問７　Ⅰでは，金属であるマグネシウムは金属光沢が見られるが，金属ではなくなった下線部(い)の物質(酸化マグネシウム)は金属光沢が見られない。Ⅱでは，どちらも磁石に引きつけられない。磁石に引きつけられる金属は鉄やニッケルなどの一部の金属である。Ⅲでは，マグネシウムが塩酸にとけると水素が発生するが，酸化マグネシウムが塩酸にとけても気体は発生しない。

問８(1)　ドライアイス１㎤あたりの重さが1.6ｇだから，10.0ｇの体積は10.0÷1.6＝6.25(㎤)である。気体の体積は5.6Ｌ→5600㎤になったから，5600÷6.25＝896(倍)である。　(2)　０℃のときの気体の体積が5.1Ｌだから，その0.0037倍は5.1×0.0037＝0.01887(Ｌ)である。０℃から温度が1.0℃上がるごとに体積が0.01887Ｌ増えるということだから，気体の体積が5.6－5.1＝0.5(Ｌ)増えるのは0.5÷0.01887＝26.4…→26℃のときである。

4 **問１**　支点の左右でてこをかたむけるはたらき〔おもりの重さ×支点からの距離〕が等しくなるとつりあうことから，つりあっているときの支点からの距離の比は重さの逆比と等しくなると考えられる。このことから，図２では，あ：100＝う：いが成り立ち，図３では，400：あ＝う：いが成り立つ。さらに２つの式より，あ：100＝400：あとなり，この式は，あ×あ＝100×400　あ×あ＝40000と変形することができるから，200×200＝40000より，あは200である。あが200であれば，図２の式より，200：100＝う：いとなるから，い：う＝１：２となる。

問３　アに加えた120ｇの力がてこをかたむけるはたらきは120×(0.4＋3.6)＝480だから，イがＢをおす力は480÷0.4＝1200(ｇ)である。

問４　イに加えた120ｇの力がてこをかたむけるはたらきは120×(3.6＋2.0)＝672だから，ウで発生する力は672÷(1.0＋0.4＋3.6＋2.0)＝96(ｇ)である。

問５　問３より，アに加えた力はイで1200÷120＝10(倍)になり，問４より，イに加えた力はウで96÷120＝0.8(倍)になるから，アに加えた力はウで10×0.8＝８(倍)になると考えられる。よって，ウで120ｇの力が発生したとき，アに加えた力は120÷８＝15(ｇ)である。

問６　問５解説より，アの支点ａからの距離が図５と同じ４㎝のとき，アに125ｇの力を加えるとウで発生する力は125×８＝1000(ｇ)となる。また，アの支点ａからの距離が0.4㎝のとき，アに125ｇの力を加えるとイに加わる力も125ｇになるから，ウで発生する力は125×0.8＝100(ｇ)になる。アの支点ａからの距離が変化すると，ウで発生する力は一定の割合で変化するから，(４cm，1000ｇ)と(0.4cm，100ｇ)の２点を通る直線のグラフをかけばよい。

問７　図５と６では，支点ａからのアとイ距離が同じだから，アに加える力が同じであれば，イに加わる力も同じであり，図５では，問５解説より，イに加えた力はウで0.8倍になる。図６で，イに加えた力がウで何倍になるかを考えると，力の大きさは支点からの距離の比の逆比と等しくなることから，イとウの支点ｂからの距離の比は(0.4＋0.4＋3.6＋2.0)：(1.0＋0.4＋3.6＋2.0)＝6.4：７だから，力の大きさの比は７：6.4であり，ウで発生する力はイに加えた力の$\frac{6.4}{7}$倍になる。よって，図６のウで発生する力は図５のウで発生する力の$\frac{6.4}{7}\div 0.8=\frac{8}{7}$(倍)になる。

《2022　社会　解説》

[1]　Ａは十勝川(北海道)，Ｂは最上川(山形県)，Ｃは北上川(岩手県・宮城県)，Ｄは利根川(茨城県・栃木県・群馬県・埼玉県・千葉県・東京都・長野県)，Ｅは多摩川(山梨県・東京都・神奈川県)，Ｆは木曽川(長野県・岐阜県・愛知県・三重県・滋賀県)，Ｇは仁淀川(愛媛県・高知県)，Ｈは大淀川(宮崎県・鹿児島県・熊本県)。

(1)[X]　輪作は同じ耕地に同じ種類の作物を続けて植える連作によって生じる悪い影響(土地の養分のバランスがくずれて作物が病気になりやすくなったり，害虫が多く発生したりして，収穫量が少なくなること)を防ぐために行われている。　[Y]　収穫後に加工される作物を工芸作物と言う。北海道で生産されるてんさい(ビート・さとう大根)は砂糖の原料で，日本では北海道だけで栽培される。

(2)　みかんは<u>和歌山県などの温暖な気候の県</u>で栽培されている(みかん栽培の北限は茨城県)から，エが誤り。山形県は果物の産地として有名で，もも・ぶどう・りんご，おうとう(さくらんぼ)などの栽培が盛んである。

(3)　仙台市は宮城県の県庁所在地で，東北地方の中枢都市である。

(4)①　関東平野を流れる利根川は，日本最大の流域面積の河川である。　②　Ⅱのみ誤りだから，ウを選ぶ。<u>銚子港はさけの水揚げ量が少ない</u>。さけは母川回帰するため，潮目付近まで南下することはまれである。

(5)　ニュータウンは大都市周辺に計画的に建設した衛星都市や住宅団地で，高度経済成長期に多摩ニュータウンが完成して東京都中南部の人口が増加した。

(6)①　ウが誤り。内水氾濫は，市街地に多量の雨が降り，排水が雨量に追い付かず建物や土地が水に浸かることである。　②　エは電気モーターを動力源として走行するので，化石燃料を使用するガソリンエンジン車よりも二酸化炭素の排出量が少なく大気汚染を低減できる。アはガソリンと電気モーターの両方を動力源とする。イとウは，水素と酸素による化学反応で作り出した電力を動力源とする。　③　ジャスト・イン・タイム生産方式が取られていると，倉庫に余分な在庫が保管されないため，天災などにより部品工場が操業を停止すると，被害のない工場でも操業を停止せざるを得なくなる。

(7)　コウゾやミツマタの樹皮の繊維を原料として和紙を作る。

(8)　宮崎県はきゅうりの促成栽培が盛んだから，アである。宮崎平野は近くを流れる黒潮(暖流)の影響で冬でも暖かいため，高い値段で商品を売るために，きゅうりの生長を早めて商品の少ない冬にも出荷している。イはキャベツの生産が盛んな愛知県，ウはトマトの生産が盛んな熊本県，エはなすの生産が盛んな高知県。

(9)　ウ．東京都には，利根川(Ｄ)と多摩川(Ｅ)が流れている。

[2]　(1)　イが正しい。万葉がなは日本語の発音に漢字をあてたもので，稲荷山古墳から出土した鉄剣と，熊本県の江田船山古墳から出土した鉄刀の両方に「**獲**加多支鹵(ワカタケル)大王」が書かれていた。そのため，大和政権の支配は関東－北九州に及んでいたと考えられている。　ア．漢字は古墳時代に渡来人によって伝えられたから，弥生時代の出土品に

刻まれているはずがない。　ウ．平安時代，宮廷の公文書は漢文で書かれた。かな文字は和歌，物語，随筆などで特に女性に使用された。　エ．「解体新書」は，オランダ語で書かれた「ターヘル・アナトミア」を杉田玄白・前野良沢らが翻訳して出版したものである。

⑵　すべて誤りだからオを選ぶ。　ア．「十七の憲法」ではなく「冠位十二階」である。　イ．北条氏が新たに律令制度を整えたという事実はない。　ウ．家光が武家諸法度に追加した参勤交代では，大名が領地に帰るときに妻子を人質として江戸に残さなければならなかった。　エ．1889 年の大日本帝国憲法と同時に制定された衆議院議員選挙法では，満 25 歳以上で直接国税を 15 円以上納める男子に選挙権が与えられた。満 25 歳以上の男子に選挙権が与えられたのは 1925 年成立の普通選挙法である。

⑶　イが正しい。緒方洪庵が大坂に開いた蘭学の適塾などが知られている。　ア．鑑真は唐から来日した僧である。ウ．教科書をすみでぬりつぶしたのは戦後であり，軍国主義排除のためであった。　エ．アイヌ文化振興法(1997年)は平成時代に制定されたから，戦後まもなくではなかった。

⑷　ウが正しい。昭和恐慌で失業した人々が新たな生活場所を求めて満州に渡り，「満蒙開拓移民」と呼ばれた。ア．「朝廷」ではなく「将軍(幕府)」が御恩として御家人に新たな土地を与えた。　イ．豊臣秀吉は琉球王国を征服しておらず，明征服をもくろみ，その通り道となる朝鮮に２度にわたって出兵した。　エ．1941 年７月に日本が資源を求めてフランス領インドシナに軍隊を進めたため，アメリカなどが石油の供給をストップした(ＡＢＣＤ包囲網)。その後，12 月８日に真珠湾とマレー半島への攻撃から太平洋戦争が始まった。

⑸　ウが正しい。天明や天保の飢饉をきっかけにして打ちこわしが起こった。　ア．山城は，白村江敗戦後に大宰府を護るように築城されたため，基肄城などの内陸に築かれたものもある。　イ．末法思想がめばえたのは平安時代中期以降である。　エ．関東大震災をきっかけにして小学校の鉄筋コンクリート化が進められた。

⑹　エが正しい。　ア．ポルトガル人やスペイン人と行われた南蛮貿易の中心地は長崎や平戸であった。イ．鎖国政策下では，対外貿易を長崎でのオランダ商館と中国船との貿易だけに制限していた。　ウ．フェノロサは岡倉天心と協力して日本の美術の復興に努めたアメリカ人である。

⑺　三重県松阪市出身の本居宣長は『古事記伝』を書いた国学者である。

3　⑴　遣隋使の交通路の終点が長安であることから，イを選ぶ。聖徳太子によって，小野妹子が遣隋使として派遣された。

⑵　エが正しい。飛鳥時代中期に中国から漏刻(ろうこく)時計(水時計)がもたらされた。

⑶　室町時代に存在しなかったウとオとカを選ぶ。アとイは平安時代，ウとカは安土桃山時代，エは室町時代，オは江戸時代。

⑷　ウを選ぶ。さくらについて，租は，稲の収穫高の約３％を国府に納めた。あやめについて，2022 年時点の消費税率は 10%だから，ペンの価格は 100 円，消費税は 10 円である。消費税が３％で導入されたのが 1989 年だから，1964 年生まれの祖母が子どもの頃には消費税はなかった。

⑸　地方からもたらされる特産物(調)を役人が木簡に記録していた。

⑹　エ．火山付近で産出されることからいおうと判断する。

4　⑴①　ウが正しい。金額はＡ＞Ｂだから，Ａを福岡県，Ｂを久留米市と判断する。民生費が福祉のために使われる。イについて，税収には間接税も含まれるので，直接税の割合は読み取れない。

⑵　イが正しい(右表参照)。

⑶　アが正しい。イは首長の持つ権限，エは国会の持つ権限である。ウは住民によって直接選挙で選ばれる。

選挙権	満 18 歳以上
衆議院議員・都道府県の議会議員・市(区)町村長・市(区)町村の議会議員の被選挙権	満 25 歳以上
参議院議員・都道府県知事の被選挙権	満 30 歳以上

(4)　エは裁判所が持つ権限だから，誤り。

(5)　裁判員裁判は重大な刑事事件の第一審で開かれるから，ｂが誤り。

(6)　ウが正しい。　ア．ＳＮＳなどのインターネットを使った選挙運動は可能である。　イ．他人の作品を使うことは著作権の侵害にあたる。　エ．プロバイダ責任制限法でインターネットでの発信者の情報を開示請求できるが，早く特定するための改正や厳しい罰を与えるための法改正は行われていない。

2021 解答例 ★久留米大学附設中学校

令和３年度

《国　語》

一　(例文)母ウサギが大切に育てている花を、ボールで遊んでいた子ウサギがうっかり折ってしまった。子ウサギは謝ったが、母ウサギのいかりは過熱する。勢いにのまれて縮こまる子ウサギが、母ウサギが花をふみつけているのに気付き、指てきする。同じ立場に立ったと思った子ウサギは得意になり、気まずさから顔向けできない母ウサギに、かん容な態度をとってみせた。

二　問一．十二　問二．①場　②理　③程

三　問一．①技量　②手間　③方向　問二．①余る　②焼く　③空く　④打つ

四　①あたたかく　②きれいだっ　③そうで　④なけれ　⑤ましょ

五　問一．A．イ　B．エ　C．ウ　D．オ　問二．メールの世界が　問三．X．訓　Y．音
問四．漢語で何というか、外来語で何というかというように、言い換えを考える手がかりになる
問五．交代に備え、別に用意されている
問六．ア．運用力　イ．現実世界を知ること　ウ．類義語を増やすこと　エ．理解する際に、多義語に注意して、文脈に合った意味を選ぶこと　オ．表現する際に、類義語の中から文脈に合った形を的確に選ぶこと

六　問一．ひとりにならないよう、グループにい続ける　問二．エ　問三．ウ　問四．趣味を理解されず、集団の中で浮いた存在としてあつかわれる　問五．ほんまにきれい　問六．ゲームの話はつまらないが、ひとりで好きなものを追い求める苦しさに耐える覚悟がないため、宮多たちと付き合って、自分をごまかしていたという
問七．Ⅰ．自分と趣味がちがっても相手の良さを素直に受け止めることができる　Ⅱ．自分の趣味をわかってもらえない相手だと勝手に決めつけていた　問八．オ　問九．a．仕草　b．保管　c．失　d．裁断

《算　数》

1　(1)2.021　(2)33　(3)121　(4)2.5

2　(1)37.68　(2)長さ…2.4　体積…30.144　(3)34.54

3　(1)右図　(2)A→C→A→A　(3)B→D→B→A→D　(4)A→D→B→B→D→A

10	1
10	10

4　(1)64200　(2)36　(3)C駅…55　A駅からD駅まで…53　(4)13

5　(1)900　(2)1　(3)540　(4)(ア)五角形　(イ)$1\frac{23}{24}$

《理　科》

1 問１．ア　問２．ア　問３．イ　問４．イ　問５．イ，ウ　問６．ア，ウ　問７．ア，ウ
問８．×

2 問１．気体を溶かしてできた水溶液…イ，エ
酸性の水溶液…イ，ウ　問２．⑴高く　⑵低い
⑶何も残らない　問３．ウ　問４．⑴200
⑵0.054　⑶緑　問５．何…塩化水素
どのように…250 cm³より多く溶かした。
問６．右グラフ

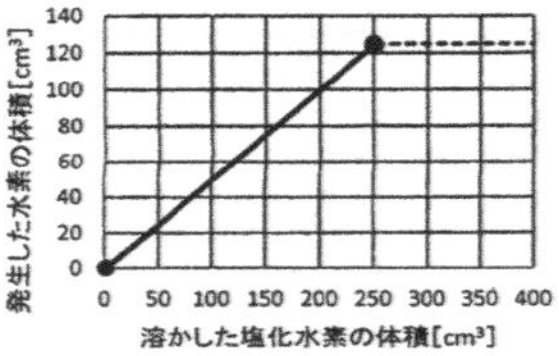

2問６Ａのグラフ

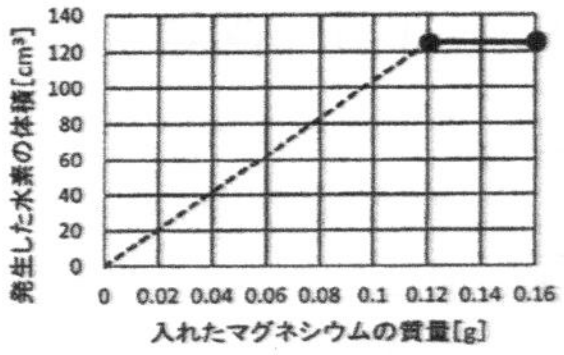

2問６Ｂのグラフ

3 問１．ウ　問２．ウ　問３．２倍のとき…1.4　３倍のとき…1.7　４倍のとき…2.0　問４．4.2
問５．1.8　問６．50　問７．2.4　問８．2.6　問９．d，b，e，g，a，f，c，h

4 あ．循環器　い．大動脈　う．肺静脈　え．肺動脈　お．大静脈　か．肺　き．体　く．血しょう
け．血小板　こ．肺　さ．エコノミークラス　ア．c　イ．b　ウ．b　エ．a　オ．b
カ．c　キ．c　ク．d　ケ．a　コ．c　サ．b　シ．a　ス．b　セ．a　ソ．b

《社　会》

1 ⑴イ　⑵①圃場整備　②機械　③兼業　⑶①天竜　②木曽　③赤石　④楽器　⑷ア　⑸エ　⑹エ
⑺イ　⑻イ　⑼ア　⑽観光業

2 ⑴滋賀　⑵イ，ウ　⑶ア　⑷ウ　⑸ア　⑹ウ

3 ⑴イ　⑵ウ　⑶エ　⑷Ａ．志賀潔　Ｂ．新渡戸稲造　⑸２番目…ア　４番目…ウ　⑹ウ

4 ⑴Ａ．象徴　Ｂ．戦力　⑵臣民／主権　⑶イ　⑷ウ　⑸教育を受ける
⑹団結権／団体交渉権／団体行動権　のうちから１つ　⑺オ

←解答例は前のページにありますので，そちらをご覧ください。

《2021　国語　解説》

一　著作権に関係する弊社の都合により本文を非掲載としておりますので、解説を省略させていただきます。ご不便をおかけし申し訳ございませんが、ご了承ください。

五　**問二**　メールに関する話題は、２つ前の段落から始まっている。「メールの世界に触れる」とは、メールを使ったり慣れたりする、あるいはメールのことを知るといったこと。これと同じような内容の表現を探す。

問四　傍線部②の「語種」とは、「和語、漢語、外来語」という言葉の種類のこと。「電気」の類義語を「和語、漢語、外来語」で考えたのと同じようにすれば、類義語を見つけやすくなる。「和語、漢語、外来語」という語種が、類義語を考える際の手がかりになるのである。

問五　前後の内容、特に「試合の後半」「アップを始めた」がヒントになる。控え選手は、試合に最初から出ているわけではないが、出るのに備えて準備（ウォーミングアップ）をしているのである。野球やサッカーなどでは、試合の途中で選手を交代させることが可能である。

問六ア　図にある「語彙の数」とは、「語彙の知識」量である。１、２段落目の内容をふまえ、３段落目で「語彙力は、『語彙の知識』×『語彙の運用』で決まります」と述べている。２段落目にあるように、「語彙の知識が豊富にあるだけでは不十分で、それを実際に使いこなす力、運用力がないと、語彙力がある人だとは言えない」のである。　**イ・ウ**　「語彙の数」、つまり「語彙の知識」量について書かれているのは、４段落目の「では、量の側面、語彙の数を増やす方法から考えてみましょう」から、傍線部②の２行後の「この二つが有効です」までである。この部分の前半に「一つは世界を知るという方法です」とあり、メールの送受信などを例に、語彙を増やす方法を説明している。この部分の後半には「語彙を増やす方法をもう一つ～それは類義語を増やすという方法です」とあり、「電気」の類義語を考えることなどを例に、語彙を増やす方法を説明している。　**エ・オ**　アに入る「運用力」については、傍線部②の３行後の「では、つぎに、語彙力の質的な側面、語彙を使いこなす方法を考えてみましょう」以降で説明されている。傍線部②の７～８行後に「文章の理解を考える場合、文脈に合った意味を選ぶことが重要です」とあり、「控え」や「アップ」ということばを例に、このことを説明している。傍線部③の５～７行後には「理解の反対の表現を考える場合～類義語というもののなかから、文脈に合った形を的確に選びだせる力が必要です」とあり、「ゴミ出し」などを例に、このことを説明している。

六　**問一**　直後に「だって友だちがいないのは、よくないことなのだ。家族に心配されるようなことなのだから」とある。また、傍線部⑥の後に「いつも、ひとりだった。教科書を忘れた時に気軽に借りる相手がいないのは、心もとない～その苦しさに耐える覚悟が、僕にはあるのか」とある。つまり、ひとりにならないように、友だちがいない状態におちいらないように、宮多たちのグループにい続けるために無理をして、興味のないゲームの話についていこうとしたのである。

問二　傍線部⑥の後に「ひとりでぽつんと弁当を食べるのは、わびしい」とある。「僕」は、ひとりでいるのを避けるために、ほんとうは刺繍の本を読みたいのにがまんして、興味のないゲームの話に「懸命についていこうと」していた。高杉くるみの人物像は、そんな「僕」とは対照的である。くるみは「虚勢を張るわけでもなく、おどおどするでもなく、たまごやきを味わってい」た。こうしたくるみの様子からは、ひとりでいることを全く気にせず自然にふるまっていることが読み取れる。また、くるみは石が好きで、自分の好きなものを追い求め、周りの目はあまり気にしない人物として描かれている。まとめると、このときのくるみの顔には、自分の好きなものを追い求め、そのためにひとりでいることを全く気にしない態度が表れている。よって、エが適する。

問三　「僕」が「なあ、なんか用？」と言った後の「彼ら」の反応に着目する。「まさか話しかけられるとは思っていなかったのか〜目を見開く〜頬をひきつらせた」からは、「僕」の予想外の行動に戸惑い、焦る様子が読み取れる。また、傍線部③の「もごもごと言い合い、視線を逸らす」からは、笑いの種にしていた「僕」の予想外の行動に対して、適切に対応できなかったことが読み取れる。「彼ら」はこうした状きょうにおちいったことに対して、悔しさや気まずさを感じていると考えられる。よって、ウが正解。

問四　傍線部⑦の直前に「わかってもらえるわけがない。どうして勝手にそう思いこんでいたのだろう。今まで出会ってきた人間が、みんなそうだったから」とある。「僕」はこれまで、刺繍という趣味を理解してくれる友だちに出会えなかったのである。刺繍が趣味である「僕」の「個性」は、学校という「集団の中でもてはやされる個性」の中におさまらず、「僕」は「学校ではもてあまされ」、浮いた存在としてあつかわれてきたのである。

問五　石について話し、「つるつるのぴかぴかに」なった石のことを考えるだけで「頬がかすかに上気」するというのは、本当に好きでなければおこらないことである。こうしたくるみの様子をえがくことで、いかに「石が好き」かということを表現している。

問六　問一の解説も参照。少し前にある「あの時」とは、この日の昼、くるみの顔を見た時である。その時、宮多たちはゲームの話をしていて、「僕」はグループにい続けるために「懸命に話についていこうと」していた。傍線部⑥の少し後に「好きではないことを好きなふりをするのは、もっともっとさびしい」とあるように、この時「僕」は自分をごまかしていた。そうしていたのは、くるみのように、ひとりになってもいいから「好きなものを追い求め」「その苦しさに耐える」という覚悟が、「僕」にはなかったからである。

問七　宮多は「僕」の刺繍を見て「めっちゃうまいやん。松岡くんすごいな」とほめた。宮多はおそらく刺繍に興味があるわけではない。しかし、「僕」の趣味を否定するのではなく、そのよさを素直に受け入れたのである。そのことに対して「僕」は、「わかってもらえるわけがない。どうして勝手にそう思いこんでいたのだろう。今まで出会ってきた人間が、みんなそうだったから」と思っている。「僕」は、宮多も他の人たちと同じように、自分の趣味をわかってもらえない相手だと勝手に思いこんでいたことに気づいたのである。

問八　少し後の「僕はまだ宮多たちのことをよく知らない。知ろうともしていなかった」に着目する。宮多は、「僕」の趣味である刺繍について知ることで、「僕」の新しい一面を知ることができたと考えられる。そうであるなら、自分も宮多の趣味であるゲームについて知ることで、宮多の新しい一面を知ることができるかもしれないと、「僕」は考えたのである。傍線部①で「僕」がゲームの話についていこうとしていたのは、宮多のグループにい続けようとしていたためであり、宮多たちのことを知ろうとはしていなかった。宮多が刺繍のことをほめてくれたことで、「僕」の考え方が変わり、ゲームのことを通して宮多たちのことをもっと知ろうと考え始めたのである。よって、オが適する。

《2021　算数　解説》

1

(1)　与式 $=8.105+\frac{222}{10}\times\frac{20}{37}-3\times\square=14.042$　　$8.105+12-3\times\square=14.042$　　$3\times\square=20.105-14.042$

$\square=6.063\div3=2.021$

(2)　**【解き方】折り紙をつなげてできた長方形の横の長さは $400\div4=100$(cm)である。1枚つなげるごとに横の長さが何cm長くなるかを考える。**

横の長さは，最初が4cmで，1枚つなげるごとに $4-1=3$ (cm)長くなる。よって，横の長さが100cmになるのは，最初の1枚に $(100-4)\div3=32$ (枚)つなげたときだから，折り紙は全部で，$1+32=33$ (枚)

(3)　右図のように記号をおく。角AED $=30°+45°-59°=16°$

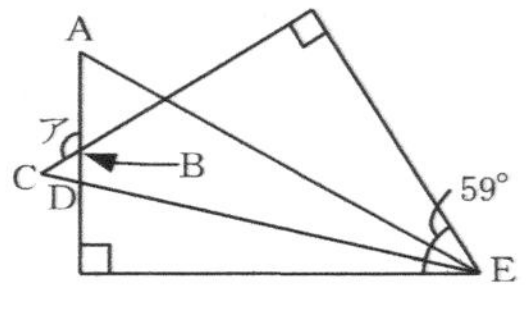

三角形の外角の性質より，

三角形ADEにおいて，角ADC＝角AED＋角EAD $=16°+60°=76°$

三角形BCDにおいて，角ア＝角BDC＋角BCD $=76°+45°=121°$

(4)　**【解き方】同じ形の直角三角形の辺の比を利用する。**

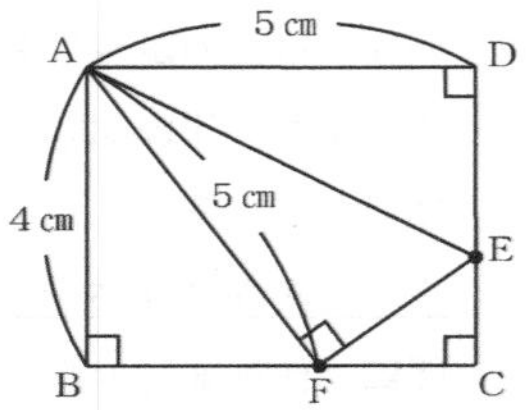

三角形ＡＤＥと三角形ＡＦＥは折り返したとき重なるので合同だから，右図のようになる。三角形ＡＢＦは３辺の比が３：４：５の直角三角形とわかるから，

ＢＦ＝３cm　　これより，ＣＦ＝５－３＝２(cm)

角ＣＥＦ＝180°－角ＥＣＦ－角ＣＦＥ＝90°－角ＣＦＥ

角ＢＦＡ＝180°－角ＡＦＥ－角ＣＦＥ＝90°－角ＣＦＥだから，角ＣＥＦ＝角ＢＦＡ

したがって，三角形ＦＣＥは三角形ＡＢＦと同じ形なので，３辺の長さの比が３：４：５だから，

ＥＦ＝ＣＦ$\times\frac{5}{4}$＝２$\times\frac{5}{4}$＝2.5(cm)

2　(1)　**【解き方】底面の半径がＣＢ＝３cm，高さがＣＡ＝４cmの円すいができる。**

$3\times3\times3.14\times4\div3=12\times3.14=37.68$(cm³)

(2)　**【解き方】右図のＣＨの長さを求める。三角形ＡＣＨは三角形ＡＢＣと同じ形である。**

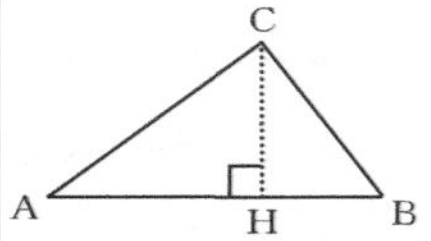

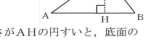

三角形ＡＣＨの３辺の比は三角形ＡＢＣと同様に３：４：５だから，

ＣＨ＝ＡＣ$\times\frac{3}{5}$＝４$\times\frac{3}{5}=\frac{12}{5}$＝2.4(cm)

この三角形を直線①を軸として１回転させてできる立体は，底面の半径がＣＨで高さがＡＨの円すいと，底面の半径がＣＨで高さがＢＨの円すいを合わせた立体だから，その体積は，

$\frac{12}{5}\times\frac{12}{5}\times3.14\times$ＡＨ$\div3+\frac{12}{5}\times\frac{12}{5}\times3.14\times$ＢＨ$\div3=$(ＡＨ＋ＢＨ)$\times\frac{12}{5}\times\frac{12}{5}\times\frac{1}{3}\times3.14=5\times\frac{12}{5}\times\frac{12}{5}\times\frac{1}{3}\times3.14=\frac{48}{5}\times3.14=30.144$(cm³)

(3)　**【解き方】曲線を右図のように②～⑤とする。④と⑤の曲線については合わせて考える。**

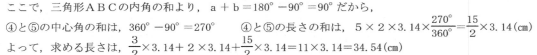

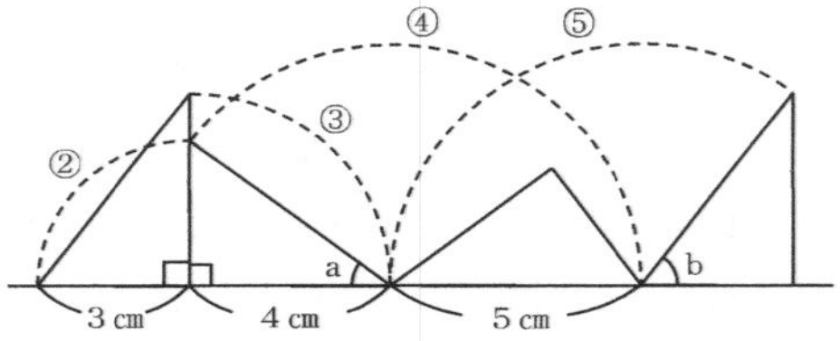

②の長さは，$3\times2\times3.14\times\frac{1}{4}=\frac{3}{2}\times3.14$(cm)

③の長さは，$4\times2\times3.14\times\frac{1}{4}=2\times3.14$(cm)

④と⑤の中心角の和は，(180°－ａ)＋(180°－ｂ)＝360°－(ａ＋ｂ)

ここで，三角形ＡＢＣの内角の和より，ａ＋ｂ＝180°－90°＝90°だから，

④と⑤の中心角の和は，360°－90°＝270°　　④と⑤の長さの和は，$5\times2\times3.14\times\frac{270°}{360°}=\frac{15}{2}\times3.14$(cm)

よって，求める長さは，$\frac{3}{2}\times3.14+2\times3.14+\frac{15}{2}\times3.14=11\times3.14=34.54$(cm)

3　(1)　右図のようになる。

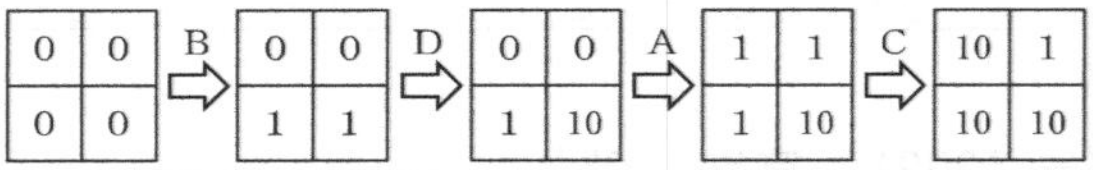

(2)　下の２マスが０だから，Ｂは引いていないとわかる。

左上が12だからＣを少なくとも１回引いたことがわかり，右上が３だからＡを３回引いたことがわかる。

よって，Ａを３回，Ｃを１回引いたのだから，順番を考えると，Ａ→Ｃ→Ａ→Ａとわかる。

(3)　左上が１だからＡを１回，左下が２だからＢを２回，右下が110だからＤを少なくとも２回引いたとわかる。したがって，Ａを１回，Ｂを２回，Ｄを２回引いた。右下が110だから，Ｂ→Ｄ→Ｂ→Ｄという前後関係は決まりなので，Ａが何回目かを考える。右上が10だから，ＡのあとにＤを１回だけ引いているはずである。

よって，Ｂ→Ｄ→Ａ→Ｂ→ＤかＢ→Ｄ→Ｂ→Ａ→Ｄのどちらかしかないから，解答は後者である。

(4)　左上が２だからＡを２回，左下が２だからＢを２回，右上が101だからＤを少なくとも２回引いたとわかる。したがって，Ａを２回，Ｂを２回，Ｄを２回引いた。右上が101だから，Ａ→Ｄ→Ｄ→Ａという前後関係は決まりである。右下が20だから，Ｄ→Ｂ→Ｂ→Ｄという前後関係は決まりである。

よって，引いた順番はA→D→B→B→D→Aである。

4 (1) **【解き方】乗った区間ごとにまとめると右表のようになる。**

乗った区間	人数	計	1人あたりの運賃
A→B	14人	100人	210円
A→C	0人		350円
A→D	ア		600円
B→C	0人	0人	290円
B→D	0人		570円
C→D	21人	21人	460円

ア＝100－14＝86(人)だから，運賃の合計は，

210×14＋600×86＋460×21＝64200(円)

(2) **【解き方】乗客の人数をD駅からさかのぼって考える。**

C駅を出たときは94人乗っていたので，B駅を出たときは94＋33＝127(人)乗っていた。したがって，B駅で乗った人は降りた人より127－100＝27(人)多かったとわかる。B駅で乗った人と降りた人の比が4：1で，この比の数の4－1＝3が27人にあたるから，B駅から乗った人は，$27\times\frac{4}{3}$＝36(人)

(3) C駅で乗った人と降りた人の比が2：5で，この比の数の5－2＝3が33人にあたる(降りた人の方が33人多い)から，C駅で乗った人は$33\times\frac{2}{3}$＝22(人)，C駅で降りた人は$22\times\frac{5}{2}$＝55(人)である。ここまでをまとめると，右表のようになる。カとクの和が55人で，カの方がクより21人多いのだから，カ＝(55＋21)÷2＝38(人)　　よって，キ＝100－9－38＝53(人)

乗った区間	人数	計	1人あたりの運賃
A→B	9人	100人	210円
A→C	カ		350円
A→D	キ		600円
B→C	ク	36人	290円
B→D	ケ		570円
C→D	22人	22人	460円

(4) **【解き方】乗った区間ごとにまとめると右表のようになる。サを求めればよく，サとスの和，スとセの和がともに20人だから，スが20人の場合を計算してつるかめ算を行う。**

乗った区間	人数	計	1人あたりの運賃
A→B	15人	100人	210円
A→C	サ		350円
A→D	シ		600円
B→C	ス	20人	290円
B→D	セ		570円
C→D	10人	10人	460円

A→C，A→D，B→C，B→D区間の乗客の運賃の合計は，

64940－210×15－460×10＝57190(円)

スが20人の場合，サ＝0人，シ＝100－15＝85(人)，セ＝0人となるから，A→C，A→D，B→C，B→D区間の乗客の運賃の合計は，600×85＋290×20＝56800(円)となり，実際より，57190－56800＝390(円)低くなる。ス1人をサ1人に置きかえると，シが1人減ってセが1人増えるから，運賃の合計は，350－600－290＋570＝30(円)高くなる。よって，サ＝390÷30＝13(人)

5 (1) **【解き方】正方形の1辺の長さを求められないので，五角形AEIFBの面積は求められない。したがって，右のように作図し，平面EFGHで上下に分けて考える。**

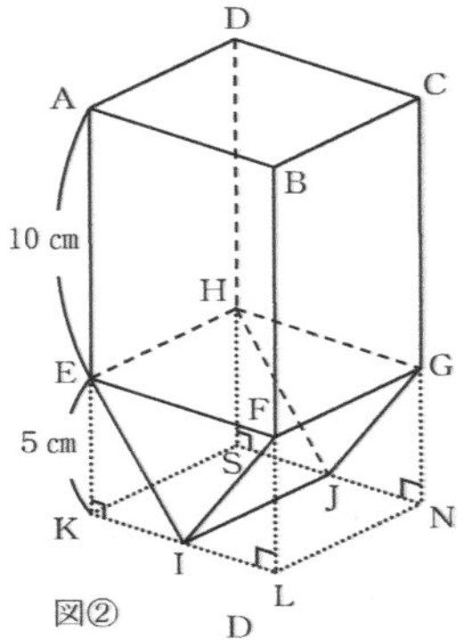

正方形ABCDの面積が，12×12÷2＝72(cm²)だから，

直方体ABCD－EFGHの体積は，72×10＝720(cm³)

三角形EFIの面積は，長方形EKLFの面積の半分だから，三角柱EFI－HGJの体積は，直方体EFGH－KLNSの体積の半分なので，$72\times5\times\frac{1}{2}$＝180(cm³)

よって，容器に入っている水の体積は，720＋180＝900(cm³)

(2) **【解き方】水面は直線BDに平行でCを通る面だから，そのような平面で容器を切断する問題だと考える。切断面は右図①の太線のひし形CUPTとなる。**

図①

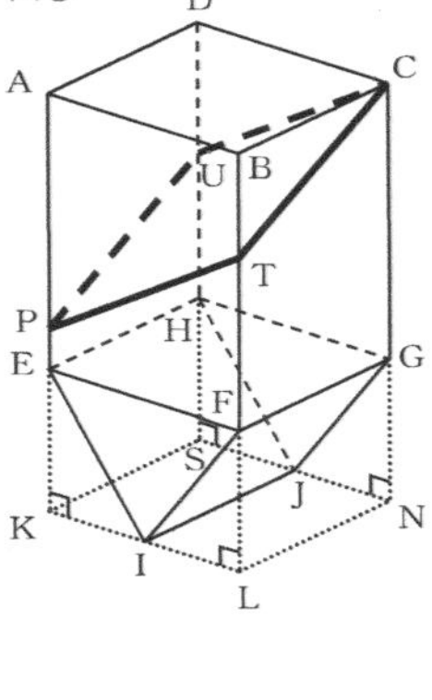

図②

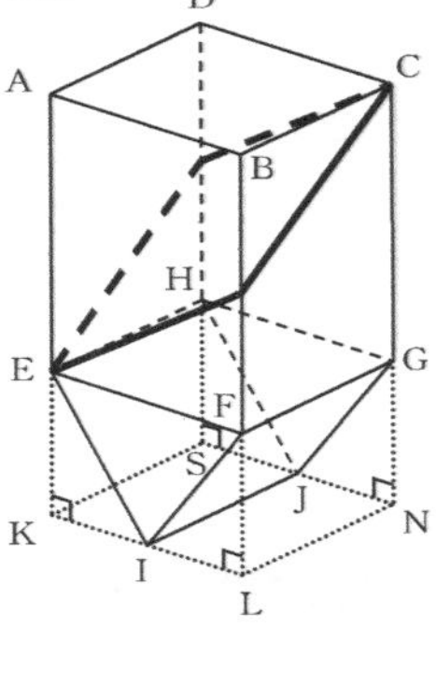

TU＝BD＝12cmで，ひし形CUPTの面積が90cm²だから，

CP＝90×2÷12＝15(cm)　　三角形CAPを考えると，

角CAP＝90°で，CA：CP＝12：15＝4：5だから，

３辺の比が３：４：５の直角三角形である。したがって，$AP = CA \times \frac{3}{4} = 12 \times \frac{3}{4} = 9$（㎝）

よって，ＥＰ＝10－９＝１（㎝）

⑶　**【解き方】⑵と同様に切断面を考えると，図②の太線のひし形のようになるとわかる。この切断面によって，直方体ＡＢＣＤ－ＥＦＧＨは体積を２等分されている。**

⑴より，直方体ＡＢＣＤ－ＥＦＧＨの体積の半分は，$720 \times \frac{1}{2} = 360$（㎤）

三角柱ＥＦＩ－ＨＧＪの体積は 180 ㎤だから，求める水の体積は，360＋180＝540（㎤）

⑷（ア）　**【解き方】⑵，⑶と同様に，切断面を考える。水面によって直方体ＡＢＣＤ－ＫＬＮＳを切断すると，切断面は右図③の太線のひし形ＣＲＶＱとなる。**

ひし形ＣＲＶＱとＥＩ，ＥＨの交点をそれぞれＷ，Ｘとする。

容器を切断したときの切断面は五角形ＣＲＸＷＱとなる。

よって，水面は五角形になる。

図③

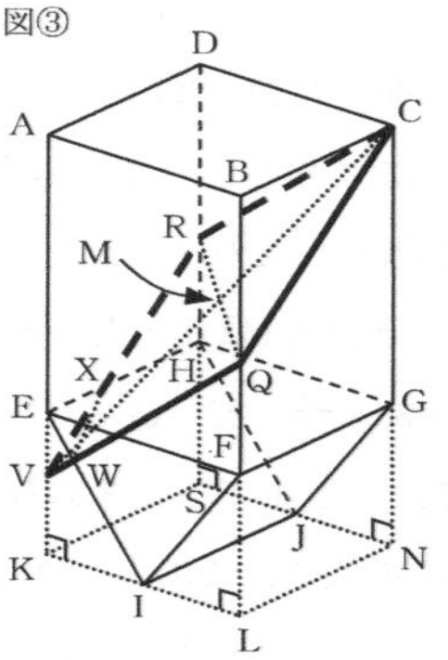

図④

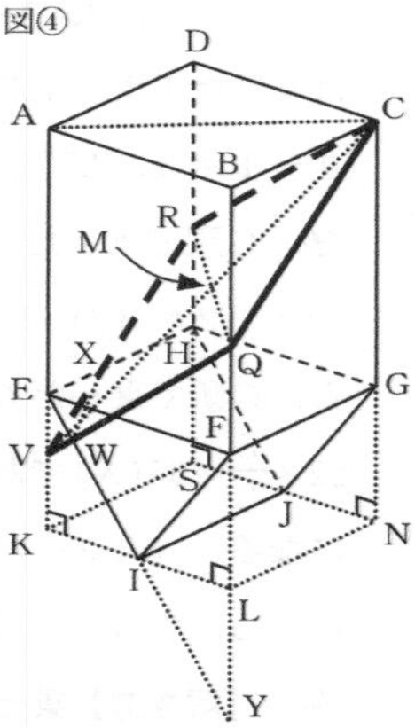

（イ）　**【解き方】ここまでの解説をふまえる。右の「１つの角を共有する三角形の面積比」を使いたいので，図④のように作図する。ＶＱ：ＶＷと，ＶＲ：ＶＸがわかればよい。**

角ＡＣＶ＝45°，角ＣＡＶ＝90°より，三角形ＡＣＶは直角二等辺三角形だから，ＡＶ＝ＡＣ＝12 ㎝

これより，ＥＶ＝12－10＝２（㎝）

ＡＢ＝ＢＣだから，ＱはＶからＡまでの高さのちょうど真ん中の位置にあるので，ＢＱ＝ＡＶ÷２＝６（㎝）

これより，ＦＱ＝10－６＝４（㎝）

１つの角を共有する三角形の面積

右図のように三角形カキクと三角形カケコが１つの角を共有するとき，三角形カケコの面積は，

（三角形カキクの面積）$\times \frac{カケ}{カキ} \times \frac{カコ}{カク}$

で求められる。

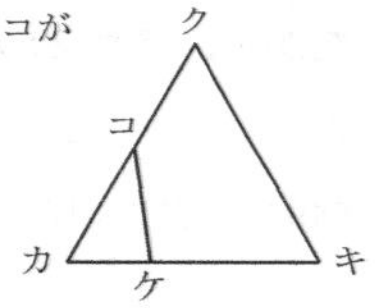

三角形ＥＫＩと三角形ＹＬＩは合同なので，ＬＹ＝ＫＥ＝５㎝

三角形ＥＶＷと三角形ＹＱＷは同じ形だから，ＶＷ：ＱＷ＝ＥＶ：ＹＱ＝２：（５＋５＋４）＝１：７

したがって，ＶＱ：ＶＷ＝（１＋７）：１＝８：１

また，三角形ＥＶＸと三角形ＨＲＸは同じ形だから，ＶＸ：ＲＸ＝ＥＶ：ＨＲ＝２：４＝１：２

したがって，ＶＲ：ＶＸ＝（１＋２）：１＝３：１

三角形ＶＱＲの面積を１とすると，（三角形ＶＷＸの面積）＝（三角形ＶＱＲの面積）$\times \frac{VW}{VQ} \times \frac{VX}{VR} = 1 \times \frac{1}{8} \times \frac{1}{3} = \frac{1}{24}$

これより，四角形ＱＲＸＷの面積は，$1 - \frac{1}{24} = \frac{23}{24}$

三角形ＣＱＲの面積は三角形ＶＱＲの面積と等しく１だから，求める割合は，$(\frac{23}{24} + 1) \div 1 = 1\frac{23}{24}$（倍）

《2021　理科　解説》

1　**問１**　イ×…台風は日本の南の熱帯地域で発生し，東，北，西の順に進路を変えて日本へやってくる。　ウ×…晴れの日の一日の気温の差は，曇（くも）りや雨の日に比べて大きい。

問２　イ×…積乱雲は寒冷前線付近にできることが多く，通過した後は，急に気温が下降することが多い。　ウ×…高い雲がだんだん低い雲になって雨が降り出したときの雨をもたらした雲を乱層雲という。

問３　ア×…川の上流では，大きく角ばった石が多くみられる。　ウ×…川の上流では水の流れが早く，しん食作

用が大きいので，川の両側斜面の傾(かたむ)きが大きくなる。

問４　ア×…地層は，川や海の流れによって川や海の底にたい積した，たい積物の他に，降り積もった火山灰などもある。　ウ×…火山灰がかたくなると凝灰岩(ぎょうかいがん)になる。

問５　ア×…力が加わって地層がずれたり曲げられたりすると，地層の上下が逆になることがある。

問６　イ×…上弦の月は左半分が欠けた半月である。

問７　イ×…下弦の月は南中時に右半分が欠けて見える。

問８　ア×…春分・秋分の日の太陽の南中高度は〔90 度－その地点の緯度〕で求められるので，北緯 35° では，90－35＝55(°)となる。　イ×…地球に四季があるのは，地球が回転じく(地じくという)を一定の方向に傾けたまま太陽のまわりをまわっている(公転している)からである。　ウ×…北極点では，３月 20 日ごろの春分の日から，９月 20 日ごろの秋分の日まで，太陽が一日中沈まない白夜が続く。

２　**問１**　イの炭酸水(二酸化炭素の水溶液(すいようえき))とエのアンモニア水は気体を水に溶かしてできた水溶液である。また，イの炭酸水とウの食酢は酸性の水溶液である。なお，石灰水とアンモニア水と水酸化ナトリウム水溶液はアルカリ性，食塩水は中性である。

問２　水の温度が低いほど気体は水に溶けやすいので，水の温度が高くなると，溶けていた気体が空気中に飛び出しやすくなる。また，気体が水に溶けた水溶液を加熱して水を蒸発させると，気体も空気中に出ていくので，何も残らない。

問３　ウ○…ＢＴＢ液は酸性で黄色，中性で緑色，アルカリ性で青色に変化する。また，塩化水素が水に溶けた水溶液を塩酸という。塩酸は酸性を示すので，塩化水素が残っていると，ＢＴＢ液を入れた水溶液が黄色になる。したがって，水溶液が緑色になったことから，塩化水素がすべて反応したと判断できる。

問４(1)　実験では，塩化水素を 250 ㎤溶かした塩酸とマグネシウム 0.12 g がちょうど反応して水素が 125 ㎤発生した。発生する気体の体積は，反応した物質の体積や重さに比例するので，マグネシウムが 0.15 g と十分にあることから，水素が 100 ㎤発生したときに反応した塩化水素は $250\times\frac{100}{125}=200$(㎤)となる。　**(2)**　(1)と同様に考えて，マグネシウムは $0.12\times\frac{100}{125}=0.096$(g)反応したので，溶け残ったのは 0.15－0.096＝0.054(g)となる。　**(3)**　水素の発生が終わったあとの水溶液は，塩化水素が残っていないので，緑色である。

問５　水素の発生量は 125 ㎤で，実験と変わらないが，ＢＴＢ液の色が黄色になったので，マグネシウム 0.12 g がすべて反応して塩化水素が残っていることがわかる。したがって，水 100 g に溶かす塩化水素の量を増やしたことがわかる。

問６　塩化水素が残っていなければ，ＢＴＢ液を入れると緑色になる。Ａ．溶かした塩化水素が 250 ㎤のとき，塩化水素とマグネシウム 0.12 g がちょうど反応し，125 ㎤の水素が発生するので，塩化水素が残っていないのは，溶かした塩化水素の体積が 250 ㎤までである。　Ｂ．マグネシウムが 0.12 g に達すると塩化水素が残らなくなるので，マグネシウム 0.12 g 以上で，水溶液が緑色になる。

３　**問１**　ウ○…振り子が１往復する時間は，振り子の長さによって決まり，振り子の重さや振れ幅によって変わらない。振り子の長さが 100cm のとき，10 往復の時間は 20.1 秒だから，１往復の時間は 20.1÷10＝2.01→２秒となる。

問２　ウ○…振り子の長さが 100cm だから，１往復の時間は２秒である。

問３　表より，振り子の長さだけを 100cm の２倍の 200cm にすると，10 往復の時間は 28.4÷20.1＝1.41…→1.4 倍になり，振り子の長さだけを 100cm の３倍の 300cm にすると，10 往復の時間は 35.1÷20.1＝1.74…→1.7 倍になり，振り子の長さだけを 100cm の４倍の 400cm にすると，10 往復の時間は 40.1÷20.1＝1.99…→2.0 倍になる。

問４　450cm は 225cm の２倍だから，30.1×1.4÷10＝4.214→4.2 秒となる。

問５　75 ㎝の４倍は 300 ㎝だから，35.0÷２÷10＝1.75→1.8 秒となる。

問６　２種類の振り子の長さでの 10 往復の時間の平均値が 26.5 秒ということである。釘(くぎ)の左側では 10 往復の時間が 28.4 秒の振り子だから，釘の右側では 26.5×２－28.4＝24.6(秒)になる。表より，釘の右側では振り子の長さが 150 ㎝だとわかるので，Ａは天井から真下に 200－150＝50(㎝)のところに打ってある。

問7　振り子の長さは釘の左側が 200－25＝175(cm)，右側が 200－(25＋50)＝125(cm)だから，10 往復の時間は(26.5＋22.4)÷２＝24.45(秒)である。したがって，１往復の時間は 2.445→2.4 秒となる。

問8　振り子の長さは１往復のうち最初の$\frac{1}{4}$は 200－(25＋50)＝125(cm)，糸が釘に触れていない右側半分におもりがあるときは 200 cm，最後の$\frac{1}{4}$は 200－25＝175(cm)である。まず，最初と最後の$\frac{1}{4}$の 10 往復の時間の平均値は，問７より 24.45 秒だから，振り子全体での 10 往復の時間の平均値は(24.45＋28.4)÷２＝26.425→26.4 秒となる。したがって，手をはなしてから左はしに戻ってくるまでの時間(１往復の時間)は 2.64→2.6 秒となる。

問9　重さがかかる点を重心という。振り子の長さは天井から重心までの長さであり，同じ重さの２つのおもりをつないだときの重心は２つのおもりの真ん中(つなぎ目の部分)にあるが，重さがちがう２つのおもりをつないだときの重心は，重い方のおもりの中心に近くなる。振り子の長さが長いほど１往復にかかる時間が大きいので，重心の位置が低いほど１往復にかかる時間が大きい。最も重心が低い(１往復にかかる時間が大きい)のがｄで，そこからｂ，ｅ，ｇ，ａ，ｆ，ｃ，ｈの順に高くなる。

4　**い～お**　左心室から出た血液は大動脈(い)→全身→大静脈(お)→右心房→右心室→肺動脈(え)→肺→肺静脈(う)→左心房の順に流れ，再び左心室から大動脈を通って全身へ送り出される。

ウ～オ　心臓には弁(べん)があり，弁の開閉と，心房と心室の縮んだりゆるんだりする状態が連動することで，心臓からたえず血液が送り出されている。心房と心室は反対の状態にあるので，心房が縮むと心室はゆるんで(ウはｂ)，血液が心房から心室に入る(エはａ)。心房と心室の間の弁を房室弁といい，心室が縮みはじめたときには，全身に血液を送り出すために房室弁が閉じる(オはｂ)。

カ，キ　心室と動脈の間の弁を半月弁といい，心室がさらに縮むと，半月弁が開いて(カはｃ)，血液は心室から動脈に入る(キはｃ)。

ク，ケ　心室がゆるむとき，開いていた半月弁が閉じ(クはｄ)，房室弁が開き，血液は静脈から心房を経て心室に入る(ケはａ)。

か，き，コ，サ　左心室は全身に血液を送り出すため，右心室よりも筋肉が強い(コはｃ)。筋肉が強い左心室からの血液が右心室に流れ込み(サはｂ)，肺と心臓を流れる肺循環(か)の血液は増加するが，心臓と全身を流れる体循環(き)の血液は減少する。

シ，ス　赤血球に含まれるヘモグロビンは，酸素の多い肺では酸素と結びつき(シはａ)，酸素が少ない全身では酸素と離れる(スはｂ)ので，全身に酸素を送り届けることができる。

《2021　社会　解説》

1　⑴　イが誤り。「1990 年」ではなく「1969 年」から生産調整が実施された。生産調整(減反政策)は，田の作付面積を減らして畑の面積を増やす転作を奨励することだが，2018 年に終了した。

⑵①・②　道路を直線状に整備すると，耕作機械を効率的に使うことができるようになるため，農業生産量の拡大につながる。このような取り組みを圃場整備という。　③　人の手で行われていた作業が機械で行われるようになったため，作業時間を大幅に短縮できるようになり，兼業農家が増えていった。

⑶②・③　木曽山脈は「中央アルプス」，赤石山脈は「南アルプス」ともいい，飛驒山脈(北アルプス)とまとめて日本アルプスと呼ばれている。　④　浜松市には，楽器やオートバイの生産で有名なヤマハの本社がある。

⑷　ア．銑鉄は炭素などの不純物が含まれているため，かたくてもろい。そのため，転炉に入れて不純物を取り除き，ねばりのある強靭な鋼にしている。

⑸　エが誤り。地球温暖化対策として，ドイツは大量の二酸化炭素を排出する石炭火力発電からの脱却を明言して

いるため，石炭輸入先の上位に入らない。日本の石炭輸入先は，オーストラリア＞インドネシア＞ロシア＞アメリカ合衆国＞中国である。

(6) エが誤り。国籍別の在留外国人数は読み取れないため，アメリカ国籍の人々が多いと判断できない。

(7) イが誤り。ブラジルの公用語はポルトガル語である。南アメリカ大陸では，ポルトガルがブラジルを支配し，それ以外のほとんどをスペインが支配したため，ブラジル以外の南米の国ではスペイン語が話される。

(8) イが誤り。「貿易摩擦問題」は 1980 年代にアメリカとの間で発生した。背景には，自動車を大量にアメリカへ輸出したことがあり，その解消のために日本は現地に工場を移すようになった。

(9) さいたま市は東京都，堺市は大阪市に近いため，昼夜間人口比率は低くなる。九州の熊本市と福岡市を比べたとき，中枢都市である福岡市の方が人口が集中すると判断して最も高いアとする。

(10) 第３次産業は，観光業の盛んな北海道，沖縄県，東京都，京都府などで就業者数が多い。

2 (1) 「石山寺」「三井寺」「日吉大社」「長浜曳山祭」から滋賀県を導く。

(2) イとウが正しい。　ア．中臣鎌足は飛鳥時代後半の豪族である。　エ．清水寺本堂は，江戸時代に徳川家光によって再建された。平安時代に建てられた阿弥陀堂には，平等院鳳凰堂などがある。　オ．小倉百人一首は鎌倉時代に成立した。

(3) アが正しい。　イ．富士川の戦いは平氏方が撤退したため，本格的な合戦が行われなかった。　ウ．守護は御家人の取りしまりや軍事・警察の仕事，地頭は年貢の取り立てや土地の管理をした。　エ．承久の乱は源氏の将軍が３代で途絶えたのをきっかけに始まった。

(4) ウが誤り。ワラビ・ゼンマイなどの山菜の採集時期は春であった。

(5) アだけ江戸時代，ほかは室町時代についての記述である。

(6) ウが誤り。祇園祭が中断したのは 15 世紀の応仁の乱のとき，曳山祭は 16 世紀に始まった。

3 (1) イは 1838 年の出来事だから正しい。アは 1774 年，ウは 17 世紀後半～18 世紀初頭，エは 18 世紀末の出来事である。

(2) ウは 1866 年の出来事だから正しい。アは 1873 年，イは 1872 年，エは 1871 年の出来事である。

(3) エが正しい。領事裁判権の撤廃は日清戦争直前の 1894 年の出来事である。　ア．徴兵令は 1873 年に出された。　イ．自由党は板垣退助によって結成された。大隈重信は立憲改進党を結成した。　ウ．秩父事件は自由党員を中心として，借金の減額や免除を求めた農民らが起こした激化事件である。

(5) オ．1931 年→ア．1932 年→エ．1935 年→ウ．1937 年→イ．1938 年

(6) ウが正しい。学童疎開は空襲を受けて始まった。　ア．国民徴用令は国家総動員法にもとづいて 1939 年に制定された。　イ．砂糖・しょう油・塩などはすべて切符制で，導入されたのは 1940 年であった。　エ．日独伊三国同盟は 1940 年に結ばれた。

4 (1) B　日本国憲法第９条に「戦争放棄」「戦力不保持」「交戦権の否認」について規定している。

(2) 大日本帝国憲法のもとでは，臣民は法律の範囲内で自由権が保障されていた。一方，戦後に制定された日本国憲法では，「国民主権」「平和主義」「基本的人権の尊重」を基本原理としている。

(3) イが誤り。外国への公式訪問は，宮内庁長官が助言役を務める，天皇の意思を反映した「公的行為」である。

(4) ウ．(1) B の解説参照。

(5) 日本国憲法第 26 条で，子どもが教育を受ける権利をもつこと，保護者が子どもに教育を受けさせる義務をもつことを規定している。

(6) 労働基本権については右表参照。

団結権	労働組合をつくる権利
団体交渉権	賃金等について，労働組合が使用者と交渉する権利
団体行動権	労働条件の改善をめざし，労働組合がストライキなどを行う権利

(7) アは第 96 条，イは第 79 条，ウは第 43 条，エは第 93 条に規定しているから，すべて正しいと判断し，オを選ぶ。

★久留米大学附設中学校

《国　語》

一 問一．かんらんしゃまわれよまわれおもいではきみにはひとひわれにはひとよ　問二．君には一日我には一生　問三．いま共有している時間に対する二人の意識のずれが強く感じられる　問四．自分の片思いをはげまし、そのいじらしさをくり返しかみしめよう　問五．恋のはじまりの切なさ

二 問一．①ウ　②ア　③ウ　④エ　問二．①ト　②ニ　③チ　④ヌ　問三．①イ〔別解〕オ　②エ　③ウ　④イ　問四．①なれなれ　②すがすが　③ずうずう　④たどたど　問五．①割　②絹　③改築　④枝葉末節

三 問一．ウ　問二．ドラゴンを作るには、ある程度の経験値が必要で、今の自分の実力では無理だと分かり、がっかりしている　問三．自分が絶賛した、陽太の作ったくす玉を見せれば、陽太に折り紙の実力があることがサークルの人たちに伝わると思った　問四．エ　問五．ウ　問六．陽太の折り紙に対する情熱や技術を認め、自分たちの仲間としてかんげいする　問七．認められ、サークルの正式メンバーにしてもらえたことを喜ぶ　問八．ア

四 問一．a．イ　b．エ　問二．Ⅰ．横井さんが二十八年間孤独なジャングル生活をしていたと思いこんでいた　Ⅱ．文明のすぐそばで暮らしていたことを知った　問三．イ　問四．二十八年間も敗戦を知らずにジャングルにかくれ孤独に暮らしていたというイメージを裏切らないように、近くにアパートや人家が見えた事実を書かずに切り捨てる　問五．ⅰ．オ　ⅱ．記事の不正 ～ ったりする　問六．ウ　問七．(例文)新聞記事は読者に正確な情報を伝えるためのものなので、自分が思いこみにとらわれていないかに注意して、見たまま、聞いたままの事実に忠実に書き、狭いイメージの附着した言葉にたよることなく適切に表現しようとする

《算　数》

1 (1)2020　(2)73　(3)55　(4)103.62　(5)①３　②12

2 (1)400　(2)63　(3)60　(4)30

3 (1)15　(2)30　(3)６　(4)1.25

4 (1)ア．456729　イ．45591　ウ．4550　エ．455　(2)９　(3)カ．２　キ．７　(4)３
(5)［ケ，コ］　［１，２］〔別解〕［４，５］，［７，８］

5 (1)12，３，$2\frac{13}{24}$　(2)②$3\frac{13}{54}$　③$7\frac{1}{2}$

《理　科》

1　問１．下図　問２．下図　問３．ア，オ，ウ，エ，イ，キ，カ　問４．下図　問５．ウ

2　問１．オ　問２．ウ　問３．①96　②おそく　問４．エ　問５．月齢…24　形…エ　問６．2022

3　問１．時間がたっても品質が低下せずくさることもないから。　問２．い，お　問３．か，く

問４．①そ，た　②し，ち　③さ，て　④せ，つ　問５．もみがら／果皮

問６．A．温度　B．胚　C．ジベレリン　D．糊粉層　E．アミラーゼ

F．胚乳　G．デンプン　H．糖　I．とけやすい　J．呼吸

4　問１．(1)A．ケ　B．ウ　(2)X．エ　Y．キ　問２．ア

問３．(1)二酸化炭素　(2)①窒素　②酸素　③酸素　④窒素　問４．(1)70　(2)71

(3)右グラフ

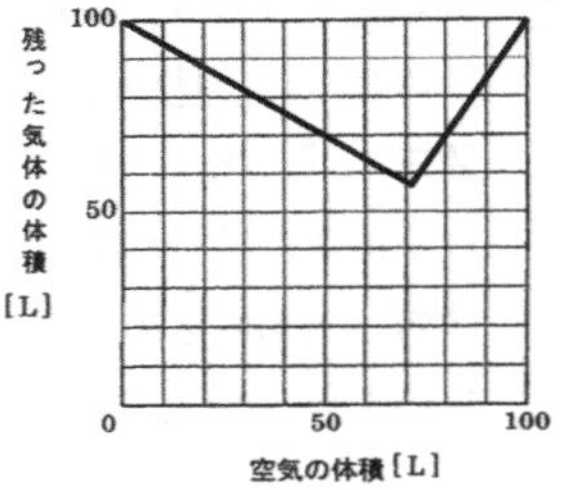

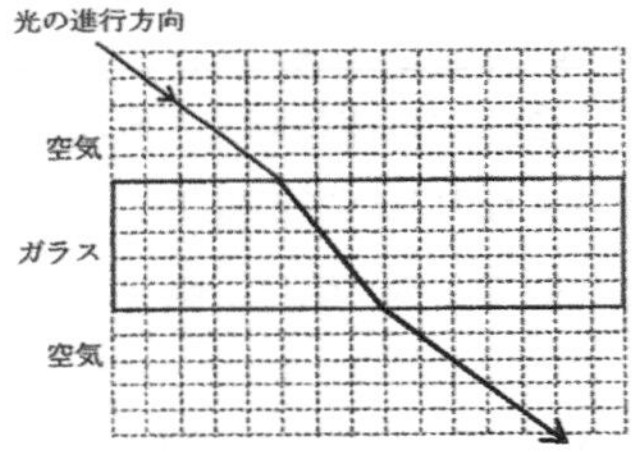

1 問１の図

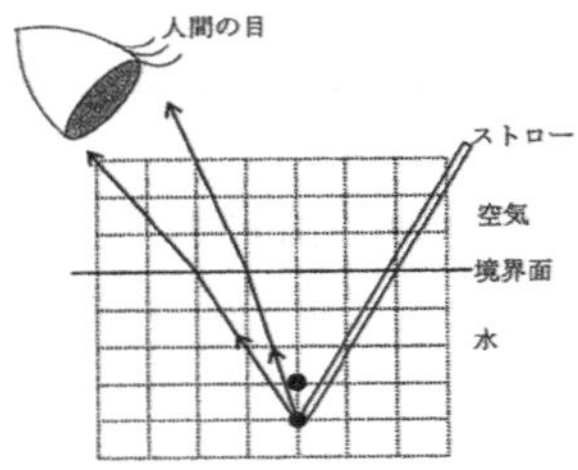

1 問２の図

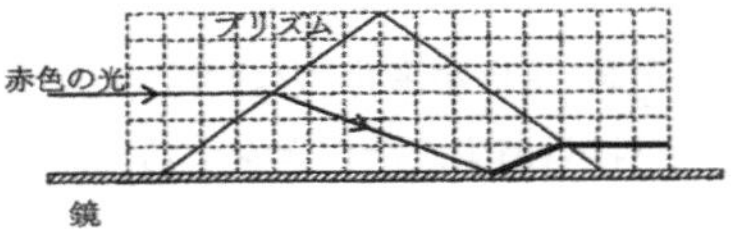

1 問４の図

《社　会》

1　(1)ウ　(2)X．仙台　Y．熊本　Z．新潟　(3)ウ　(4)エ　(5)エ　(6)①ウ　②イ　(7)エ

(8)①ア　②イギリス…エ　日本…オ　③これらの道県は，熱量の大きい米の生産量が多いわりに人口が少ないので，１人１日当たりの各道県産熱量が大きくなるから。

2　(1)オ　(2)ウ　(3)イ　(4)応仁の乱　(5)オ　(6)秩父　(7)オ

3　(1)モンゴル　(2)香港　(3)ウ　(4)ア　(5)ア　(6)イ

4　(1)国民主権　(2)イ　(3)健康で文化的な最低限度の　(4)バリアフリー　(5)納税の　(6)メディアリテラシー

(7)ＯＤＡ

←解答例は前のページにありますので，そちらをご覧ください。

《2020　国語　解説》

一 問二　「そんなふうにして過ごす楽しい今日というこの時間は、私には一生の想い出として残るだろうが、あなたにはたった一日の想い出でしかないのだろうかと、ふと思う」より。

問三　「一生・一日」が出てくる文(問二参照)の直後で、「いま二人が共有している時間、それに対する意識のずれが痛切に思われる」と言っている。「～という思い。」に合うようにまとめる。

問四　上句に込(こ)められた作者の思いについて語っている最後の段落の「相手の男性には届くことのないみずからの思いを励(はげ)ますように、あるいはそんな思いのいじらしさをもう一度反芻(はんすう)するように」から、「～という思い。」に合うようにまとめる。

問五　最後に「多くの若い読者の共感を呼ぶ、恋(こい)のはじまりを詠(うた)って普遍的(ふへんてき)な歌である」とまとめている。

二 問一①　ウは動詞「ある」で、他は連体詞(直後の名詞を修飾(しゅうしょく)している)。　②　アは連体詞で、他は形容動詞(言い切りの形が「～だ」になる)。　③　ウは形容動詞(急だ、急な、急なら、などと語形が変化する)で、他は副詞(語形が変化しない)。　④　エは形容詞で、「ことが」を受けた述語となっている。他は、直前の動詞などを打ち消すはたらきをする助動詞。

問三①　「口数(くちかず)」の意味は、ものを言う回数、食べ物を用意しなければならない人の数。１つ目の意味だとイの「悪口」。２つ目の意味だとオの「人口」。　②　それによって人を一定の方向に導くもの。公徳、倫理(りんり)や宗教上の教え。　③　はっきりしていること。　④　たやすい。容易な。

問五④　「枝葉末節(しようまっせつ)」は、中心からはずれたことがら、本質的でない、取るに足らないことがら。

三 問一　銀縁眼鏡(ぎんぶちめがね)の「えっ、まさかのドラゴン指名。いやあ、これはちょっとまだ無理かもしれませんねえ」に対するほのかの「なんで無理なんですか⁉」を受けて、銀縁眼鏡が理由を説明した「見ての通り難易度がけっこう高いんですよ。二百以上の工程かけて作るわけです。イグアナを五体作った私でも、このドラゴンの頭部の仕上げはなかなか手こずりましたから」より、ウが適する。この時点ではまだ、銀縁眼鏡は陽太のくす玉を見ていない。つまり小学生離(ばな)れした陽太の実力を知らない。

問二　陽太は意気込みだけはあったものの、折り紙の実際的なことにはほとんど知識がなかった。だから、「なんで無理なんですか⁉」と言ったほのかに銀縁眼鏡が理由を説明するのを聞くと、「早口だったし、内容も暗号のように謎(なぞ)めいて聞こえたが、とにかく今の自分の実力では作れないと言われていることだけは分かった」とある。そこで、率直に「おれ、いつになったら、作れますか」と聞くと、銀縁眼鏡は「いつといいますと、まあ、べつに、小学生でも作れないことはないんですが、仕上げとかは、やはりある程度の経験値が必要だと思います」と答えた。傍線部(ぼうせんぶ)②はこれを聞いた直後の反応。

問三　ほのかは勝ち気でものおじしない性格で、折り紙サークルの大学生たちにも人見知りしない。陽太の折り紙の才能を高く買っている。だから、陽太の才能を知らずに対応されているここまでの展開を、じれったく、面白くなく感じていた。一方、陽太はおっとりしたところがある。くす玉さえ見せればサークルの人たちに陽太の実力と才能をわかってもらえると思ったほのかが傍線部③のように言っても、反応が悪い。傍線部③に続く６行は、二人の性格と行動を対比させて、コミカルにえがいている。ほのかの思惑(おもわく)は的中し、彼女(かのじょ)が「繊細(せんさい)な手つきで、そうっと、陽太が作製したくす玉を取り出」すと、空気は一変した。

問四　「ほのかと同じく優しい手つきで触(さわ)り、細部を確認するように」から、陽太の作ったくす玉に敬意を持って、真剣(しんけん)に接していることがわかる。けっきょく銀縁眼鏡は、「小学生でここまでやれるって、なかなかの才能ですな」と認めてくれた。よって、エのような気持ちが読み取れる。これは素直な感想で、ア、ウのような屈折した感情はふくんでいない。

問五　傍線部⑤は、直前のもじゃもじゃ頭の発言を聞いて、２行後の「順を追って、ちゃんと努力をすれば、いつかは創れるんだ」ということを納得している。「順を追って、ちゃんと努力」することへの強い決意と意欲、その結果「いつかは創れる」ことへの自信がうかがえる。よって、ウが適する。ぽっちゃりと銀縁眼鏡に認めてもらい、もじゃもじゃ頭にドラゴンへの具体的な道筋を示してもらったことで、気持ちが前向きになっている。

問六　陽太は、直前の段落にあるようなすばらしい出来ばえのネズミを五匹も作った。そのネズミを見たもじゃもじゃ頭が言ったこと。傍線部⑤の直前の親切丁寧なアドバイスからも、陽太を仲間として認めていることがわかる。その中にも「いくら君でも」という、陽太の力を認めた表現が見られる。

問七　もじゃもじゃ頭が自分のことを認めてくれたので「陽太の心は晴れ晴れとした」のに加え、「最初の日は不機嫌だったぽっちゃりが、今はすごくフレンドリーな笑顔を向けてくれて、『君、折り紙探検隊の正式メンバーな』」と言ったことに対する反応。「頬が持ち上がる」とは、「自然と笑えてくる」ということ。

問八　最初の課題として「僕のオリジナル作品」を作るよう言ってくれたのは、もじゃもじゃ頭が陽太に期待し、目をかけてくれているから。折り図のコピーはその大切な証だと思ったから、大切に扱ったのである。よって、アが適する。

四　**問二**　森本がおどろいたのは、横井庄一が住んでいたという「丘のうえから、白い給水塔とコンクリートのアパートがはっきり見え」たこと。森本はそれをカメラマンに撮らせ、「孤独な二十八年というが、横井さんは文明のすぐそばで暮らしていたのだ」という記事を書いた。

問三　他社の記者がしたことは【甲】の最後の段落にまとめられている。それは、傍線部③の直後の「自分のイメージに合わないものごとを、意識的に、あるいは無意識のうちに(この記者の場合は意識的に)無視したり、切り捨てたりする」こと。それは、イの「現場の事実をそのまま伝える」という報道の大原則に反するので、怒られた。

問四　問三の解説を参照。デスクに怒られた記者がしたことを具体的に説明する。

問五ⅰ　読者がもっているイメージのこと。オの「固定観念」は、いつも頭から離れないで、その人の思考を拘束するような考えのこと。　ⅱ　最後の段落の一文目で「多くの場合、ワシは記事の不正確さを糊塗したり、不十分さを補ったりするために利用されていた」と述べられている。(　　　)に続く「ことが出来るという利点」という表現の対応にも目を向けよう。

問六　「ワシとされる彼らのひとりひとり」が持つ「その外見と異なるさまざまな内面」が、「ひとつの狭いイメージの中に閉じ込められてしまうこと」を言っている。つまり、本来はそれぞれに個性的で多様なものが、ひとつの「非個性的な存在」にされてしまうということ。よって、ウが適する。

《2020　算数　解説》

1　(1)　与式より，$\{(□-12)\div 4-2\}\times\frac{3}{5}\times\frac{3}{8}=100+12.5$　　$\{(□-12)\div 4-2\}\times\frac{9}{40}=112.5$

$(□-12)\div 4-2=\frac{225}{2}\div\frac{9}{40}$　　$(□-12)\div 4=500+2$　　$□-12=502\times 4$　　$□=2008+12=2020$

(2)　Dの点数を１とすると，A，B，C，Dの点数の比は，$\frac{1}{2}:\frac{3}{5}:\frac{4}{3}:1=15:18:40:30$となるから，

A，B，C，D，Eの５人の点数の比は，$15:18:40:30:\{(15+18+40)\div 2\}=30:36:80:60:73$となる。

得点はすべて整数で100点満点だから，Eの点数は73点とわかる。

(3)　右図のように記号をおく。

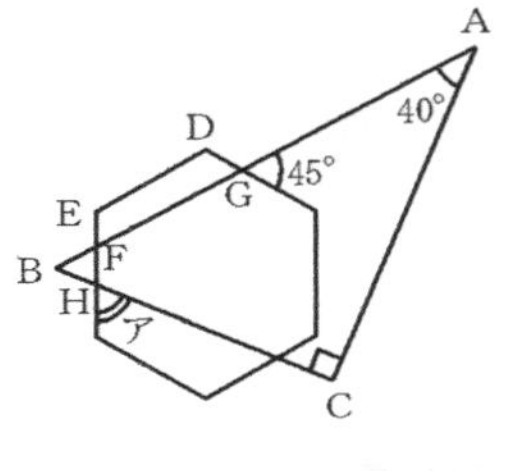

対頂角は等しいから角DGF＝45度，正六角形の１つの内角は$\{180\times(6-2)\}\div 6=$

120(度)なので，四角形DEFGの内角の和より，角EFG＝360－120×２－45＝75(度)

である。対頂角は等しいから角BFH＝75度，三角形ABCの内角の和より角FBH＝

180－40－90＝50(度)である。三角形ＦＢＨの内角の和より，角ＢＨＦ＝180－75－50＝55(度)である。よって，対頂角は等しいから，角ア＝55度である。

(4)　円すいが$2\frac{2}{3}=\frac{8}{3}$(回転)したとき，ちょうど点線上を１周したのだから，円すいの側面積は半径が８㎝の円の面積の$1\div\frac{8}{3}=\frac{3}{8}$(倍)である。したがって，円すいの側面積は$8\times8\times3.14\times\frac{3}{8}=24\times3.14$(㎠)である。

円すいの底面の円周の長さは半径が８㎝の円の円周の長さの$\frac{3}{8}$倍だから，$8\times2\times3.14\times\frac{3}{8}=6\times3.14$(㎝)である。

これより，底面の直径は６×3.14÷3.14＝６(㎝)だから，半径は６÷２＝３(㎝)である。よって，円すいの底面積は３×３×3.14＝９×3.14(㎠)だから，求める表面積は24×3.14＋９×3.14＝(24＋９)×3.14＝103.62(㎠)である。

(5)　階段の上がり方が１回につき２段，または，３段だから，２段目までの上がり方は１通り，３段目までの上がり方は１通り，４段目までの上がり方は２段を２回の１通りある。

５段目までの上がり方は，はじめに２段上がれば残りの３段の上がり方は１通りあり，はじめに３段上がれば残りの２段の上がり方は１通りあるから，１＋１＝２(通り)ある。

このように考えると，４段目以降のある段までの上がり方は，

(３段下の段までの上がり方)＋(２段下の段までの上がり方)で求められるとわかる。

よって，右表のようにまとめられるから，７段目までの上がり方は①３(通り)，12段目までの上がり方は②12通りある。

段目	その段までの上り方(通り)
2	1
3	1
4	1
5	2
6	2
7	3
8	4
9	5
10	7
11	9
12	12

2　(1)　定価の２割引きが250＋50＋20＝320(円)だから，定価は320÷(１－0.2)＝400(円)である。

(2)　100個仕入れたときの合計金額は250×100＝25000(円)だから，25000÷400＝62余り200より，定価で62＋１＝63(個)以上売れれば損が出ない。

(3)　すべて売れたので，１個あたりの利益を利用して求める。

１個あたりの利益は，定価のとき400－250＝150(円)，２割引きのとき50＋20＝70(円)である。２割引きで100個売れたとすると，利益の合計は70×100＝7000(円)となり，実際より11800－7000＝4800(円)少ない。２割引きで売れた１個を定価におきかえると，利益の合計は150－70＝80(円)多くなる。よって，定価で売れた個数は，4800÷80＝60(個)である。

(4)　売れ残った商品があるので，売り上げを利用して求める。

仕入れの合計金額は25000円だから，売り上げの合計は25000－4400＝20600(円)，売れた商品の合計個数は100－10＝90(個)，４割引きの値段は400×(１－0.4)＝240(円)である。

４割引きで売れた商品の個数は，定価で売れた商品の個数の２倍だから，定価で売れた商品１個と４割引きで売れた商品２個の合計３個を１セットとして考える。１セットの値段は400＋240×２＝880(円)だから，この値段で$\frac{90}{3}$＝30(セット)売れたとすると，売り上げの合計は880×30＝26400(円)となり，実際より26400－20600＝5800(円)多い。１セットを100円で売れた商品３個におきかえると，売り上げの合計は880－100×３＝580(円)少なくなる。よって，100円で売れた商品の個数は３×(5800÷580)＝30(個)である。

3　(1)　ＡＢとＥＪは平行だから，三角形ＡＥＪと三角形ＢＥＪの底辺をともにＥＪとしたときの高さは等しい。よって，三角形ＡＥＪの面積は，三角形ＢＥＪの面積に等しく15㎠である。

(2)　ＡＤとＥＨが平行で長さも等しいから，四角形ＡＤＨＥは平行四辺形である。したがって，三角形ＡＥＪと三角形ＡＥＤの面積は等しく15㎠である。三角形ＡＥＤは平行四辺形ＡＤＨＥの対角線を結んでできる三角形だ

から，求める面積は15×２＝30(㎠)である。

⑶　平行四辺形ＡＤＨＥの底辺をＡＤ＝５㎝とすると，高さはＥＩ＝30÷５＝６(㎝)である。

⑷　四角形ＡＢＦＩと四角形ＩＤＨＥの面積が等しいから，それぞれの四角形に三角形ＥＡＩを合わせた，台形ＡＢＦＥと平行四辺形ＡＤＨＥの面積も等しい。平行四辺形ＡＤＨＥの面積が30㎠で，台形ＡＢＦＥの(上底)＋(下底)が，ＡＢ＋ＥＦ＝５＋(６＋５)＝16(㎝)だから，台形ＡＢＦＥの高さはＢＦ＝30×２÷16＝3.75(㎝)である。よって，ＣＦ＝５－3.75＝1.25(㎝)である。

4　⑴　456765－４×９＝ア456729　45672－９×９＝イ45591　4559－１×９＝ウ4550　455－０×９＝エ455
45－５×９＝０

⑵　45676□4404(□は１けたの整数を表す(以降の問題でも同様とする))の上５けたは，⑴の4567654の上５けたと同じだから，45676□4404に操作を繰り返して，７けたの整数になったときに，4567654となればよい。
45676□440－４×９＝45676□404　45676□40－４×９＝45676□04　45676□0－４×９＝4567□□4
したがって，4567□□4が4567654となればよいから，45676□0－４×９＝4567654より，45676□0＝4567654＋36＝4567690である。よって，オに入る数は９である。

⑶　それぞれの数に操作を行う。□5－５×５＝０だから，□5＝25　よって，カに入る数は２である。
□6－５×５＝□1　□－１×５＝０だから，□＝５　よって，□6＝51＋25＝76だから，キに入る数は７である。

⑷　□77777777－４×５＝□77777757　□7777775－７×５＝□7777740　□77777－４×５＝□77757
□7775－７×５＝□7740　□77－４×５＝□57　□5－７×５＝０　□5＝35　よって，クに入る数は３である。

⑸　最後の操作の前の数は，上２けたまたは１けたの数が，下１けたの５倍になっていればよいので，
51，102，153，204，255，306，357，408，459が考えられる。今これらの数を探すとき，51から始めて，一の位の数を１増やし，十の位の数を５増やすことを繰り返したはずである。これは，51に51を足すことを繰り返したのと同じだから，できた数はすべて51の倍数である。下線部の数を操作１つ分さかのぼった数を探すときも，一番右の位に０を加えてから，51を足していくことになるので，「５の仲間」はすべて51の倍数である。
また，求める数は，上２けたと下２けたにそれぞれ同じ数が並んでいて，その他の位には３が偶数(ぐうすう)個並んでいるから，11の倍数とわかる。したがって，求める数は，51×11＝561の倍数である。561に１～10をかけた数を書き出すと，右のⅠのようになる。この中に1122があるので，1122で右のⅡのような筆算を作ることができ，ケに入る数は１，コに入る数は２とわかる。

Ⅰ

561	3366
1122	3927
1683	4488
2244	5049
2805	5610

Ⅱ

```
 1122
   1122
      1122
+        1122
 1133333322
```

なお，(ケ，コ)が(４，５)または(７，８)でも条件に合う10けたの数となるが，これらを見つけるためには，Ⅰの数をいろいろ組み合わせて上２けたと下２けたがそれぞれ同じ数になるものを探したり，ケとコに地道に数をあてはめていったりしなければならず，かなり時間がかかる。51＝３×17だから「５の仲間」は３の倍数なので，ケとコの和も３の倍数になるというしぼりこみはできるが，実際に探すには時間がかかりすぎるので，(ケ，コ)＝(１，２)を見つけたいところである。

5　⑴　切断面は右図の太線のようになるから，切断面の辺の数は12本である。
点Ａを含むほうの立体は，四面体Ａ－ＰＱＲから，右図の色付きの四面体を３個のぞいた立体である。
四面体Ａ－ＰＱＲは，底面を三角形ＡＰＱ，高さをＡＲとする三角すいで，三角すいの体積は，(底面積)×(高さ)÷３で求められる。

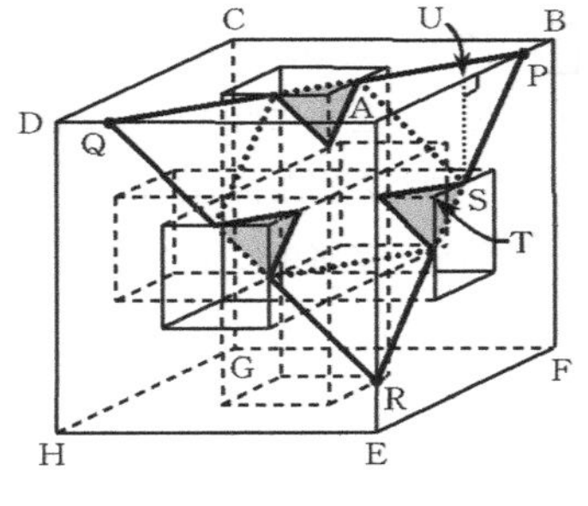

ＡＰ＝ＡＱ＝ＡＲ＝３$-\frac{1}{2}=\frac{5}{2}$(cm)だから，四面体Ａ－ＰＱＲの体積は，
$(\frac{5}{2}\times\frac{5}{2}\div 2)\times\frac{5}{2}\div 3=\frac{125}{48}$(cm³)である。
三角形ＰＵＳは，ＰＵ＝ＵＳ＝１cmの直角二等辺三角形だから，ＳＴ＝$\frac{1}{2}$cmとわかる。したがって，色付きの四面体は，四面体Ａ－ＰＱＲを$\frac{1}{2}\div\frac{5}{2}=\frac{1}{5}$(倍)にした立体だから，体積は四面体Ａ－ＰＱＲの$\frac{1}{5}\times\frac{1}{5}\times\frac{1}{5}=\frac{1}{125}$(倍)となる。
よって，色付きの四面体の体積は$\frac{125}{48}\times\frac{1}{125}=\frac{1}{48}$(cm³)だから，求める体積は$\frac{125}{48}-\frac{1}{48}\times 3=\frac{122}{48}=\frac{61}{24}=2\frac{13}{24}$(cm³)である。

(2)② 向かい合う面上の切断面は平行になるから，切断面は右図の太線のようになる(三角形ＰＡＳは直角二等辺三角形)。
求める体積は，立体ＱＤＲ－ＰＡＳから色付きの立体を２つのぞいた立体の体積である。

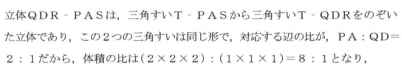

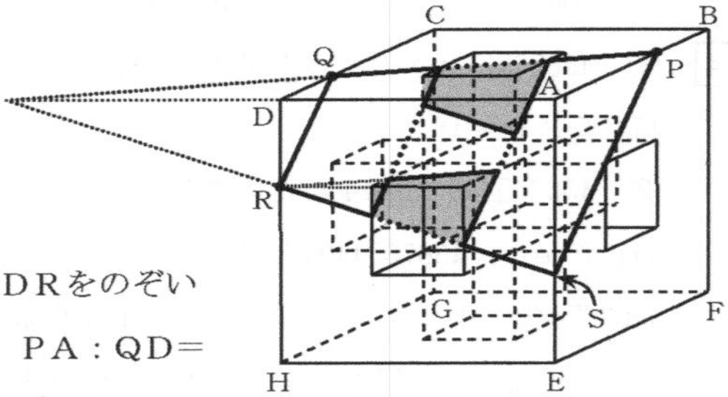

立体ＱＤＲ－ＰＡＳは，三角すいＴ－ＰＡＳから三角すいＴ－ＱＤＲをのぞいた立体であり，この２つの三角すいは同じ形で，対応する辺の比が，ＰＡ：ＱＤ＝２：１だから，体積の比は(２×２×２)：(１×１×１)＝８：１となり，
立体ＱＤＲ－ＰＡＳと三角すいＴ－ＰＡＳの体積の比は，(８－１)：８＝７：８である。
また，ＴＡ：ＴＤ＝２：１より，ＴＤ：ＤＡ＝(２－１)：１＝１：１だから，ＴＤ＝ＤＡ＝３cmである。
したがって，三角すいＴ－ＰＡＳの体積が(２×２÷２)×(３＋３)÷３＝４(cm³)だから，立体ＱＤＲ－ＰＡＳの体積は，$4\times\frac{7}{8}=\frac{7}{2}$(cm³)である。
図の２つの色付きの立体は，立体ＱＤＲ－ＰＡＳを$\frac{1}{3}$倍にした立体だから，体積は立体ＱＤＲ－ＰＡＳの$\frac{1}{3}\times\frac{1}{3}\times\frac{1}{3}=\frac{1}{27}$(倍)となる。よって，色付きの立体の体積は$\frac{7}{2}\times\frac{1}{27}=\frac{7}{54}$(cm³)だから，求める体積は$\frac{7}{2}-\frac{7}{54}\times 2=\frac{175}{54}=3\frac{13}{54}$(cm³)である。

③ 切断面は右図の太線のようになる。
求める体積は，立体ＱＤＴ－ＵＶＷと合同な立体３つ分の体積と，右図の色付き部分(中の空洞(くうどう)はのぞく)の体積である。
三角形ＱＳＤは直角二等辺三角形だから，ＳＤ＝ＱＤ＝１cmである。
三角すいＳ－ＵＶＷの体積は，(２×２÷２)×２÷３＝$\frac{4}{3}$(cm³)であり，
三角すいＳ－ＱＤＴは，三角すいＳ－ＵＶＷを$\frac{1}{2}$倍にした立体だから，
立体ＱＤＴ－ＵＶＷと三角すいＳ－ＵＶＷの体積の比は，

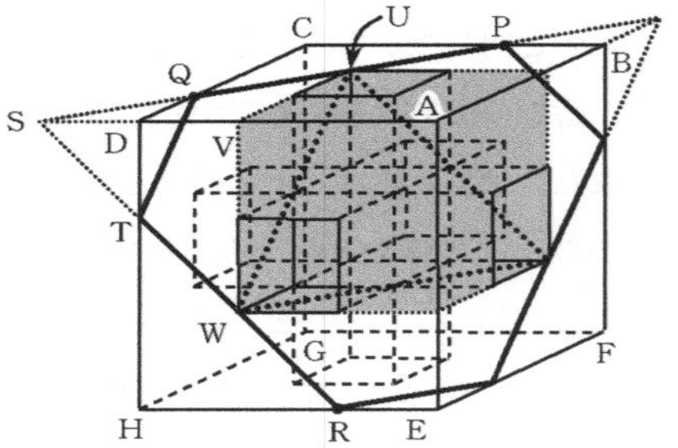

$(1-\frac{1}{2}\times\frac{1}{2}\times\frac{1}{2})$：１＝７：８である。したがって，立体ＱＤＴ－ＵＶＷの体積は，$\frac{4}{3}\times\frac{7}{8}=\frac{7}{6}$(cm³)である。
色付き部分で点Ａを含むほうの立体は，１辺が１cmの立方体が４個分だから，１×１×１×４＝４(cm³)である。
よって，求める体積は，$\frac{7}{6}\times 3+4=4\frac{7}{2}=7\frac{1}{2}$(cm³)である。

《2020　理科　解説》

1 問１　光が，空気中からガラス中へ入るときには入射角と屈折(くっせつ)角が図２と同じになり，ガラス中から空気中へ出ていくときには入射角と屈折角が図３と同じになるように作図すればよい。なお，このとき，ガラスに入る前とガラスから出た後の光は平行である。
問２　空気中に出て人間の目に届いた２本の光を，それぞれ水中に向かって延長すると交点ができる。人間の目に

は，光が直進して届くと感じるから，この交点の位置にストローの先端があるように見える。

問4　問題文にあるように鏡で反射した後，光がプリズムから空気中に出ていくときの入射角の大きさは，空気中からプリズムに入ってきたときの屈折角の大きさと同じだから，プリズムから空気中に出ていくときの屈折角の大きさは，空気中からプリズムに入ってきたときの入射角の大きさと同じになる。つまり，プリズムから出た後の光は，プリズムに入る前の光と平行になる。

問5　ウ○…屈折するときの折れ曲がりの度合いが赤色の光よりも大きい青色の光は，図Ｉのように，鏡のより左の点で反射し，プリズムのより上の方から出ていくことになる。

2　**問1**　月はカの新月から，ア(三日月)→ウ(上弦の月)→オ(満月)→エ(下弦の月)→イの順に変化して，次の新月になる。新月から次の新月までの日数が30日で，月齢が13の月は月齢が約15の満月に近い形をしている。

問2　ウ○…地球から見て太陽と月がちょうど反対方向にあるときが満月だから，太陽が西の地平線にしずむ日の入りのころに，満月は東の地平線からのぼってくる。満月より少し月齢が小さい十三夜の月は，日の入りの少し前に東の地平線から出て，日の入りのころには東の空の低い位置に見える。

問3　月は30日で地球の周りを1周(360度回転)するから，2日では$360\times\frac{2}{30}=24$(度)回転する。この回転の向きは地球の自転の向きと同じであり，地球は約1日(24時間)で360度→1時間(60分)で15度自転するから，2日後に月が同じ位置に見えるのは$60\times\frac{24}{15}=96$(分後)，つまり96分おそくなるということである。

問4　さそり座は夏の夜空を代表する星座であり，冬には一晩中見ることができない。

問5　1年後の月は，365.2÷29.5＝12.3…→12回満ち欠けして月齢が13にもどった月から，365.2－(29.5×12)＝11.2(日後)の月だから，月齢は13＋11.2＝24.2→24である。月齢は，カが0，ウが約7.5，オが約15，エが約22.5だから，エに最も近い。

問6　730年から2020年までの2020－730＝1290(年間)で，1290÷19＝67.8…→67回，同じ月の同じ日に，同じ場所で同じ形の月が見える。67回目は730＋19×67＝2003(年)であり，その次が2003＋19＝2022(年)だから，2020年に最も近いのは2022年である。

3　**問3**　リンゴやモモは果物，コムギは穀物である。

問4　ブロッコリーは主に花(のつぼみ)を食べる野菜，ブドウは果物である。

問5　種皮は種子の外側をつつんでいる皮だから，種皮とその内側の部分が種子である。

問6　Ａ．25℃のときのみ大量の吸水があったから，吸水が起こるにはある一定以上の温度が必要だと考えられる。Ｂ，Ｃ．胚を除くと，いずれの条件においても十分な吸水が起こらないこと，胚を除いても，ジベレリンを加えると十分な吸水が起こることから，胚からジベレリンが分泌されていると考えられる。　Ｄ～Ｉ．糊粉層まで除去すると，温度が25℃であっても大量の吸水がない。大量の吸水が起こるのは，胚乳にふくまれているデンプンがアミラーゼによって水にとけやすいより小さな分子の糖に分解されることによるものだから，ジベレリンがはたらきかける場所は糊粉層だと考えられる。　Ｊ．植物のはたらきのうち，酸素を必要とするのは呼吸である。

4　**問1(2)**　液体を注ぐガラス管の先は液の中に入るようにし，気体が出ていくガラス管の先はなるべく高い位置にする(エ)。このようにすることで，発生した気体が液体を注ぐガラス管に逆流することなく，試験管へ送り出される。また，酸素は水にとけにくい気体なので，キの水上置換法で集める。

問2　ア○…水と油のように混じり合わないものは，十分に長い時間おいても重いものと軽いものに分かれたままになるが，酸素と水素は混じり合うので，十分に長い時間おくと重さに関係なくどちらも一様に散らばる。

問3(2)　空気は約78％が窒素，約21％が酸素であり，線香が激しく燃えるには(気体の)酸素が必要である。したがって，①には窒素，②には酸素があてはまる。また，時間がたつにつれて試験管内の温度は高くなるから，③には酸素，④には窒素があてはまる。

問４(1)　一酸化窒素と酸素を同体積で混合して二酸化窒素を生じさせると酸素が混合した気体の体積の25％が残る。これを100Ｌの一酸化窒素と100Ｌの酸素で考えると，残った酸素は(100＋100)×0.25＝50(Ｌ)だから，反応した酸素は100－50＝50(Ｌ)であり，一酸化窒素と酸素は100：50＝２：１の体積比で反応することがわかる。したがって，一酸化窒素50Ｌと空気50Ｌでは，空気50Ｌにふくまれる酸素50×0.2＝10(Ｌ)が，その２倍の20Ｌの一酸化窒素と反応し，一酸化窒素が50－20＝30(Ｌ)，空気(窒素)が50－10＝40(Ｌ)残るので，全部で30＋40＝70(Ｌ)の気体が残る。　(2)　過不足なく反応する一酸化窒素と酸素の体積比は２：１で，空気と空気にふくまれる酸素の体積比が100(％)：20(％)＝５：１だから，残った気体の体積が最も小さくなるときの一酸化窒素と空気の体積比は２：５である。したがって，100Ｌのうち$100\times\frac{5}{2+5}$＝71.4…→71Ｌが空気であればよい。　(3)　(2)のときに残った気体の体積が最も小さくなることに着目する。(2)では，空気が$100\times\frac{5}{2+5}=\frac{500}{7}$(Ｌ)だから，この空気にふくまれる酸素は$\frac{100}{7}$Ｌであり，混ぜる一酸化窒素は$\frac{200}{7}$Ｌである。このとき，酸素と一酸化窒素が過不足なく反応して，空気にふくまれる窒素だけが$\frac{400}{7}$Ｌ残る。したがって，空気の体積が$\frac{500}{7}$Ｌ→約71Ｌで，残った気体の体積が$\frac{400}{7}$Ｌ→約57Ｌになる点をとり，この点を，(空気の体積，残った気体の体積)＝(０Ｌ，100Ｌ)，(100Ｌ，100Ｌ)の２点とそれぞれ直線で結んだグラフをかけばよい。

《2020　社会　解説》

1　(1)　ウ．上越新幹線の大宮駅(さいたま市)と東北新幹線の仙台駅(仙台市)は人口100万人以上の都市にあるから，路線Ａと路線Ｃにある。始発の東京駅から人口100万人以上の都市まで，距離の遠い路線Ａを東北新幹線，距離の短い路線Ｃを上越新幹線と判断できるので，九州新幹線は路線Ｂとなる。

(2)**都市Ｘ**　「(東北)地方中枢都市」「城下町」「平野部」から仙台市と判断する。　**都市Ｙ**　「標高1000ｍ級の山々(阿蘇山など)」「路面電車」から熊本市と判断する。　**都市Ｚ**　「日米修好通商条約の開港(横浜・函館・長崎・新潟・神戸)」「冬季に降雪量が多くなる(日本海側の気候)」から新潟市と判断する。

(3)　ウが誤り。浜松市では高度経済成長期からバブル景気ごろまでにオートバイの生産が発達したが，それ以降は海外への工場移転によって空洞化が進んでいる。

(4)　エが誤り。暖かい気候の沖縄県ではビニールハウスを使わず，電照菊の抑制栽培がさかんに行われている。

(5)　エが誤り。阪神工業地帯は他の工業地帯と比べると，金属工業の割合が高く，機械工業の割合が少ない。

(6)①　ウが誤り。中東以外で最も石油の輸入量が多い相手国はロシア連邦である。　②　イが誤り。サウジアラビアの首都はリヤドである。アンカラはトルコ共和国の首都。

(7)　エが正しい。船舶は１度に大量かつ重量のある物資(機械類や石油，石炭など)を遠距離まで運ぶことができるので，貨物の輸送量割合が高い。　ア．輸出品で最も金額の割合が多いのは機械類である。　イ．最大の貿易相手国は中国である。　ウ．国内の港別で最も貿易額が多いのは成田国際空港である。

(8)①　アが正しい。　Ｂ．とうもろこしの産地としてアメリカ中西部の大規模栽培地帯「コーンベルト」が有名である。
②　日本のカロリーベースの食糧自給率は38％前後だからオを選ぶ。残った４国のうち，イギリスの自給率だけが100％以下だからエを選ぶ。アはカナダ，イはオーストラリア，ウはフランス。また，日本の生産額ベースの自給率はおおむね60～70％で推移している。　③　北海道や東北地方で，カロリー(熱量の単位)の高い米の生産量が多いこと，過疎化が進んでいることから導く。カロリーベースでの都道府県別食料自給率は，(１人１日当たりの都道府県産熱量)÷(１人１日当たりの供給熱量)で求められ，１人１日当たりの都道府県産熱量は，都道府県産熱量を当該都道府県人口で割って求めるため，供給熱量が多く人口が少ないほど，都道府県別食料自給率は大きくなる。

2 (1) オが正しい。 X．ヤマトタケルは，東北の蝦夷を征討したと言われている。ワカタケルは雄略天皇と同一人物とされている。 Y．参勤交代は徳川家光によって制定された，大名を江戸と領地に１年おきに住まわせる制度である。参勤交代にかかる費用は大名が負担したため，藩の財政は苦しくなった。版籍奉還は，全国の大名が所有していた土地と人民を朝廷に返還したこと。 Z．錦絵は江戸時代の浮世絵の一種で，多色刷りの版画である。日本で本格的に映画がつくられるようになったのは大正時代で，富岡製糸場がつくられた明治時代よりも後である。

(2) ウが誤り。大宝律令の制定は飛鳥時代である。

(3) イ．「11 世紀後半に東北地方で起きた争い(後三年の役)」を平定した源義家を導く。義家に味方した奥州藤原氏は後三年合戦の後に勃興し，およそ１世紀にわたって平泉を中心に栄えた。

(4) 1467 年，８代将軍足利義政の跡継ぎ争いに有力守護の勢力争いが複雑にからみあって，応仁の乱が始まった(～1477 年)。応仁の乱が始まると，主戦場となった京都から公家や貴族らが地方へと逃れ，そこで京都の文化を伝えた。

(5) すべて正しいからオである。お手伝い普請は大名を動員して行った土木工事で，木曽三川の治水工事を薩摩藩が行ったことがよく知られる。

(6) 秩父事件は自由党員を中心として，借金の減額や免除を求めた農民らが起こした激化事件である。

(7) 富岡製糸場では女工として武家の娘が働いたから，オを選ぶ。日本造りの風通しのよい家＝武家造りと判断できる。殖産興業政策の一環として，フランス人のブリューナが，フランス製機械を輸入しフランス人技師を雇って，群馬県に富岡製糸場を開設した。

3 (1) 鎌倉幕府８代執権北条時宗が，モンゴル人がたてた元による服属の要求をしりぞけた後，２度にわたって元軍が日本を襲来した(元寇)が，いずれも暴風雨の影響などにより引き上げた。幕府側は騎馬による一騎打ち，元軍側は火器による集団戦法を取った。13 世紀末には，モンゴル帝国の支配は東ヨーロッパから東アジアまで拡大した。

(2) アヘン戦争の講和条約である南京条約では，清が賠償金を支払い，香港をゆずりわたし，上海・厦門(アモイ)・広州など５港を開くことが定められた。

(3) ペリーは日本と日米和親条約を結んだから，ウが誤り。1854 年の日米和親条約は薪水給与や漂流民保護に関する条約で，下田・函館の２港を開いた。1858 年の日米修好通商条約が，アメリカに領事裁判権(治外法権)を認め，日本に関税自主権がないなど，日本にとって不平等なものであった。

(4) 両方とも正しいからアを選ぶ。 A．開国後は，生糸・蚕種(蚕の卵)・茶・菜種油などの生活必需品が品不足となって価格が高騰し，庶民の生活は苦しくなった。 B．1914 年，ヨーロッパを主戦場とした第一次世界大戦が始まった。日本はヨーロッパに向けて軍需品を輸出し，ヨーロッパの影響力が後退したアジアへの綿織物の輸出を拡大した。これにより，第一次世界大戦が終結する 1918 年まで日本は好景気(大戦景気)となった。

(5) 三国干渉によって清に返還されたのは遼東半島だから，アを選ぶ。イは朝鮮半島，ウは山東半島。

(6) イは日中戦争についての記述だから誤り。日中戦争の開始(盧溝橋事件)は 1937 年で，第二次世界大戦の開始(1939 年)以前の出来事である。

4 (1) 日本国憲法の三大原理は，国民主権・平和主義・基本的人権の尊重である。明治憲法(大日本帝国憲法)は天皇が主権者である欽定憲法，日本国憲法は国民が主権者である民定憲法。

(2) イが正しい。条約の締結は内閣が行い，締結の前または後に国会が承認する。アとウは内閣，エは裁判所の権限。

(3) 社会保障制度は，憲法第25条の生存権(健康で文化的な最低限度の生活を営む権利)をよりどころとしている。

(5) 教育の義務と勤労の義務は社会権として規定されている。また，裁判を受ける権利はあるが，義務はない。

(6) 「メディア」は新聞やテレビなどのマスメディア，「リテラシー」は読み書き能力や必要な情報を取捨選択して活用する能力を意味する。

(7) ＯＤＡは政府開発援助の略称である。

■ ご使用にあたってのお願い・ご注意

（1）問題文等の非掲載

著作権上の都合により，問題文や図表などの一部を掲載できない場合があります。

誠に申し訳ございませんが，ご了承くださいますようお願いいたします。

（2）過去問における時事性

過去問題集は，学習指導要領の改訂や社会状況の変化，新たな発見などにより，現在とは異なる表記や解説になっている場合があります。過去問の特性上，出題当時のままで出版していますので，あらかじめご了承ください。

（3）配点

学校等から配点が公表されている場合は，記載しています。公表されていない場合は，記載していません。

独自の予想配点は，出題者の意図と異なる場合があり，お客様が学習するうえで誤った判断をしてしまう恐れがあるため記載していません。

（4）無断複製等の禁止

購入された個人のお客様が，ご家庭でご自身またはご家族の学習のためにコピーをすることは可能ですが，それ以外の目的でコピー，スキャン，転載（ブログ，ＳＮＳなどでの公開を含みます）などをすることは法律により禁止されています。学校や学習塾などで，児童生徒のためにコピーをして使用することも法律により禁止されています。

ご不明な点や，違法な疑いのある行為を確認された場合は，弊社までご連絡ください。

（5）けがに注意

この問題集は針を外して使用します。針を外すときは，けがをしないように注意してください。また，表紙カバーや問題用紙の端で手指を傷つけないように十分注意してください。

（6）正誤

制作には万全を期しておりますが，万が一誤りなどがございましたら，弊社までご連絡ください。

なお，誤りが判明した場合は，弊社ウェブサイトの「ご購入者様のページ」に掲載しておりますので，そちらもご確認ください。

■ お問い合わせ

解答例，解説，印刷，製本など，問題集発行におけるすべての責任は弊社にあります。

ご不明な点がございましたら，弊社ウェブサイトの「お問い合わせ」フォームよりご連絡ください。迅速に対応いたしますが，営業日の都合で回答に数日を要する場合があります。

ご入力いただいたメールアドレス宛に自動返信メールをお送りしています。自動返信メールが届かない場合は，「よくある質問」の「メールの問い合わせに対し返信がありません。」の項目をご確認ください。

また弊社営業日（平日）は，午前９時から午後５時まで，電話でのお問い合わせも受け付けています。

2025 春

株式会社教英出版
〒422-8054　静岡県静岡市駿河区南安倍３丁目 12-28
TEL　054-288-2131　　FAX　054-288-2133
URL　https://kyoei-syuppan.net/
MAIL siteform@kyoei-syuppan.net

教英出版　2025年春受験用　中学入試問題集

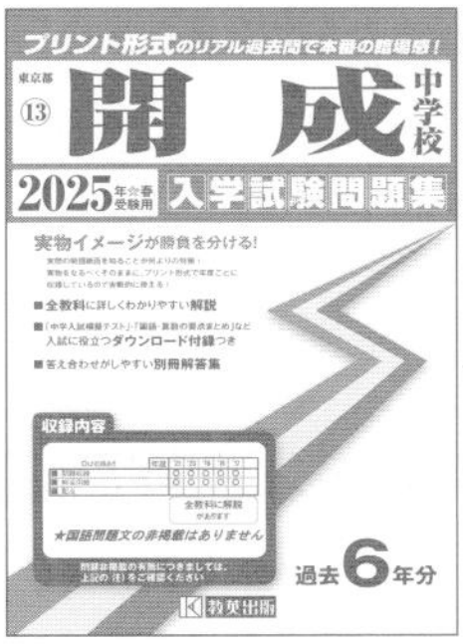

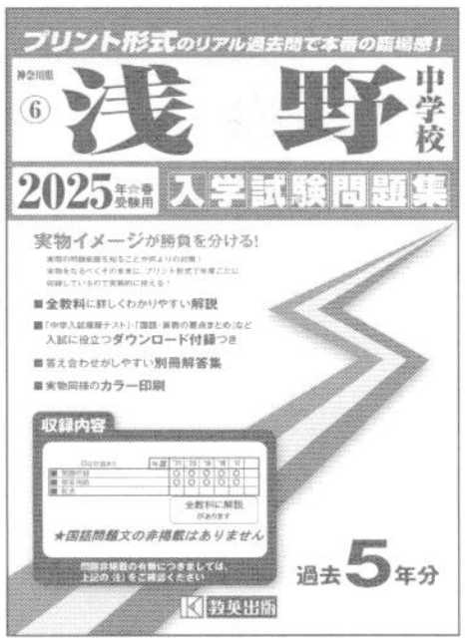

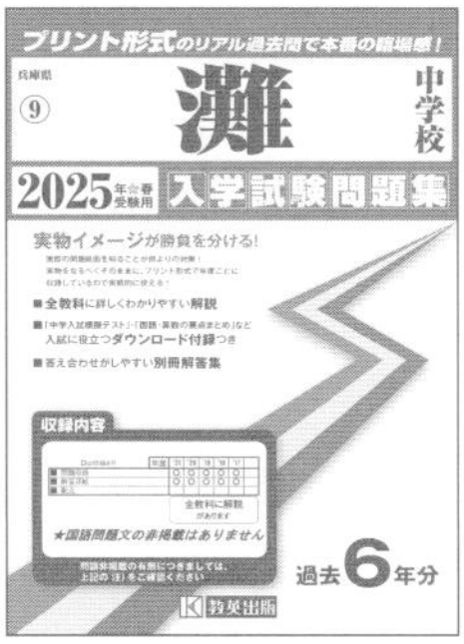

学校別問題集

✿はカラー問題対応

北海道

①[市立]札幌開成中等教育学校
②藤女子中学校
③北嶺中学校
④北星学園女子中学校
⑤札幌大谷中学校
⑥札幌光星中学校
⑦立命館慶祥中学校
⑧函館ラ・サール中学校

青森県

①[県立]三本木高等学校附属中学校

岩手県

①[県立]一関第一高等学校附属中学校

宮城県

①[県立]宮城県古川黎明中学校
②[県立]宮城県仙台二華中学校
③[市立]仙台青陵中等教育学校
④東北学院中学校
⑤仙台白百合学園中学校
⑥聖ウルスラ学院英智中学校
⑦宮城学院中学校
⑧秀光中学校
⑨古川学園中学校

秋田県

①[県立] 大館国際情報学院中学校 / 秋田南高等学校中等部 / 横手清陵学院中学校

山形県

①[県立] 東桜学館中学校 / 致道館中学校

福島県

①[県立] 会津学鳳中学校 / ふたば未来学園中学校

茨城県

①[県立]
日立第一高等学校附属中学校
太田第一高等学校附属中学校
水戸第一高等学校附属中学校
鉾田第一高等学校附属中学校
鹿島高等学校附属中学校
土浦第一高等学校附属中学校
竜ヶ崎第一高等学校附属中学校
下館第一高等学校附属中学校
下妻第一高等学校附属中学校
水海道第一高等学校附属中学校
勝田中等教育学校
並木中等教育学校
古河中等教育学校

栃木県

①[県立] 宇都宮東高等学校附属中学校 / 佐野高等学校附属中学校 / 矢板東高等学校附属中学校

群馬県

① [県立]中央中等教育学校 / [市立]四ツ葉学園中等教育学校 / [市立]太田中学校

埼玉県

①[県立]伊奈学園中学校
②[市立]浦和中学校
③[市立]大宮国際中等教育学校
④[市立]川口市立高等学校附属中学校

千葉県

①[県立] 千葉中学校 / 東葛飾中学校
②[市立]稲毛国際中等教育学校

東京都

①[国立]筑波大学附属駒場中学校
②[都立]白鷗高等学校附属中学校
③[都立]桜修館中等教育学校
④[都立]小石川中等教育学校
⑤[都立]両国高等学校附属中学校
⑥[都立]立川国際中等教育学校
⑦[都立]武蔵高等学校附属中学校
⑧[都立]大泉高等学校附属中学校
⑨[都立]富士高等学校附属中学校
⑩[都立]三鷹中等教育学校
⑪[都立]南多摩中等教育学校
⑫[区立]九段中等教育学校
⑬開成中学校
⑭麻布中学校
⑮桜蔭中学校
⑯女子学院中学校
✿⑰豊島岡女子学園中学校
⑱東京都市大学等々力中学校
⑲世田谷学園中学校
✿⑳広尾学園中学校（第2回）
✿㉑広尾学園中学校（医進・サイエンス回）
㉒渋谷教育学園渋谷中学校（第1回）
㉓渋谷教育学園渋谷中学校（第2回）
㉔東京農業大学第一高等学校中等部（2月1日 午後）
㉕東京農業大学第一高等学校中等部（2月2日 午後）

神奈川県

① [県立] 相模原中等教育学校／平塚中等教育学校
② [市立] 南高等学校附属中学校
③ [市立] 横浜サイエンスフロンティア高等学校附属中学校
④ [市立] 川崎高等学校附属中学校
✿⑤聖光学院中学校
✿⑥浅野中学校
⑦洗足学園中学校
⑧法政大学第二中学校
⑨逗子開成中学校（1次）
⑩逗子開成中学校（2･3次）
⑪神奈川大学附属中学校（第1回）
⑫神奈川大学附属中学校（第2･3回）
⑬栄光学園中学校
⑭フェリス女学院中学校

新潟県

① [県立] 村上中等教育学校／柏崎翔洋中等教育学校／燕中等教育学校／津南中等教育学校／直江津中等教育学校／佐渡中等教育学校
② [市立] 高志中等教育学校
③新潟第一中学校
④新潟明訓中学校

石川県

① [県立] 金沢錦丘中学校
②星稜中学校

福井県

① [県立] 高志中学校

山梨県

①山梨英和中学校
②山梨学院中学校
③駿台甲府中学校

長野県

① [県立] 屋代高等学校附属中学校／諏訪清陵高等学校附属中学校
② [市立] 長野中学校

岐阜県

①岐阜東中学校
②鶯谷中学校
③岐阜聖徳学園大学附属中学校

静岡県

① [国立] 静岡大学教育学部附属中学校（静岡･島田･浜松）
② [県立] 清水南高等学校中等部／[県立] 浜松西高等学校中等部／[市立] 沼津高等学校中等部
③不二聖心女子学院中学校
④日本大学三島中学校
⑤加藤学園暁秀中学校
⑥星陵中学校
⑦東海大学付属静岡翔洋高等学校中等部
⑧静岡サレジオ中学校
⑨静岡英和女学院中学校
⑩静岡雙葉中学校
⑪静岡聖光学院中学校
⑫静岡学園中学校
⑬静岡大成中学校
⑭城南静岡中学校
⑮静岡北中学校
⑯常葉大学附属常葉中学校／常葉大学附属橘中学校／常葉大学附属菊川中学校
⑰藤枝明誠中学校
⑱浜松開誠館中学校
⑲静岡県西遠女子学園中学校
⑳浜松日体中学校
㉑浜松学芸中学校

愛知県

① [国立] 愛知教育大学附属名古屋中学校
②愛知淑徳中学校
③名古屋経済大学市邨中学校／名古屋経済大学高蔵中学校
④金城学院中学校
⑤椙山女学園中学校
⑥東海中学校
⑦南山中学校男子部
⑧南山中学校女子部
⑨聖霊中学校
⑩滝中学校
⑪名古屋中学校
⑫大成中学校
⑬愛知中学校
⑭星城中学校
⑮名古屋葵大学中学校（名古屋女子大学中学校）
⑯愛知工業大学名電中学校
⑰海陽中等教育学校（特別給費生）
⑱海陽中等教育学校（I･II）
⑲中部大学春日丘中学校
新刊⑳名古屋国際中学校

三重県

① [国立] 三重大学教育学部附属中学校
②暁中学校
③海星中学校
④四日市メリノール学院中学校
⑤高田中学校
⑥セントヨゼフ女子学園中学校
⑦三重中学校
⑧皇學館中学校
⑨鈴鹿中等教育学校
⑩津田学園中学校

滋賀県

① [国立] 滋賀大学教育学部附属中学校
② [県立] 河瀬中学校／守山中学校／水口東中学校

京都府

① [国立] 京都教育大学附属桃山中学校
② [府立] 洛北高等学校附属中学校
③ [府立] 園部高等学校附属中学校
④ [府立] 福知山高等学校附属中学校
⑤ [府立] 南陽高等学校附属中学校
⑥ [市立] 西京高等学校附属中学校
⑦同志社中学校
⑧洛星中学校
⑨洛南高等学校附属中学校
⑩立命館中学校
⑪同志社国際中学校
⑫同志社女子中学校（前期日程）
⑬同志社女子中学校（後期日程）

大阪府

① [国立] 大阪教育大学附属天王寺中学校
② [国立] 大阪教育大学附属平野中学校
③ [国立] 大阪教育大学附属池田中学校

④[府立]富田林中学校
⑤[府立]咲くやこの花中学校
⑥[府立]水都国際中学校
⑦清風中学校
⑧高槻中学校（A日程）
⑨高槻中学校（B日程）
⑩明星中学校
⑪大阪女学院中学校
⑫大谷中学校
⑬四天王寺中学校
⑭帝塚山学院中学校
⑮大阪国際中学校
⑯大阪桐蔭中学校
⑰開明中学校
⑱関西大学第一中学校
⑲近畿大学附属中学校
⑳金蘭千里中学校
㉑金光八尾中学校
㉒清風南海中学校
㉓帝塚山学院泉ヶ丘中学校
㉔同志社香里中学校
㉕初芝立命館中学校
㉖関西大学中等部
㉗大阪星光学院中学校

兵庫県

①[国立]神戸大学附属中等教育学校
②[県立]兵庫県立大学附属中学校
③雲雀丘学園中学校
④関西学院中学部
⑤神戸女学院中学部
⑥甲陽学院中学校
⑦甲南中学校
⑧甲南女子中学校
⑨灘中学校
⑩親和中学校
⑪神戸海星女子学院中学校
⑫滝川中学校
⑬啓明学院中学校
⑭三田学園中学校
⑮淳心学院中学校
⑯仁川学院中学校
⑰六甲学院中学校
⑱須磨学園中学校(第1回入試)
⑲須磨学園中学校(第2回入試)
⑳須磨学園中学校(第3回入試)
㉑白陵中学校
㉒夙川中学校

奈良県

①[国立]奈良女子大学附属中等教育学校
②[国立]奈良教育大学附属中学校
③[県立]
国際中学校
青翔中学校
④[市立]一条高等学校附属中学校
⑤帝塚山中学校
⑥東大寺学園中学校
⑦奈良学園中学校
⑧西大和学園中学校

和歌山県

①[県立]
古佐田丘中学校
向陽中学校
桐蔭中学校
日高高等学校附属中学校
田辺中学校
②智辯学園和歌山中学校
③近畿大学附属和歌山中学校
④開智中学校

岡山県

①[県立]岡山操山中学校
②[県立]倉敷天城中学校
③[県立]岡山大安寺中等教育学校
④[県立]津山中学校
⑤岡山中学校
⑥清心中学校
⑦岡山白陵中学校
⑧金光学園中学校
⑨就実中学校
⑩岡山理科大学附属中学校
⑪山陽学園中学校

広島県

①[国立]広島大学附属中学校
②[国立]広島大学附属福山中学校
③[県立]広島中学校
④[県立]三次中学校
⑤[県立]広島叡智学園中学校
⑥[市立]広島中等教育学校
⑦[市立]福山中学校
⑧広島学院中学校
⑨広島女学院中学校
⑩修道中学校
⑪崇徳中学校
⑫比治山女子中学校
⑬福山暁の星女子中学校
⑭安田女子中学校
⑮広島なぎさ中学校
⑯広島城北中学校
⑰近畿大学附属広島中学校福山校
⑱盈進中学校
⑲如水館中学校
⑳ノートルダム清心中学校
㉑銀河学院中学校
㉒近畿大学附属広島中学校東広島校
㉓AICJ中学校
㉔広島国際学院中学校
㉕広島修道大学ひろしま協創中学校

山口県

①[県立]
下関中等教育学校
高森みどり中学校
②野田学園中学校

徳島県

①[県立]
富岡東中学校
川島中学校
城ノ内中等教育学校
②徳島文理中学校

香川県

①大手前丸亀中学校
②香川誠陵中学校

愛媛県

①[県立]
今治東中等教育学校
松山西中等教育学校
②愛光中学校
③済美平成中等教育学校
④新田青雲中等教育学校

高知県

①[県立]
安芸中学校
高知国際中学校
中村中学校

福岡県

①[国立]福岡教育大学附属中学校（福岡・小倉・久留米）
②[県立]育徳館中学校
　門司学園中学校
　宗像中学校
　嘉穂高等学校附属中学校
　輝翔館中等教育学校
③西南学院中学校
④上智福岡中学校
⑤福岡女学院中学校
⑥福岡雙葉中学校
⑦照曜館中学校
⑧筑紫女学園中学校
⑨敬愛中学校
⑩久留米大学附設中学校
⑪飯塚日新館中学校
⑫明治学園中学校
⑬小倉日新館中学校
⑭久留米信愛中学校
⑮中村学園女子中学校
⑯福岡大学附属大濠中学校
⑰筑陽学園中学校
⑱九州国際大学付属中学校
⑲博多女子中学校
⑳東福岡自彊館中学校
㉑八女学院中学校

佐賀県

①[県立]香楠中学校
　致遠館中学校
　唐津東中学校
　武雄青陵中学校
②弘学館中学校
③東明館中学校
④佐賀清和中学校
⑤成穎中学校
⑥早稲田佐賀中学校

長崎県

①[県立]長崎東中学校
　佐世保北中学校
　諫早高等学校附属中学校
②青雲中学校
③長崎南山中学校
④長崎日本大学中学校
⑤海星中学校

熊本県

①[県立]玉名高等学校附属中学校
　宇土中学校
　八代中学校
②真和中学校
③九州学院中学校
④ルーテル学院中学校
⑤熊本信愛女学院中学校
⑥熊本マリスト学園中学校
⑦熊本学園大学付属中学校

大分県

①[県立]大分豊府中学校
②岩田中学校

宮崎県

①[県立]五ヶ瀬中等教育学校
②[県立]宮崎西高等学校附属中学校
　都城泉ヶ丘高等学校附属中学校
③宮崎日本大学中学校
④日向学院中学校
⑤宮崎第一中学校

鹿児島県

①[県立]楠隼中学校
②[市立]鹿児島玉龍中学校
③鹿児島修学館中学校
④ラ・サール中学校
⑤志學館中等部

沖縄県

①[県立]与勝緑が丘中学校
　開邦中学校
　球陽中学校
　名護高等学校附属桜中学校

もっと過去問シリーズ

北海道

北嶺中学校
　7年分(算数・理科・社会)

静岡県

静岡大学教育学部附属中学校
(静岡・島田・浜松)
　10年分(算数)

愛知県

愛知淑徳中学校
　7年分(算数・理科・社会)
東海中学校
　7年分(算数・理科・社会)
南山中学校男子部
　7年分(算数・理科・社会)
南山中学校女子部
　7年分(算数・理科・社会)
滝中学校
　7年分(算数・理科・社会)
名古屋中学校
　7年分(算数・理科・社会)

岡山県

岡山白陵中学校
　7年分(算数・理科)

広島県

広島大学附属中学校
　7年分(算数・理科・社会)
広島大学附属福山中学校
　7年分(算数・理科・社会)
広島学院中学校
　7年分(算数・理科・社会)
広島女学院中学校
　7年分(算数・理科・社会)
修道中学校
　7年分(算数・理科・社会)
ノートルダム清心中学校
　7年分(算数・理科・社会)

愛媛県

愛光中学校
　7年分(算数・理科・社会)

福岡県

福岡教育大学附属中学校
(福岡・小倉・久留米)
　7年分(算数・理科・社会)
西南学院中学校
　7年分(算数・理科・社会)
久留米大学附設中学校
　7年分(算数・理科・社会)
福岡大学附属大濠中学校
　7年分(算数・理科・社会)

佐賀県

早稲田佐賀中学校
　7年分(算数・理科・社会)

長崎県

青雲中学校
　7年分(算数・理科・社会)

鹿児島県

ラ・サール中学校
　7年分(算数・理科・社会)

※もっと過去問シリーズは
　国語の収録はありません。

教英出版
〒422-8054
静岡県静岡市駿河区南安倍3丁目12−28
TEL 054-288-2131
FAX 054-288-2133
詳しくは教英出版で検索
教英出版　検索
URL https://kyoei-syuppan.net/

㊥ 令和六年度 久留米大学附設中学校入学試験問題

国語科 （60分）

注意 1 解答はすべて解答用紙に記入せよ。解答用紙だけを提出すること。
2 一～四の各問いで、字数を指定している場合は、句読点などを含んだ字数である。

一 設問と解答欄とは、解答用紙（全2の1）にある。

二 次の各問いに答えよ。

問一 例にならって、次の①～③の意味になる「不可●」という三字熟語をそれぞれ完成させよ。

（例） 理解できない。「不可●な人事異動」→ 答【解】

① 無くてはならない。「不可●な存在」
② もとに戻らない。「不可●的な変化」
③ 目に見えない。「不可●の社会問題」

問二 次の①～③の傍線部について、言葉の性質が一つだけ他と異なっているものをア～オから選び、それぞれ記号で答えよ。

① ア とんでもない失敗をしてしまった。

問四 ある漢字辞典で「辞」の項目を調べた。

(1) 「辞」の項目を見ると、見出し字として示された「辞」の下に、「辛」「6」という二字が横並びで表示されていた。この「辛」「6」が表すのはどういう意味か、説明せよ。

【辞】
辛6

(2) 「辞」の表す意味として、次のア～エが記載されていた。

ア ことば。　イ 拒絶する。
ウ 官職を退く。　エ 別れを告げる。

次の①～③の熟語で使われている「辞」の意味は、記載されていたア～エのどれにあたるか、それぞれ記号で答えよ。

① 病の床で辞世の句を詠（よ）んだ。
② 朝礼で社長が訓辞を述べた。
③ 役員就任の推挙を固辞した。

このときはまだ、トットのパパも身近な人も兵隊に取られてはいなかった。だから、そこにいる人たちの気持ちを想像するのはむずかしかったけど、みんな自分の気持ちを押し殺しているような気がした。

「この旗を振ってね」

はじめての光景を眺めていたトットの目の前に、日の丸の小旗と、こんがり焼けたスルメの足が一本差し出された。見上げると、知らない男の人がトットに向かって微笑(ほほえ)んでいる。

「なんだろう？　旗を振れば、スルメをもらえるのかな」

もちろんこのときも、おなかがペコペコだったから、トットは思わずスルメと日の丸を手に取った。

ママからはずっと「知らない人から、ものをもらってはいけません」と教わっていたけど、おなかがすきすぎて、スルメの誘惑には勝てなかった。まわりを見ると、大人も子どもも兵隊さんに向かって「バンザーイ！」と叫びながら、旗を振っている。

「やっぱり。スルメは旗を振るともらえるお駄賃(だちん)なんだ」

トットはそう思って、まわりの人といっしょに「バンザーイ！」を叫び、一生懸命に小旗を振った。

やがて、見送りの儀式がひと通り終わり、兵隊さんは駅の中に消えていった。③旗を振っていた人たちも、みんな駅前から去っていった。

まわりに人がいなくなったのを見計らって、トットはスルメの足を口につっこんだ。

この出来事があってから、トットは兵隊さんの出征式を心待ちだと知った。

トットは考えた。

自由ヶ丘の駅前で、トットたちに見送られて戦地に向かった兵隊さんたちのうち、いったい何人が無事に日本に帰ってこられたのだろうか。

トットが日の丸の小旗を振って兵隊さんを見送ったのは、スルメの足が欲しかったからだ。でも、兵隊さんたちは旗を振るトットのことを見て、「見送ってくれるこの子たちのために戦うんだ」と自分に言い聞かせて、戦地に赴いたのかもしれない。

もしそうなら、そしてその兵隊さんが戦死したなら、その責任の一端はトットにもあるはずだし、スルメ欲しさに「バンザーイ！」と叫んだトットは、⑤兵隊さんの気持ちを裏切っていたことにもなる。

大人になってから気づいたことだけど、この日の丸の小旗を振ったことを⑥ひどく後悔した。どんな理由があっても、戦いにいく人たちを「バンザーイ！」なんて言って見送るべきではなかった。スルメが欲しかったにしても、トットは無責任だった。そして、無責任だったことがトットが背負わなくてはならない「戦争責任」なのだと知った。

（注）トモエ学園…トットが通う小学校。
抑留…そこに留め置かれ、労働などをさせられること。

問一　本文中の空欄Ａ～Ｃに入る漢字一字をそれぞれ答えよ。

問二　傍線部①「戦地の兵隊さんのことを考えてみろ！」とあるが、どういうことを「考えてみろ」と言っているのか。それを説明した次の文中の空欄を二十字以内で埋めよ。

戦地の兵隊さんが、［　　］こと。

問三　傍線部②「失敗を笑い話に変えられる余裕があった」とあるが、このときの「ママたち」の生活はどのようだったと考えられるか。その説明として最も適当なものを次のア～オから一つ選び、記号で答えよ。

ア　戦時中で物が不足しているが、家族には「兵隊さん」として戦地に赴く人が誰もいないため、今まで同様物を手に入れるお金があるという生活。

イ　戦時中で食料品が手に入らない毎日を送っているが、そのことを面白おかしく語ることで空腹を忘れることができるという生活。

ウ　戦争が進み物資は不足しているが、まだ戦争に「兵隊さん」として親族の誰も赴いておらず、戦争を遠いものと思うことができるという生活。

四　次の文章をよく読んで、後の問いに答えよ。

私たちは日々、本や新聞やあるいはウェブ上に掲載される種々の記事を読み、また電子メールやさまざまな文書を作成している。生涯（しょうがい）にわたり、私たちが読みまた書く文字の量はいったいどれぐらいになるだろうか。たぶんそれは、数えることが不可能なほど夥（おびただ）しいだろう。文字は、いつも私たちの身近にあり、日々の生活にとってなくてはならないものとなっているのである。

（中略）

人間のおこなっているあらゆる実践（じっせん）と同じように、歴史的にみれば読み書きもまた常に①変転してやまないものであった。比較的平準（へいじゅん）化した仕方で読み書きがなされるようになった今日においても、それは同じである。いやむしろ、コンピュータをはじめとする電子媒体の普及や、音声出入力システムの開発によって、いまこそ②それは激しく揺さぶられているというべきかもしれない。

ところで、読み書き能力（識字能力）のことを、英語ではliteracyという。これはそのまま「リテラシー」という、いわゆるカタカナ語となり、日本語としても定着しつつある。もともとは識字能力と同義であったこのリテラシーは、③近年、大幅に意味内容を拡張している。情報リテラシーなどというのは、その典型といえよう。誰もがインターネットをはじめとする情報源にアクセスし、その内容を批判的に取捨選択する能力を身につけているべきだ、スキー『言語の科学』）

文字の読み書きは、まったく異なる。それはなんら生得的な能力ではなく、長年にわたる習練の結果によってはじめて獲得されるものである。しかもしばらく使っていなければ、あっという間に忘却されていく。実際のところ、読めるけれど書けない漢字はざらにあるのではないだろうか。よく言われることかもしれないが、「躊躇（ちゅうちょ）」などという文字を、たとえ読めたとしても、書くとなればそれこそ誰もが⑥躊躇するに違いない。

その意味で、読み書きは、あえていえばむしろピアノを弾くことと似ているかもしれない。人は、長年にわたるレッスンの末にようやく楽譜を読み、一定の仕方で指を動かしピアノを弾くことができるようになる。日々の習練を怠（おこた）れば、たちまちその能力は劣化（れっか）していく。じつにそれは読み書きと似ている。日本で文字の書き方を習うことは「手習（てならい）」と呼ばれてきた。読み書きもまた（とくに漢字の読み書きの場合には）、一定の仕方で手を動かし、繰り返し同じ記号を書き、またそれを読むということによって成立している。使用せずにいればたちまち劣化することも同じである。

しかしピアノを弾く技能が住民のごく一部にしか普及していない（たぶん）のに対して、読み書きはほとんどの住民に普及している。いまだ途上にあるとはいえ、地球上のすべての人が読み書きできるようになること、それが目指されているのである。どうだろう。⑦やはり驚くべきことではないだろうか。

いまではそれは、あたりまえのように受けとめられているわけであるが、じつのところ、日本の歴史に即してみても、そのような状況に至って一世紀にも満たないだろうと思われる。決して盤（ばん）

問六　傍線部⑥「躊躇する」の意味を次のア～オから一つ選び、記号で答えよ。

ア　はなれる　　イ　まちがう　　ウ　おそれる
エ　おどろく　　オ　ためらう

問七　傍線部⑦「やはり驚くべきことではないだろうか」とあるが、なぜ「驚くべきこと」なのか、わかりやすく説明せよ。

問八　本文の内容の説明として**ふさわしくないもの**を次のア～カから二つ選び、記号で答えよ。

ア　本来は読み書き能力を意味する「リテラシー」という語は、より広い意味で用いられている。
イ　ピアノを弾くことは、文字の読み書きと同じ程度に広く普及する可能性を持っている。
ウ　日本において、誰でも読み書きができるようになったのは、歴史的に見れば最近のことである。
エ　ある文字について、書くことよりも読むことのほうが難しいことはよくあることである。
オ　文字は私たちの身近にあり、日々の生活にとって、なくてはならないものとなっている。
カ　ピアノを弾くことは、読者にとって身近で分かりやすい技能の例として、用いられている。

令和６年度　久留米大学附設中学校入学試験問題

㊥ 算数　(60分)

（注意）解答はすべて解答用紙に記入しなさい。解答用紙のみ提出しなさい。

(1) 円周率は **3.14** とします。

(2) 角すいの体積は（底面積 × 高さ）÷ **3** として計算します。（高さとは、頂点から底面に引いた垂線の長さのこと）

1 　次の各問いに答えなさい。

(1)　次の計算の答えを小数で答えなさい。

$$5 \times \{0.3 - 0.25 \times (0.3 + 0.4 \div 25)\} + 0.03 \div 5$$

(2)　右の図で、同じ記号は同じ大きさの角を表しています。
角アの大きさは何度ですか。

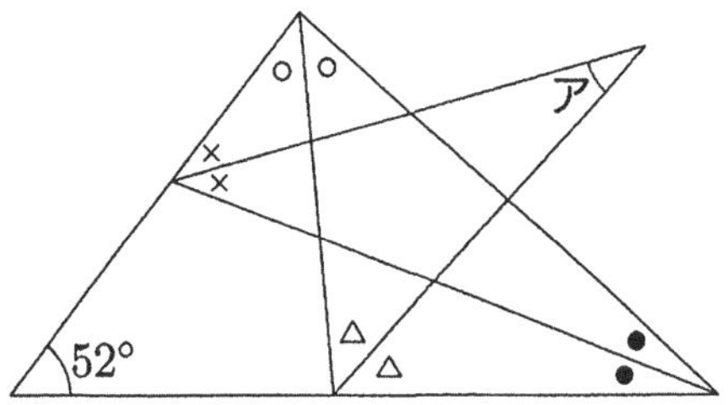

(3)　100 をある整数で割ると商と余りが等しくなりました。このような整数をすべて答えなさい。

(4)　右の図のように、1 辺の長さが 1 cm の正方形を 4 個組み合わせた図形を、直線 L のまわりに
1 回転させてできる立体について、

(ア)　この立体の体積は何 cm^3 ですか。　　(イ)　この立体の表面積は何 cm^2 ですか。

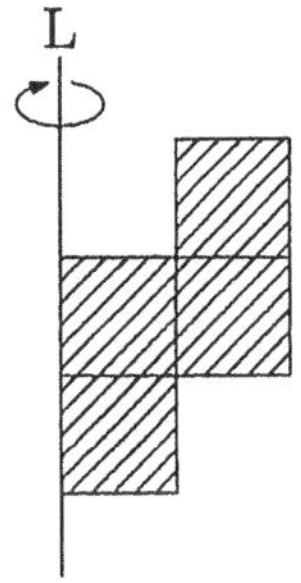

2 　今日は西暦（せいれき）2024 年 1 月 20 日土曜日です。西暦 2024 年は閏年（うるうどし）で、2 月は 29 日あり、1 年は 366 日あります。閏年ではない年を平年といい、1 年は 365 日あります。地球が太陽の周りをまわる時間は

令和６年度　久留米大学附設中学校入学試験問題

㊥ 算数

4　図１は、１辺の長さが３cm の正方形です。図２は、図１の正方形を６枚はり合わせた立方体の中にある正四面体です。図３はある立体の展開図で、正方形１つ、正三角形２つ、台形２つからできています。図１から図３の○は、すべて同じ長さを表しています。

図１

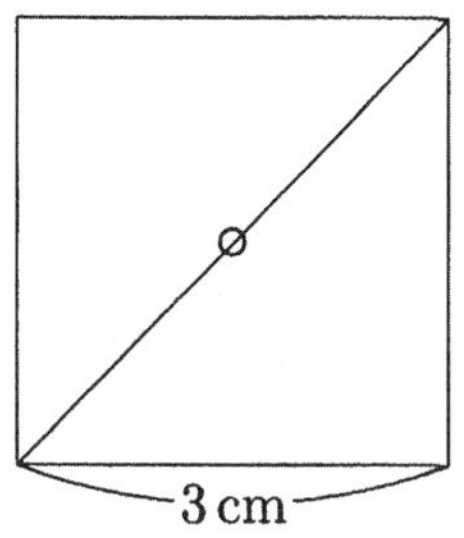

図２

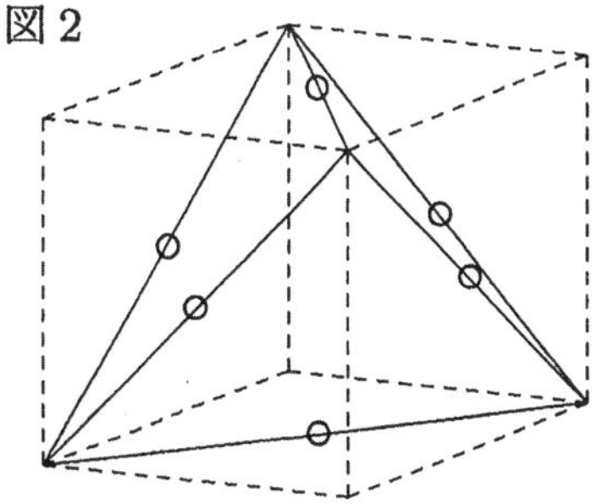

図３

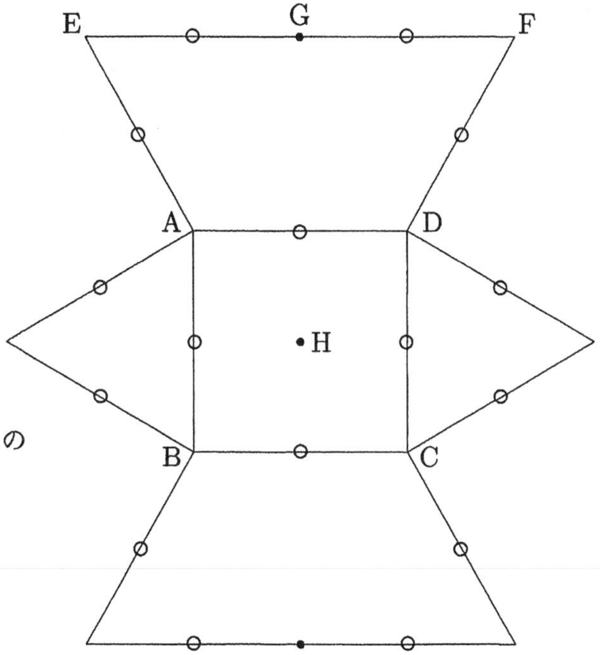

(1)　図３の正方形 ABCD の面積は何 cm^2 ですか。

(2)　図２の正四面体の体積は何 cm^3 ですか。

(3)　図３で点 G は辺 EF の真ん中の点で、点 H は正方形 ABCD の対角線の交点です。図３の立体を組み立てたとき、

(ア)　GH の長さは何 cm ですか。

(イ)　この立体の体積は何 cm^3 ですか。

令和６年度久留米大学附設中学校入学試験問題

（注意）解答はすべて解答用紙に記入しなさい。解答用紙のみ提出しなさい。

1　地層の特ちょう，および日本の自然災害と自然災害に備えるさまざまな工夫に関する以下の各問いに答えよ。

（A）　右図はある地層のようすを示したものである。
地層は一般に，川の水によって上流でしん食された泥，砂，れきなどの土砂が運ぱんされて，下流の低地でたい積してつくられる。長い年月がたつと，古い土砂は新しくたい積した土砂によっておしつぶされて，岩石へと変化する。
右図の不整合面は水中にあった地層の表面が，かつて地上に現れて地表面になっていたあとである。なお，地層の逆転はないものとする。

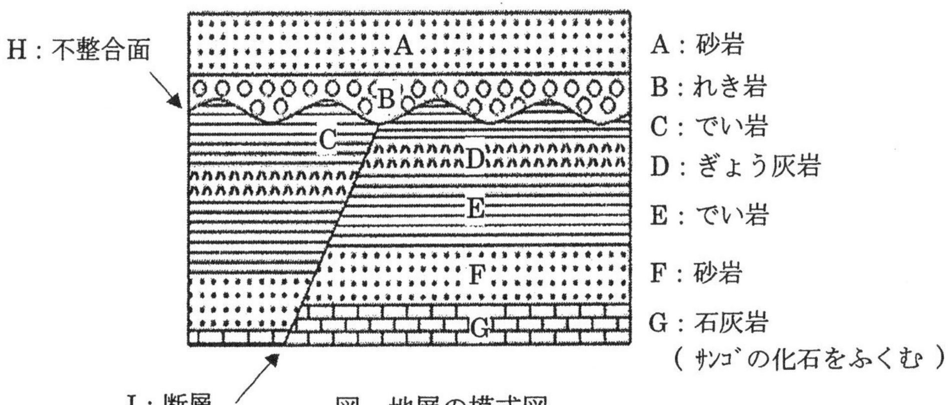

図　地層の模式図

問１　以下の文中の空らんに，（　あ　）は漢字２字，（　い　）は漢字３字で適当な語句をそれぞれ記入せよ。
図中Dができた時期には（　あ　）の活動によってふん出した（　い　）が広範(はん)囲にたい積した。

問２　以下の文中の｛ a ｝～｛ f ｝について１，２から適当な語句を選び，それぞれ番号で答えよ。
図中Hの不整合面ができたとき，周辺の地ばんの変形はなかった。よって，不整合面ができたときは川の水位がそれ以前よりも｛a：１．上がった　２．下がった｝と考えられる。図中Iの断層にはある力が生じて，断層両側の地ばんがずれた。その力は，左右方向に｛b：１．おす　２．引く｝力である。図中Gにはサンゴの化石がふくまれていることから，Gがたい積していたころの周辺には，｛c：１．冷たく　２．暖かく｝て｛d：１．深い　２．浅い｝海が存在していたことがうかがえる。サンゴの化石のように，地層がたい積した当時のかん境を知る手がかりとなる化石を示相(しそう)化石という。示相化石となりうる生物の生息範囲は｛e：１．広く　２．せまく｝，生息期間は｛f：１．長い　２．短い｝特ちょうがある。

問３　図中のA～Iについて，つくられた順に左から並べ，記号で答えよ。

令和６年度久留米大学附設中学校入学試験問題

（注意）　解答はすべて解答用紙に記入しなさい。解答用紙のみ提出しなさい。

2　次の文を読み，以下の各問いに答えよ。

水の中だけに限らず，液体中では物体は液体から上向きに力を受ける。この力を浮力（ふりょく）といい，浮力の大きさは物体が液体につかったときに物体がおしのけた液体の重さに等しい。これをアルキメデスの原理という。浮力について［実験１］～［実験３］を行った。糸の重さ，体積は無視できる。また，水 $1\,cm^3$ あたりの重さは１g である。

［実験１］
図１のように，物体に糸をつけてばねばかりに吊（つる）したところ，ばねばかりは 50 g を示した。さらに，図２のように，水の入ったビーカーの重さを台ばかりで量ったところ 400 g を示した。また図３のように物体をビーカーの中の水にすべて浸（ひた）して静止させたところ，糸はたるまず，台ばかりの示す値は 415 g となった。

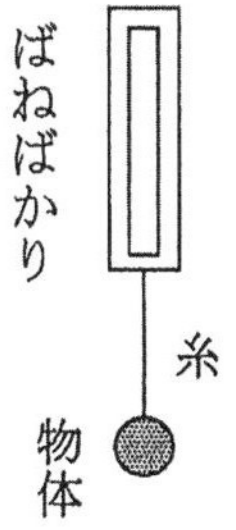

図１

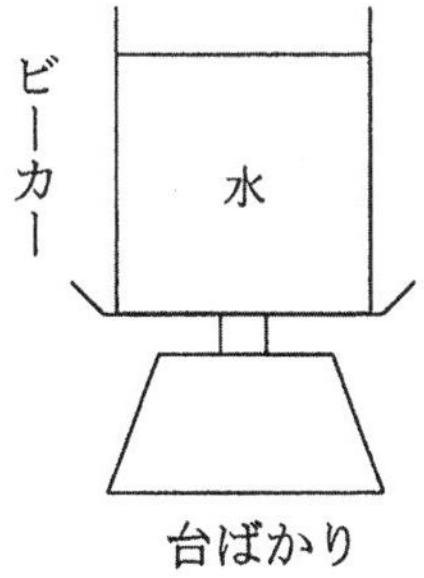

図２

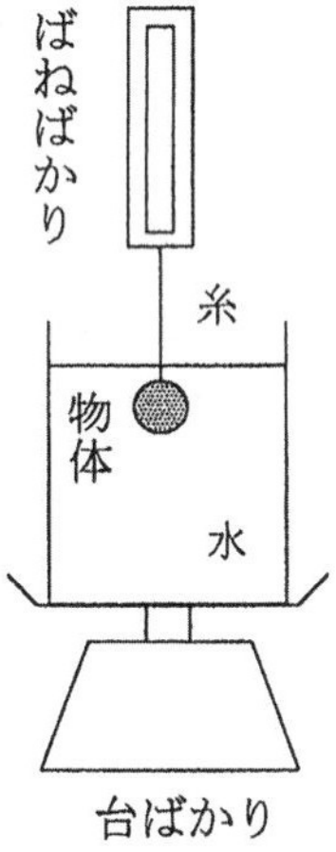

図３

問１　この物体の体積は何 cm^3 か。

問２　図３でのばねばかりの示す値は何 g か。

次に，図３の状態から糸をはさみで切り，物体を水の中で落下させることを考える。物体は落下中，水から上向きの抵抗（ていこう）力（浮力とは違う力）を受けて，やがて一定の速さで落下するようになり，ビーカーの底につき静止した。

問３　糸を切った直後の台ばかりの示す値は何 g か。

問４　物体が一定の速さで落下している間，台ばかりの示す値は何 g か。
ただし物体が一定の速さで運動している間は，物体にはたらく上向きの力と下向きの力はつり合っている。

令和６年度久留米大学附設中学校入学試験問題

（注意）解答はすべて解答用紙に記入しなさい。解答用紙のみ提出しなさい。

3　次の文を読み，文中の（　あ　）～（　こ　）に適切な用語を小学校で学習する漢字を正しく用いて記入せよ。ただし，文中に出てくる用語や，くり返し同じ用語が入る場合もある。｛　ア　｝～｛　ト　｝についてはかっこ内の適切な語句や数字を，また，［　a　］～［　c　］についてはかっこ内の語句のうち，あてはまらないものを１つずつ選び，記号で答えよ。

ヒトのからだには約｛ア：A. 100　B. 150　C. 200　D. 250｝個の骨がある。骨は（　あ　）やリンなどの無機質や｛イ：A. 炭水化物　B. タンパク質　C. しぼう　D. ビタミン｝を多くふくんでおり，かたくてじょうぶな構造をもつ。

骨のはたらきには，からだを支え，からだの形を保つ，からだの大切な部分を保護することがある。それだけではなく，筋肉の力を用いてからだを動かす，内部の（　い　）というところで赤血球や白血球，（　う　）などの血液にふくまれる血球をつくることなどもある。

頭の骨である頭骨（頭がい骨）は，20個以上の骨が組み合わさって［a：A. 脳　B. 脊髄（せきずい）　C. 眼球　D. 外耳　E. 中耳　F. 内耳］を保護している。また，短い円筒（えんとう）形の骨が30個以上連なった（　え　）は脊髄を保護しており，横から見るとアルファベットの｛ウ：A. S字型　B. J字型　C. C字型　D. I字型｝で，からだへの衝撃（しょうげき）をやわらげるはたらきをもつ。（　お　）は左右に12対（つい）あり，後ろは（　え　）に，前は胸骨につながっている。これら３種の骨は［b：A. 肺　B. 肝臓（かんぞう）　C. 胃　D. 食道　E. 心臓］を保護している。腰（こし）のところにあるすりばち型をした（　か　）は仙骨（せんこつ）や腸骨など複数種の骨で構成されている。（　か　）は，［c：A. 子宮　B. ぼうこう　C. 胃　D. 小腸　E. 大腸］を保護している。

骨と骨は互いにつながっており，複数の骨が靭帯（じんたい）で結びつけられている部分を（　き　）という。（　か　）で見られる（　き　）は，ほとんど動かないが，（　え　）や（　お　）で見られる（　き　）は，そのつぎ目に（　く　）がついており，少し動かすことができる。一方，肩（かた），うで，指，ひざなどの（　き　）は動かせる範囲（はんい）（可動域）が大きい。これらの骨のはしにも（　く　）がついており，（　き　）の動きをなめらかにしている。

令和6年度久留米大学附設中学校入学試験問題

（注意）解答はすべて解答用紙に記入しなさい。解答用紙のみ提出しなさい。

4　次の文を読み，以下の各問いに答えよ。

図1は，銅でできた細い管（銅管），スポンジ，ロウソクを用いて作ったポンポン船という船である。この船はロウソクの炎の熱エネルギーを，推進力に変えて進むことができる。

まず，銅管の口を上に向けて，一方の管の口からスポイトで十分な量の水を入れた。このとき，もう一方の管の口から水があふれ出てきたことを確認した。次に，管の中の水がこぼれないように，ひっくり返し，図2のように船を水面にうかべ静止させた。さらに，ロウソクに火をつけて銅管を加熱したが，船は静止したままだった。しばらく加熱を続けると，(a)<u>銅管の口から微量のあわが出てきたが，まだ船は静止したままだった</u>。(b)<u>さらに加熱を続けたところ，船は振動しながら動いた</u>。

同じように別の船を組み立て，今度は銅管の中に水を入れずに船を水面にうかべて静止させ，ロウソクに火をつけて加熱したところ，(c)<u>銅管の口から微量のあわが出てきた</u>。その後，加熱を続けたが，船は動かなかった。

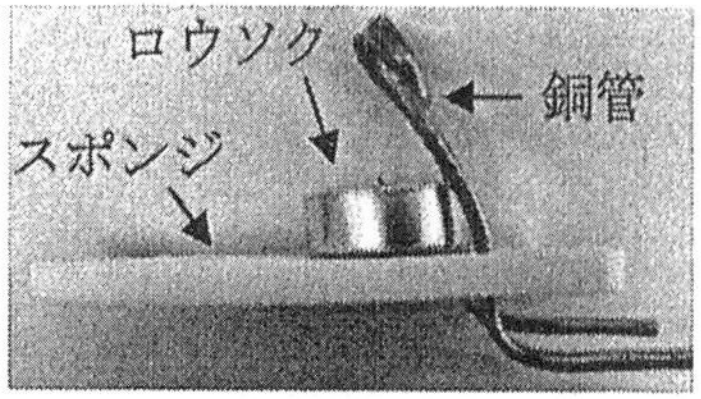

図1

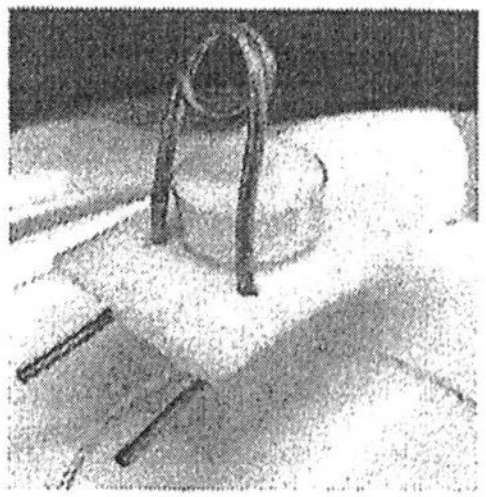
図2

問1　図3は，ロウソクの炎を模式的に表したものである。図中のA～Cの部分の名称を答えよ。

問2　図4は，実験後の銅管の様子である。図4中の①，②の部分は，それぞれ図3のA，Bの炎で加熱されていた。①の部分は，色の変化が見られなかったが，②の部分は黒色の物質が付着していた。この黒色の物質は何か。また，①の部分で色の変化が見られなかった理由を説明せよ。

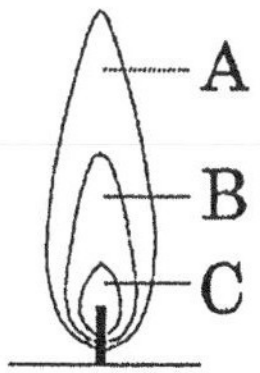

図3

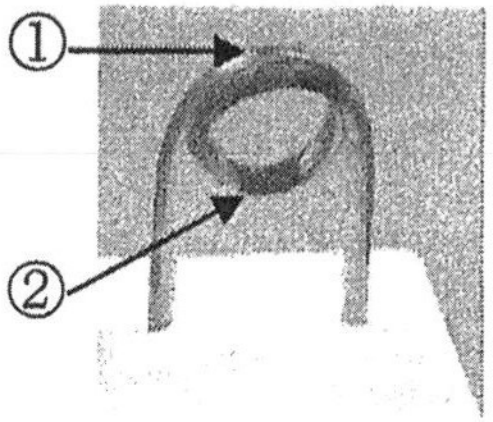

図4

問3　下線部(a)と下線部(c)で生じた微量のあわはどちらも空気であった。それぞれのあわが生じた理由を説明せよ。

令和６年度　久留米大学附設中学校　入学試験問題

中学社会　(45分)

（注意）　解答はすべて解答用紙に記入しなさい。解答用紙のみ提出しなさい。

1　2023年になって，日本の牛乳生産状況が厳しいというニュースが何度も報道された。報道によれば，ロシアによるウクライナ侵攻や円安など，国際情勢によって輸入飼料の価格が高くなったことでコストが増加したのが主な原因とされている。牛乳は畜産の一種である酪農によって生産される。酪農とは乳牛を飼育し，生乳だけでなく，それを加工してバター・チーズ・脱脂粉乳（だっしふんにゅう）などを生産する農業の一種である。現在，日本には13,000戸ほどの酪農家がおり，一農家当たり平均100頭を超える飼育頭数となり大規模化している。酪農や稲作，貿易に関する以下の問いに答えなさい。

（１）本文中の下線部について，次の各問いに答えよ。

①日本の乳牛の飼料は牧場の草だけではなく，トウモロコシなどの穀物が入った配合飼料も利用している。日本の酪農で配合飼料を多く利用している理由について述べた文**Ａ**・**Ｂ**について，それぞれの文の正誤の組合せとして正しいものをア～エから１つ選び，記号で答えよ。

Ａ．特に都府県では，大規模化に対応して牧草地を広げるための土地の余裕がないから。

Ｂ．配合飼料は，海外産のトウモロコシが入っており，栄養価が高い牧草よりも価格が安いから。

ア．**Ａ**－正　**Ｂ**－正　　イ．**Ａ**－正　**Ｂ**－誤

ウ．**Ａ**－誤　**Ｂ**－正　　エ．**Ａ**－誤　**Ｂ**－誤

②ロシアによるウクライナ侵攻により世界の穀物市場が混乱し，穀物の価格が上がったことで酪農の経営を圧迫するようになったとされる。右の地図中，ウクライナの位置として正しいものを**ア～カ**から１つ選び，記号で答えよ。

（注意）　**解答はすべて解答用紙に記入しなさい。解答用紙のみ提出しなさい。**

（6）下の表は，2021年における日本との貿易品目及び貿易金額を示しており，**ア～エ**はそれぞれ日本周辺に位置する台湾・韓国・中国・ロシアのいずれかを示している。このうち，中国とロシアに当てはまるものを**ア～エ**からそれぞれ選び，記号で答えよ。

ア

日本からの輸出		日本の輸入	
機械類	44.6%	機械類	49.0%
プラスチック	6.1%	衣類	7.8%
自動車	5.2%	金属製品	3.6%
科学光学機器	3.9%	織物類	2.6%
自動車部品	3.8%	家具	2.6%
鉄鋼	3.5%	有機化合物	2.3%
	17兆9844億円		20兆3818億円

イ

日本からの輸出		日本の輸入	
機械類	37.0%	機械類	25.4%
鉄鋼	8.7%	石油製品	14.9%
プラスチック	5.9%	鉄鋼	10.0%
有機化合物	5.4%	有機化合物	4.4%
科学光学機器	4.2%	プラスチック	4.2%
石油製品	3.4%	銀	4.1%
	5兆7696億円		3兆5213億円

ウ

日本からの輸出		日本の輸入	
機械類	46.5%	機械類	59.0%
プラスチック	5.2%	プラスチック	4.2%
自動車	4.7%	鉄鋼	2.7%
鉄鋼	4.0%	金属製品	2.3%
科学光学機器	3.2%	科学光学機器	2.1%
有機化合物	3.1%	有機化合物	1.4%
	5兆9881億円		3兆6782億円

エ

日本からの輸出		日本の輸入	
自動車	41.5%	液化天然ガス	23.9%
機械類	27.0%	石炭	18.5%
自動車部品	11.6%	原油	16.6%
タイヤ・チューブ	4.7%	白金族	9.9%
金属製品	1.4%	魚介類	8.9%
		アルミニウム	8.7%
	8623億円		1兆5516億円

『日本国勢図会』（2023/24）より作成

2　日本の工業や物流について，以下の問いに答えなさい。

（1）自動車の生産について述べた文のうち，正しいものをア～エから１つ選び記号で答えよ。

ア．約３万点の部品を製造する関連工場の多くが，最終組み立てを行うメーカーと対等な関係にあり，組み立て工場だけでなく関連工場も同じ敷地内に立地している。

イ．人の手による細かな部品の組み立て以外の工程は，大部分が産業用ロボットによる作業となっている。その作業は，鋼板のプレス，部品の溶接，塗装などである。

（注意）　解答はすべて解答用紙に記入しなさい。解答用紙のみ提出しなさい。

その後，「醤」の字が再び史料に登場するのは室町時代以降で，当時のｃ用語辞典や寺社日記に「醤油」や「正ユウ」という名で登場していることから，この頃には液状の調味料として定着していたことがうかがえる。

江戸時代をむかえると，戦乱のない社会を背景に しょうゆ の産業化の動きが広がった。江戸初期，その産地はほとんどが上方にあり，江戸ではつくられず，大坂・堺・尼崎などから海運により運ばれた（下ってきた）「下りしょうゆ」が主となった。大坂を舞台にしたｄ『曾根崎心中』の主人公徳兵衛が，しょうゆ屋の手代であったことからも，この頃の上方の町人にとって，しょうゆ は身近な存在だったことがわかる。しかしこの「下りしょうゆ」は，そもそも上方の料理に合わせた品であり，醸造期間も短く濃厚さに欠けていた。上方がｅ昆布出汁の味を生かした淡白な味つけであるのに対して，江戸はカツオ節の出汁に砂糖を使った濃い味つけが主流となっていた。江戸っ子には出汁や砂糖に負けない「濃いくち」が求められて，18世紀に上方産とはまったく違う独自の しょうゆ が生み出され，地場産業として発達した。

この「濃いくちしょうゆ」によって，今につづく江戸の食文化も花開くこととなった。1657年の明暦の大火のあと，復興をむかえた江戸市中では，［　Ｙ　］で 天ぷら や すし など ｆ魚を提供する商売も盛んとなり，しょうゆ は江戸の人びとの身近な品となった。江戸後期になると，江戸近辺でつくられた「濃いくちしょうゆ」が「下りしょうゆ」の出荷数を上回るようになり，幕末のころまでには江戸市場を独占するまでとなった。

（１）空らん［　Ｘ　］・［　Ｙ　］にあてはまる語をそれぞれ答えよ。なお，表記は ひらがな でもよいものとする。

（２）下線部ａについて，平城宮より出土した木簡には「備前国邑久郡尾奴郷年料醤五斗」と書かれてあった。この木簡は何について記録した荷札とみることができるか。具体的に漢字１字で答えよ。

（３）下線部ｂの時期に争乱によって被災した文化財として正しいものをア～エから１つ選び，記号で答えよ。

（注意）　**解答はすべて解答用紙に記入しなさい。解答用紙のみ提出しなさい。**

あ．天皇は国の元首として国家を統治し，帝国議会の意見を聞きながら法律を定める権利をもっていた。

い．帝国議会は，天皇が任命する議員などによる貴族院と，国民に選ばれた議員による衆議院とに分かれていた。

う．国民には言論や著作，集会，結社の自由が認められていたが，法律により制限が可能であった。

	ア	イ	ウ	エ	オ	カ	キ	ク
あ	正	正	正	正	誤	誤	誤	誤
い	正	正	誤	誤	正	正	誤	誤
う	正	誤	正	誤	正	誤	正	誤

（３）下線部ｂに関連して述べた文**あ・い**の正誤の組合せとして正しいものをア～エから１つ選び，記号で答えよ。

あ　明治後期の女工たちによってうたわれた「工女節」に，「男軍人　女は工女　糸をひくのも国のため」という一節がある。この「糸を引くのも国のため」とは，繊維産業が国の産業発展などに役立っていたことを表す。

い　石川啄木（1886～1912）が「地図の上朝鮮国にくろぐろと墨をぬりつつ秋風を聴く」と詠んだのち，八幡製鉄所が開業し，中国の鉄鉱石と九州地方の石炭をつかって鉄鋼の国産化が進められた。

ア．**あ**－正　**い**－正　　イ．**あ**－正　**い**－誤　　ウ．**あ**－誤　**い**－正　　エ．**あ**－誤　**い**－誤

（４）下線部ｃについて，次の地図**ア～ウ**は，戦後のある年における２点間のへだたりを，何kmという空間距離ではなく，所要時間で表した距離をもとに変形した日本地図である。下の出来事①・②が起こった時期に最も近い地図をそれぞれ選び，記号で答えよ。

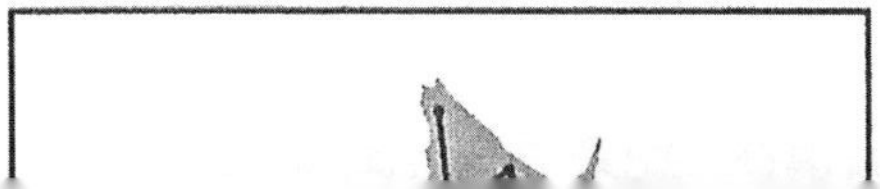

（注意）　解答はすべて解答用紙に記入しなさい。解答用紙のみ提出しなさい。

5　次の各問いに答えなさい。

（１）地方公共団体の収入になる税金の組合せとして正しいものをア～キから１つ選び，記号で答えよ。

ａ．住んでいる人から集める税　　ｂ．土地や建物にかける税　　ｃ．所在している会社から集める税

ア．ａ　イ．ｂ　ウ．ｃ　エ．ａ・ｂ　オ．ａ・ｃ　カ．ｂ・ｃ　キ．ａ・ｂ・ｃ

（２）市町村議会と市町村長の関係を述べた文ａ・ｂの正誤の組合せとして正しいものをア～エから１つ選び，記号で答えよ。

ａ．市町村長は議会を解散することができる。　　ｂ．議会は市町村長の不信任を議決できない。

ア．ａ－正　ｂ－正　イ．ａ－正　ｂ－誤　ウ．ａ－誤　ｂ－正　エ．ａ－誤　ｂ－誤

（３）国民は，国や地方公共団体に対して政治を監視したり改めたりすることを働きかけることができる。このことに関する説明として正しいものをア～エから１つ選び，記号で答えよ。

ア．国や地方公共団体の議員の解職，議会の解散，首長の解職を法律で定められた手続きによって直接請求できる。

イ．国民は，地方公共団体の議会を傍聴（ぼうちょう）することはできるが，国会は傍聴することはできない。

ウ．災害や事故による損害の救済，法律の制定・廃止・改正などを法律に基づいて請願することができる。

エ．国務大臣の解職を直接請求することはできるが，副知事・副市長などの解職を直接請求することはできない。

（４）次のグラフＡ・Ｂは，第二次世界大戦後の衆議院・参議院議員選挙の投票率の推移を示したものである。このうち参議院議員通常選挙のグラフを記号で選び，その理由をグラフをもとに答えよ。

A

B

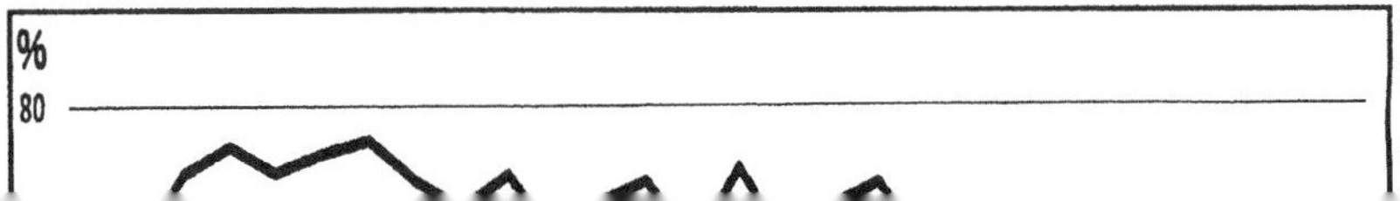

㊥ 中学 国語 解答用紙

全2の1

＊の欄には記入しないこと。

受験番号

一 次の文章は、「学び」について書かれた新聞のコラムである。よく読んであとの問いに答えよ。

「蝶々や順礼の子のおくれがち」。巡礼の道中、ひらひらと舞うチョウに目を奪われる幼子を詠んだ子規の句である。どこへ行くのだろう。決まった道があるのだろうか。そんな独り言が聞こえてくる。

動物行動学者の草分けである日高敏隆さんも子どものころ、この疑問にとりつかれた。戦後、大学でチョウを研究し学位を取った。観察し、仮説を立て、実験を繰り返してチョウの不思議を追う旅は生涯続いた。

45歳で書いた「チョウはなぜ飛ぶか」（岩波書店）は、足かけ40年の謎解きを平易な文章でつづる。だが肝心の疑問への答えは書かれていない。「まだ研究の途中にあることについて書きたかった。いろんな失敗や、ばかばかしいまちがいを書きたかった」からだ。

試行錯誤の連続だが、それを楽しめるほど自然は奥が深い。「いつも『科学、科学』『研究、研究』『勉強、勉強』なんていっていたら、人生は灰色になってしまう」と、あとがきに書いている。

「20世紀の人間は『人は教育で育てることが大切だ』と勘違いした」とも語った。「なぜ？」と自ら問い、学んでこそ人は育つと日高さんは考えていた。日本国憲法には教育を受ける権利、受けさせる義務とともに「学問の自由」もきちんと書き込まれている。

（毎日新聞「余録」二〇二一年五月三日）

問 傍線部「いつも『科学、科学』『研究、研究』『勉強、勉強』なんていっていたら、人生は灰色になってしまう」とあるが、「日高さん」のこの考えに対して、あなたはどのように考えるか。賛成か、反対かを選んで丸で囲み、その理由を一五〇字以上、二〇〇字以内で書け。

問六
Ⅰ
Ⅱ
問七
から。

四

問一
こと。
問二
問三
問四
から。
問五
話し言葉は、
ものであり、
書き言葉は、
ものである。
問六
問七
から。
問八

＊四

令和６年度　久留米大学附設中学校入学試験　解答用紙

㊥ 算数

受験番号	

※150点満点
（配点非公表）

1

(1)		(2)	度
(3)			
(4)(ア)	cm^3	(イ)	cm^2

2

(1)	年	理由：	
(2)	回	(3)	日後の　　　曜日

令和６年度久留米大学附設中学校入学試験解答用紙

㊥　理科

受験番号	

※100点満点
（配点非公表）

1

問１	あ	い				
問２	a	b	c	d	e	f
問３		問４	①	②	③	④
問５	う	問６	⑤	⑥	⑦	
問７	え	お	か			

2

問１	cm^3	問２	g	問３	g	問４	g
問５	g	問６	cm^3	問７	cm^3	問８	%

問９

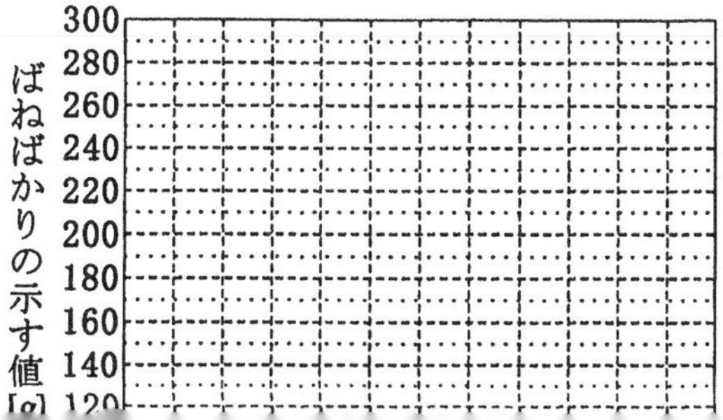

問10

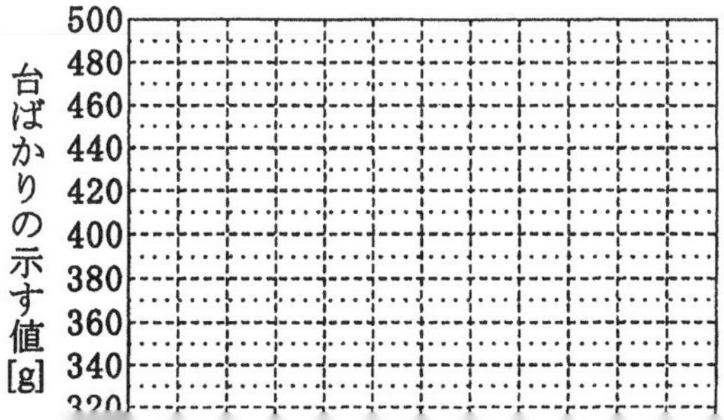

令和６年度　久留米大学附設中学校　入学試験問題

解　答　用　紙

受験番号	

中学社会

（注意）　解答はすべて解答用紙に記入しなさい。解答用紙のみ提出しなさい。

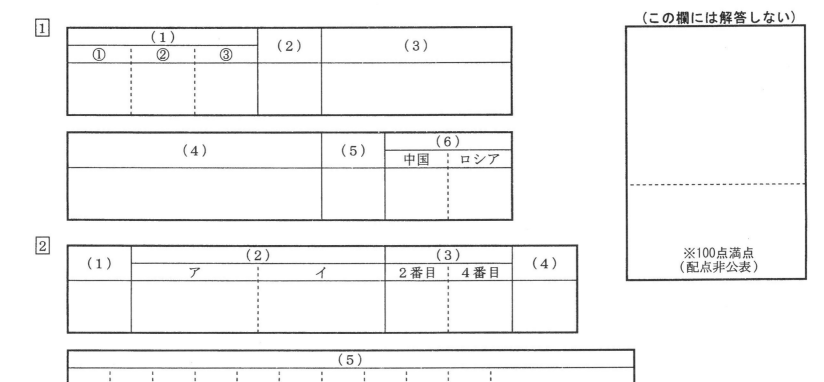

（この欄には解答しない）

※100点満点
（配点非公表）

1

（1）			（2）	（3）
①	②	③		

（4）	（5）	（6）	
		中国	ロシア

2

（1）	（2）		（3）		（4）
	ア	イ	２番目	４番目	

（5）										
										が大幅に減少したから。

3

（1）		（2）	（3）	（4）
X	Y			

(5)	(6)	(7)

4

(1)	(2)		(3)	(4)	
	①	②		①	②

(5)

5

(1)	(2)	(3)	(4)
			記号

(4)	(5)	(6)
理由		

	水面からおもりの上面までの距離[cm]		水面からおもりの上面までの距離[cm]

問 11	cm

3

あ		い		う		え		お	
か		き		く		け		こ	
ア	イ	ウ	エ	オ	カ	キ	ク	ケ	コ
サ	シ	ス	セ	ソ	タ	チ	ツ	テ	ト
a	b	c							

4

問 1	A	B	C				
問 2	物質	理由					
問 3	下線部(a)						
	下線部(c)						
問 4	(1)	(2)①	(2)②	(2)③	(2)④	(2)⑤	(2)⑥
	(2)【あ】	問 5	氷	水	水蒸気		
問 6	kg						

3

(1)		(2)		(3)	(ア)		(イ)	

4

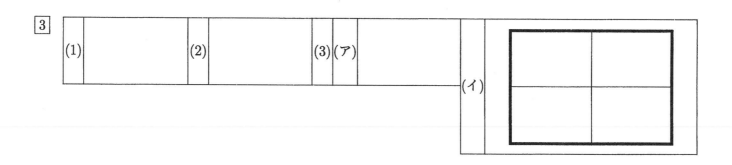

(1)	cm²	(2)	cm³	(3)	(ア)	cm	(イ)	cm³

5

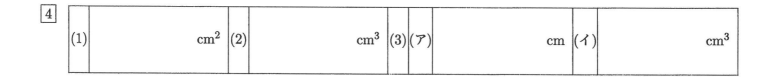

(1)	(ア)	cm²	(イ)	cm²	
(2)	cm²	(3)	cm²	(4)	cm²

㊥ 中学 国語 解答用紙

全２の２

＊印の欄には記入しないこと。

受験番号

一 解答は解答用紙（全２の１）に書け。

二

問一 ① ② ③

問二 ① ② ③

問三 ① つ り ② つ り ③ つ り

問四 (1) という意味。 (2) ① ② ③

問五 ① ② ③ ④ ⑤

三

問一 A B C

問二 こと。

問三

問四

＊一 ＊ ＊

※150点満点
（配点非公表）

＊二

＊三

賛成

反対

＊

＊

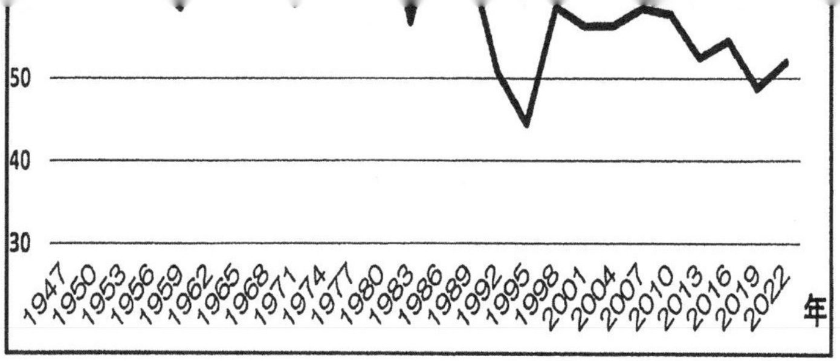

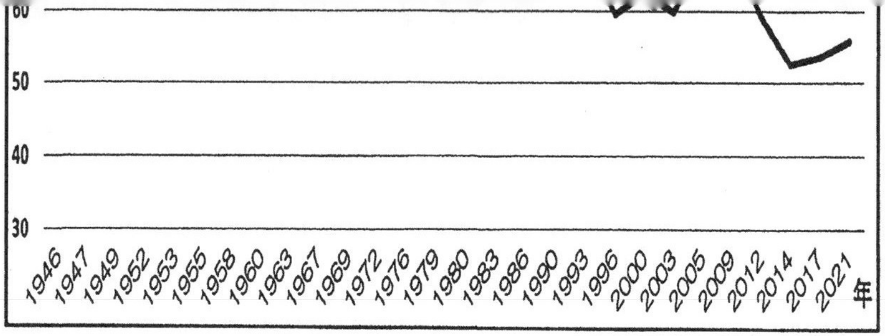

（5）国会・選挙と内閣について述べたものとして正しいものをア～エから１つ選び，記号で答えよ。

ア．内閣に属する省庁のうち法務省が選挙を担当するのは，法律に従った公正な選挙を実施するためである。

イ．国務大臣は多くが国会議員ではないので，国民は選挙で大臣としての資質を判断しにくい。

ウ．内閣に属する省庁はすべて東京都内にあるので，地方の状況や課題に敏感（びんかん）でないと批判されている。

エ．現在の内閣総理大臣は多くの場合，衆議院で多数を占める政党の代表が選ばれるので，国民の選挙での意思表示が大切である。

（6）日本の選挙に関する法律では国政選挙の投票制度はどのようになっているか，このことについて述べたものとして正しいものをア～エから１つ選び，記号で答えよ。

ア．郵便による投票もできる。

イ．旅行や行楽の場合，期日前に投票はできない。

ウ．投票日の直前に転居した場合，投票はできない。

エ．インターネットを利用した投票もできる。

(4)下線部cのような辞典の発達は，当時，京都の文化が地方へ広がり始めていたことと関係がある。このような広がりが生まれるきっかけとなった歴史的事件を答えよ。

(5)下線部dの作者を答えよ。

(6)下線部eの品は，当時，西まわり海路を通じて上方へ運ばれた代表的な北海道の産物である。何という船によって運ばれたか答えよ。

(7)下線部fに関して，青魚のうちでも腐りやすいイワシは，乾燥（かんそう）させて食用以外でも利用された。江戸時代には主に何として用いられたか答えよ。

4　次の文章を読み，以下の問いに答えなさい。

a明治政府は，欧米（おうべい）諸国に追いつき対等な関係を築くために，富国強兵を目指し，殖産興業を進めた。b産業の発展には輸送機関の発達が欠かせなかった。日本で初めての鉄道は1872(明治5)年に開通し，新橋と横浜を53分で結んだ。この鉄道は，世界に先駆けて産業革命が始まり，初めて鉄道を敷設（ふせつ）した［ Z ］の援助（えんじょ）を受けてつくられた。その後，1889(明治22)年には新橋と神戸が20時間5分で結ばれるなど，c日本各地に鉄道網（てつどうもう）が整備されていった。

鉄道網は戦争にも活用された。日露戦争時には，物資や兵を戦場に送るために東海道線と山陽線の直行運転が行われ，輸送効率を上げた。d第二次世界大戦時には，インド侵攻（しんこう）のためにタイとミャンマーを結ぶ鉄道がつくられた。

(1)空らん［ Z ］の国は，19世紀後半に他国と連合艦隊を組み，長州藩の砲台を占領したこともある。空らん［ Z ］にあてはまる国名を答えよ。

(2)下線部aに関連して，次の各問いに答えよ。

①明治政府にとって国家財政の安定が重要課題のひとつであった。明治政府が国家の収入を安定させるために行った改革を答えよ。

②大日本帝国憲法下の日本について記した文**あ**～**う**の正誤の組合せとして正しいものをア～クから1つ選び，記号で答えよ。

ア．サハリン中央部　　イ．札幌市　　ウ．稚内市　　エ．青森市

（2）右の表は，都道府県別の生乳生産の統計(2021年)のうち上位8位までを示しているこの統計を参考に，酪農について述べた文A～Cについて，それぞれの文の正誤の組合せとして正しいものをア～クから1つ選び，記号で答えよ。

A．乳牛は夏の暑さに弱いため，気候に恵まれた北海道の生産量が圧倒的に多い。

B．生乳は鮮度が求められるため，大市場から遠い北海道では，バター・チーズなどの加工製品の割合が高い。

C．北海道以外の都府県では，市場からの近さを活用し，大都市近郊の平野部を中心に酪農が行われている。

	ア	イ	ウ	エ	オ	カ	キ	ク
A	正	正	正	正	誤	誤	誤	誤
B	正	正	誤	誤	正	正	誤	誤
C	正	誤	正	誤	正	誤	正	誤

表　都道府県別生乳生産(単位：万t)

都道府県名	生産量
北海道	426.6
栃木	34.8
熊本	26.7
岩手	21.2
群馬	20.8
千葉	19.3
茨城	17.5
愛知	15.4
…全国	759.2

『日本国勢図会』(2023/24)より作成

（3）北海道東部は夏も寒冷な地域で穀物栽培に向かないため，大規模な酪農がおこなわれてきた歴史をもつ。このように北海道東部の気候や農業に影響を与える海流名を答えよ。

（4）乳製品加工メーカーでは，製品の製造履歴や物流記録などの情報を保存し，もしも安全性に問題が生じたときにはこれらの情報をさかのぼることができるしくみを整えている企業がある。このような食品の安全性を高めるしくみを何とよぶか，カタカナで答えよ。

（5）日本の農業総産出額8兆8384億円(2021年)を作物別にみた場合，最も割合が高いのは畜産物であり，かつて4割を超えていた米は現在15.5%にまで落ち込んでいる。次の文のうち誤っているものをア～エから1つ選び，記号で答えよ。

ア．第二次世界大戦後の食生活の欧米化・多様化にともない米の需要が減り，一人当たりの消費量も減少している。

イ．政府が生産量を調整してきた減反政策は2018年に廃止され，農家は自らの判断で米づくりができるようになった。

ウ．政府はブランド米を含めた米の輸出拡大を戦略として進めている。米だけでなくパックご飯や米粉も対象である。

エ．政府は国際的な合意に基づき米の輸入を行っており，外食産業などに安い価格で販売している。

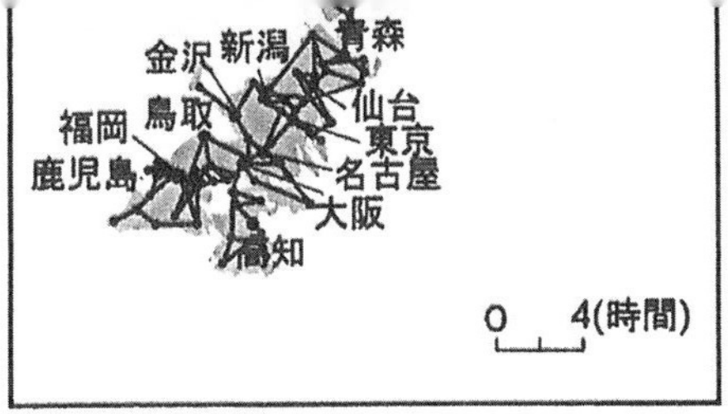

ア

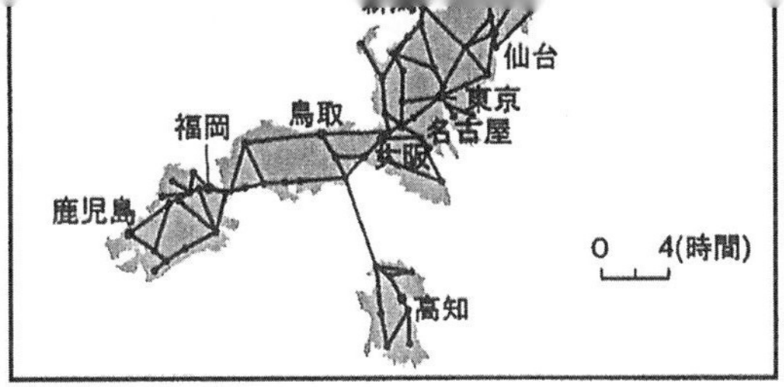

イ

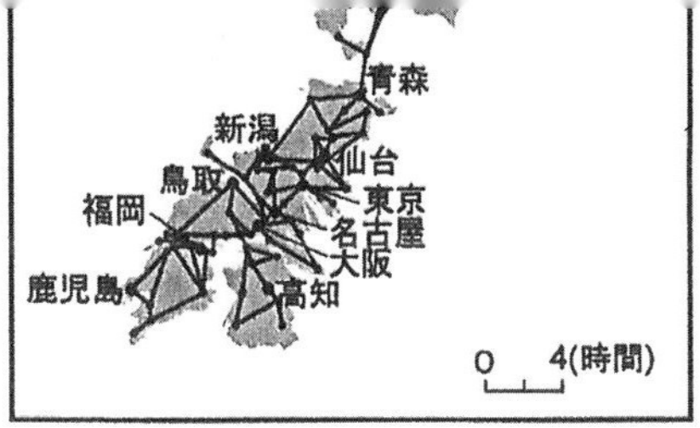

ウ

「日本を変えた新幹線　～ビジュアルで振り返る半世紀」日本経済新聞より(一部改編)

①10月10日に東京オリンピックの開会式が開催された。

②３月11日に東北地方太平洋沖地震(東日本大震災)がおこった。

（5）下線部ｄについて，次のグラフと地図をもとに，日本が勢力を拡張した目的を30字以内で簡潔に説明せよ。

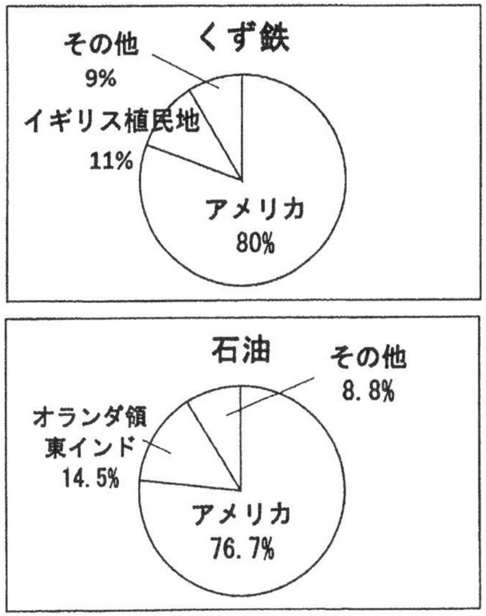

物資の輸入先(1940年)

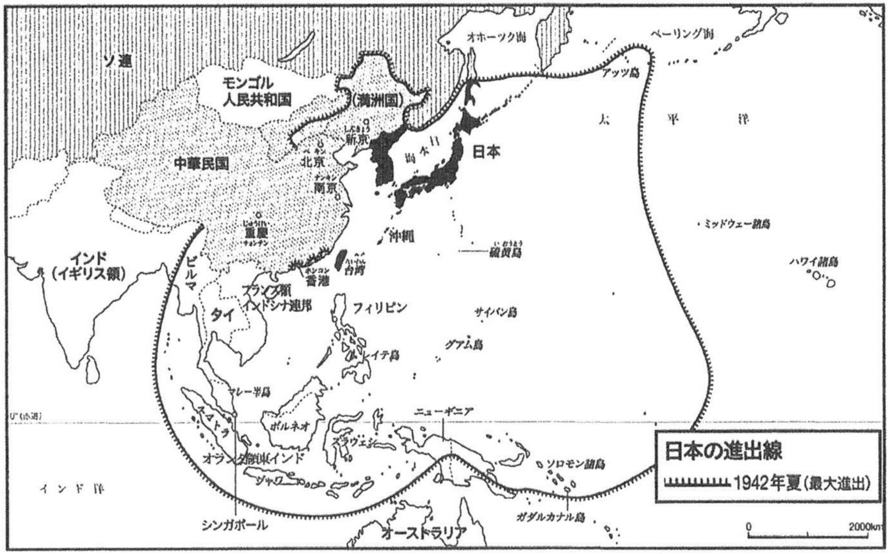

エ．自動車を組み立てる労働力として，日系の外国人を雇用する傾向がある。そのため，東京都の大田区や茨城県の日立市などでは人口に占める外国人の割合が高い。

(2)日本の自動車メーカーは，海外での生産比率が非常に高い。海外で生産を行う利点について述べた次の文中の空らん［ア］・［イ］に当てはまる語をそれぞれ答えよ。なお，［イ］はカタカナで答えること。

日本で生産して外国へ輸出すると，原則として［ア］により販売価格が高くなってしまうため，現地で生産して販売する方が利点がある。また，輸送費の削減だけでなく，輸送に関連する二酸化炭素の排出も抑えることができ，環境にやさしい。さらに，色々な国で異なる消費者の［イ］を把握しやすい。

(3)次のア～エは，ツナの缶詰をつくる際の工程である。この工程を正しい順序に並び替えたとき，２番目と４番目になるものをそれぞれ選び，記号で答えよ。ただし，これ以前にマグロを解体して蒸しているものとする。

ア．調味料を入れる　　イ．蒸気で殺菌する　　ウ．ふたをして空気を抜く　　エ．骨などを取り除き缶に入れる

(4)廃棄物を削減する取り組みのうち，３Ｒとはリユース(再使用)・リデュース(ゴミ減量)・リサイクル(再利用)を指す。以下のア～オのうち，最もリサイクルに適さないものを１つ選び，記号で答えよ。

ア．パソコン　　イ．ビールびん　　ウ．自動車の半導体部品　　エ．ペットボトル　　オ．古紙

(5)新型コロナウイルス感染症まん延により，2019年から2020年にかけて日本における電子商取引の市場規模は縮小した。これはなぜか，解答らんに沿って10字以内で答えよ。

［3］ しょうゆの歴史について述べた次の文章を読み，あとの問いに答えなさい。

しょうゆのルーツといわれる「醤」が本格的につくられるようになったのは古墳時代が始まりとされる。藤原京や平城京より出土した a <u>木簡の荷札にも「醤」の文字をみることができ</u>，平安時代の宮廷料理では，塩・酢・酒とならぶ「四種器」とよばれる調味料の一つとなっていた。しかし，平安末期から鎌倉期にかけて b <u>武士が台頭する争乱の時代</u>のなかで都での醤づくりはあまり行われなくなり，大豆を塩漬けにした食品が作られるようになり，これが現在の［X］のもととなった。

(1) 船はどのように動いたと考えられるか。次のア～エから選び，記号で答えよ。

ア．さらにあわが生じ始め，船が前進し続けた。

イ．さらにあわが生じ始め，船が少しだけ前進し，あわの発生が止まるとやがて船も止まった。

ウ．あわが生じることなく，船が前進し続けた。

エ．あわが生じることなく，船がはじめ勢いよく前進したが，すぐに止まった。

(2) 次の文は，船が(1)の動き方をした理由について考察したものである。①～⑥について｛　｝内の選択肢(せんたくし)からそれぞれ選び，記号で答えよ。また，【　あ　】にあてはまる語を漢字で答えよ。

ロウソクで銅管を熱すると，加熱部の銅管に入っている ①｛ア．空気が加熱され　イ．水が水蒸気になり｝，急激に気体の②｛ア．体積　イ．質量｝が ③｛ア．減少　イ．増加｝する。このときに，水中にしずんでいる銅管の口から，勢いよく④｛ア．空気　イ．水と水蒸気　ウ．水｝がおし出され，船は推進力を得て前進する。さらに，加熱部からはなれた銅管内部の ⑤｛ア．空気が冷えて　イ．水蒸気が冷えて水に戻り｝，管内が【　あ　】に近い状態になる。そのため，今度は銅管の口から ⑥｛ア．空気　イ．水　ウ．水蒸気｝が勢いよく吸いこまれる。

問５　氷，水，水蒸気の３つの状態について，それぞれにあてはまる性質を次のア～オからすべて選び，記号で答えよ。ただし，くり返し同じ記号を用いてもかまわない。

ア．同じ体積で比べると，３つの状態の中で最も重い。

イ．同じ重さで比べると，３つの状態の中で最も体積が大きい。

ウ．容器に合わせて形が変わる。

エ．圧縮しても体積がほとんど変化しない。

オ．固体，液体，気体の状態が変わらない範囲(はんい)で温めたとき，体積が最も大きく変化する。

問６　4 ℃の水を 100 ℃まで加熱すると，体積はもとの 1.04 倍になる。さらに 100 ℃の水を加熱して 100 ℃の水蒸気にすると，100 ℃の水蒸気の体積は，100 ℃の水に比べて 1630 倍になることが分かっている。4 ℃の水 1 cm^3 あたりの重さを 1.00 g とすると，100 ℃の水蒸気 1 m^3 あたりの重さは何 kg となるか。小数第３位を四捨五入し，小数第２位まで求めよ。

「氷山の一角」という言葉がある。海水に浮かんでいる氷山全体のうち，どの程度が海水面上に姿を見せているのかを調べるために次のようなモデルで実験をした。図４のように，ビーカーの中に海水を入れ，その中に 469.2 g の氷のかたまりを浮かべた。海水 1 cm^3 あたりの重さは 1.02 g，氷はどこも一様で，1 cm^3 あたりの重さは 0.92 g として計算せよ。

図４

問６　この氷全体の体積は何 cm^3 か。

問７　海水面から上に出ている氷の体積は何 cm^3 か。

問８　海水面から上に出ている氷の体積は氷全体の体積の何％か。
小数第２位を四捨五入し，小数第１位まで求めよ。

［実験３］
図５のような重さが 230 g，縦，横，高さがそれぞれ 5 cm，4 cm，4 cm の直方体のおもりを用意した。このおもりを，［実験1］のときに使用した物体と取りかえて，図６のように水の中におもりをすべて浸して静止させた。使用したビーカーとビーカー内の水の量は図３中のものと全く同じである。このとき，糸はたるまずに直方体の上面は図７のように水平な水面から深さ 5 cm の位置にあり，おもりはビーカーの底についてはいなかった。

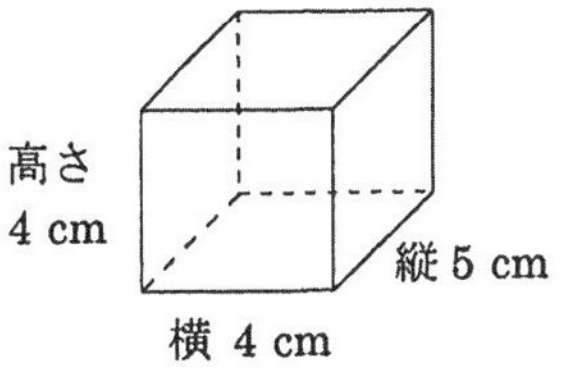

図５

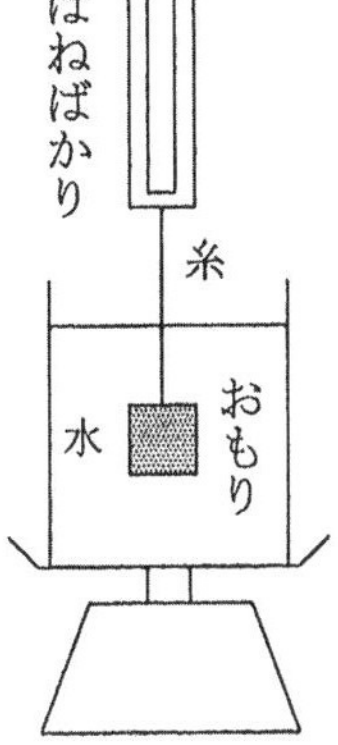

図６

問９　おもりを図７の位置から水面上へ，力のつり合いを保ちながらゆっくりと引き上げていく。このとき，水面からおもりの上面までの距離（きょり）と「ばねばかり」の示す値の変化を解答用紙のグラフに表せ。ただし，解答用紙のグラフの横軸（じく）の数値の－(マイナス)の記号は，おもりの上面が水面より下にあることを意味する。例えば，おもりの上面が水面より 4 cm 下にあれば，－ 4 cm と表す。

問10　問９のとき，水面からおもりの上面までの距離と「台ばかり」の示す値の変化を解答用紙のグラフに表せ。

問11　ばねばかりの示す値が台ばかりの示す値のちょうど半分になるときの，水面からおもりの上面までの距離は何 cm か。ただし，おもりの上面が水面より下にあれば，－(マイナス) の記号を使って表せ。

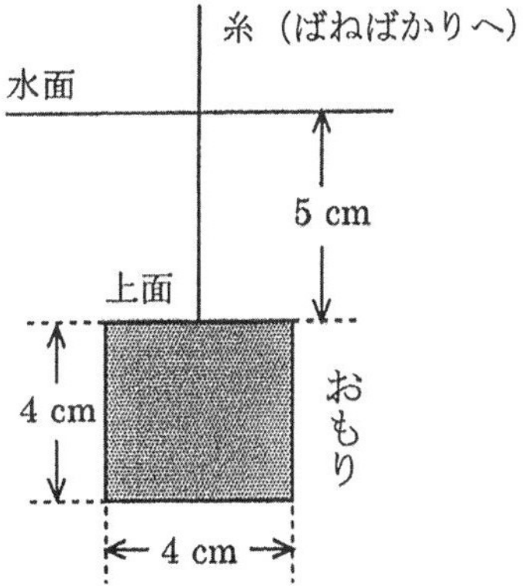

図７

5 図1のように、AD = CD = 2 cm，角 ABC = 45°，角 BCD = 角 CDA = 90° の四角形ABCDがあり、AとCを結んだ線をA−Cとします。四角形ABCDが、図2のように、直線Lに辺BCが重なっている状態①から、矢印の方向にすべることなく転がって、状態⑤まで1周します。

図1

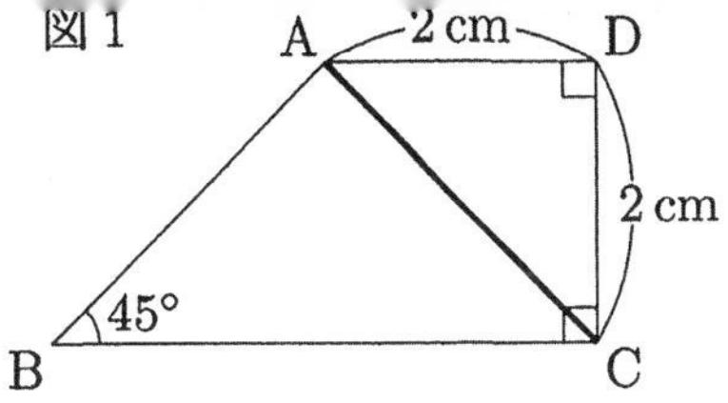

(1) 状態①から状態②になったときを考えます。

(ア) 四角形ABCDが通過する部分の面積は何 cm^2 ですか。

(イ) A−Cが通過する部分の面積は何 cm^2 ですか。

(2) 状態②から状態③になったときを考えます。A−Cが通過する部分の面積は何 cm^2 ですか。

(3) 状態④から状態⑤になったときを考えます。A−Cが通過する部分の面積は何 cm^2 ですか。

(4) 状態①から状態⑤になったときを考えます。A−Cが通過する部分の面積は何 cm^2 ですか。

図2

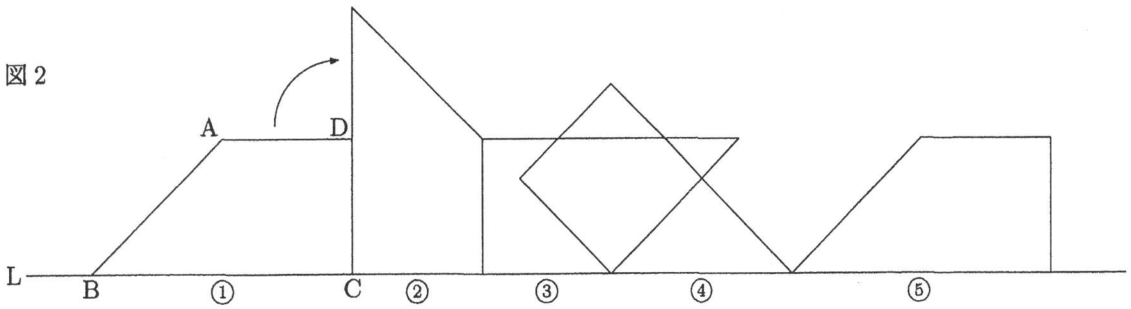

A. ちょうつがい　B. けん玉の玉と皿　C. 自転車のハンドル ｝のような構造をしており，様々な方向に動かすことができる。

筋肉はちぢんだり，ゆるんだりして骨や（　け　）を動かす働きをする。骨を動かす骨格筋は中央がふくらんでおり，両はしの骨についている部分が細くなっている。この部分を（　こ　）という。胃や腸などを動かす筋肉が（　け　）筋で，これらは自分の意思とは無関係に動いている。

筋肉のはしは（　き　）をはさんで別の骨についている。筋肉は｛カ：A. ちぢんで引っ張る力を生み出す　B. 伸びておす力を生み出す ｝ことはできるが，｛キ：A. ちぢんで引っ張る力を生み出す　B. 伸びておす力を生み出す ｝ことはできない。

うでを曲げたり伸ばしたりするとき，曲げるときには上腕の内側の筋肉が｛ク：A. ゆるんで　B. ちぢんで ｝骨が｛ケ：A. 引っ張られて　B. おされて ｝うでが曲がる。このとき，外側の筋肉は｛コ：A. ゆるむ　B. ちぢむ ｝。一方，伸ばすときには上腕の内側の筋肉が｛サ：A. ゆるんで　B. ちぢんで ｝外側の筋肉は｛シ：A. ゆるむ　B. ちぢむ ｝。うでなどを曲げるときに用いられる筋肉，伸ばすときに用いられる筋肉を総称して，それぞれ屈筋，伸筋とよぶ。屈筋は（　き　）を構成する骨の末端に近い側についているのに対し，伸筋は体幹（からだの中心部）に近い側についている。

筋肉は骨をてこの原理で動かしている。ひじを支点にしてうでを曲げる運動では，上腕の筋肉と骨がつながっている部分が｛ス：A. 力点　B. 作用点 ｝で，手の先を｛セ：A. 力点　B. 作用点 ｝ととらえることができる。すなわち，このてこは｛ソ：A. 力点-支点-作用点　B. 支点-力点-作用点　C. 支点-作用点-力点 ｝の順に並んだてこであり，支点と力点の間の距離よりも支点と作用点の間の距離の方が｛タ：A. 長い　B. 短い ｝ため，てこの原理によりこの運動は｛チ：A. 筋肉の小さな動きでからだを大きく動かす　B. 筋肉の小さな力をもとに大きな力を生み出す ｝運動であるといえる。また，足の親指の付け根を支点としてかかとを持ち上げる運動では，ふくらはぎの筋肉が骨についている部分が｛ツ：A. 力点　B. 作用点 ｝となるため，このてこは｛テ：A. 力点-支点-作用点　B. 支点-力点-作用点　C. 支点-作用点-力点 ｝の順に並んでいる。よってこの運動は｛ト：A. 筋肉の小さな動きでからだを大きく動かす　B. 筋肉の小さな力をもとに大きな力を生み出す ｝運動であるといえる。

によって川が増水して川の水がてい防をこわしたり，越えたりする（　①　）がある。その他にも，台風の中心付近で海面が吸い上げられた（　②　）が暴風によって（　③　）となり防潮ていを越えることがある。

火山災害の例では，ふん火にともなって高温の火山物質が谷間を高速で下る火さい流や，激しいふん火によって山の斜面がこわれる山体崩壊などがある。地震災害の例では海底を震源（地震の発生地点）とする地震によって，海底の変形とともに海面が変形・上昇して沿岸部をおそう（　④　）がある。その他にも，沿岸部の地ばんが地下水に満たされた砂である場合，地震のゆれによって密度の高い砂が沈んで，水が浮き上がって地表面にふん出する（　う　）現象がある。

問４　（Ｂ）の文中の（　①　）～（　④　）に適当な語句を以下のア～クから１つずつ選び，記号で答えよ。

ア．津波　　イ．大潮　　ウ．かん水　　エ．しん水　　オ．洪水　　カ．高波　　キ．高潮　　ク．満潮

問５　（Ｂ）の文中の（　う　）に適当な語句を記入せよ。

（Ｃ）　以下の文は，自然災害に備えるさまざまな工夫について述べたものである。

先に述べた３つの自然災害のうち，最近では年間を通して日本列島のあらゆるところで大雨による気象災害が多発している。これにともなう川の水のはんらんや土砂災害を防ぐ工夫が２つの方法でなされている。１つは構造物をつくって災害を未然に防ぐ（　え　）対策，もう１つは，避難場所とその経路を詳しく記した防災地図を活用し，災害時に一刻も早く避難して被害を最小限におさえる（　お　）対策である。

構造物の例として，山地には上流に雨水をたくわえて川の水量を調節し，川の水がはんらんするのを防ぐ（　⑤　）や，大雨によって土砂がしん食されたり，流されたりするのを防ぐために，谷間に階段状に設置した（　⑥　）がある。低地には，川の水がはんらんしたときに一時的に川の水を引きこんで，はんらんした川の水の一部をためて周辺民家への被害を防ぐ（　⑦　）があり，公園や学校のグラウンドなどの公共施設を活用している。防災地図とは，気象災害はもちろん火山・地震災害においても，発生したときに予想される被害のようすを記して，さらに避難場所まで記した図面であり，一般に（　か　）と呼ばれている。（　か　）は各自治体でつくられており，各自治体のホームページで確認できるので，平常時に確認して非常時にすみやかに命を守る行動ができるように備えておいたほうが良い。

問６　（Ｃ）の文中の（　⑤　）～（　⑦　）に適当な語句を以下のア～ケから１つずつ選び，記号で答えよ。

ア．てい防　　イ．暗きょ　　ウ．地下調節池　　エ．砂防ダム　　オ．ダム　　カ．よう壁　　キ．排水機場
ク．多目的遊水池　　ケ．グレーチング

問７　（Ｃ）の文中の（　え　）～（　か　）に適当な語句をカタカナで記入せよ。

西暦が4で割り切れる年を閏年とするが、この中で西暦が100で割り切れて、400で割り切れない年は平年とする。

これをもとに、次の問いに答えなさい。

(1)　西暦2100年は閏年と平年のどちらですか。理由をつけて答えなさい。
(2)　今年をふくめて、今年から西暦2101年までに閏年は何回ありますか。
(3)　西暦2101年1月20日は今日から何日後の何曜日ですか。

3　右の表のように、1行1列から規則的に1, 2, 3, 4, ･･･と、整数を書き込みます。たとえば、2行3列に書かれている整数は8です。次の問いに答えなさい。

･･･	･･･					
5行	15	･･･				
4行	10	14	･･･			
3行	6	9	13	･･･		
2行	3	5	8	12	･･･	
1行	1	2	4	7	11	･･･
	1列	2列	3列	4列	5列	･･･

(1)　10行1列に書かれている整数は何ですか。
(2)　11行2列に書かれている整数は何ですか。
(3)　表の太わくのように、縦横2個ずつ、合計4個の整数を囲み、その和を考えます。表の太わくでは、4個の整数の和は35です。
　(ア)　11行1列の整数が太わくの左上となるように4個の整数を囲んだとき、4個の整数の和はいくつになりますか。
　(イ)　太わくの中の4個の整数の和が999のとき、解答用紙の太わくの中に、規則にしたがって4個の整数を書き込みなさい。

るのかもしれない。すなわち、読み書きというものがあまりにもあたりまえとなった結果、もはや誰もそれを驚くべきこととさえ思わなくなった、ということである。

たとえば、である。ある国の住民のほとんど全員が、楽譜を読みピアノを弾くことができる、などと聞けばどうだろう。たいていの人が驚くに違いない。そんなはずはないと、かえって疑いの目を差し向けるかもしれない。しかし、ある国のほとんどの住民が文字の読み書きができる、といってみたところで、いまさら驚く人はあまりいないだろう。つまり、それほどまでに文字の読み書きは普通のこととなっている。だからこそ、識字能力を原義とする「リテラシー」の語が、誰もが習得しておくべき知識・技能一般を指す言葉として使用されるようになってきたのである。

しかし、読み書きがこれほどまでに普及したということは、本来もっと驚かれてよいことだと思われる。本書を読んでおられる方をはじめとして、普段から読み書きを実践している人は、読み書きという行為があまりにも日常的になっているために、ともすれば、話したり聞いたりするのと同じぐらいに、それが自然なものであると感じられる場合もあるかもしれない。しかし、⑤話し言葉（言語）と書き言葉（文字の読み書き）とは、根本的に異なるものなのである。

話し言葉（言語）の獲得には、通常、学校に通ったり特別な訓練をしたりということを必要としない。学校などができるはるか前から、人間は言葉を話して生きてきた。人間にとって言語能力

石でも安定的でもなく、むしろつい最近の出来事といったほうがよいくらいである。

（八鍬友広『読み書きの日本史』岩波新書より）

（注）平準…不均衡をなくして均一になるようにすること。
生得…ある性質などを生まれつき持っていること。

問一　傍線部①「変転してやまない」とあるが、この語句の意味を七字以内で答えよ。

問二　傍線部②「それ」の指示内容を本文中から抜き出して答えよ。

問三　傍線部③「近年、大幅に意味内容を拡張している」とあるが、その「拡張」について具体的に述べている一文を本文中から抜き出し、はじめの七字を答えよ。

問四　傍線部④「なにか引け目のように感じられてくる」とあるが、その理由をわかりやすく説明せよ。

問五　傍線部⑤「話し言葉（言語）と書き言葉（文字の読み書き）とは、根本的に異なるものなのである」とあるが、これらはどのように「異なる」のか、わかりやすく説明せよ。

ることができているという生活。

オ　物が不足する中で、たとえ物が買えなくても自給自足をしており、なんとか日々の生活のやりくりはできるだけの食料品は持っているという生活。

問四　傍線部③「旗を振っていた人たち」とあるが、「トット」は「旗を振っていた人たち」の内面をどのように想像しているか。それがわかる表現を本文中から二十字以内で抜き出せ。

問五　傍線部④「トットはそっと教室を抜け出して、駅をめがけて走り出した」とあるが、この時の「トット」の気持ちを説明せよ。

問六　傍線部⑤「兵隊さんの気持ちを裏切っていた」とあるが、どういうことか。それを説明した次の文中の空欄Ⅰ・Ⅱを、Ⅰは二十五字以内、Ⅱは十五字以内で埋めよ。

小旗を振る「トット」を見て「兵隊さん」は［　Ⅰ　］かもしれないが、「トット」は単に［　Ⅱ　］から小旗を振っていたということ。

問七　傍線部⑥「ひどく後悔した」とあるが、なぜ「トット」は「ひどく後悔した」のか。その理由を本文全体を踏まえて説明せよ。

ラシー、科学的リテラシー、セクシャル・リテラシー、メディカル・リテラシーなどなどである。このように、リテラシーは際限なく拡張しつつある概念となっている。

　これらは、なぜリテラシーと呼ばれるのだろう。明らかなのは、リテラシーという言葉が使われた途端、そこでいわれている事柄について知らないことが、④なにか引け目のように感じられてくるということである。「そんなことも知らないの？」、というかわりに「それって、もはやリテラシーでしょう」とか、「リテラシーが低いね」などといったりする場合もある。本来そんなことは誰もが知っているはず、あるいは知っているべきだ、ということを強調するうえで、この語を使用するのが効果的だということである。

　では、なぜリテラシーという語がこのような意味合いで用いられるようになったのであろうか。その鍵（かぎ）は、リテラシーのもともとの意味が「文字の読み書き能力」であるということと無関係ではないと思われる。文字の読み書きなら、誰でもできるはず、それと同じように、たとえばコンピュータを使いウェブにアクセスして情報を取ってくるといったことは、誰もができなくてはならない、そんなニュアンスである。

　以上から明らかなように、ここでは文字の読み書きが、誰もが身につけている技能の代表選手のようなものとみなされている。これはじつに驚くべきことである。そうではないだろうか。はて？とあるいは思われるかもしれない。そんなに驚くべきことだろうかと。もしそうだとすれば、真に驚くべきはむしろそのことであと答えた。するとおまわりさんは叫んだ。

「①戦地の兵隊さんのことを考えてみろ！　寒いぐらいで泣いていてどうする。そんなことで泣くな！」

あまりの怒りようにトットはびっくりしたけど、「そうか、戦争のときは泣いてもいけないんだ」と思った。

「叱られるのは、やだ。泣くことも許されないのが戦争なんだ。寒くて、眠くて、おなかがすいても、泣かないでいましょう。だって、兵隊さんはもっともっとつらいんだから」

それが、トットにできる精いっぱいのことだった。

町のあちこちで長い行列を見かけるようになった。品物が店に入荷したとわかると、あっという間に行列ができる。なにを売っているのかは［A］の次で、とにかく並んでおかなくてはと考えて、みんな行列をつくるのだった。

「ようやく自分の番が来たと思って喜んだら、お葬式の焼香の列だったの」

いつだったか、ママがそんな落語みたいな話を聞かせてくれた。それを聞いたトットも「アハハハ」と声を出して笑った。そのころは、まだお店にも少しは売るものがあって、ママたちにも、②失敗を笑い話に変えられる余裕があったのかもしれない。

そんなころの、自由ヶ丘駅前での出来事だ。

トモエ学園からの帰り道、電車に乗ろうとして駅前まで歩いてきたら、戦地に赴く兵隊さんが家族や町内の人たちに見送られて、にするようになった。トモエ学園は自由ヶ丘駅から目と［B］の先にある。授業中でも、駅のほうから兵隊さんを見送る「バンザーイ！」が聞こえてくると、④トットはそっと教室を抜け出して、駅をめがけて走り出した。トモエはとても自由な校風だったから、勝手に教室を抜け出しても、とくに怒られることはなかった。

トットは出征する兵隊さんのために、一生懸命日の丸の旗を振った。そのたびにスルメの足をもらっては、夢中になってそれをしゃぶった。

ところがあるときから、いくら旗を振ってもスルメがもらえなくなった。食料不足の［C］は、出征兵士を送る儀式にまで押し寄せてきたのだ。教室を抜け出して旗を振りにいってもスルメをもらえないとわかってから、トットはとってもがっかりして、出征式に行くのをやめてしまった。

でも、お駄賃代わりのスルメの味は、トットの記憶にずっと残ることになった。

トットのパパは、昭和十九年の秋の終わりに、北支（いまの中国の華北地方）に出征した。敗戦後はずっとシベリアの捕虜収容所に抑留されていて、昭和二十四年の暮れに、トットたちが暮らす北千束の家に帰ってきた。アメリカの話をしてくれた田口の伯父さまをはじめ、たくさんの大好きな人たちが、兵隊さんになって戦地に向かった。

戦争が終わると、帰ってきた兵隊さんも、帰らなかった兵隊さ

エ　みっともない姿を見せたくはない。
オ　おとなげない態度を反省している。

②
ア　彼女が披露した演技は実に見事だ。
イ　生徒が下校して校舎の中が静かだ。
ウ　前回の大会で優勝したのが自慢だ。
エ　このプリンは舌触りがなめらかだ。
オ　温かい家族に囲まれて僕は幸せだ。

③
ア　父に負われて病院へ行った。
イ　妹に頼られてうれしかった。
ウ　娘に泣かれてとても困った。
エ　母に叱られて悲しくなった。
オ　兄に呼ばれて立ち止まった。

問三　次の①～③の二つの（　　　）に共通して入る、「たっぷり」「しっかり」のようにひらがな四字で「●っ●り」となる言葉を答えよ。

①　あの人は（　　　）した性格の人だ。
難しくて（　　　）分からなかった。

②　彼の荷物は（　　　）残されていた。
姉妹だけに（　　　）な二人だった。

③　先生から（　　　）と油を絞られた。
味つけが（　　　）した料理だった。

①　社会のコンカンを支える仕事につきたい。
②　先生のお知恵をハイシャクさせて下さい。
③　異常気象への対策をコウじる必要がある。
④　定められたルールにノットって行われた。
⑤　コンピューター技術がイチジルしく進む。

三　次の文章は、俳優・エッセイストである黒柳徹子の自伝的小説『続　窓ぎわのトットちゃん』の一節である。よく読んで、後の問いに答えよ。

冬の日曜日。トットは、小さいころから通っている洗足（せんぞく）教会の日曜学校に出かけた。しとしと雨が降っていて、とても寒い朝だった。いつものように「寒いし、眠いし、おなかがすいた」とつぶやきながら歩いていたが、この言葉を口ずさみさえすれば、遠足かなにかをしている気分になれた。

風がビュービューと音を立てている。涙が少し出ていたかもしれない。トットは、とても変な顔をしていたんだと思う。

「おい、こら」

突然、おまわりさんに呼び止められた。

「おまえ、なんで泣いてるんだ？」

トットは手で涙をぬぐいながら、

「寒いからです」

㊥ 令和五年度　久留米大学附設中学校入学試験問題

国語科（60分）

注意　1　解答はすべて解答用紙に記入せよ。解答用紙だけを提出すること。
2　一から四の設問で、字数を指定している場合は、句読点などを含んだ字数である。

一　解答用紙全2の1に答えよ。

二　後の問いに答えよ。

問一　「手」と「足」からはじまる言葉について、国語辞典に次のような説明があった。

（1）空欄Ａ〜Ｄに入ることばを平仮名で答えよ。

（2）「手とり足とり」のように「手（　）足（　）」という言い回しがあるものをＡ〜Ｄから二つ選び、記号で答えよ。

手（Ａ）…物によじのぼったりする時、体を支えるため手をかける所。転じて、捜索（そうさく）や調査を進める糸口。

足（Ａ）…次の行動に移るために設ける足場。

手（Ｂ）…囚人（しゅうじん）などの手にはめて、自由に行動させなくするための道具。

足（Ｂ）…昔、罪人の足にはめて自由を束縛（そくばく）した道具。転じて、足手まといになるもの。

手（Ｃ）…うでまえ。能力。

足（Ｃ）…二人以上の人が一緒に歩く時の、足のそろい具合。歩調。

手（Ｄ）…手をつかってする時の、手の格好。動かし方。

足（Ｄ）…歩くときの足の様子。

問二　次のア〜エの傍線部のうち、言葉のはたらきが他の三つと異なる

三　次の文章を読んで、後の問いに答えよ。なお筆者は、長年校正（印刷物の文字・内容を直すこと）に携（たずさ）わっている校閲（こうえつ）者である。

①「パンダの尻尾は白いんですよ」と聞いた瞬間、これまで担当した書籍の数々が走馬灯のように頭に浮かびました。過去読んだゲラにパンダの後ろ姿の写真やイラストレーションがあっただろうか。あったとして、尻尾の色を確かめた覚えがない。自分も尻尾の黒いパンダを見逃していたのではないだろうか。

本の装画に尻尾の黒いパンダを描いてしまったイラストレーターの話を聞いたときのことです。さいわい重版（じゅうはん）で修正できたから話せたということでしょうか。自分が担当だったら、カバーまわりの校正時に拾えたか。なんの疑問も持たずに通してしまったのではないかと思います。

②その場でスマートフォンから「コトバンク」を開いて「パンダ」を検索すると、『日本大百科全書』に「体毛は、黒色と白色のツートンカラーで、目の周り、手と前後肢（し）および前肢から肩の上、頸（くび）の背面までは黒色、ほかの部分は白色」（傍点は引用者）とあります。『デジタル大辞泉』にはもっと簡潔に「毛色は白と黒の染め分けで、目の周囲と耳、肩から前肢にかけてと後肢が黒色」。いずれも「黒くない部分は白」という書き方です。『広辞苑』の写真は上体をねじってこちらを見ているところ、『日本国語大辞典』のイラストレーションは後ろ脚を前に投げ出して座り、竹をくわえているところで、いずれも尻尾は見えません。

二〇二一年六月に双子のパンダが生まれたばかりの東京・上野動物園

ト予約システムの発達によって容易になりました。「調べる」ことを仕事にしてきた人間として、「調べる」ためのハードルはどんどん低くなっているというのが実感です。二十年前、十年前と比べると、③「調べる」ことは誰にとっても身近な行為になっている。

校正において「調べる」ことも、特別な技術だとは思っていません。わたしは凡庸な人間です。ゲラを読んでいて即座に「事実と違う」と看破できるほどにものを知っているわけではありません。ゲラにカワウソの肉球の数が書いてあったら実際何個あるのか調べるのは、dイギを唱えたいわけでも知識をひけらかしたいわけでもなく、たとえカワウソの専門家であっても間違えることがあるのを知っているからです。調べた結果とゲラが異なっていたら、なるべく複数の、信頼できそうな資料を選び、典拠として提示しながら、いま一度ご確認いただけませんか、と編集者と著者に注意を促す。そこまでが校正の「調べる」です。

④校正者の調べ方が人と違って見えるとしたら、仕事でさまざまなジャンルの調べものを経験していることで、調べることに人よりいくぶん慣れているからではないでしょうか。わたし自身、はじめからスムーズに調べられていたわけではありません。右も左もわからない中、会社の書架に並んでいる資料を端から順番に全部引いてみるというようながむしゃらなやり方から始めて、徐々に慣れていった。いまでも思うように資料が見つからない、いくら調べても答えがはっきりしない、たったひとつの疑問を解決するために何日もかかってしまうなんてことはしょっちゅうです。

調べることには段階があります。ゲラを読んでいて疑問が生まれ、何を使って調べるか考える。しかし⑤「調べる」始まりはそこではなくて、まず「疑う」ことなのです。「パンダの尻尾は白い」という典拠を示す

調べる項目「パンダの尻尾は白いかどうか」

順	方法	結果
Ⅰ	インターネット 「コトバンク」などの辞典 上野動物園のパンダの動画	黒くない部分は白である、と説明されている。 子どものパンダの、小さなお尻の尻尾は白い。
Ⅱ	図書館　一般書	パンダについて書かれている本は見当たらない。
Ⅲ	図書館　児童書 『パンダもの知り大図鑑』	(2)

(1) 筆者が調査Ⅰで調査を終えなかったのはなぜか。その理由をわかりやすく説明せよ。

(2) 調査Ⅲの結果を本文の言葉をつかってまとめよ。

問三　傍線部③「『調べる』ことは誰にとっても身近な行為になっている」とはどういうことか、答えよ。

問四　傍線部④「校正者の調べ方」について

(1) 筆者はどういう点で「校正者の調べ方」が一般の人の「調べ方」と異なっていると考えているか、答えよ。

(2) 次の文は「校正者」について述べた、ある作家の文章である。

漢字や言葉遣いの間違いだけではない。年号を勘違いする、三輪車の構造をでたらめに説明する、東西南北が入り乱れる、カワウソの肉球の数を間違える、季節はずれの花を咲かせる……。私はありとあらゆる間違いを犯す。けれど校閲者は、「こんなことも知らないのか」というあきれた気配は微塵も見せない。どの赤字にも、どの「?」マークにも、「ここ、もう一度考え直されたらいかがでしょうか」とさ

さやくような謙虚さがこめられている。時には三輪車の図解や地図やカワウソの写真のコピーが、そっと添えられている。

（小川洋子『とにかく散歩いたしましょう』文春文庫刊より）

波線部「ささやくような謙虚さ」とあるが、「校正者」の「謙虚」な態度とはどのような態度か。その説明として最も適当なものを次の中から一つ選び、記号で答えよ。

ア　どんな専門家でも間違えることがあると分かっており、筆者の側に立ちつつ間違いを指摘し、より正確な文章・イラストを読者に届けようとする態度。

イ　間違えている箇所をことさらに強調するのではなく、間違えている可能性をそれとなく示すことで、作家やイラストレーターのプライドを傷つけまいとする態度。

ウ　文章・イラストの中にあるはずの、誰も気づいていない誤りを発見して正しいものへと訂正し、誤りがなくなってから出版したいと強く願う態度。

エ　誰もが間違いを犯してしまうと知っており、間違いを発見してもそれを直接知らせるのではなく、作家自らが気づいて修正するよう導いていく態度。

オ　専門的な資料だけで決めつけてしまわず、誰でも手に入れることのできる児童書やインターネットなど一般向けの資料も参照して正解を出そうとする態度。

問五　傍線部⑤『調べる』始まりはそこではなくて、まず『疑う』ことなのです」とあるが、なぜ「疑う」ことが「始まり」なのか。それを説明した次の文の空欄を埋めよ。

ある記事を校正するときに、［　　　　　　］から。

問六　二重傍線部a～dのカタカナを漢字に直せ。

a　レキダイ　　b　ダンゲン　　c　ネンガン　　d　イギ

四　この文章を読んで、後の問いに答えよ。

なれてた。でも、良がいた。キャッチボールしている親子もいる。広場のむかいにあるベンチにも何人かすわっている。ベビーカーをおしてお母さんたちが目の前をとおる。

それにまだ家へ帰りたくなかった。日曜日だけど、母さんは仕事だ。家へ帰ってもぼく一人だ。きっと良もそうだったんだと思う。良がぼくをちらっとみた。①ぼくはうなずいた。

父親のいないぼくらには、おやじ検定ってなんだろうって、気になったのかもしれない。

「ど、どうぞ」

良がいった。

「あんな時だ」

おじさんが、キャッチボールをしている親子にあごをしゃくった。

「あんな時におやじ検定が突然始まるらしい」

おじさんは、そうなんだというようにうなずいた。

「あんな時って、パパと子どもがキャッチボールする時ですか？」

良が首をかしげた。

「そうだ。父親と子どもがなにかする時だ」

おじさんはうなずいた。

「よくあるよね。サッカーのドリブル練習とか自転車の練習にパパがつきあうのって。あと、登山へ行くとか、釣りに行くとか。勉強をみてくれることもあるかな」

良がかぞえあげる。

良は、そんな父子をうらやましいっていってみていたのかなって思った。

ぼくは、スキー板をかついで、

「行くぞ。ぐずぐずすんな！」

ってどなっている父親と、うなだれて足をひきずるようにしてついていく息子を駅でみたことがある。着なれないスキーウエアに重そうなスキー板をかついだ息子は泣きそうにみえた。きっと家でゲームでもしていに、無理やりまだキャッチボールさせてるだろう。でも、ああやってうざがられながら父親になっていくんだと思うよ。今はパパ検定っていった方がいいかな」

おじさんは、キャッチボールをやめて、すねてしまった息子の肩をだきながら帰る父親をみおくっている。

「はなしをきいてくれてありがとう」

おじさんはベンチからたちあがった。

④「おじさんのジャッジマンはみえましたか？」

良もたちあがってきく。

ぼくは、良がいいまちがったのかと思った。あのキャッチボールしている父親のジャッジマンがおじさんにもみえたのかってききたいんじゃないのか？

おじさんは、なにもいわなかった。

良が右手をたかくあげた。ジャッジマンが白い旗をあげるみたいに。

⑤「おじさんにワンポイント！」

おじさんは、ゆっくりとほほえんだ。そして傘をもって歩き出した。ふりむきはしなかった。ぼくには、ずっとおじさんの顔は横顔しかみえなかった。

「優太君、おいかけなくていいの？」

良がぼくとおじさんの背中をみくらべる。

どうしておいかけなきゃいけないのか、ぼくには、わからなかった。

「あの人、優太君のパパだよ」

思いもかけないことをいわれて、ぼくの頭の中は真っ白になった。

「ま、まさか――」

「優太君に会いにきたんだ。でも、パパだっていいだせなかったんだよ。だって、今まで優太君と会ったことないんだろうし。きっとここで、優

興味がわいたので、話を聞いてみようという気持ち

問二　傍線部②「なんで、あれでワンポイントなのかわからない」とあるが、「優太」はなぜそう思ったのか。それを説明した次の文の空欄Ⅰ・Ⅱを、それぞれ指定の字数で埋めて答えよ。

優太には、その子が［Ⅰ　十字以内］、しかも［Ⅱ　二十字以内］ように見えたから。

問三　傍線部③「あの父親だって、他の家の子どもになら、もっとちがった教え方ができるんじゃないかな」とあるが、なぜか。それを説明した次の文の空欄Ⅲ・Ⅳを、それぞれ指定の字数で埋めて答えよ。

他の家の子どもに対しては［Ⅲ　二十字以内］という気負いがなくなり、［Ⅳ　漢字二字］に指導できるから。

問四　傍線部④「おじさんのジャッジマンはみえましたか？」とあるが、どういうことか。分かりやすく説明せよ。

問五　傍線部⑤「おじさんにワンポイント！」とあるが、「良」はなぜそう言ったのか。簡潔に答えよ。

問六　傍線部⑥「ぼく、おもしろかったし、うらやましかった」とあるが、この時の「良」の気持ちを説明した次の文の空欄Ⅴ・Ⅵを、それぞれ指定の字数で埋めよ。

「おじさん」の「優太」に対する態度が、まさに［Ⅴ　五字以内の本文中の言葉で］であり面白く、自分は［Ⅵ　十字以内の自分の言葉で］という点でうらやましかった。

問七　波線部「正面をむいたまままきく」、「正面をむいたままでだ」、「ぼくたちの方をみないできいた」とあるが、この「おじさん」はなぜ「優太」と「良」の方を見ずに話しているのか。分かりやすく説明せよ。

放送原稿

「集中力が切れた」と実感するのは、頭がぐーっとモヤモヤしたときや、だるくなったときだと思います。これらは身体がくたびれているサイン。ちなみに、脳は勉強したぐらいでつかれるようなヤワなものじゃありません。休むことなく脈打つ心臓と同じように、脳はいつも元気に活動しつづけています。

ただ、身体はどうしたってくたびれてくる。ずっと同じ姿勢でつくえに向かっていれば、おしりや腰の筋肉はかたまって、えんぴつを持つ手もだるくなってきます。

じつは、ポイントはここにあります！ 身体の動きが止まると、脳は退屈してきます。脳は頭蓋骨のなかに閉じこめられているので、外からの刺激がないと元気に活動できないからです。

さて、ここで、ぼくが教育関係の会社といっしょにおこなった実験を紹介しましょう。中学1年生の生徒さんを集め、グループをつぎのように2つに分け、英単語のテストをしました。

グループA　同じ場所で、休けいなしで60分間学習する

グループB　45分を15分×3の3回に分け、合間に7分半の休けいを2回はさんで学習する

学習する英単語は中学2・3年生レベルのものです。学習の前にテストをおこない、その

※教英出版注
音声は，解答集の書籍ID番号を教英出版ウェブサイトで入力して聴くことができます。

令和5年度　久留米大学附設中学校入学試験問題

(中) **算数**　(60分)　

(注意)　解答はすべて解答用紙に記入しなさい。解答用紙のみ提出しなさい。

(1)　円周率は 3.14 とします。

(2)　角すいの体積は（底面積×高さ）÷ 3 として計算します。（高さとは、頂点から底面に引いた垂線の長さのこと）

(3)　3 辺の長さの比が 3:4:5 であるような三角形はすべて直角三角形です。

[1]　次の各問いに答えなさい。

(1)　次の計算をしなさい。答えは小数で答えなさい。

$\{1.2\times 34.5-(6+7)\}\div 8\times 9$

(2)　一定の速さで走っている電車があります。電車の先頭が長さ 120 m の橋を渡り始めてから電車の最後部が渡り終えるまでに 10 秒かかりました。また、同じ電車の先頭が長さ 400 m の橋を渡り始めてから電車の最後部が渡り終えるまでに 24 秒かかりました。電車の長さは何 m ですか。

(3)　さいころを 3 回投げて、出た目を順に ア, イ, ウ とします。ア＋イ＋ウ が6の倍数になるとき、ア, イ, ウ の組は何通りありますか。

(4)　<図1> のような 9 個のマスに 3 つの ○ を記入し、縦 3 列、横 3 行にある ○ の数の最大値について考えます。たとえば、<図2> のように ○ を記入すると、縦 3 列にある ○ の数は左から 2, 1, 0、横 3 行にある ○ の数は上から 1, 1, 1 と

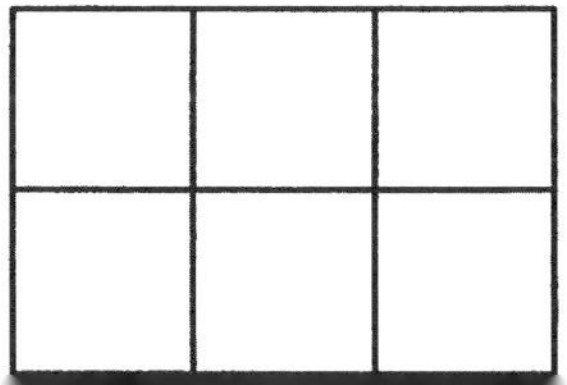

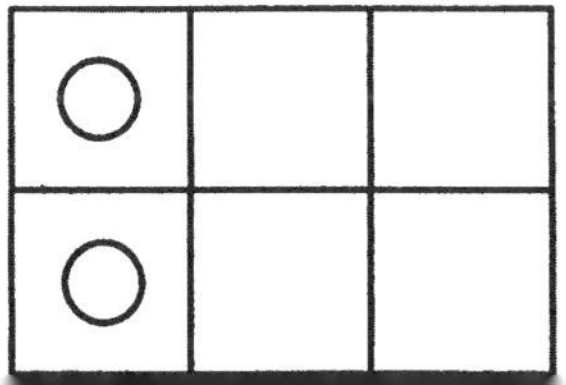

③　はじめに大きな容器にある量の水が入っています。次のような操作をくり返して、容器の中の水の量を増やしたり減らしたりして、容器が空になったらこの操作を終了することにします。また、容器の中の水はこの操作であふれることはないものとします。

操作：容器の中の水の量が１Ｌ未満のときは、容器の中の水の量だけ増やす。
　　　容器の中の水の量が１Ｌ以上のときは、１Ｌだけ減らす。

たとえば、容器の中の水の量が0.5Ｌのときは１回目の操作で１Ｌになり、２回目の操作で容器が空になって、操作を終了します。

(1)　はじめに容器に［ア］Ｌの水が入っているとします。アが次の①～③の値のとき、この操作は何度でもくり返すことができます。この操作を2023回くり返すと、容器の中の水の量はそれぞれ何Ｌになりますか。

①　0.2　　②　0.3　　③　2.4

(2)　この操作を３回くり返すと、容器の中の水の量がはじめの水の量と等しくなる場合が３通りあります。はじめの水の量が次の①，②のとき、はじめの水の量はそれぞれ何Ｌですか。

①　0.25Ｌより多く、0.5Ｌより少ない。　　②　1Ｌより多く、1.5Ｌより少ない。

また、①，②以外のもう１通りのはじめの水の量は何Ｌですか。

(3)　この操作を４回くり返すと、容器が空になって、操作を終了しました。はじめの水の量をすべて答えなさい。答えはＬをつけなくてもかまいません。

令和５年度　久留米大学附設中学校入学試験問題

㊥ 算数

5　<図１>のように、１辺の長さが３cmの立方体９個を、各面が平行で、１cmずつ間があくように規則正しく１段目に置いて、番号を①～⑨とします。次に、<図２>のように、同じ立方体４個を、１段目と同様に規則正しく２段目に置いて、番号を⑩～⑬とします。さらに、<図３>のように、同じ立方体１個を、１段目と２段目と同様に規則正しく３段目に置いて、番号を⑭とします。立方体①～⑭をくっつけてできた立体をＸとし、<立体Ｘ>のように、立方体⑭の頂点をＡ～Ｈとします。また、立体Ｘを真上から見ると<図４>のようになり、<図４>では、１cmごとに黒点を打っています。

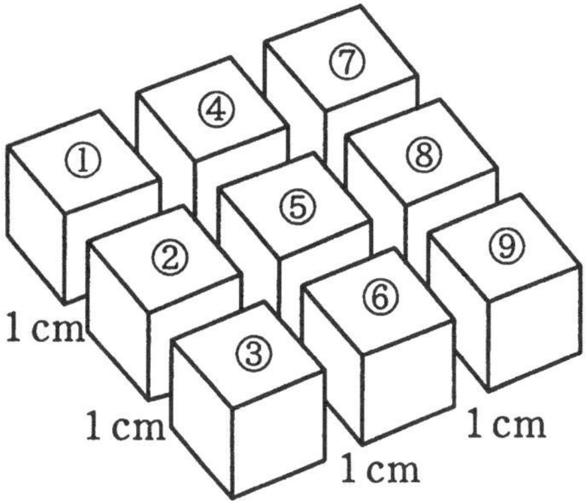

<図１>

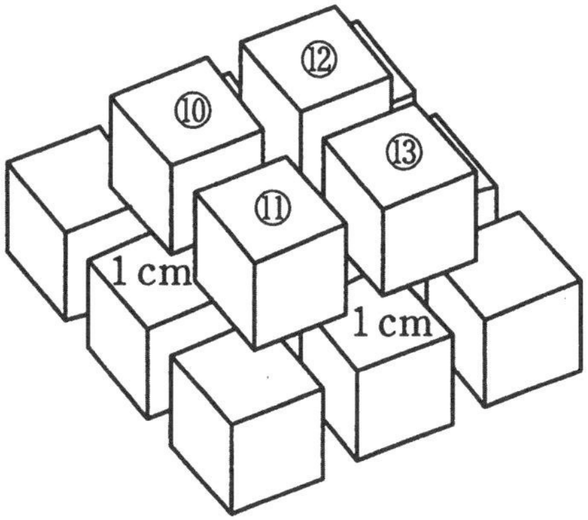

<図２>

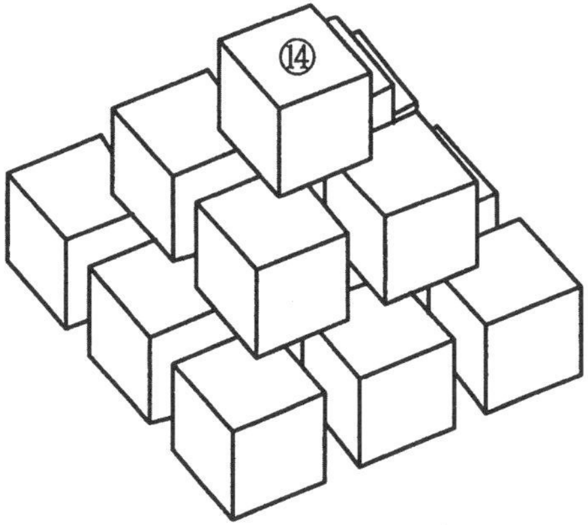

<図３>

(1)　３点Ａ, Ｃ, Ｆを通る平面で立体Ｘを切断します。
このとき、立方体⑤を含むほうの立体をＹとします。
（ア）立方体⑪における切り口を解答らんの図にしゃ線でかきなさい。
解答らんの立方体⑪の辺には１cmごとに黒点を打っています。

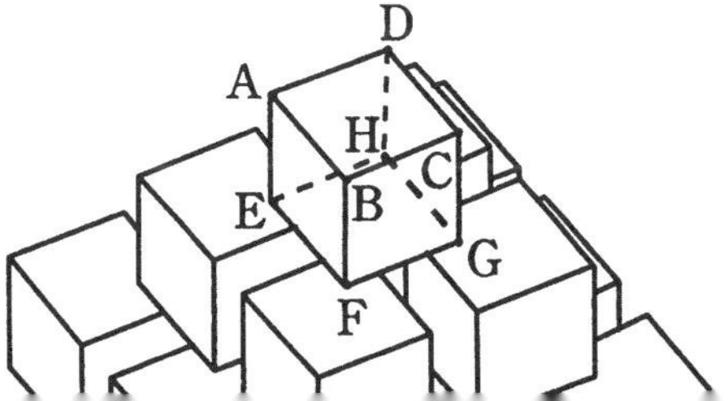

令和５年度久留米大学附設中学校入学試験問題

㊥　理科　(45分)　

（注意）　解答はすべて解答用紙に記入しなさい。解答用紙のみ提出しなさい。

1　次の（１）～（８）のア～ウの各文に書かれている内容の正誤の組み合わせとして適当なものを次から選び，①～⑧の番号で答えよ。ただし，同じ番号を何度選んでもよい。

	①	②	③	④	⑤	⑥	⑦	⑧
ア	正	正	正	正	誤	誤	誤	誤
イ	正	正	誤	誤	正	正	誤	誤
ウ	正	誤	正	誤	正	誤	正	誤

（１）ア　川がまっすぐに流れているところでは，川の中央付近の方が岸付近よりも川の水が速く流れる。

イ　川がまっすぐに流れているところでは，川の中央付近も岸付近も川の深さは同じである。

ウ　流れる水が地面をけずるはたらきをしん食作用という。

（２）ア　晴れの日が続き，川の水の量が少なくなっているときは，雨の日が続き，川の水の量が多くなっているときよりも大きな石が下流に運ばれやすくなっている。

イ　河口付近の砂地を掘っていくと，穴が深くなるにつれ，だんだんとつぶの大きな砂や石が出てくるようになる。

ウ　梅雨の時期などにたくさんの雨が降り続くと，大きな川の水が小さな川に逆流してこないように小さな川の水門を閉めることがある。そのため，小さな川の水の量が増え，ついには川の水があふれ出てしまうことがあり，問題となっている。

（３）ア　やかんで水をふっとうさせ，やかんの口から湯気が出てくるようすを観察すると，ふつうは，やかんの口よりも少しはなれたところから湯気が出ている。

イ　冬の，気温が同じ晴れの日と雨の日に，外で鏡のようにみがいた金属のコップに氷水を入れ，表面がくもるようすを観察すると，晴れの日の方が雨の日よりも表面がくもりにくかった。

令和５年度久留米大学附設中学校入学試験問題

（注意）　解答はすべて解答用紙に記入しなさい。解答用紙のみ提出しなさい。

２　次の文を読み，以下の各問いに答えよ。

重さが無視できるバネ A，B がある。それぞれのバネにいろいろな重さのおもりをつるし，静止したときのバネの長さを測ると表のようになった。

表

おもりの重さ[g]	20	40	60	80
バネAの長さ[cm]	13	14	X	16
バネBの長さ[cm]	Y	14	14.5	15

問１　表中の空らんX，Yにあてはまる数値を答えよ。

問２　おもりの重さとバネA，Bの長さの関係をそれぞれグラフに表せ。ただし，縦軸にバネの長さ，横軸におもりの重さをとり，区別できるようにグラフにはA，Bを書くこと。

問３　おもりをつるしていない状態で，バネA，Bの長さはそれぞれ何 cm か。

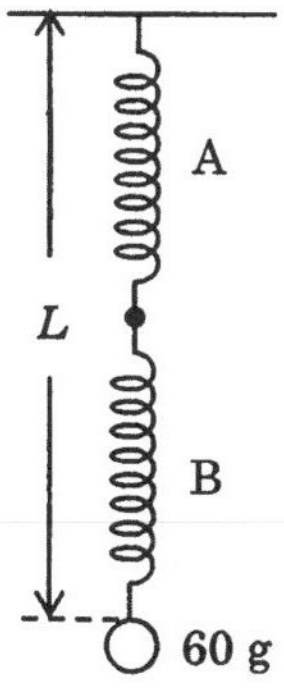

図１

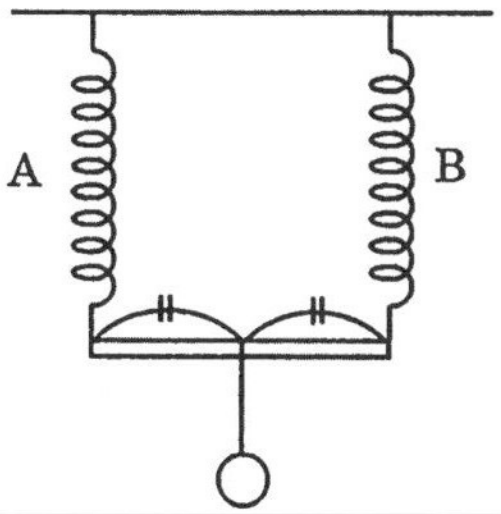

図２

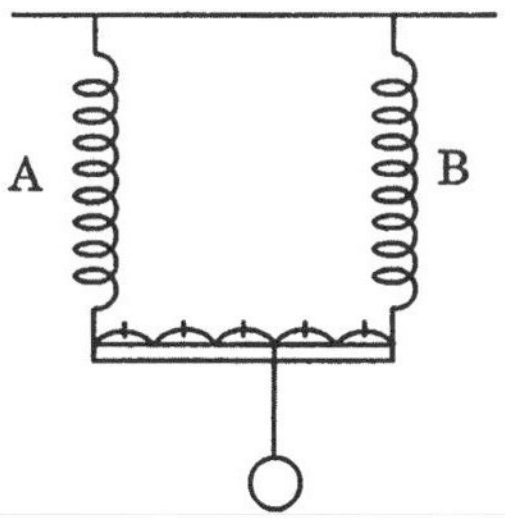

図３

問４　図１のように，バネA，Bを縦につないで60 g のおもりをつるした。おもりが静止したとき，バネの全長 L は何 cm になるか。

問５　図２のように，重さが無視できる棒でバネA，Bをつなぎ，棒の中点におもりをつるし，棒が水平になって静止した。こ

（注意）　解答はすべて解答用紙に記入しなさい。解答用紙のみ提出しなさい。

3　次の文を読み，文中の（　あ　）～（　こ　）に適切な用語を記入し，｛　ア　｝～｛　セ　｝についてはかっこ内の適切な語句を1つずつ，また，[　a　]・[　b　]についてはかっこ内の適切な語句を1つまたは2つ選び，記号で答えよ。ただし，文中に出てくる用語や，くり返し同じ用語が入る場合もある。また，小学校で学習する漢字を正しく用いて解答すること。

花を咲(さ)かせて種子をつくる植物を種子植物という。種子植物には（　あ　）植物と（　い　）植物があり，（　あ　）植物は，アブラナやアサガオなどの（　う　）類と，イネやアヤメなどの（　え　）類に分けられる。

（　あ　）植物の花には，ふつう，外側から中心に向かって（　お　），花びら，おしべ，めしべの4つの要素がふくまれている。（　お　）は，つぼみのときに花を守っている部分で，花が開くときに（　お　）も開く。また，ふつう，（　お　）と花びらは｛ア：A. 同じ　B. 異なる｝枚数である。

花びらは，植物の種類によって形や枚数が決まっており，（　う　）類の花びらは｛イ：A. 3枚や6枚　B. 4枚や8枚　C. 4枚や5枚　D. 5枚や10枚｝のものが多いのに対し，（　え　）類の花びらは｛ウ：A. 3枚や6枚　B. 4枚や8枚　C. 4枚や5枚　D. 5枚や10枚｝のものが多い。花びらはおしべやめしべを守ったり，花粉を運ぶ虫を引き寄せる役割をもつ。

おしべは，細くのびた花糸の先端(せんたん)に（　か　）とよばれる花粉の入ったふくろがついている。本数は花の種類によって決まっている。一方，めしべは，ふつう花の中心に1本あり，その先端を（　き　）とよぶ。また，根本の部分は（　く　）とよばれ，将来（　け　）となる部分である。（　く　）の中には（　こ　）があり，将来種子になる。

種子植物が花を咲かせる準備をすることを花芽形成といい，植物の中には花芽形成に日長が影響(えいきょう)するものがある。ある植物Xは1日24時間のうち，13時間光をあて，11時間光をあてない条件（条件1）で育てたとき，花芽形成をした。一方，別の植物Yを条件1で育てたと

令和５年度久留米大学附設中学校入学試験問題

（注意）　解答はすべて解答用紙に記入しなさい。解答用紙のみ提出しなさい。

4　次の文を読み，以下の各問いに答えよ。

ものが温まるときは，温まった位置に熱が伝わっており，熱の伝わり方には①伝導(でんどう)・②対流・③放射(ほうしゃ)の３つがある。

伝導は，温度の異なる物質が接触(せっしょく)しているとき，温度の高い方から低い方へ直接熱が伝わる伝わり方である。物質の種類によって伝導のしやすさは異なり，これを熱伝導率(ねつでんどうりつ)という。主な物質の熱伝導率を表１に示す。熱伝導率の値は，数値が大きいほど熱が伝導しやすいことを表す。

対流は，温められた物質そのものが動くことによって熱を伝える伝わり方である。

放射は，可視光線や赤外線などの電磁波（光）が物体に吸収されることによっておこる熱の伝わり方である。

表１．主な物質の熱伝導率

物質	熱伝導率
銅	0.94
ガラス	0.0014
空気	0.000056

問１　次の（１）～（３）の文は，①伝導・②対流・③放射のどの現象について述べたものか，最も深く関わっている現象をそれぞれ１つずつ選び，番号で答えよ。

（１）太陽が昇(のぼ)ると，地面が温まる。

（２）昼間は陸地の方が海水よりも温度が高いので，海から陸に向かって海風が吹(ふ)く。

（３）魔法瓶(まほうびん)の容器は二重になっており，その間は真空なので，中に入っている飲み物の温度が変化しにくい。

問２　下線部①について，図１は，薄(うす)い正方形の銅板にロウを塗(ぬ)り，空気中において銅板の一点を加熱したときにロウがどのようにとけるかを実験した模式図(もしきず)である。正方形の銅板Ａで点ａを加熱したところ，点ｂ → 点ｃ → 点ｄの順にロウはとけた。伝導が起こるときは，熱は熱源(ねつげん)から近いところから遠いところへと伝わっていくことが分かる。一方，銅板Ａと同じ大きさの正方形の一部を図１のように切り抜いた銅板Ｂで点ａを加熱したところ，点ｄ → 点ｃ → 点ｂの順にロウはとけた。表１の熱伝導率の値を参考にして，このような結果が得られる理由を説明せよ。

令和５年度久留米大学附設中学校入学試験問題

（注意）　解答はすべて解答用紙に記入しなさい。解答用紙のみ提出しなさい。

問４　下線部②について，下の文はなぜ対流が起こるのかを説明したものである。文中の（　１　）～（　５　）にあてはまる最も適当な語句を下のア～コから１つずつ選び，記号で答えよ。

物質は，ふつう温度が高くなると（　１　）が増えるが，（　２　）は変わらないため，温められた（　３　）や（　４　）は，温められた場所から（　５　）し，そこに周りの物質が流れ込むから。

ア．固体　　イ．液体　　ウ．気体　　エ．結晶　　オ．温度

カ．体積　　キ．重さ　　ク．上昇　　ケ．下降　　コ．移動

問５　下線部③について，図２は，電気ストーブの前にガラス板を置いた様子である。ガラス板をはさんでストーブの反対側にいる人が次の（１）～（３）のように感じたとき，置いてあるガラス板は下のア～ウのどれだと考えられるか。最も適当なものを１つずつ選び，記号で答えよ。

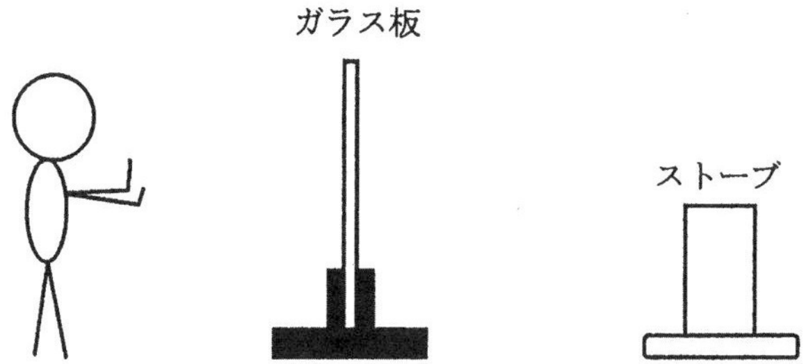

図２．電気ストーブの前にガラス板を置いた様子

（１）ガラス板を触（さわ）ると冷たく，ストーブの反対側にいる人は暖かさを感じなかった。

（２）ガラス板を触ると冷たく，ストーブの反対側にいる人は暖かさを感じた。

（３）ガラス板を触ると熱く，ストーブの反対側にいる人は暖かさを感じなかった。

令和５年度　　久留米大学附設中学校　　入学試験問題

（注意）解答はすべて解答用紙に記入しなさい。解答用紙のみ提出しなさい。

1　農林水産省が５年ごとに発行する統計「農林業センサス」は，2005 年統計から調査対象を大きく変更した。かつて，農業の労働力の統計は「農家」を単位としてきたが，2005 年以降，個人と団体を合わせた「農業経営体」を農業の担い手としてとらえるようになっている。表１は農業経営体と農家数・経営耕地面積の推移を示している。以下の問いに答えなさい。

表１　農業経営体と農家数・経営耕地面積の推移

	2005 年	2010 年	2015 年	2020 年
農業経営体(単位：千経営体)	2009	1679	1377	1076
個人経営体	・・・	1644	1340	1037
団体経営体	・・・	36	37	38
経営耕地面積(単位：千 ha)	3693	3632	3451	3233
１経営体当たり(単位：ha)	1.9	2.2	2.5	3.1
北海道	20.1	23.5	26.5	30.2
都府県	1.4	1.6	1.8	2.2
総農家数(単位：千戸)	2348	2528	2155	1747
農業従事者数（単位：千人)	5562	4536	3399	2494

※2005 年統計では「個人経営体」「団体経営体」の統計は無し。

※農業経営体：経営耕地面積 30 アール以上または販売金額 50 万円以上に相当する規模以上の農業を営む者，または農作業委託サービスを行っている者

経営耕地：農業経営体が経営している耕地(自作地と借入耕地の合計)

総農家：自家消費用も含めて農業を行うすべての世帯

農業従事者：年間１日以上自営農業に従事した世帯員

『日本国勢図会』(2022/23)より作成

(1)表１の統計から読み取ることができることがらについて，誤っているものをア～エから１つ選び，記号で答えよ。全て正しい場合はオと答えよ。

ア．総農家数・農業従事者の数値から，農業にたずさわる人口は減少傾向にある。働く世代が都市へと流出したことで農村の過疎化が進んだことが原因のひとつである。

（注意）解答はすべて解答用紙に記入しなさい。解答用紙のみ提出しなさい。

（４）右図**ア～オ**は，都道府県別農業産出額上位５道県の部門別構成割合を示している。また，上位５道県とは茨城県・鹿児島県・熊本県・千葉県・北海道のいずれかである。このうち，北海道と熊本県に当てはまるものを**ア～オ**から１つずつ選び，記号で答えよ。

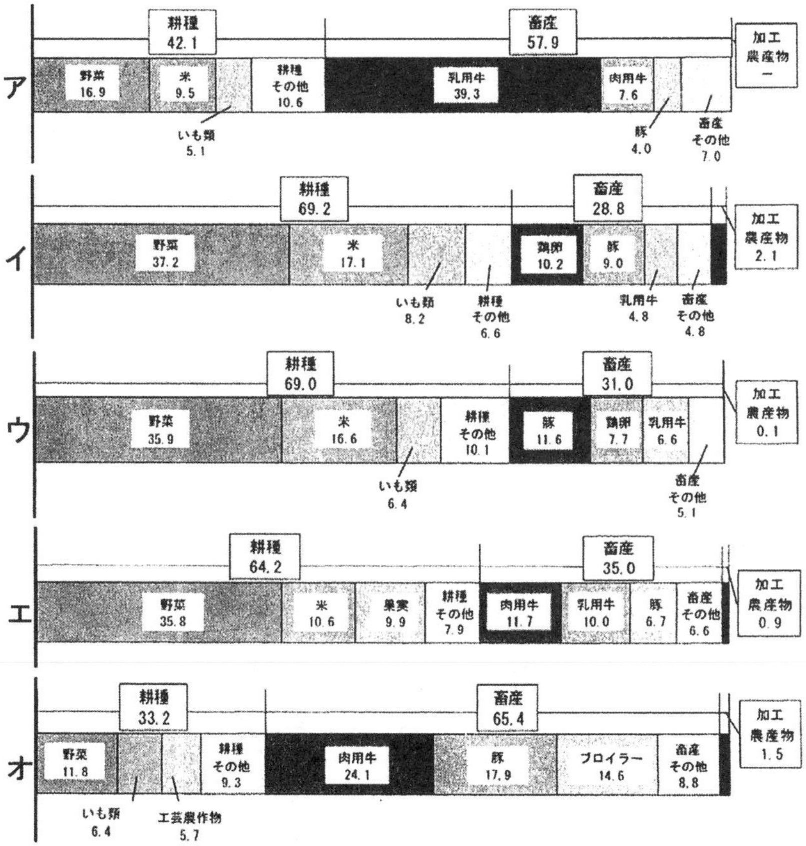

農林水産省『生産農業所得統計』（令和２年度版）より作成

（５）日本における大豆・トウモロコシの生産や輸入について述べた文のうち誤っているものをア～エから１つ選び，記号で答えよ。全て正しい場合はオと答えよ。

ア．日本国内で最も生産量が多い都道府県は，大豆・トウモロコシともに北海道である。

イ．日本の大豆の輸入先で最も取引量が多いのはアメリカ合衆国である。

ウ．輸入大豆は食用油などの原料に多く利用され，国産大豆は豆腐・納豆・みそ・しょうゆなどへ利用される。

エ．トウモロコシは主に畜産の飼料として利用される。食用のスイートコーンとともに自給率は高い。

2　日本の工業や貿易について，以下の各問いに答えなさい。

（注意）解答はすべて解答用紙に記入しなさい。解答用紙のみ提出しなさい。

③図１・図２とその背景について述べた次の文中の（　　）に当てはまる語を１語で答えよ。

「図からは日本の貿易構造が加工貿易から大きく変化していることが読み取れる。こうした変化は 1980 年代に貿易摩擦や急激な（　　）が進んだことがきっかけとなって，日本企業の海外進出が増加したことなどが要因となっている。」

図１　1960 年　　　図２　2020 年

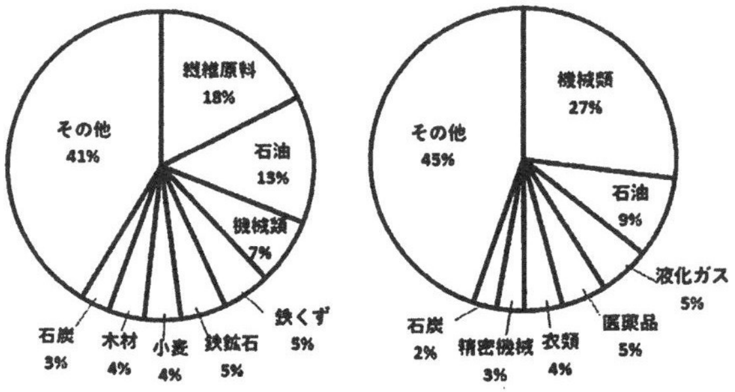

『日本国勢図会』(2021/22) より作成

3　縄文・弥生時代から江戸時代までの各時代に関する以下の問いに答えなさい。

（１）次のメモは，米づくりのはじまりとくにの成立についてまとめたものである。メモの中の空らん［A］・［B］に入る語の組合せとして正しいものをア～エから１つ選び，記号で答えよ。

> 米作りのはじまり ⇨ 指導者の登場 ⇨ ［A］の発生 ⇨ 大きな（力の強い）むらが小さなむらを従える
> ⇩（米作りのはじまり → 生活の安定化）　⇧（米づくりに適した土地と水を求める → 大きな（力の強い）むら…）　⇩（→ むらからくにへ）
> 生活の安定化 ⇨ ［B］の増加 ⇨ 米づくりに適した土地と水を求める　　むらからくにへ

ア．A－争い（戦争）　B－人口　　　イ．A－身分　B－人口

ウ．A－争い（戦争）　B－食料　　　エ．A－身分　B－食料

（注意）解答はすべて解答用紙に記入しなさい。解答用紙のみ提出しなさい。

（５）元軍との戦いを描いた図として正しいものをア～エから１つ選び，記号で答えよ。

ア

イ

ウ
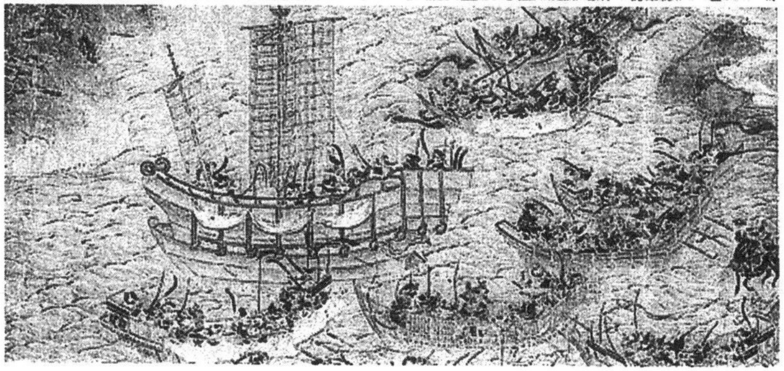

エ

（６）室町時代について述べた文ａ～ｃの正誤の組合せとして正しいものをア～クから１つ選び，記号で答えよ。

ａ　京都に住む武士を中心に，それまでの貴族の文化や大陸の文化の影響を受けた新しい文化が生まれた。

ｂ　枯山水の庭は，このころに差別されつつもすぐれた技術をもった人々がつくったといわれている。

ｃ　田植えのときに人々を励まし楽しませる田楽や，こっけいな踊りをする猿楽が，能や狂言へと発展した。

（注意）解答はすべて解答用紙に記入しなさい。解答用紙のみ提出しなさい。

ア．ａ―正　ｂ―正　ｃ―正　　イ．ａ―正　ｂ―誤　ｃ―正　　ウ．ａ―正　ｂ―正　ｃ―誤
エ．ａ―正　ｂ―誤　ｃ―誤　　オ．ａ―誤　ｂ―正　ｃ―正　　カ．ａ―誤　ｂ―誤　ｃ―正
キ．ａ―誤　ｂ―正　ｃ―誤　　ク．ａ―誤　ｂ―誤　ｃ―誤

（２）次の文中の空らん［　Ｘ　］・［　Ｙ　］に入る語を答えよ。

日清戦争の少し前から軽工業が盛（さか）んになり，24時間休むことなく機械を動かす工場もあらわれた。欧米に比べて［　Ｘ　］が安く製品の質もよかったので，外国産よりも値段が安くてよい製品がつくられ，やがて［　Ｙ　］の輸出量は世界一になった。

（３）19世紀末以降の対外関係について述べた文として誤っているものをア～エから１つ選び，記号で答えよ。

ア．1894年の条約改正成功の背景には，当時アジアでロシアと対立していたイギリスが日本の協力をもとめていた事情があった。

イ．日露戦争では，日本海海戦で日本が勝利したものの，日本は兵力や物資をつぎこむ力がなくなり，ロシアも革命が起こったため，両国は講和条約を結んだ。

ウ．第一次世界大戦が起こると，日本も参戦して戦勝国の一つとなった。戦後，ヨーロッパやアメリカの生産力が低下すると日本は輸出をのばして好景気をむかえた。

エ．太平洋戦争末期，アメリカ・イギリス・中国が日本に無条件降伏を求めるポツダム宣言を発表したが，日本はこれをすぐに受け入れなかった。

（４）1960年代～70年代の日本について述べた次のａ～ｄの各文に関連して，次の問いに答えよ。

ａ．日本は輸出産業に力を入れて経済を発展させた結果，［　Ｘ　］がアメリカに次いで世界第２位になった。

㊥ 中学 国語 解答用紙

全2の1

＊の欄には記入しないこと

受験番号

一 これから読まれるのは、「勉強に集中するにはどうしたらいいですか?」という小学生の相談に対して、脳科学者の池谷裕二が答えている文章です。よく聞いて、後の問いに答えなさい。
なお、読まれるのは一回だけなので、解答欄の余白にメモを取りながら聞きなさい。

※教英出版注
音声は，解答集の書籍ID番号を教英出版ウェブサイトで入力して聴くことができます。

問一 「身体」がくたびれると、「脳」にどのような影響があるか、説明せよ。

問二 本文で紹介されている「実験」は、何と何を比べることで、どのようなことを調べるための実験か、説明せよ。

問三 実験における「六十分間」の中で、「グループA」と「グループB」の集中力はどのように変化したと考えられるか、それぞれ説明せよ。

問四 筆者は、小学生の相談に対して、どのようなアドバイスをしているか、説明せよ。

問五
から。
問六
a
b
c
d

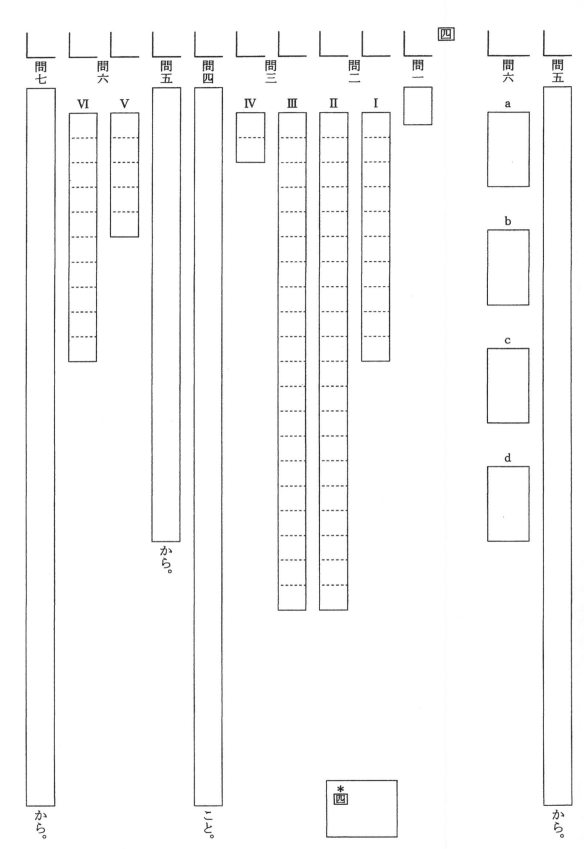

四
問一
問二
I
II
問三
III
IV
問四
こと。
問五
から。
問六
V
VI
問七
から。

*四

令和５年度　久留米大学附設中学校入学試験　解答用紙

受験番号	

㊥ 算数

※150点満点
（配点非公表）

1

(1)		(2)	m	(3)	通り
(4)	(ア) 通り	(イ)	通り		
(5)	AE= cm，DE= cm				

2

(1)	%	(2)	%	(3)	g

3

(1)	①	L	②	L	③	L	
(2)	①	L	②	L	①，②以外	L	
(3)							

令和５年度久留米大学附設中学校入学試験問題解答用紙

㊥ 理科

受験番号	

※100点満点
（配点非公表）

1

(1)		(2)		(3)		(4)	
(5)		(6)		(7)		(8)	

2

問１	X		Y	
問３	A　cm		B　cm	
問４	cm	問５	g	
問６	$W_A : W_B =$			
問７	長さ　cm		重さ　g	
問８	A　cm		B　cm	
問９	cm	問10	cm	

問２

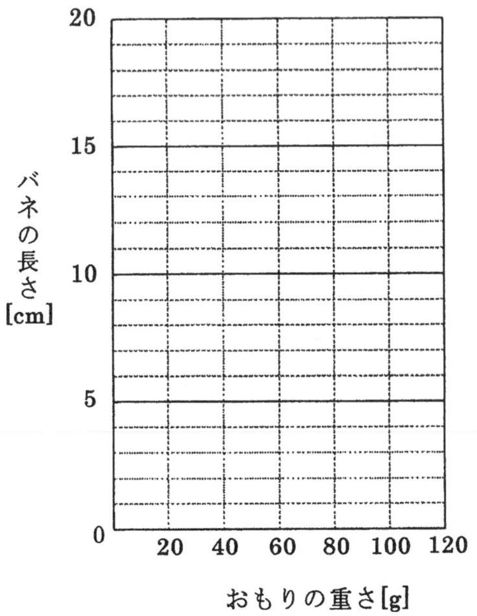

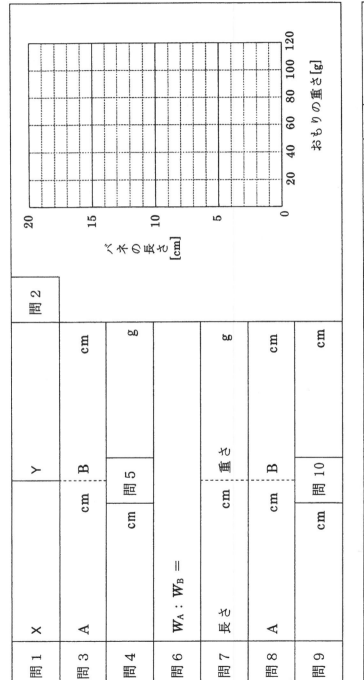

令和５年度　久留米大学附設中学校　入学試験問題

解　答　用　紙

受験番号	

中学社会

（注意）　解答はすべて解答用紙に記入しなさい。解答用紙のみ提出しなさい。

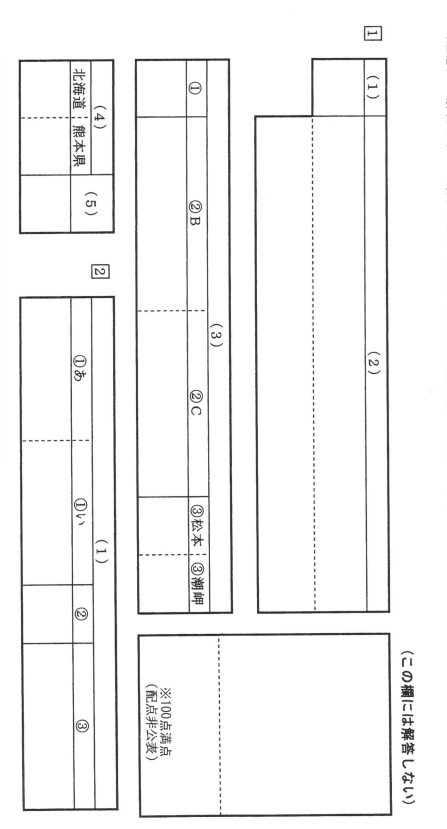

（この欄には解答しない）

※100点満点
（配点非公表）

1

（1）	（2）

（3）					
①	②B	②C	③松本	③潮岬

（4）		（5）
北海道	熊本県	

2

（1）			
①あ	①い	②	③

2

（2）		
①	②	③

3

(1)	(2)	(3)	(4)	(5)	(6)	(7)	(8)

4

(1)	(2) X	(2) Y	(3)

(4) ①X	(4) ①Y	(4) ②

5

(1) A	(1) B	(2)	(3)
			年

6

(1)	(2)	(3)	(4)

か		き		く		け		こ	

ア		イ		ウ		エ		オ		カ		キ	
ク		ケ		コ		サ		シ		ス		セ	

a		b	

4

問 1	(1)	(2)	(3)
問 2			
問 3			
問 4	1	2	
	3	4	
	5		
問 5	(1)	(2)	(3)

問 6

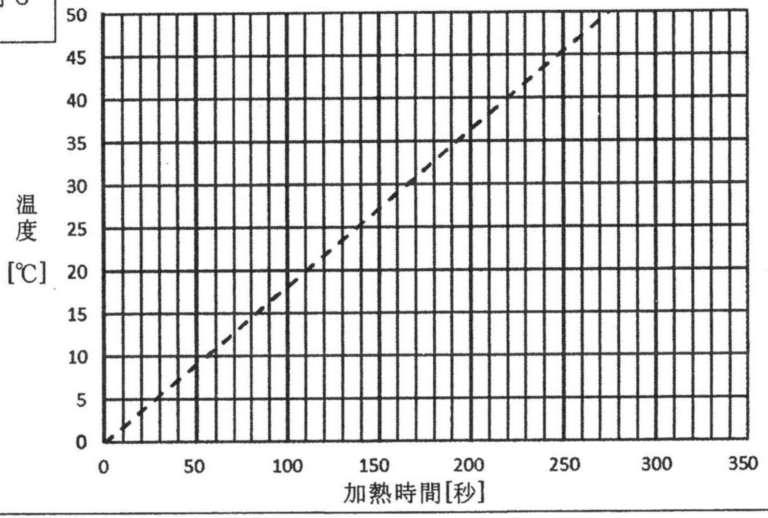

4

(1)	EJ:JC=　　　:　　　, 高さ　　　cm	
(2)	① PQ=　　　cm, SR=　　　cm	② 面積　　　cm^2

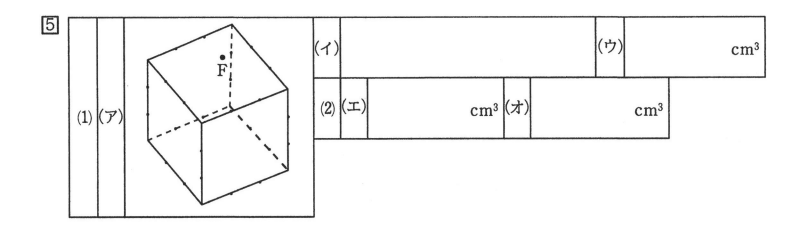

5

(1)	(ア) 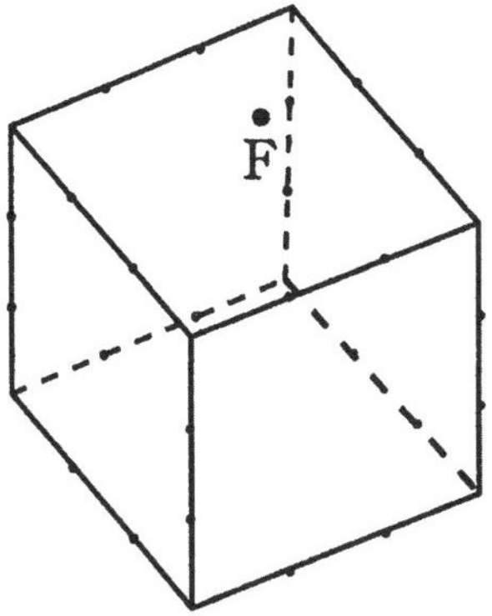	(イ)　　　(ウ)　　　cm^3
(2)		(エ)　　　cm^3　(オ)　　　cm^3

㊥

中学　国語　解答用紙　全2の2

＊の欄には記入しないこと。

受験番号

一　解答は解答用紙（全2の1）に書きなさい。

二

問一　(1)　A　B　C　D

(2)

問二　(1)　(2)　(3)

問三

問四　A　B　C

問五

三

問一

問二　(1)　から。

(2)

問三　こと。

問四　(1)　点。

＊一

＊

＊　※150点満点（配点非公表）

＊二

＊三

問一

問二

問三

問四

*

d．産業の各分野における省エネルギー化の努力によって，世界一の貿易黒字国となった。

①a・cの文中の空らん X ・ Y に当てはまる語句を答えよ。

②a～dの文のうち，60年代・70年代の出来事として誤っているものを1つ選び，記号で答えよ。

5 次の文を読み，以下の問いに答えなさい。

天皇は，大日本帝国憲法では元首であり A とみなされていたが，日本国憲法では国と国民統合の象徴と定められており， B に関しては何の権能※も無く，憲法の定める国事行為のみをおこなう。また，皇位の継承は X によると定められている。

※ある行為をすることが認められている権限・能力

（1）文中の空らん A ・ B に適する語を答えよ。

（2）文中の空らん X に適する語をア～エから1つ選び，記号で答えよ。

ア．閣議決定　　イ．世襲（せしゅう）　　ウ．皇室会議における選挙　　エ．国会の議決

（3）日本の国旗・国歌が法律で定められた年を西暦で答えよ。

6 以下の文中の下線部が正しければ○を，誤っていれば正しい答えを解答らんに答えなさい。

（1）国際赤十字は，各国の政府や国連から独立して活動する<u>NGO</u>の一つである。

（2）国際連合が設立された時の憲章には「安全保障理事会は，15の国際連合加盟国で構成する。中華民国，<u>オランダ</u>，ソヴィエト社会主義共和国連邦，グレート・ブリテン及び北部アイルランド連合王国及びアメリカ合衆国は安全保障理事会の常任理事国となる。」と記されている。

（3）手続き事項に関するもの以外の安全保障理事会の決定は,「常任理事国の同意投票を含む9理事国の賛成投票によって行われる。」と定められており，この五大国一致の原則にもとづく常任理事国の権利は<u>優越</u>権と呼ばれる。

（4）国際連合の機関の一つであるユニセフの活動の中心となる考え方は,「生きる権利，育つ権利，守られる権利，参加する権利」を四本の柱とする<u>児童保護</u>条約にもとづいている。

エ．ａ－正　ｂ－誤　ｃ－誤　　オ．ａ－誤　ｂ－正　ｃ－正　　カ．ａ－誤　ｂ－誤　ｃ－正
キ．ａ－誤　ｂ－正　ｃ－誤　　ク．ａ－誤　ｂ－誤　ｃ－誤

（７）戦国時代・安土桃山時代について述べた文として誤っているものをア～エから１つ選び，記号で答えよ。全て正しい場合はオと答えよ。

ア．室町幕府がおとろえると，戦国大名が自分の領地に戦いに備えた城をつくり，お互いに勢力を争った。

イ．長篠の戦いは，織田・徳川連合軍が武田勝頼の軍を愛知県の長篠で破った戦いである。

ウ．織田信長は，将軍を京都から追放して室町幕府を滅ぼし，キリスト教を保護するため堺を支配した。

エ．豊臣秀吉が２度にわたって朝鮮に大軍を送った結果，朝鮮の国土が荒れただけでなく，豊臣氏の力がおとろえるきっかけとなった。

（８）江戸時代について述べた文として誤っているものをア～エから１つ選び，記号で答えよ。全て正しい場合はオと答えよ。

ア．徳川家康は，江戸城の工事を全国の大名に手伝わせる一方，大名が住む城以外の城の破壊を命じた。

イ．対馬藩は，毎年朝鮮に船を送り，朝鮮から生糸や毛皮を輸入し，日本から銀や銅を輸出した。

ウ．町人のなかには経済力で大名をしのぐ大商人があらわれ，大名にお金を貸す者もいた。

エ．寺子屋や私塾が開かれた江戸時代の日本は，外国に比べて文字が読める人の割合が高い国だった。

４　幕末以降の日本と世界に関する以下の問いに答えなさい。

（１）日本の開国の影響について述べた文ａ～ｃの正誤の組合せとして正しいものをア～クから１つ選び，記号で答えよ。

ａ　幕府の力がおとろえ，薩摩藩や長州藩などでは藩校をつくって藩の政治を改革する動きがあらわれた。

ｂ　米などの生活必需品が値上がりしたため，各地で「世直し」を求める一揆や打ちこわしが激しくなった。

ｃ　日本古来の文化を見直す動きがあらわれ，古くからの日本人の考えを研究する国学が成立した。

の空らん［ C ］・［ D ］に入る文の組合せとして正しいものをア～エから１つ選び，記号で答えよ。

> 一　これまでの天皇や豪族が所有していた土地や民は，すべて国家のものとする。
> 一　都や地方の区画(国・郡)を定め，［　　C　　］。
> 一　戸籍をつくり，［　　D　　］。
> 一　布などを納める税の制度を統一する。

ア．C―唐の法律にならって律令を制定する　　D―検地をおこなって田畑の広さや収穫量を調べる

イ．C―唐の法律にならって律令を制定する　　D―人々に田を割りあてて耕作させる

ウ．C―都から地方に役人を派遣して治めさせる　　D―検地をおこなって田畑の広さや収穫量を調べる

エ．C―都から地方に役人を派遣して治めさせる　　D―人々に田を割りあてて耕作させる

(3)聖武天皇の大仏づくりについて述べた文として誤っているものをア～エから１つ選び，記号で答えよ。全て正しい場合はオと答えよ。

ア．この当時，都では伝染病が広がり，地方では ききん などが起こって世の中が混乱していた。

イ．大仏づくりに必要な物資や，作業にあたる大勢の農民が全国から集められた。

ウ．高度な技術をもつ朝鮮からの渡来人の子孫が工事の責任者に任命された。

エ．大仏が完成したころには，日本に仏教が伝わってから300年ほどの年月がたっていた。

(4)平安時代や鎌倉時代について述べた文として誤っているものをア～エから１つ選び，記号で答えよ。全て正しい場合はオと答えよ。

ア．貴族たちは，儀式や年中行事を行い，細かいしきたりを守ることを大切にした。

イ．紫式部は，宮廷の生活や自然の変化を生き生きと表現した随筆『源氏物語』を書いた。

ウ．武士は，一族とともに領地に館を構え，農民や家来に米などをつくらせ富をたくわえていった。

エ．鎌倉時代，牛や馬に すき を引かせて農地を深く耕し，草や灰を肥料にすることが普及した。

1960年代には，a鉄鋼業や石油化学工業などの重化学工業を中心に工業が発達し，日本の経済が著しく成長した。鉄鋼業では，b原料である鉄鉱石を高炉の中で溶かして銑鉄※をとり，転炉や電気炉に移して炭素などを取り除いて（　あ　）をつくり，それを圧延機によってさまざまな形に変え，各用途に応じた製品がつくられる。一方，石油化学工業では，まず製油所において原油を熱したものを蒸留塔の中に入れ，温度によってガソリンや重油・（　い　）などの石油製品が精製される。石油化学工業では石油製品のうち主に（　い　）を原料として，合成繊維やプラスチックなどの石油化学製品が製造されている。

※銑鉄（せんてつ）･･･炭素を多く含んだ鉄のこと

①文中の空らん（　あ　）・（　い　）に当てはまる語を答えよ。

②下線部aについて，日本の重化学工業に関して述べた文として誤っているものをア～エから１つ選び，記号で答えよ。

ア．戦前の日本では，鉄鋼業は北九州など国内の石炭産地に近い地域を中心に立地していたが，戦後になると輸入に便利で，大都市にも近い臨海部を中心に立地するようになった。

イ．1980年代以降，日本の鉄鋼業はそれまでの国内生産から，鉄鉱石の産地である中国やブラジル，オーストラリアでの海外生産を拡大した。その結果，国内の工場が減少し産業の空洞化を招いた。

ウ．日本の石油化学工業は，原油の大部分をタンカーで輸入しているため大規模な港に隣接して立地している。その原油はパイプラインによって貯蔵タンクや製油所へ輸送されている。

エ．千葉県市原市の沿岸部には，国内最大規模の石油化学コンビナートが形成され，ここで生産される製品は国内人口の約３分の１が集中する関東地方の大きな消費を支えている。

③下線部bについて，鉄鋼業には鉄鉱石以外にも石炭を蒸し焼きにしたものが原料として使用されているが，これを何というか答えよ。

（２）次ページの図１・図２は，日本における1960年と2020年の主要輸入品目の内訳を示している。次の問いに答えよ。

①図１の「繊維原料」のうち，約半分を占める植物由来の原料を答えよ。

②図２の「機械類」に含まれる主な品目のうち，金額が最も低いものをア～エから１つ選び，記号で答えよ。

ア．自動車　　イ．コンピュータ　　ウ．通信機　　エ．半導体等電子部品ウ．農業を営む人々の高齢化が進んだことから耕作放棄地が増加しており，経営耕地面積は減少を続けている。

エ．農地の集約化が進み，広い耕地を利用する農業経営体が増えていることから，１経営体当たりの経営耕地面積は，北海道および都府県のいずれも増加傾向にある。

(２)2005 年の農林業センサスから農業経営体という統計単位に切り替えた理由は何だと考えられるか。その考えられる理由を「兼業農家」の語を必ず用いて２行で答えよ。

(３)農林業を行う上で，水資源は大変重要となる。日本の水資源利用に関する文について，次の各問いに答えよ。

「日本は世界的に見ると降水量が多い国であるが，有効な水資源は少ない。その理由は，山地・丘陵地が国土の（　Ａ　）を占め，日本列島を流れる川は傾斜が急で，（　Ｂ　）が狭いという特徴を持つためである。日本列島には約 800 ヶ所の多目的ダムと約 1900 ヶ所の農業用水・水道用水・工業用水に関する専用ダムが建設されているが，日本列島に吹き付ける（　Ｃ　）による降水量の変化が，増水による洪水被害や水不足による渇水をもたらすこともある。」

①文中の空らん（　Ａ　）に当てはまる数値をア～エから１つ選び，記号で答えよ。

ア．52.8%　　イ．62.8%　　ウ．72.8%　　エ．82.8%

②文中の空らん（　Ｂ　）・（　Ｃ　）に当てはまる語を答えよ。なお，（　Ｂ　）は４字，（　Ｃ　）は３字である。

③文中の下線部「降水量の変化」について，以下の雨温図ア～エは札幌・潮岬・高松・松本のいずれかを示している。このうち，松本と潮岬に当てはまるものをア～エから１つずつ選び，記号で答えよ。

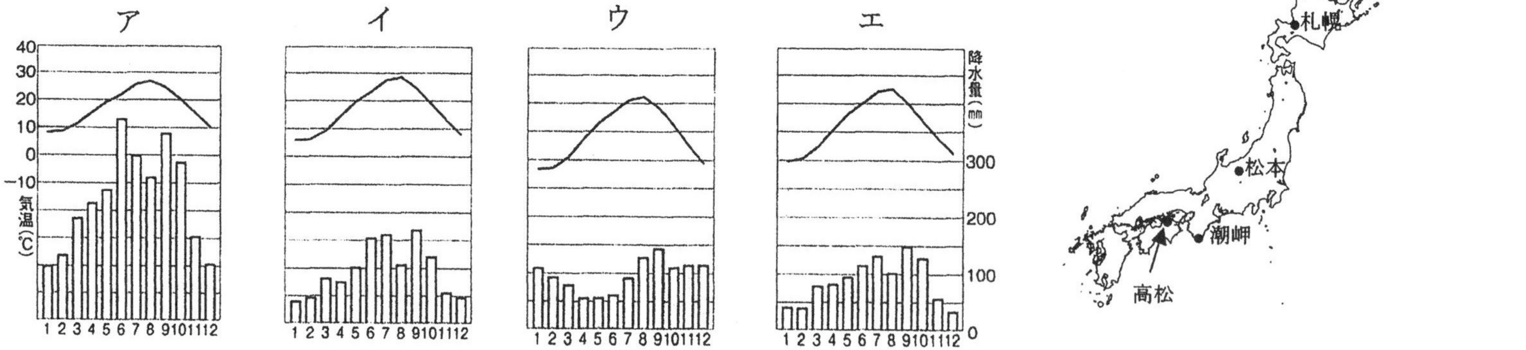

ア．透明なガラス板　　イ．黒いペンキを塗ったガラス板　　ウ．ガラス板に銀をめっきした鏡

問６　表２は，20℃の水 100 g とエタノール 100 g をそれぞれ加熱し，温度が 30℃になるまでの時間を示したものである。0 ℃の水 100 g を加熱したときの加熱時間と温度の関係を表すグラフが図３の点線のようになるとき，次の（１），（２）の物質を 0℃から加熱したときの，加熱時間と温度の関係を解答欄のグラフに実線でかけ。区別できるようにグラフには（１），（２）を書くこと。ただし，加熱するときの条件はどれも同じものとし，0℃ではエタノールは液体である。また，解答欄の点線は，100 g の水を加熱したときのグラフである。

表２．加熱時間

水	エタノール
55 秒	33 秒

（１）水 50 g とエタノール 50 g を混合した水溶液を加熱する。

（２）エタノール 200 g を加熱する。

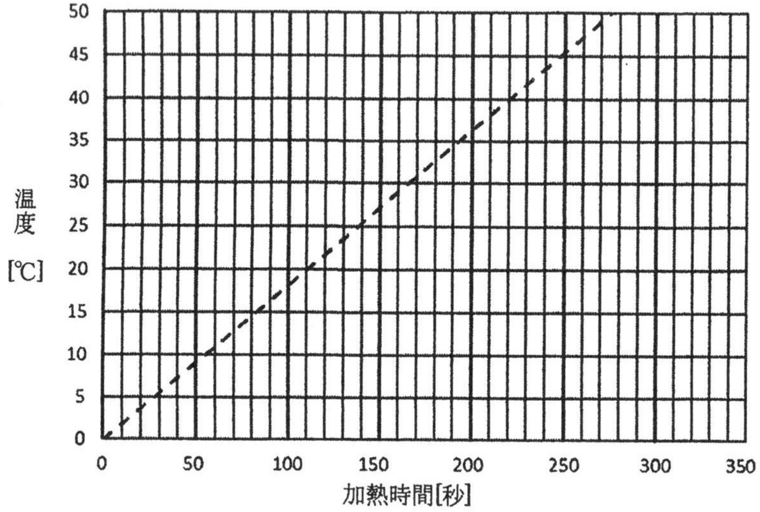

図３．加熱時間と温度の関係

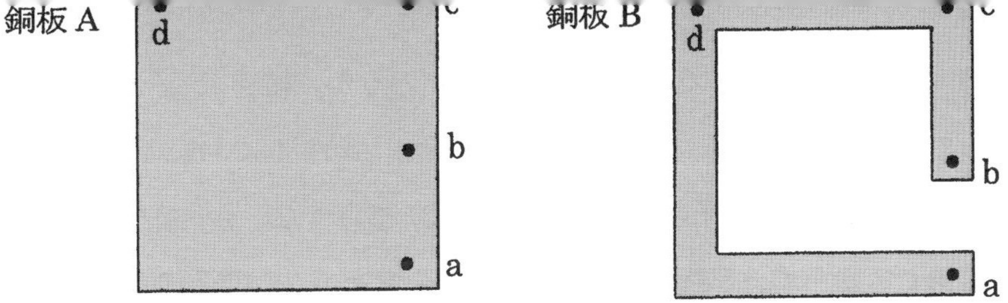

図１．銅板上のロウをとかす実験

問３　下線部②について，下のア，イは水が入ったビーカーの底の中心部をガスバーナーで熱したときの水の動きの模式図である。ア，イのうち対流を正しく表しているのはどちらか，記号で答えよ。

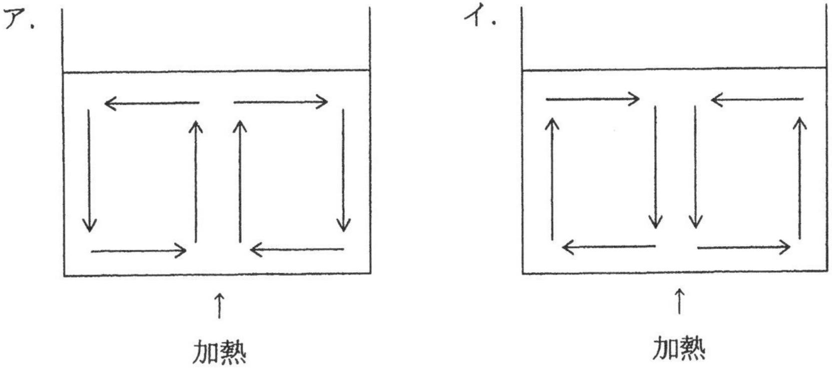

物Xは花芽形成をしなかった。

花芽形成は光があたる時間の長さと，光があたらない時間の長さのどちらで決まっているのだろうか。植物X, Yともに1日あたり約12時間光があたるか，あたらないかが花芽形成の条件になっていると仮定して，追加の実験を行った。条件1において光をあて始めてから約6.5時間後に10分ほど光を消し，その後約6.5時間光をあて，再び11時間光を消す条件（条件3）で育てたとき，植物Xは花芽形成したが，植物Yは花芽形成しなかった。また，条件2において光を消してから約6.5時間後に10分ほど光をあて，その後約6.5時間光を消して，再び11時間光をあてる条件（条件4）で育てたとき，植物Xは花芽形成したが，植物Yは花芽形成しなかった。一方，条件2において光を消してから約0.5時間後に10分ほど光をあて，その後約12.5時間光を消して，再び11時間光をあてる条件（条件5）で育てたとき，植物Xは花芽形成しなかったが，植物Yは花芽形成した。

植物の花芽形成に影響がないのは｛エ： A. 光があたる時間の中断　B. 光があたらない時間の中断 ｝であることが｛オ： A. 条件1, 3　B. 条件1, 4　C. 条件2, 3　D. 条件2, 4 ｝での結果の比較(ひかく)から分かる。また，植物の花芽形成に影響する可能性があるのは｛カ： A. 光があたる時間の中断　B. 光があたらない時間の中断 ｝であることが｛キ： A. 条件1, 3　B. 条件1, 4　C. 条件2, 3　D. 条件2, 4 ｝での結果の比較から分かる。さらに，｛ク： A. 条件1, 3, 4　B. 条件1, 4, 5　C. 条件2, 3, 4　D. 条件2, 4, 5 ｝での結果を考え合わせると，植物の花芽形成には｛ケ： A. 1日あたりの光があたる時間の長さの合計　B. 1日あたりの光があたらない時間の長さの合計　C. 連続して光があたる時間の長さ　D. 連続して光があたらない時間の長さ ｝が条件になっており，植物Yは｛コ： A. 1日あたりの光があたる時間の長さの合計が12時間より短い　B. 1日あたりの光があたらない時間の長さの合計が12時間より長い　C. 連続して光があたる時間の長さが12時間より短い　D. 連続して光があたらない時間の長さが12時間より長い ｝と花芽形成すると考えられる。

植物Xと同様の条件で花芽形成をする植物は｛サ： A. 春咲き　B. 四季咲き　C. 秋咲き ｝の植物や｛シ： A. 種子　B. 若い植物 ｝で冬越しをする植物に多く，植物の例としては［a： A. アサガオ　B. アブラナ　C. アヤメ　D. イネ　E. キュウリ　F. トマト ］が挙げられる。また，植物 Y と同様の条件で花芽形成をする植物は｛ス： A. 春咲き　B. 四季咲き　C. 秋咲き ｝の植物や｛セ： A. 種子　B. 若い植物 ｝で冬越しをする植物に多く，植物の例としては［b： A. アサガオ　B. アブラナ　C. アヤメ　D. イネ　E. キュウリ　F. トマト ］が挙げられる。

次に，図３のように棒につるすおもりの位置を変え，バネＡ，Ｂからの距離（きょり）の比がＡ側から３：２になる点におもりをつるした。

問６　棒が水平になって静止したとき，バネＡにかかる重さ W_A とバネＢにかかる重さ W_B の比 $W_A : W_B$ はいくらか。もっともかんたんな整数比で表せ。

問７　棒が水平になって静止したとき，バネＡ，Ｂの長さは何 cm か。また，つるしたおもりの重さは何ｇか。

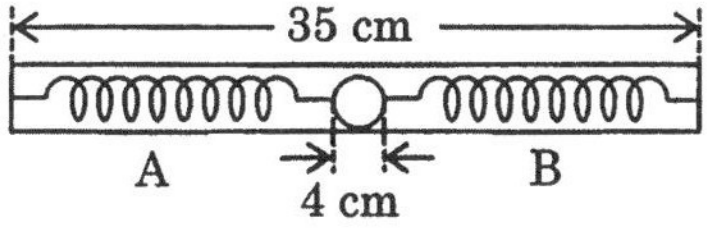

図４

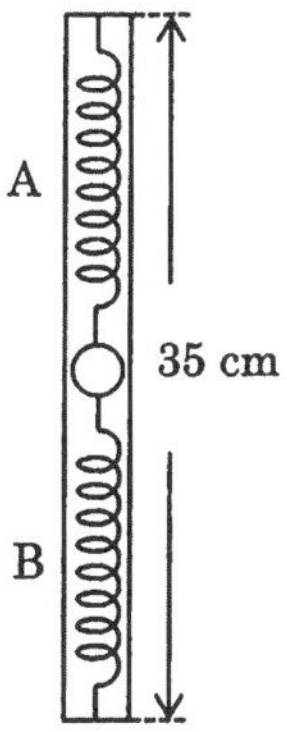

図５

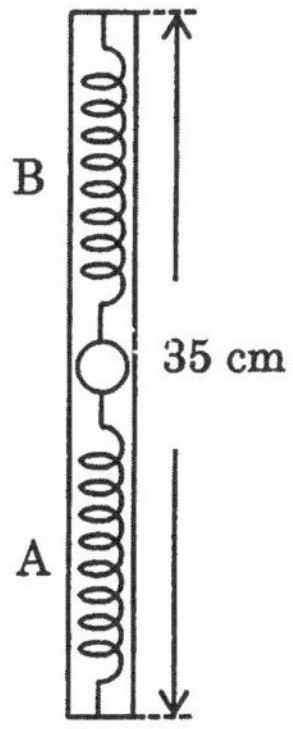

図６

図４のように，直径４cm，重さ 60ｇの球の両側にバネＡ，Ｂをつけ，長さ 35 cm のパイプにバネの両はしを固定した。ただし，パイプとバネ，球の間のまさつは考えないものとする。

問８　図４のように，パイプを水平に置いて球が静止したとき，バネＡ，Ｂの長さはそれぞれ何 cm か。

問９　図５のように，バネＡが上になるようにしてパイプをまっすぐに立てた。球が静止したとき，バネＡの長さは何 cm か。

問 10　図６のように，バネＢが上になるようにしてパイプをまっすぐに立てた。球が静止したとき，バネＡの長さは何 cm か。

度を比べると，同じ温度を示していた。

（4）ア　夏と秋で雲の高さを観察して比べると，秋の方が夏よりも高いところに雲があることが多かった。

イ　空気が何らかの原因で冷やされると，空気にふくまれていた水蒸気が水てきや氷に変化するが，この現象が空の高いところで起きることで雲ができる。

ウ　夏の暑い日に入道雲（積乱雲）が発達していくようすを観察すると，空の低いところからだんだん高いところへ向かって雲がのびていくように見えた。

（5）ア　福岡県で，一年を通して日の入りの時刻と昼の長さとの関係を調べてみると，日の入りの時刻が最も早い日が一年で最も昼の長さが短い日であることが分かった。

イ　日本で，一年を通して太陽の南中高度を厳密に測ってみると，冬至と夏至の日以外は，同じ南中高度になる日が一年に２回あることが分かった。

ウ　日本のある場所で，10 月に太陽の沈む（しず）ようすを観察したところ，たまたま自分がいた直線道路の延長線上に太陽が沈むように見えた。同じ場所で同じように直線道路の延長線上に太陽が沈むように見えるのは，およそ半年後の４月である。

（6）ア　一年を通して月の南中高度を調べてみると，太陽とは異なり，一年中，南中高度が変化しないことが分かった。

イ　月から地球を観察すると，一年中いつでも上弦（げん）の月のように地球の半分が光っているように見える。

ウ　地球から月の裏側が観察できないのは，地球が自転する速さと月が自転する速さが同じだからである。

（7）ア　北斗七星（ほくと）とは，おおぐま座をつくっている星の一部である。

イ　冬の大三角は，おおいぬ座のシリウス，こいぬ座のプロキオン，オリオン座のリゲルでつくられる。

ウ　日本でカシオペア座の動きを観察すると，時計回りに動いているように見える。

（8）ア　日本で北の空にある星が動いているようすを撮影（さつえい）した写真を見ると，どの星が動いたあとも同じ長さになっている。

イ　赤道で東の空にある星が動いているようすを撮影した写真を見ると，どの星が動いたあとも地平線に平行になっている。

ウ　月，金星，木星，アルタイルは，全て夜空では光って見えるが，アルタイルだけが光るしくみが他と異なっている。

（ウ）立体Ｙの体積は何 cm^3 ですか。

⑵　立体Ｙをさらに３点Ｂ,Ｄ,Ｇを通る平面と、３点Ｃ,Ａ,Ｈを通る平面と、３点Ｄ,Ｂ,Ｅを通る平面で切断します。

このとき、立方体⑤を含むほうの立体をＺとします。

（エ）立体Ｚのうち、立方体⑭で残っている部分の体積は何 cm^3 ですか。

（オ）立体Ｚの体積は何 cm^3 ですか。

<立体Ｘ>

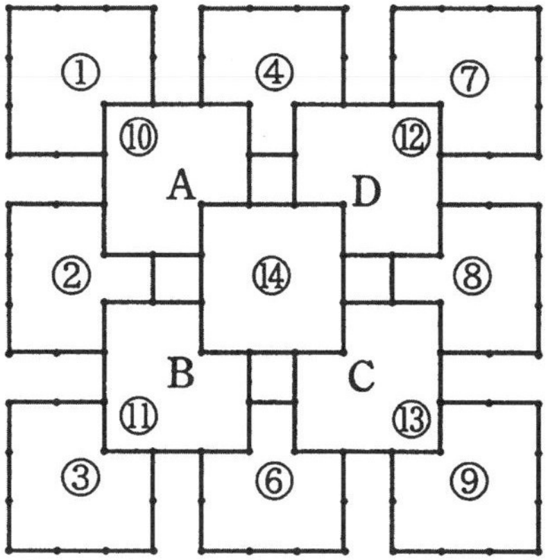

<図４>

4 AB=24 cm, AD=18 cm, AE=24 cm の直方体 ABCD−EFGH があり、辺 AE, BF, CG, DH の真ん中の点をそれぞれ K, L, M, N とします。また、CE と AM の交点を J とします。

<図1>は四角形 AEGC をぬき出したものです。

(1) EJ:JC を最も簡単な整数の比で表しなさい。

また、底面を EFGH としたとき、点 J の高さは何 cm ですか。

(2) 長方形 KLMN と AH, AF, JF, JH との交点をそれぞれ P, Q, R, S とします。

① PQ, SR の長さはそれぞれ何 cm ですか。

② 四角形 PQRS の面積は何 cm^2 ですか。

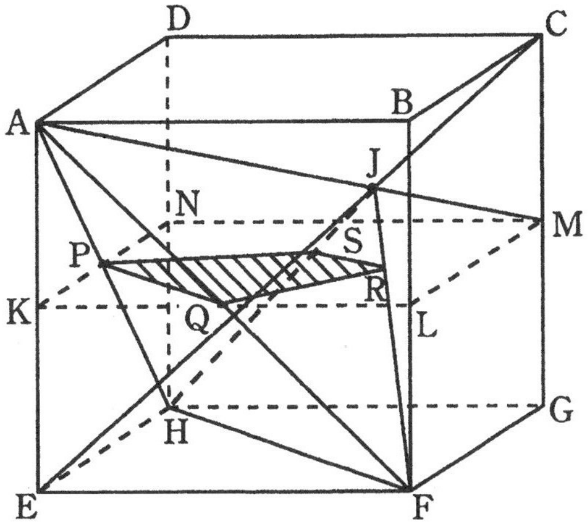

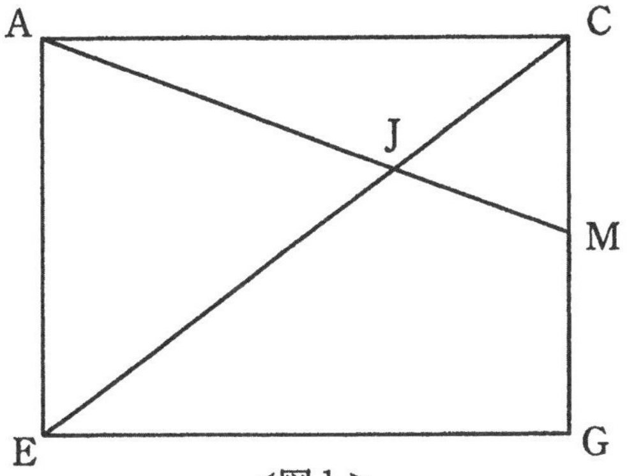

<図1>

この記入の仕方はそれぞれ何通りありますか。

＜図１＞　＜図２＞

(5)　図のように、AB=5 cm, AC=3 cm, 角 BAC が 120° の三角形 ABC があります。角 BAC を 60° ずつに分ける線と BC の交点を D とします。AD の延長線上に、角 BEA が 90° となるように点 E をとります。このとき、AE, DE の長さはそれぞれ何 cm ですか。

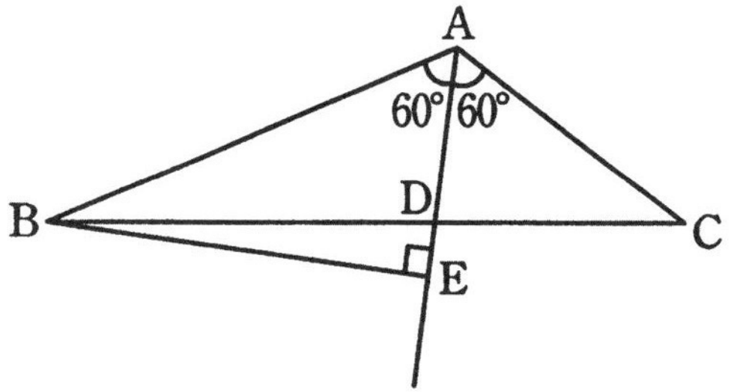

2　濃度が分からない食塩水 A が 300 g と濃度が 12 % の食塩水 B が 400 g あります。それぞれの食塩水から同時に 100 g ずつ取り出して入れかえてかき混ぜたところ、食塩水 B の濃度が 10.25 % になりました。

(1)　最初の食塩水 A の濃度は何 % ですか。

(2)　この後、それぞれの食塩水から同時に同じ量ずつ取り出して入れかえてかき混ぜたところ、どちらも同じ濃度になりました。その濃度は何 % ですか。

(3)　(2) のとき、何 g ずつ取り出しましたか。答えは仮分数で答えなさい。

点数が高いという結果が出ました。ところが、翌日の点数はAとBが逆転。1週間後のテストでもグループBのほうがよりよい成績を残しました。これは、学習内容を長期的に脳に定着させるためには、学習の合間の休けいが効果を発揮する可能性を示しています。

グループBのほうがグループAよりも学習時間が「短い」にもかかわらずいい結果を残した、というのも興味深い点です。

この実験では、学習しているときの脳波も計測しました。集中力に関係している脳波は、脳の「前頭葉」という場所の「ガンマ波」だと考えられ、これが集中力の目安になります。計測の結果、グループAは時間の経過とともにガンマ波のパワーが低下し、とくに40分をさかいに急激に下がっていました。集中力がつづくのは40分ほどとも考えられそうです。一方、グループBは休けいによってパワーが復活し、学習のあいだ一定の集中力を維持することもわかりました。

以上のことをふまえてぼくがおすすめするのは、家のなかに勉強するスペースを複数用意しておくこと。自分の勉強づくえのほかに、たとえば床に座って読み書きができるミニデスクのコーナーをつくっておく。家族のじゃまにならなければ、ダイニングテーブルやリビングテーブルに移動してもよし。「ノマド（遊牧民）」のようにいろいろな場所に移動して、そのついでにストレッチ運動など、短い息抜きの時間をとりましょう。

（池谷裕二『モヤモヤそうだんクリニック』より　一部変更あり）

をはずしだした。

「どうした？　まだ時間があるだろ」

お父さんは、うんざりしている息子に気がついていない。

その様子をみていた良が首をかしげた。

「どうしてですか？　あれで、よしっなんですか？　ただどなってただけじゃないですか。どなるのをこらえて、もっと上手に投げられるようにしてやってワンポイントだったらわかるけど」

良は、おかしいじゃないかといいたいらしい。良のいうとおりだ。息子の投げるボールは、ひょろひょろしたままだ。始めたころと変わりはない。

良は、まだこのおじさんにつきあうつもりのようだ。ぼくも、少しだけ、この変なおじさんのはなすおやじ検定に興味がでてきた。②なんで、あれでワンポイントなのかわからない。

「あれでいいんだろうさ、きっと。子どもの気持ちは最初っから無視だ。おやじ検定だもの。子どもにしたら迷惑なだけだろうな。自分が子どもだった時のことを思い出せば、あんな父親はうるさいだけだったってわかってる。なのに、それを忘れてしまう。おれはこいつの、おやじだ！　これをしてやらなきゃいかんのだ！　って思う。我を忘れるっていうのかな。その気持ちをおしつけてしまう。父親だからなんだろうな」

おじさんはため息をついた。

「ボールの投げ方だって、他人ならもっとていねいにわかりやすく教えてくれる。③あの父親だって、他の家の子どもになら、もっとちがった教え方ができるんじゃないかな」

おじさんは苦笑いをした。

「ぶきっちょになっちゃうってことかな？」

良が、うなずいた。

「あ、そう。ぶきっちょさかげんをはかるのが、おやじ検定なのかもしれない」

太君だってわかったんだ。でも、優太君、父親なんて薄情だなんていってるし。だから、なにか父親に関係することをはなさなきゃって、思ったんじゃない。ほんと、ぶきっちょだよね。でも、⑥ぼく、おもしろかったし、うらやましかった。今日、おじさんが優太君に会いにきたことが、優太君ちのパパのパパ検定だった。ぼくはそう思った」

良は、ほらもう公園を出ていくっていうように、頭をめぐらす。

「そ、そんな――」

「会いに来てくれたんだもの。それだけでワンポイントだよ。似てたよ。優太君、あの人に似てるよ」

良の言葉につきとばされるように、ぼくはかけだしていた。公園から出たけど、おじさんの姿はなかった。

「おお、優太、サッカーしようぜ」

同じクラスの仲間が二、三人やってきた。

「公園に、だれかいる？」

おじさんをさがして何をきくんだって思った。父さんだって、わかってどうしたらいいんだろう。

「うん。良君がいる――」

ぼくは公園にもどった。

（柏葉幸子『18枚のポートレイト』より）

問一　傍線部①「ぼくはうなずいた」とあるが、このときの「ぼく」の気持ちの説明として最も適当なものを次の中から一つ選び、記号で答えよ。

ア　友人の良やキャッチボールをしている親子など、多くの人が周りにいたので安心して話が聞けるという気持ち。

イ　ぶ厚いメガネをかけ、猫背でぼさぼさの髪、という風変わりなおじさんに興味がわき、話を聞いてみようという気持ち。

ウ　初対面だが丁寧でおだやかに話しかけてくるおじさんに好意を持ち、話だけなら聞いてもよいという気持ち。

エ　家へ帰っても、ぼくも良もどうせ一人ぼっちだし、良や他の人もか、同級生の良と公園のベンチに座っていた。二人には父親がいないという共通点がある（優太は離婚、良は死別のため）。なお、優太の母が父親の写真をすべて捨ててしまったため、優太は父親の顔を覚えていない。本文は「父親なんて薄情なものなんだって」という母親の言葉を、優太が良に語った直後の場面である。

「エ、エ、エッヘッン」

せきばらいがとなりのベンチからきこえた。

良ごしにみると、いつのまにかおじさんが一人すわっていた。ぶあついめがねをかけて、すごい猫背だ。あぶらっけのない今起きましたみたいなぼさぼさの髪に白髪がまじっている。若いような年寄りのような、年齢がぼくにはよくわからない。散歩のとちゅうでちょっと一休みしているようにもみえる。でも、傘(かさ)がそばにあるところをみたら、雨がふっているころから歩いていたのかもしれない。

ぼくたちが、おじさんの方をみたのがわかると、

「君たち、おやじ検定って知ってる？」

って、正面をむいたままきく。

「なに、おやじ検定って？」

「英検とかは、きいたことある」

ぼくと良はささやきあった。

「父親にだけある検定試験だそうだ。まあ、きいた話だけどね」

おじさんはふっと笑った。正面をむいたままでだ。キャッチボールしている親子から目をはなせない様子だった。

「ほら、もっと大きくふみこんで！」

なんて息子にいってる。

「おやじ検定のことをはなしてもいいだろうか？」

おじさんは、ぼくたちの方をみないできいた。

ぼく一人だけならさっさとベンチからたって、こんなおじさんからはキャッチボールしているお父さんは

「だめだめだめだ！　腕だけで投げるな。もっと腰をいれて肩をまわすんだ！」

って、どなっている。

「子どもは迷惑なだけかも」

ぼくは、鼻で笑った。

「そうなんだ。そんな時にジャッジマンがあらわれるらしい。あの父親にもしかするとジャッジマンがみえているのかもしれない」

おじさんは目をこらす。

「なに、それ？」

ぼくと良は顔をみあわせた。

「紺色のブレザーをきた小人がちょこちょこ出てくる。それがジャッジマンだ。ジャッジマンは父親のすることをみて、よしって判定すればワンポイントって白い旗をあげてくれるそうだ」

おじさんの目はキャッチボールしている親子から、はなれない。みつめていれば自分にも、そのジャッジマンがみえるというようにだ。

ぼくは、うそだ！っていいたいのをのみこんだ。

良は、そんなおじさんをじっとみている。

ぼくは、変なおじさんにつかまってしまったぞ。逃げようっていうように、良をつついた。なのに、良は、ぼくをみるとうんというようにうなずくだけだ。うなずいてないで逃げようって、またつついても、にっこりうなずくだけなんだ。

おじさんは、ぼくたちの様子に気づくこともなく、

「あの父親にはジャッジマンが白い旗をあげたのかもな」

とつぶやいた。

キャッチボールしていた息子は、もういやだっていうようにグローブ

れていそうな本は見当たりませんでした。貸出中かもしれません。児童書のフロアに行ってみることにします。写真や図解を見たいときは大人向けの本より児童書のほうが参考になるというのも、図書館員時代に学んだことです。

書名に「パンダ」を含む本の中から『パンダもの知り大図鑑　飼育からわかるパンダの科学』（誠文堂新光社）を開くと、「パンダの体のつくり」というページに「目」や「耳」「あし」に並んで「しっぽ」の項目があります。「しっぽは大人の小指くらいの長さと太さしかありません。しっぽにはあまり毛が生えていません。しっぽに見えるのはほとんど毛なのです」。そして(C)ネンガンの「パンダのお尻の写真」がありました。『パンダもの知り大図鑑』はオールカラーでパンダの生態や体のしくみ、飼育方法などが詳細に解説され、写真もさまざまな角度やポーズのものが載っています。インターネットを画像検索したときには見つけられなかったバラエティです。最後のQ&Aの章は写真でなくイラストレーションが使われ、尻尾の白いパンダがページのそこかしこに。これなら今後ゲラに尻尾の黒いパンダが出てきたときにも、堂々と鉛筆を入れることができます。

校正もレファレンスサービスも「調べる」ことが大きな割合を占める仕事です。これらの仕事を続けてきて思うのは、曲がりなりにも専門家である自分たちが、かつてもいまも、とりたてて特別な道具を使っているわけではないということです。いまならわざわざ図書館まで足を運ばなくても、パソコンやスマートフォンがあれば『日本大百科全書』や『デジタル大辞泉』が利用できる無料ウェブ百科事典「コトバンク」にアクセスできます。Google の画像検索・動画検索機能を使えば写真や動画を見られますし、もっと詳しく書かれた記事や本を探したいと思ったと

ことは、これまで書いてきたようにそれほど難しくありません。でも、尻尾の黒いパンダを見たときに「パンダの尻尾の色は黒でよかった?」と思えなければ、そもそも調べることもできない。校正の技術として「調べる力」があるならば、さらに求められるのは「疑う力」であるともいえます。

（牟田都子『文にあたる』より）

（注）ゲラ……校正用に刷（す）った文章。
重版……同じ書物の版を重ねること。
ＮＤＣ……日本十進分類法。図書の分類方法。

問一　傍線部①「『パンダの尻尾は白いんですよ』～頭に浮かびました」とあるが、この時の筆者の心情はどのようなものか。その説明として最も適当なものを次の中から一つ選び、記号で答えよ。

ア　初めてパンダの尻尾が黒ではなく白であると知り、その事実に衝撃を受けるとともに自分が長く誤解してきたことを恥ずかしく思う気持ち。

イ　パンダの尻尾の色という、今まで注意することがなかった事柄に触れ、はやく資料やイラストでその真相を知りたいと落ち着かない気持ち。

ウ　自分が見てきた多くの書物の中で、尻尾が黒いパンダがあってもそれに疑問を持たず、校正をせずに出版してしまったものがあるのではないかと不安に思う気持ち。

エ　パンダの尻尾が白だと知ったため、自分がかつて校正した文章で誤った情報を流し、多くの人に誤解を与えてしまったのではないかと心配する気持ち。

オ　自分もパンダの尻尾の色など気にしてこなかったため、間違って尻尾の黒いパンダを描いてしまったイラストレーターに同情する気持ち。

問二　傍線部②「その場でスマートフォンから『コトバンク』を開いて

ウ　走りまわる　　エ　走りつかれる

（2）ア　聞いてみる　　イ　聞いてやる

ウ　聞いておく　　エ　聞いてあるく

（3）ア　取りあげる　　イ　取りかかる

ウ　取りしまる　　エ　取りつくろう

問三　次のア〜オの中で、表現上のまちがいがあるものを全て選び、記号で答えよ。

ア　私がこの本を読んだのは友達も読んで面白かったからです。

イ　なかには好きな野菜もあるけれど私はあまり野菜が嫌いだ。

ウ　新学期がはじまって私も何か新しい目標を立てようと思う。

エ　職員室にも行きましたが先生はいらっしゃいませんでした。

オ　あなたの声は遠くからでもまったく聞こえるくらい大きい。

問四　次の空欄A〜Cに入る、「き」と読む漢字を答えよ。

時（Ａ）はずれの桜

入学試験の時（Ｂ）

時（Ｃ）をうかがう

問五　次のア〜オの二組のことわざのうち、例のような**関係にないもの**を一つ選び、記号で答えよ。

（例）「善は急げ」と「急がば回れ」

ア「氏より育ち」と「血は水よりも濃し」

イ「喉元過ぎれば熱さを忘れる」と「盗人を捕らえて縄をなう」

ウ「二度あることは三度ある」と「柳の下のどじょう」

エ「三人寄れば文殊の知恵」と「船頭多くして船山に上る」

オ「果報は寝て待て」と「まかぬ種は生えぬ」

動物園」で飼育されているパンダの名前やプロフィール、Q&Aなど充実していますが、掲載されている写真のほとんどは正面、それも顔がアップになったもの。尻尾の色や形がはっきり写った写真がなかなか見つかりません。

UENO-PANDA.JPと同じく東京動物園協会による「東京ズーネットYouTubeチャンネル」には、パンダに限っても二百本以上の動画がアップロードされています。上野動物園で生まれた双子のパンダ、シャオシャオとレイレイの動画を遡（さかのぼ）って見ていくと、出産直後は丸裸でネズミのようですが、生後一ヵ月ほどで毛がはえそろい、動くぬいぐるみさながらになります。小さなお尻にひょろりと突き出した尻尾はたしかに白い。

これが仕事なら、もう少し説得力のある典拠が欲しいところです。動画から尻尾の写っているシーンをキャプチャしてもいいのですが、もっとはっきり「パンダの尻尾は白い」とｂダンゲンしている資料や写真はないだろうか。近所の図書館へ出かけてみることにしました。

図書館のレファレンスではまず参考資料室へ行き、百科事典や動物図鑑を引いてみるのが定石でしたが、今回は『日本大百科全書』や『世界大百科事典』はすでに調べているので、まっすぐ一般書の書架をめざします。多くの図書館では本はＮＤＣに従って分類されていますから、動物について調べるなら「４　自然科学」の書架で「動物学」の４８０〜４８９のラベルが貼られた本を見ればいい。さらにいえば『日本大百科全書』でパンダが「食肉目クマ科」であることがわかっていますから、「４８９　哺乳類」の中で「４８９・５　食肉目」「４８９・５７　クマ科」と細分類をたどっていけば、パンダについて書かれた本が見つかるはず。

しかし、４８０〜４８９をざっと眺めてみても、パンダについて書か

㊥ 令和四年度 久留米大学附設中学校入学試験問題

国語科 （60分）

注意 1 解答はすべて解答用紙に記入せよ。解答用紙だけを提出すること。
2 一～四の各問いで、字数を指定している場合は、句読点などを含んだ字数である。

一 設問と解答欄とは、解答用紙（全2の1）にある。

二 次の各問いに答えよ。

問一 次の①～③は、ひらがな四字で「●●える」という形になる言葉の説明文である。例にならって、それぞれふさわしい漢字一字を答えよ。

例 学問や技能を身につけるよう導く。【おしえる → 教】

① 神仏や貴人に差し上げる。「神棚に――」

② 声を立て節をつけて読む。「念仏を――」

③ 勢いが盛んで順調に進む。「一族が――」

問二 例にならって①～④の敬語を完成させるとき、それぞれの（　）を埋めるのにふさわしい言葉を次のア～クから一つずつ選び、記号で答えよ。

例 おっしゃる【言う・尊敬語】

① ご覧に（　　）【見る・尊敬語】

② ご覧に（　　）【見せる・謙譲語】

③ お目に（　　）【会う・謙譲語】

② 「虚実」という熟語は「々」を二つ加えて「虚々実々」という四字熟語を作れる。同じやり方で四字熟語を作れないものを次のア～キから二つ選び、記号で答えよ。

ア 奇怪　イ 苦楽　ウ 前進　エ 明白
オ 平凡　カ 子孫　キ 時刻

③ 原稿用紙に文章を書くときに、通常なら「人々」「国々」と書く熟語を特別に「人人」「国国」と書き、「々」の使用を禁じることがある。それはどういう場合か、左の説明文の（　）を十字以内で埋めて答えよ。

熟語の二文字目が、（　　　　）場合。

④ 「会社社長」「研究会会場」などの言葉を書くときには、「会社々長」「研究会々場」のように「々」を使うことをしない場合が多い。その理由を、左の説明文の（　）を十字以内で埋めて答えよ。

続けて用いる同じ漢字二文字が、（　　　　）から。

も同じような表現ですね。

人間の生活はそれぞれの言語文化圏によって、異なります。しかし、人間ですから、共通する面もあるわけです。同じようなことがらを表現するのに、どのような言語表現を使うかということは、その言語によって構築されている文化（あるいは文化の中で使われている言語）によって違う場合もあれば同じ場合もあります。⑤そこが人間の、そして言語のおもしろいところでしょう。同じような意味のことわざを、言語文化圏ごとに見比べてみるのもおもしろいと思います。

時間はお金と同じように貴重なものだから無駄にしてはいけないという意味の「時は金なり」ということわざがありますね。このことわざを知っていて、英語の「**Time is money.**」を知ると、「おお！　そっくり」と思いますが、なんのことはない、この英語を翻訳したものが「時は金なり」だったのです。

というように、発想が似ているのか、そうではなくて翻訳なのか、というところが大事なのですが、「一石二鳥」も「**Kill two birds with one stone.**」が翻訳されたものであることがわかっています。「一挙両得」も同じような意味ですが、こちらは六四八年頃に成立した、中国の『晋書』にすでに使われています。

（中略）

ラテン語には「一人娘に婿二人を得る」という表現があるとのことですが、これははたして「一石二鳥」と同じ意味なのか、と思ったりもします。ややこしくないでしょうか。オランダやハンガリーには、「一撃で蠅を二匹うつ」、イタリアには「一粒の豆で

出かけること。

イ　西欧人が他人とあいさつをする時に、相手と心を通わせるために握手をすること。

ウ　時間に追われている現代人が、食事時間を短縮するためにファーストフードをよく食べること。

エ　生まれてすぐの人間の赤ちゃんが、命を維持するために母乳を飲むこと。

オ　老年を迎えても健康で充実した人生を送りたいと考えて、ジョギングなどの運動をすること。

問二　傍線部②「この二つの異った行動様式は文化の違いを示している」とあるが、どういうことか。それを説明した次の文章の空欄ａ・ｂに入る語句をそれぞれ漢字一字で答えよ。

日本人が自分のことを言う場合に、人指ゆびで鼻の先をさすようなことをするのは、［ａ］が自分の存在を象徴すると考えているからである。このことは、日本では「［ａ］に泥を塗る」などの慣用表現が使われることからもわかる。一方、多くの西欧人が親指で胸のあたりを突くような動作をするのは、［ｂ］を自分の存在の本質ととらえているからだと考えられる。「**Get something off one's chest**（胸を開く、打ち明ける）」などの慣用表現からそのことがわかる。

問三　傍線部③「どの言語を、どのように話すようになるか」とあるが、それを説明した次の文の空欄ｃ～ｅに入る漢字二字の語句を、それぞれ文章Ⅰから抜き出して答えよ。

㊥

令和四年度　久留米大学附設中学校入学試験問題

国語科（60分）

注意　1　解答はすべて解答用紙に記入せよ。解答用紙だけを提出すること。
　　　2　[一]～[四]の各問いで、字数を指定している場合は、句読点などを含んだ字数である。

[一]　設問と解答欄とは、解答用紙（全2の1）にある。

[二]　次の各問いに答えよ。

問一　次の①～③は、ひらがな四字で「●●える」という形になる言葉の説明文である。例にならって、それぞれふさわしい漢字一字を答えよ。

例　学問や技能を身につけるよう導く。【おしえる → 教】

①　神仏や貴人に差し上げる。「神棚に――」

②　声を立て節をつけて読む。「念仏を――」

③　勢いが盛んで順調に進む。「一族が――」

問二　例にならって①～④の敬語を完成させるとき、それぞれの（　）を埋めるのにふさわしい言葉を次のア～クから一つずつ選び、記号で答えよ。

例　おっしゃる【言う・尊敬語】

①　ご覧に（　　）【見る・尊敬語】

②　ご覧に（　　）【見せる・謙譲語】

③　お目に（　　）【会う・謙譲語】

②　「虚実」という熟語は「々」を二つ加えて「虚々実々」という四字熟語を作れる。同じやり方で四字熟語を作れないものを次のア～キから二つ選び、記号で答えよ。

ア　奇怪　イ　苦楽　ウ　前進　エ　明白
オ　平凡　カ　子孫　キ　時刻

③　原稿用紙に文章を書くときに、通常なら「人々」「国々」と書く熟語を特別に「人人」「国国」と書き、「々」の使用を禁じることがある。それはどういう場合か、左の説明文の（　）を十字以内で埋めて答えよ。

熟語の二文字目が、（　　　　　）場合。

④　「会社社長」「研究会会場」などの言葉を書くときには、「会社々長」「研究会々場」のように「々」を使うことをしない場合が多い。その理由を、左の説明文の（　）を十字以内で埋めて答えよ。

続けて用いる同じ漢字二文字が、（　　　　　）から。

も同じような表現ですね。
人間の生活はそれぞれの言語文化圏によって、異なります。しかし、人間ですから、共通する面もあるわけです。同じようなことがらを表現するのに、どのような言語表現を使うかということは、その言語によって構築されている文化（あるいは文化の中で使われている言語）によって違う場合もあれば同じ場合もあります。⑤そこが人間の、そして言語のおもしろいところでしょう。同じような意味のことわざを、言語文化圏ごとに見比べてみるのもおもしろいと思います。

時間はお金と同じように貴重なものだから無駄にしてはいけないという意味の「時は金なり」ということわざがありますね。このことわざを知っていて、英語の「Time is money.」を知ると、「おお！　そっくり」と思いますが、なんのことはない、この英語を翻訳したものが「時は金なり」だったのです。
というように、発想が似ているのか、そうではなくて翻訳なのか、というところが大事なのですが、「一石二鳥」も「Kill two birds with one stone.」が翻訳されたものであることがわかっています。
「一挙両得」も同じような意味ですが、こちらは六四八年頃に成立した、中国の『晋書』にすでに使われています。

（中略）

ラテン語には「一人娘に婿二人を得る」という表現があるとのことですが、これははたして「一石二鳥」と同じ意味なのか、と思ったりもします。ややこしくないでしょうか。オランダやハンガリーには、「一撃で蝿を二匹うつ」、イタリアには「一粒の豆で

出かけること。
イ　西欧人が他人とあいさつをする時に、相手と心を通わせるために握手をすること。
ウ　時間に追われている現代人が、食事時間を短縮するためにファーストフードをよく食べること。
エ　生まれてすぐの人間の赤ちゃんが、命を維持するために母乳を飲むこと。
オ　老年を迎えても健康で充実した人生を送りたいと考えて、ジョギングなどの運動をすること。

問二　傍線部②「この二つの異った行動様式は文化の違いを示している」とあるが、どういうことか。それを説明した次の文章の空欄a・bに入る語句をそれぞれ漢字一字で答えよ。

日本人が自分のことを言う場合に、人指ゆびで鼻の先をさすようなことをするのは、［ a ］が自分の存在を象徴すると考えているからである。このことは、日本では「［ a ］に泥を塗る」などの慣用表現が使われることからもわかる。一方、多くの西欧人が親指で胸のあたりを突くような動作をするのは、［ b ］を自分の存在の本質ととらえているからだと考えられる。「Get something off one's chest（胸を開く、打ち明ける）」などの慣用表現からそのことがわかる。

問三　傍線部③「どの言語を、どのように話すようになるか」とあるが、それを説明した次の文の空欄c～eに入る漢字二字の語句を、それぞれ文章Ⅰから抜き出して答えよ。

その人が生活している言語文化圏における［c］を［d］することによって、その人がどの言語を、どのように話すようになるかが［e］的に決められる。

問四　傍線部④「このことわざは江戸時代にすでに使われていました」とあるが、ここで筆者が言いたかったことはどのようなことか。それを説明した次の文の空欄fに入る漢字二字の語句を文章Ⅰから抜き出して答えよ。

「寝耳に水」ということわざは、日本で江戸時代から［f］されてきたものであるということ。

問五　傍線部⑤「そこが人間の、そして言語のおもしろいところでしょう」とあるが、文章Ⅱの筆者は、どのようなところが「おもしろい」と言っているのか。「一石二鳥」と「青天の霹靂」を例にして説明した次の文の空欄g・hを埋めよ。

「一石二鳥」ということわざのように［g］こともあれば、「晴天の霹靂」ということわざのように［h］こともあるところ。

問六　文章Ⅰ・Ⅱの内容について間違った説明をしているものを次のア～キから二つ選び、記号で答えよ。

ア　ことわざは、それぞれの国や地域で古くから世間の人々に使われてきたものであるので、文化だと言える。

イ　ことばは、何を学習するかを自分の意志で決めて身に付けるものであるので、文化だと言える。

ウ　人間がお金や時間を大事にすることは、各人の実生活の中

の剃髪（ていはつ）らしく、

「なんとまあ、涼しげな頭におなりで。」

と、ようやく声を上げてから、ふと、宿泊カードに光林寺内とあったのを思い出した。

「それじゃ、こちらがお坊さんに……？」

「へえ、雲水になりますんで。明日から、ここの大本山に入門するんでやんす。」

母親は目をしばたたきながらそういった。

それで、②この親子にまつわる謎がいちどに解けた。大本山、というのは、ここからバスで半時間ほどの山中にある曹洞宗の名高い古刹（こさつ）で、毎年春先になると、そこへ入門を志す若い雲水たちが墨染めの衣（ころも）姿で集まってくる。この少年もそのひとりで、北のはずれから母親に付き添われてはるばる修行にきたのである。

それにしても、頭を丸めた少年は、前にも増してなにか痛々しいほど可憐（かれん）に見えた。さっき青々とした頭に気づいたとき、まるで雲水のような、とは思ったものの、本物の雲水になるための剃髪だとは思いも及ばなかったのは、そのせいだが、母親によると、得度さえ済ませていれば中学卒で入門が許されるという。

けれども、ここの大本山での修行は峻烈（しゅんれつ）を極めると聞いている。果たしてこの幼い少年に耐えられるだろうかと、他人事（ひとごと）ながらはらはらして、

「でも……お母さんとしてはなにかと御心配でしょうねえ。」

というと、

「なに、こう見えても芯の強い子ですからに、なんとか堪（こら）えてくれましょう。父親も見守ってくれてます。」

母親は[illegible]調で、息子にも、自分にも、言い聞かせる

「わかりました。お任せください。」
と引き下がって、女中に⑦とんかつの用意をいいつけた。
夕方六時きっかりに、衣姿の雲水が玄関に立った。びっくりした。わずか一年足らずの間に、顔からも軀（からだ）つきからも可憐さがすっかり消えて、見違えるような凛（りん）とした僧になっている。去年、人前では口を噤（つぐ）んだままだった彼は、思いがけなく練（ね）れた太い声で、
「おひさしぶりです。その節はお世話になりました。」
といった。それから、調理場から漂ってくる好物の匂いに気づいたらしく、ふと目を和ませて、こちらを見た。
「……よろしかったでしょうか。」
⑧彼は無言で合掌の礼をすると、右脚をすこし引きずるようにしながら、母親の待つ二階へゆっくり階段を昇っていった。

（三浦哲郎「とんかつ」『みちづれ』所収　新潮文庫刊）

問一　傍線部①「あまりの思いがけなさ」とあるが、「思いがけなさ」を感じたのはなぜか。その理由として適当なものを次のア～オから一つ選び、記号で答えよ。

ア　少年の頭が、外出前とは違ってあまりにも青々と剃り上げられていたから。
イ　頭を丸めて雲水の姿になるには、少年の姿は痛々しいほど可憐だったから。
ウ　親子が、約束通りの時間に、二人そろって旅館に帰ってくるとは思っていなかったから。
エ　少年が、何か大変なことをしてしまって、頭を丸めたのではないかと思ったから。

オ　自分では来るつもりはなかったが、不本意ながらここへ来たことを旅館の人に示すため。

問七　傍線部⑧「彼は無言で合掌の礼をする」とあるが、この動作には「彼」のどのような気持ちが表れているか。説明せよ。

問八　本文の内容、表現の特徴を説明したものとして適当なものを、次のア～カから二つ選び、記号で答えよ。

ア　遠くからはるばる訪れた親子連れの様子を、第三者の視点から客観的に描写している。
イ　親子のうち、母親の心情を直接的に描くことによって、息子のことを心配する母の思いがリアルに描かれている。
ウ　方言を含んだ登場人物の会話を取り入れることで、その土地に根ざした人々の暮らしぶりが浮かび上がるように描かれている。
エ　息子の細かな仕草や態度の描写から、その少年らしさと、時を経て成長している様子が示されている。
オ　旅館の女将と女中のコミカルなやりとりが、ともすれば悲劇的になりがちなストーリーに救いをもたらしている。
カ　「とんかつ」といった傍点や「……」のような記号を用いることで、登場人物の心情を暗示している。

出雲松平家の茶道に、岸玄知という坊主が居た。ある時松江の市街外れをぶらついていると、穢い百姓家の垣根に花を持った梅の樹が目についた。梅は大隈候のように老齢で、おまけにまた大隈候のように杖に凭りかかっていたが、玄知はその姿が気に入ったので、早速百姓に掛合ってみると、百姓は幾らか貪った値を切り出した。

玄知は家にかえって、これまで持ち慰んだ茶道具の幾つかを売払った。そして金子を懐中に、いそいそと百姓家を訪ねて往った。取引が無事に済むと、玄知は腰にした瓢をほどいて、花の下で酒を飲み出した。百姓が夕方外から帰ってみると、玄知は花の下で狗ころのように鼾をかきながら転寝をしていた。

それから幾日か経ったが、玄知は一向樹を持ち運ぼうともしないで、毎日のようにやって来るので、百姓は不思議でならなかった。

「旦那。一体あの梅の樹はどうしてくれるだね。」

「どうもしないよ。あのままさ。」玄知はけろりとした顔をしていた。

「だって、お前様、高い金出して、俺がの買取ったじゃねえか。」

「そうさ、買取るには買取ったが、うちは邸が狭いから、いままで通りお前の許に預けておくつもりだ。」

★教英出版注
音声は，解答集の書籍ＩＤ番号を教英出版ウェブサイトで入力して聴くことができます。

（注意）解答はすべて解答用紙に記入しなさい。解答用紙のみ提出しなさい。

(1) 円周率は **3.14** とします。

(2) **3** 辺の長さの比が **3：4：5** であるような三角形は、すべて直角三角形です。

(3) 角すいの体積は（底面積 × 高さ）÷ **3** として計算します。（高さとは、頂点から底面に引いた垂線の長さのこと）

(60分)

1　次の各問いに答えなさい。

(1)　次の□にあてはまる小数を答えなさい。

$$\frac{1}{50}-\frac{1}{1000}=\left(\square-0.06\div\frac{5}{2}\right)\times(4\times5-1)$$

(2)　1 が2枚、2 が2枚、3 が1枚、合計5枚のカードがあります。
この中から3枚とってならべてできる3けたの整数は全部で何種類ありますか。

(3)　4けたの整数の千の位の数をA，百の位の数をB，十の位の数をC，一の位の数をDとします。このとき、

$$2\times\mathrm{A}=10\times\mathrm{B}+\mathrm{C}\quad と\quad 2\times\mathrm{C}=3\times\mathrm{D}$$

が同時に成り立つ4けたの整数は全部で3つあります。この整数をすべて答えなさい。

(4)　右の図のような1辺が6cmの立方体ABCD－EFGHがあります。この立方体から三角すいC－BDGを切り落とし、さらに底面EFGHから高さ4cmの底面に平行な平面で切ったとき、Aをふくむ方の立体の体積は何cm^3ですか。分数で答えなさい。

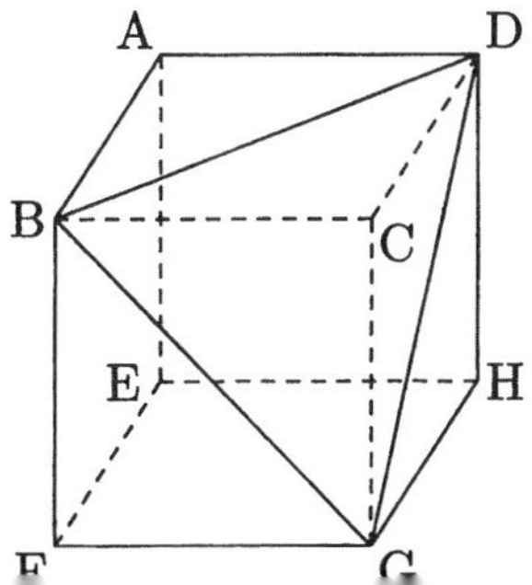

3　○と書かれたカードと×と書かれたカードが１枚ずつ箱に入っています。この箱からカードを１枚取り出し、○か×かを記録してカードを箱の中にもどすという操作をくり返します。ここで、すべての操作の回数に対する○のカードを取り出した回数の割合を「成功率」と呼ぶことにします。

「成功率」は小数第３位までの小数で表すこととし、それ以前の位までで割り切れたときは小数第３位まで０を書き、小数第４位以降も続くときは小数第４位を四捨五入することとします。たとえば、４回操作を行い、そのうち１回○のカードを取り出したときの「成功率」は0.250となり、３回操作を行い、そのうち２回○のカードを取り出したときの「成功率」は0.667となります。

(1)　７回操作を行い、そのうち２回○のカードを取り出したときの「成功率」はいくつになりますか。

(2)　何回か操作を行い、そのうち５回○のカードを取り出したときの「成功率」は0.417でした。このとき、操作を行った回数は何回ですか。

(3)　この操作を11回行ったときの「成功率」は0.364でした。このあとさらに９回操作を行うと、７回○のカードが取り出されました。最終的な「成功率」は0.364からいくら増えましたか。

(4)　この操作を30回行ったときの「成功率」は0.367でした。このあと、少なくとも何回連続で○のカードを取り出すと、「成功率」は0.600をこえますか。

令和４年度　久留米大学附設中学校入学試験問題

㊥ 算数　　　　全 3 枚中の 3

5　下の（図１）のような PQ = QR = 3 cm の直角二等辺三角形 PQR があり、２辺 PQ，QR 上を、２辺の長さが 1 cm，2 cm の長方形 ABCD が①から④の状態まですべることなく転がっていきます。また、BC の真ん中の点を E とします。

(1)　①から④の状態になるまでに E が動いた道のりを、解答用紙の図の中にかきなさい。

(2)　①から②の状態になるまでに AE が通ってできる図形の面積は何 cm^2 ですか。

(3)　②から③の状態になるまでに AE が通ってできる図形の面積は何 cm^2 ですか。

(4)　下の（図２）のように、③，④の長方形の頂点をそれぞれ T，S とします。次の（ア）、（イ）に答えなさい。

（ア）四角形 QRST の面積は何 cm^2 ですか。

（イ）③から④の状態になるまでに AE が通ってできる図形の面積は何 cm^2 ですか。

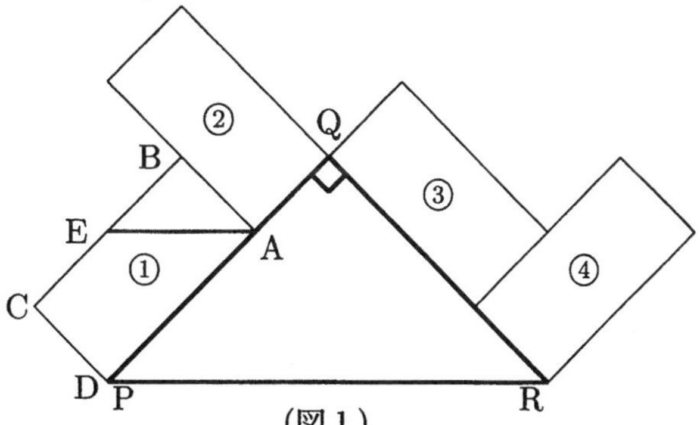

（図１）

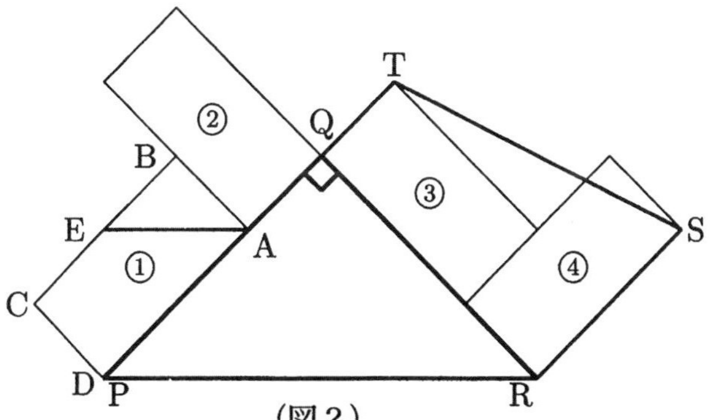

（図２）

[redacted]

令和４年度久留米大学附設中学校入学試験問題

㊥　理科　

（注意）　**解答はすべて解答用紙に記入しなさい。解答用紙のみ提出しなさい。**

(40分)

1　次の（１）～（８）のア～ウの各文に書かれている内容の正誤の組み合わせとして適当なものを次の①～⑧から１つずつ選び，番号で答えよ。ただし，同じ番号を何度選んでもよい。

	①	②	③	④	⑤	⑥	⑦	⑧
ア	正	正	正	正	誤	誤	誤	誤
イ	正	正	誤	誤	正	正	誤	誤
ウ	正	誤	正	誤	正	誤	正	誤

（１）ア　日本のいろいろな場所で同じ日に太陽の動き方を観察すると，どの場所でも太陽の高さは正午が最も高くなった。

イ　地面に垂直にぼうを立て，ぼうのかげの動きかたで太陽の動き方を観察すると，日本のどこでもぼうの影は東の方から南を通り西の方へと動いていった。

ウ　地面に垂直にぼうを立て，春分の日，夏至の日，冬至の日の８時と９時と10時にぼうの影の先に印をつけて，印と印の間の長さを比べてみると，１時間ごとの印と印の間の長さはどの日も同じくらいだった。

（２）ア　日本で，建物の北側で平面の鏡を真南に向けて固定し，太陽の光を鏡に反射させて建物の壁(かべ)に映った光の動き方と太陽の動き方との関係を調べたところ，鏡で反射した光は東の方から南を通り西の方へと動いていった。

イ　日本のいろいろな場所で春分の日に昼の長さと夜の長さを調べると，より東にある場所と，より西にある場所とでは昼の長さが大きく異なっていた。

ウ　ある日本中が晴れの日に，日本のいろいろな場所で一日の気温の変化を調べてみたところ，多くの場所で日の出直前の気温が最も低かった。

（３）ア　上弦(げん)の月の動き方と見え方を観察してみると，月が南中したときと，月がしずみかけているときとでは，水平線に対す

[redacted]

令和４年度久留米大学附設中学校入学試験問題

（注意）　**解答はすべて解答用紙に記入しなさい。解答用紙のみ提出しなさい。**

2　次の文を読み，文中の（　あ　）～（　た　）に適切な用語を記入し，｛　ア　｝～｛　ス　｝についてはかっこ内の適切な語句を１つずつ選び，記号で答えよ。ただし，文中に出てくる用語や，くり返し同じ用語が入る場合もある。また，小学校で学習する漢字が用いられている用語については正しい漢字を用いて記すこと。

メダカは東アジアから東南アジアにかけて 20 種類程度が生息していることが知られており，飼育しやすいことから金魚とならんで古くから日本人に親しまれてきた魚である。日本産のメダカはかつて「ニホンメダカ」の１種のみと考えられてきたが，2011 年に青森県から兵庫県の日本海側に生息する北日本集団を別種とする報告がなされ，２つの種を「キタノメダカ」と「ミナミメダカ」と呼ぶことが提案されて現在に至っている。

メダカはヒトと同じ（　あ　）動物である。よって，すべての（　あ　）動物に共通の特徴（とくちょう）である（　あ　）骨をもつ一方で，両生類，は虫類，ほ乳類がもっている（　い　）はもたない。メダカのからだは（　う　）でおおわれており，からだの形は流線型で，水の抵抗（ていこう）を受けにくくなっている。メダカには（　え　）と（　お　）が各１対，（　か　）と（　き　）と（　く　）が各１枚，計７枚のひれがあり，これらを動かして泳ぐ。

化石の研究からは，進化の過程において１対あるひれと１枚ずつしかないひれでは，｛ア：　A. １対あるひれ　B. １枚ずつしかないひれ｝の方が先に生じたと推定されており，後から生じたひれは，進化の過程で（　い　）の起源になったと考えられている。（　え　）は（　お　）よりもからだの前方に位置するため，進化の過程で，ほ乳類におけるウマの前あし，ヒトの（　け　），コ

令和４年度久留米大学附設中学校入学試験問題

（注意）　**解答はすべて解答用紙に記入しなさい。解答用紙のみ提出しなさい。**

3　次の文章を読み，以下の各問いに答えよ。

バーベキューに用いる木炭（炭）や料理に用いる小麦粉を空気中で燃やすと二酸化炭素が発生する。二酸化炭素が発生するのは，木炭（炭）や小麦粉に「炭素」という成分がふくまれているからである。また，（　A　）に塩酸を加えても二酸化炭素が発生するので，（　A　）にも炭素という成分がふくまれていることになる。

（　B　）などに用いられるドライアイスは，二酸化炭素の｛①：ア．固体，イ．液体，ウ．気体｝である。ドライアイスを（　C　）の中に入れると激しく気体が発生し，その後白くにごった。この変化は，息を（　C　）にふき込(こ)むことによっても起こるので，このことからもドライアイスが二酸化炭素からできていることが分かる。

ドライアイスを水に入れると白い煙(けむり)のようなものが発生した。しばらく放置したのち，この水溶(よう)液にBTB液を加えたところ，［　a　］になった。これは二酸化炭素が水に溶(と)け，水溶液が｛②：ア．酸性，イ．中性，ウ．アルカリ性｝になったためであり，この水溶液を(あ)<u>炭酸水</u>という。

ドライアイスに穴をあけて，そこに火のついたロウソクを入れたところ，火はすぐに消えた。これは，この穴には｛③：ア．固体，イ．液体，ウ．気体｝の二酸化炭素が充(じゅう)満していて，燃焼に必要な（　D　）がないためである。また，ドライアイスに穴をあけて，そこにマグネシウムという金属の粉末を入れて直接火をつけ，ドライアイスで蓋(ふた)をしたところ，マグネシウムは激しく燃え続けた。マグネシウムがドライアイス中で燃え続けたのは，マグネシウムがとても（　D　）と結びつきやすい物質で，（　D　）と（　E　）が結びついてできた二酸化炭素から（　D　）を奪(うば)ったためである。マグネシウムが燃えたあとを見てみると［　b　］の物質が残っていた。これは，二酸化炭素から（　D　）が奪われて残った（　E　）である。また，白色の物質も残っていた。これは(い)<u>マグネシウムが変化してできた物質</u>であると考えられる。

問１　文中の（　A　）に適するものを選び，記号で答えよ。

令和４年度久留米大学附設中学校入学試験問題

（注意）　**解答はすべて解答用紙に記入しなさい。解答用紙のみ提出しなさい。**

４　次の太郎くんと博士の二人の会話文を読み，以下の各問いに答えよ。ただし，上皿てんびんは支点の位置以外はすべて正常に動くものとし，ここに出てくるみかん，りんごはそれぞれすべて同じ重さとする。また，重さ，力の単位を［g］とし，みかん，りんご以外の重さは無視できるものとする。

太郎「博士。ここの上皿てんびんを使ってもいいですか？」
博士「その上皿てんびんはこわれているから使い物にならないよ」
太郎「どこがこわれているんですか？」
博士「支点を支える部品がこわれてしまって，支点が２枚の皿の中心からずれたところで固定されてしまったんだ」
太郎「じゃあ両方に同じ重さのものを乗せてもつりあわないんですか？」
博士「実際に見せてみようか。同じ重さのみかんを両方の皿に乗せても，図１のように右側が下がってしまうんだ」
太郎「本当だ。博士，他にもいろいろなものを乗せてもいいですか？」
博士「そこにたくさん果物があるから，それを乗せてごらん」
太郎「あ，左側のみかんをりんごにかえると図２のようにつりあいました！」
博士「よく見つけたね。他につりあうものはあるかな？」
太郎「左側にみかんを４個，右側にりんごを１個乗せると図３のようにつりあいます！」
博士「みかんの重さが１個あたり 100 g だったら，りんごの重さは何 g になるかわかるかな？」
太郎「えーと…りんごの重さは［　あ　］g で，左側の皿から支点までの距離と，右側の皿から支点までの距離の比は［　い　］：［　う　］になるんじゃないですか？」
博士「その通り！」

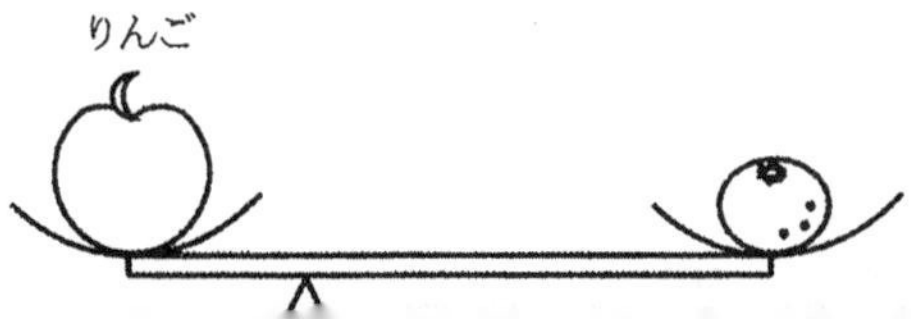

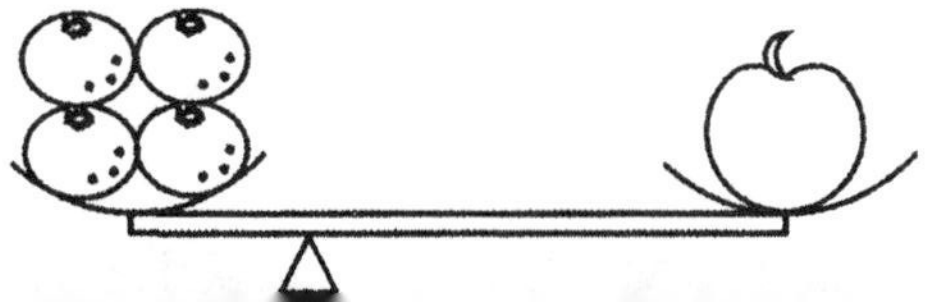

令和４年度　　久留米大学附設中学校　　入学試験問題

（注意）　解答はすべて解答用紙に記入しなさい。解答用紙のみ提出しなさい。

（40分）

1　次の表１は日本を流れる主な河川についてまとめたものであり，河川Ａ～Ｈは河口の緯度が高い順に並んでいる。下の各問いに答えなさい。なお，表の「長さ」は本流のみ，「流域」には支流や分流など，すべての水系が含まれる。

表１

河川	長さ（km）	流域面積（km²）	流域内人口（万人）	流域の都道府県数	流域の産業・生活文化など
A	156	9010	33	1	流域の平野は日本有数の畑作・酪農地帯である
B	229	7040	94	1	流域の盆地などで果樹栽培がさかんである
C	249	10150	131	2	下流の平野には ａ<u>この地方の人口最大都市</u>がある
D	322	16840	1309	7	河口付近では ｂ<u>２県の県境</u>となり，河口には大きな漁港がある
E	138	1240	407	3	1960年代に流域の丘陵地を開いて国内最大規模の（　ｃ　）が建設された
F	229	9100	193	5	河口付近には ｄ<u>水害</u>を防ぐための伝統的な集落がみられる
G	124	1560	9	2	流域で採れるコウゾやミツマタを原料に（　ｅ　）の生産がみられる
H	107	2230	60	3	下流には海岸平野が広がり，特に野菜の栽培がさかんである

（『河川データブック2021』より作成）

（注意）　**解答はすべて解答用紙に記入しなさい。解答用紙のみ提出しなさい。**

ウ．大河川に支流が合流する地点には，大規模な水門が設置されていることが多い。大河川の本流へ流れ込む水を減らすために水門を閉めることで支流があふれることがあり，これを内水氾濫という。

エ．流れが急な河川では上流から流れてくる土砂が多い。そのため定期的に川底の浚渫（しゅんせつ）作業が必要であるが，この作業は上流にダムが建設されると中下流域ではさほど必要がなくなる。

②この河川の下流域は自動車工業が発達している。近年，地球温暖化の要因となる二酸化炭素の排出（はいしゅつ）を抑（おさ）えるために，さまざまなエコカーが開発されている。日本の自動車メーカーが生き残りをかけて開発を進めているものをア～エから１つ選び，記号で答えよ。また，その理由を述べた次の文中の空らん［　Z　］に当てはまる語を，カタカナで答えよ。

ア．プラグインハイブリッドカー（ＰＨＶ）　　イ．燃料電池自動車　　ウ．水素自動車　　エ．電気自動車（ＥＶ）

【理由】ガソリンを全く使わず，さらにこれまで培（つちか）ってきた［　Z　］の技術を生かすことができるため。

③日本の多くの自動車メーカーでは，組み立てに必要な部品を必要なだけ指定の時刻までに関連工場から届けてもらうというしくみを採用している。このしくみにより，メーカーは無駄な在庫をもたず，効率的な生産が可能になる一方で，大きな弱点もあわせもつ。この弱点について，25字以上35字以内で説明せよ。

（７）河川Ｇについて，表中の空らん（　e　）に当てはまる語を答えよ。

（８）河川Ｈに関連して，次の表２は主な野菜の生産統計を都道府県別に示したものである。河川Ｈの河口が位置する都道府県に当てはまるものをア～エから１つ選び，記号で答えよ。なお，河川Ｈの河口が位置する都道府県以外の３つは，愛知県・高知県・熊本県のいずれかである。

表２　　　　　　　　　　　　単位：トン

[redacted]

（注意）　解答はすべて解答用紙に記入しなさい。解答用紙のみ提出しなさい。

（3）教育・文化の広がりについて述べた文として正しいものをア～エから１つ選び，記号で答えよ。なお，すべて誤っている場合はオと答えよ。

ア．奈良時代には，鑑真のような僧たちが命がけで中国へわたり，進んだ政治制度や文化を日本に持ち帰った。

イ．江戸時代後半には，寺子屋だけでなく私塾も開かれて，蘭学(らんがく)など新しい知識を広めるための教育活動が行われた。

ウ．第２次世界大戦中は，敵国であるアメリカの社会や考え方を書いた記述は不適切であるとして，すみでぬりつぶした教科書が使われた。

エ．戦後まもなくして，アイヌ民族を先住民族とする国会決議が可決され，アイヌ文化を守る新しい法律が制定された。

（4）戦争とその背景および結果について述べた文として正しいものをア～エから１つ選び，記号で答えよ。

ア．「蒙古襲来絵詞」には，竹崎季長が元軍と戦う様子だけでなく，その後，ほうびとして朝廷から土地をもらうまでの事情がえがかれている。

イ．16世紀の末頃，豊臣秀吉は東南アジアや中国の産品を手に入れるために琉球王国を征服し，琉球の国王がかわったときなどは使節を派遣(はけん)するよう求めた。

ウ．昭和の初めごろ，恐慌が重なって都市では失業者が増えて生活に行きづまる人々が多くなった。満州事変が起こると，軍人たちは満州を手に入れれば国民の生活はよくなる，という考え方を広めるようになった。

エ．太平洋戦争が始まると，それまで中国と戦争していた日本は，石炭などの燃料(ねんりょう)資源を得るため東南アジアへも軍隊を進めた。

（5）戦争や天災への対応について述べた文として正しいものをア～エから１つ選び，記号で答えよ。なお，すべて誤ってい

令和４年度　　久留米大学附設中学校　　入学試験問題

（注意）　解答はすべて解答用紙に記入しなさい。解答用紙のみ提出しなさい。

日中交流史新聞

発行　さくら・れん・あ

中国とつながりをつくろう！

中国から仏教や学問などを学ぶために、七世紀初めに使者が送られた。使者は、「日がのぼる国の天子が、国書を日が沈む国の天子に届けます」と書かれた手紙を皇帝に差し出した。すると、中国の考え方では「天子」は世界に一人だけしか存在しないので、皇帝は不機嫌になってしまった。・・・①

支配者は時をも支配する?!

中国では、皇帝が時間を管理していた。それが日本にも伝わり、六七一年にはじめて［W］天皇が［X］を使って民に時間を知らせた。その日が現在の六月一〇日なので、この日は「時の記念日」になっている。

芸術も中国から

中国からすみ絵（水墨画）が伝わった。雪舟は、京都のお寺ですみ絵を学んだ。その後、中国にわたって本格的に学び、彼の絵の才能は中国でも認められた。帰国した雪舟は、自分の考えを加えて、新しい画風を作ろうとした。・・・②

国を治めるシステム導入

日本には、中国から学んでつく
た制度もある。中国で五世紀には
った均田制は日本でも導入された
籍をつくり、それにもとづいて国
地を分けあたえる制度が定められ

八世紀初めには、国を治めるた
法律（律令）もできあがり、人々は
を納めるとともに、役所やお寺を
たり、都や九州を守る兵士の役を
たりしなければならなくなった。

都には日本各地から多くの産物
ばれ、天皇を中心とする国づくり
えた。運ばれたものを記録し、管
るために［Y］が使われた。

日本から中国へ

宋代の中国で、火薬が実用化され
しかし、当時の中国では火薬の原
なる［Z］はとれなかった。一方
本では左の地図中にあるように、
にその産地があるので、輸出品と
た。てつはうを使用していたモン
が日本を侵攻した目的の一つも［ ］
を手に入れることだったようだ。

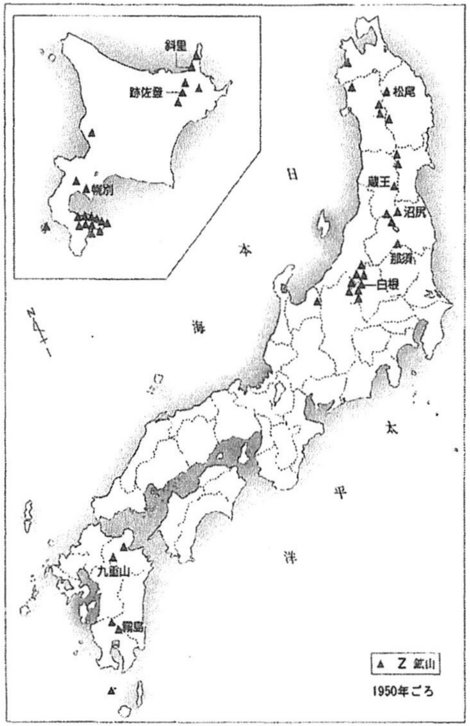

令和４年度　　久留米大学附設中学校　　入学試験問題

（注意）　解答はすべて解答用紙に記入しなさい。解答用紙のみ提出しなさい。

４　地方自治や国政に関する下の各問いに答えなさい。

（１）次の表Ａ・Ｂは，久留米市と福岡県の2021年度当初予算で金額が上位のものを取り出したものである。これについて次の問いに答えよ。

A　（単位：億円）

歳入		歳出	
税収	8378	商工費	3786
（　X　）	3349	教育費	3185
地方交付税の交付金	2802	保健費	2868
国庫支出金	2631	（　X　）費	2296

B　（単位：百万円）

歳入		歳出	
税収	61911	民生費	62802
国庫支出金	29075	総務費	14278
地方交付税の交付金	20179	（　X　）費	13446
（　X　）	12052	教育費	12682

どちらも自治体のホームページより作成

①表から読み取れることとして正しいものをア～エから１つ選び，記号で答えよ。

ア．Ａは久留米市の予算で，国から自治体に移されたり，国から支出されたりするお金が上位に入っている。

イ．Ａは福岡県の予算で，住民や会社が直接県に納める税金は県の収入全体の５割を超えている。

ウ．Ｂは久留米市の予算で，福祉のために使うお金が最も大きな額になっている。

エ．Ｂは福岡県の予算で，教育に支出されるお金が上位に入っている。

②表の（　X　）には同じ語が入る。これは自治体が事業を行うとき不足する収入を補う目的で，国と同様に個人や企業からお金を借りるために発行するものである。（　X　）に当てはまる語を漢字２字で答えよ。

（２）都道府県知事の選挙で，選挙権と被選挙権の年齢の組合せとして正しいものをア～エから１つ選び，記号で答えよ。

ア．選挙権18才以上，被選挙権25才以上　　イ．選挙権18才以上，被選挙権30才以上

㊥ 中学　国語　解答用紙　

＊印の欄には記入しないこと。

受験番号

一　これから読まれる文章をよく聞いて、後の問いに答えなさい。なお、読まれるのは一回だけなので、解答欄の余白にメモを取りながら聞きなさい。

問一　「玄知」は梅の木を買うお金をどのようにして用意したか。

問二　「玄知」はなぜ、買った梅の木を持ち運ぼうとしなかったのか。

問三　「百姓」はなぜ、「玄知」にお金を返そうと思ったのか。

問四　「百姓」がお金を返そうとするのを、「玄知」はなぜとめたのか。

（注）茶道（さどう）＝茶の湯をつかさどる役職。
大隈侯（おおくまこう）＝大隈重信。明治時代の政治家。
貪った（ぼった）＝金額を不当に高くした。
持ち慰んだ（もちなぐさんだ）＝愛用していた。
金子（きんす）＝お金。
懐中（かいちゅう）＝着物のふところの中。

四

問六

h

問一

問二

問三

③

⑦

問四

問五

問六

問七

問八

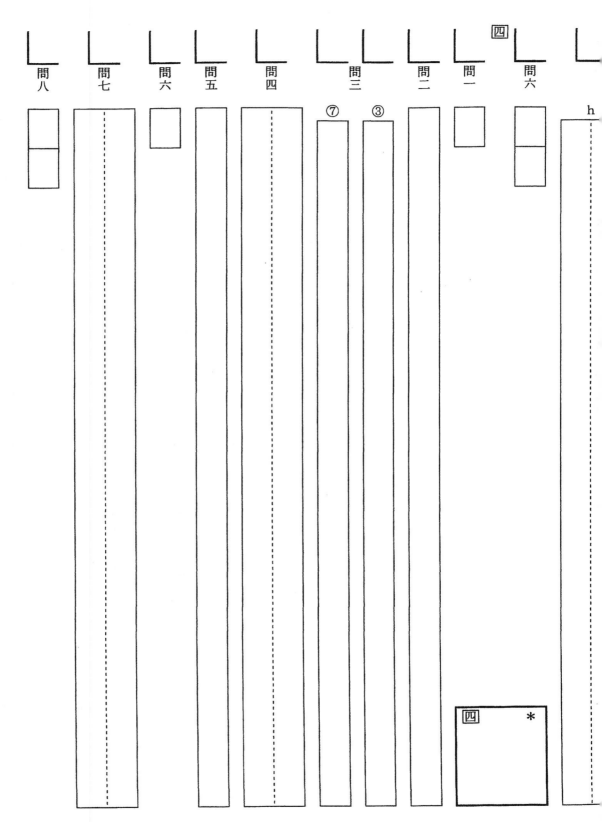

四 ＊

令和４年度　久留米大学附設中学校入学試験　解答用紙

㊥ 算数

受験番号	

※150点満点
（配点非公表）

1

(1)			(2)	種類	
(3)					
(4)	cm^3		(5)	度	

2

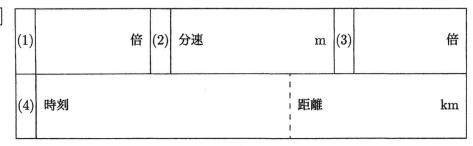

(1)	倍	(2)	分速　m	(3)	倍
(4)	時刻		距離　km		

令和４年度久留米大学附設中学校入学試験解答用紙

㊥　理科

受験番号	

1

1		2		3		4	
5		6		7		8	

※100点満点
（配点非公表）

2

あ		い		う		え	
お		か		き		く	
け		こ		さ		し	
す		せ		そ		た	

ア		イ		ウ		エ		オ		カ		キ	
ク		ケ		コ		サ		シ		ス			

令和４年度　久留米大学附設中学校　入学試験問題

解　答　用　紙

受験番号	

中学社会

（注意）　解答はすべて解答用紙に記入しなさい。解答用紙のみ提出しなさい。

（この欄には記入しない）

*

※100点満点
（配点非公表）

1

（１）		（２）	（３）
X	Y		
			市

（４）		
①		②
県	県	

（５）	（６）		
	①	②記号	Z

（６）③

(7)	(8)	(9)

2

(1)	(2)	(3)	(4)	(5)	(6)	(7)	
						学問	人物

3

(1)		(2)	(3)	(4)	(5)	(6)
王朝名	道筋					

4

(1)		(2)	(3)	(4)	(5)	(6)
①	②					

3	問 1		問 2		問 3	C		D		E		
	問 4	①		②		③		問 5	a		b	
	問 6		問 7		問 8	(1)	倍	(2)	℃			

4	問 1	あ	g	い		う		
	問 2	支点 a	力点	作用点	支点 b	力点	作用点	
	問 3	g	問 6					
	問 4	g						
	問 5	g						
	問 7	倍						

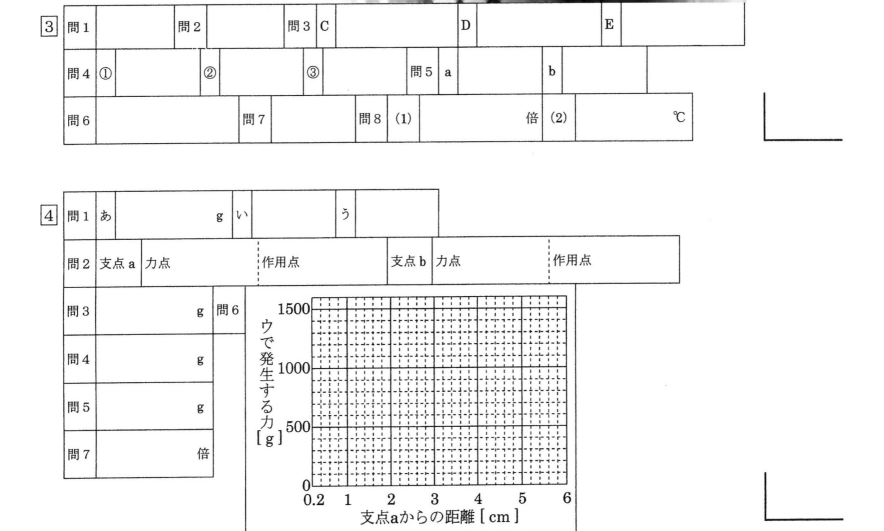

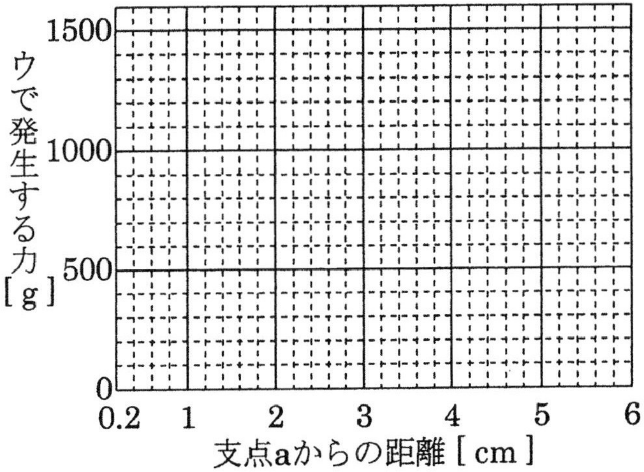

(1)		(2)	回	(3)		(4)	回

4

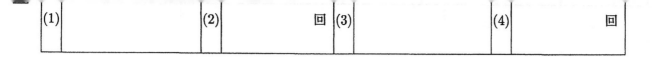

(1)	cm^2	(2)	cm^2	(3)	cm^3

5

(1)

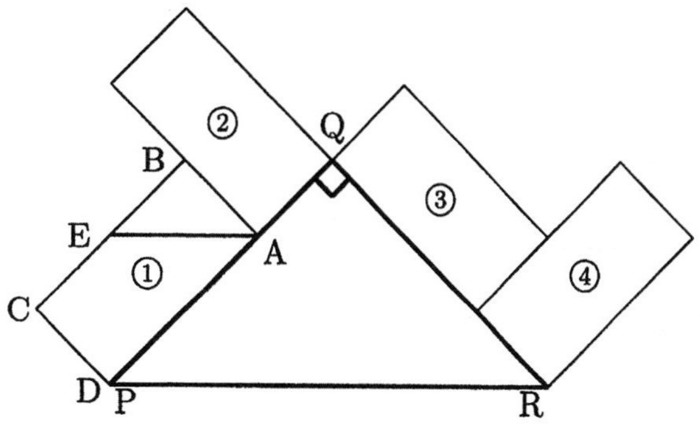

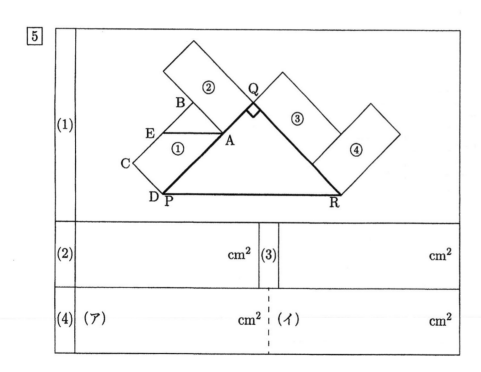

(2)	cm^2	(3)	cm^2
(4)	(ア) cm^2		(イ) cm^2

㊥ 中学 国語 解答用紙 全2の2

＊印の欄には記入しないこと。

受験番号

一 解答は解答用紙（全2の1）に書け。

二

問一 ① ② ③

問二 ① ② ③ ④

問三 ① ② ③ ④

問四 ① ア 々 イ 々 ウ 々 ② ③ ④

三

問一 (1) (2)

問二 a b

問三 c d e

問四

g

一 ＊

二～四 ＊

＊

二 ＊

三 ＊

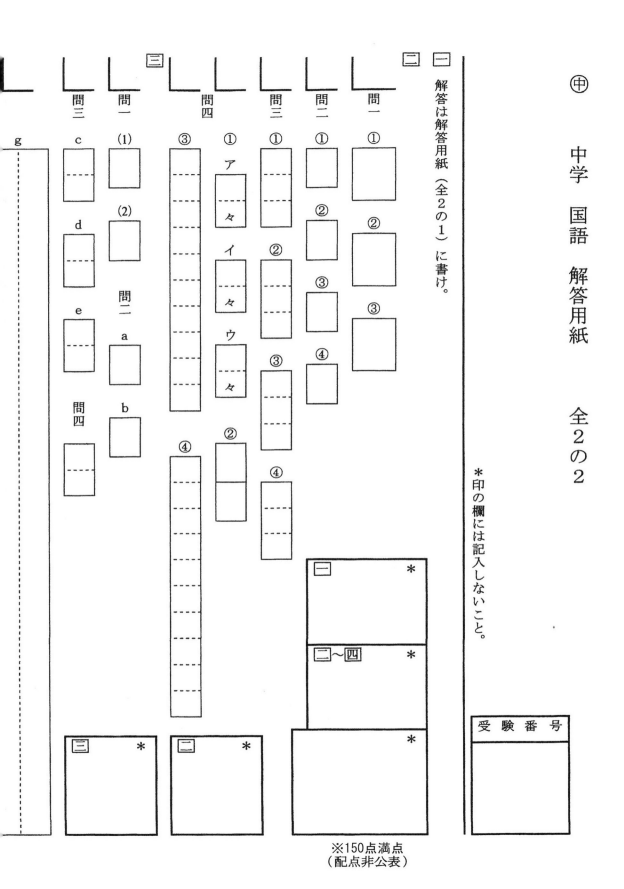

※150点満点
（配点非公表）

問一

問二

問三

問四

胡散（うさん）＝あやしい　不審な様子

*

*

ア．災害対策の条例を制定する。　　イ．災害対策の予算案をつくる。

ウ．災害からの復興の仕方をめぐって市町村長を選ぶ。　　エ．災害復興を進める法律を制定する。

(4)国会・内閣・裁判所は国の重要な役割を分担しており，これを三権分立という。三権分立は国のそれぞれの機関が権力をみだりに使わないようにすることを目的としている。国会が内閣に対して持っている権限として誤っているものをア～エから１つ選び，記号で答えよ。

ア．内閣総理大臣を指名する。　　イ．内閣を信任しないことを決議する。

ウ．内閣が外国と結んだ条約を承認する。　　エ．内閣が行うことが憲法に違反していないかを審査する。

(5)次の文は裁判員制度について述べたものである。説明が誤っているものを波線部ａ～ｄから１つ選び，記号で答えよ。

裁判員制度は2009年に法律が施行されて始まった。この制度は現在のところ，ａ選挙人名簿に記載されている成年が裁判員としてｂすべての裁判に参加し，ｃ裁判官と話し合ってｄ罪の有無と刑罰の重さについての判決を出すものである。

(6)国民や地域住民が政治にかかわるうえで，情報社会になったことは大きなメリットを生み出している。しかし情報の取り扱いには慎重であるべき面もある。このことについて述べたものとして最も適当なものを，ア～エから１つ選び，記号で答えよ。

ア．政党や候補者が選挙運動でインターネットを使って主張を発信することはできない。インターネットを使うことができるようになれば，政治に無関心な人が選挙に関心を持つ可能性がある。

イ．他の人が書いた文章・撮った写真やビデオ・絵などを，手軽に見ることができるようになってきた。それらを自由に使って別の作品や文章をつくることが法律上可能になったので，新たに発信することができる。

ウ．マイナンバー制度は給付金などを不正に受け取ることを防止し，また面倒な行政手続きを簡単に，無駄なく正確に行うためにつくられた。制度が普及すれば公平・公正で便利な社会になっていくと考えられる。

エ．インターネット上で悪意のある書き込みをした者を早く特定できるように法律が改正された。そのため事実とちがうことや悪口を書き込む者に厳しい罰を与えることができるようになった。

(1)①の記事に書かれている使者が訪れた中国の王朝名を答えよ。また，彼らがたどった道筋（みちすじ）を右の地図中ア～ウから１つ選び，記号で答えよ。

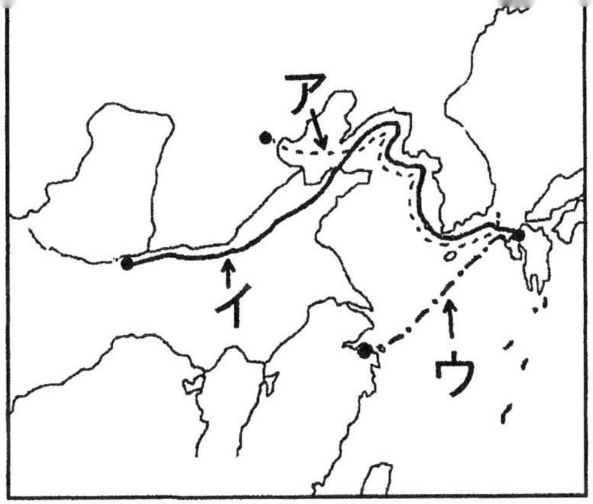

(2)空欄 W と X に当てはまる語の組合せとして正しいものをア～エから１つ選び，記号で答えよ。

ア．W－推古　X－日時計　イ．W－推古　X－水時計

ウ．W－天智　X－日時計　エ．W－天智　X－水時計

(3)②の記事で紹介されている雪舟が活躍した時代に存在しなかったものをア～カからすべて選び,記号で答えよ。

ア．『源氏物語』　イ．厳島神社　ウ．南蛮屏風

エ．金閣　オ．「富嶽三十六景」　カ．有田焼

(4)傍線部③に関連した次の３人のコメントのうち，正しいコメントを述べている児童の組合せとして正しいものを，下のア～クから１つ選び，記号で答えよ。

さくら：８世紀には，稲の収穫の半分を納めるだけでなく，織物や地方の特産品を納めたり，年間10日都で働くことも税とされていたのね。

れ　ん：織田信長は，安土の城下町で楽市・楽座を行って市場の税や関所をなくし，商業や工業をさかんにしたよね。

あやめ：昨日，ペンを買うのに税込みで110円を払ったの。でも，前の東京オリンピックの年に生まれた祖母が子どもの頃は税込みで103円で良かったそうよ。

ア．全員誤っている　イ．さくら　ウ．れん　エ．あやめ

オ．さくら・れん　カ．さくら・あやめ　キ．れん・あやめ　ク．さくら・れん・あやめ

(5)空欄 Y に当てはまる語を答えよ。

(6)空欄 Z に当てはまる語をア～エから１つ選び，記号で答えよ。

ア．スズ　イ．亜鉛　ウ．石炭　エ．いおう

防衛にあたらせた。

イ．奈良時代に伝染病や飢饉が広がって末法思想がめばえると，聖武天皇は仏教の力を借りて人々の不安をしずめようとして全国に国分寺を置き，東大寺に大仏をつくった。

ウ．江戸時代の後半に大きな飢饉が何度も起こると，物価も上がって，都市の人々による打ちこわしが各地で起こるようになった。

エ．東京大空襲をきっかけに，新たな避難場所として使うために小学校の鉄筋コンクリート化が進められ，また学校に隣接する公園が多くつくられた。

（6）諸外国との交流について述べた文として正しいものをア～エから１つ選び，記号で答えよ。なお，すべて誤っている場合はオと答えよ。

ア．織田信長がキリスト教を保護したことで，堺の港町はオランダやポルトガルからきた宣教師や商人であふれた。

イ．鎖国後の江戸時代には，長崎の各地に居留地がつくられて，一部の外国人商人と役人だけが出入りを許された。

ウ．明治期に来日したアメリカ人フェノロサは，西洋美術の発展に取り組んで，東京美術学校の設立に力をつくした。

エ．2002年に日韓共催によるアジア初のサッカーワールドカップが開かれ，同年には北朝鮮との首脳会談も実現して拉致被害者の一部が帰国した。

（7）仏教や儒教が中国から伝わる以前の日本人が持っていた考え方を研究する学問を何というか。また，伊勢松阪の医者で，この学問を江戸時代に大成した人物は誰か，答えよ。

3 さくらさんとれんさん，あやめさんが日本と中国のつながりについての調べ学習を行った。３人がまとめた次の資料を読み，下の各問いに答えなさい。

[illegible]	[illegible]	[illegible]	[illegible]	[illegible]
ウ	35300	133400	13700	44600
エ	40800	7000	24600	…

（『日本国勢図会2021/22』より作成）

（9）表１について，「流域の都道府県数」に含まれる都県のうち，A～Hの２つ以上の河川が流れているものがある。その都県として正しいものをア～オから１つ選び，記号で答えよ。

ア．青森県　　イ．秋田県　　ウ．東京都　　エ．神奈川県　　オ．山梨県

2　次の（１）～（７）は，日本の歴史についてテーマ別に述べたものである。下の各問いに答えなさい。

（１）文字の歴史について述べた文として正しいものをア～エから１つ選び，記号で答えよ。

ア．弥生時代後半の遺跡からは，漢字が刻(きざ)まれた銅鐸(どうたく)や鏡などが多数見つかっている。

イ．埼玉県の稲荷山古墳から出土した鉄剣には，日本で最も古い万葉がな の使用例をみることができる。

ウ．平安時代，宮中の女性の間で かな文字がはやると，朝廷に仕える貴族たちも平仮名(ひらがな)で公文書を記すようになった。

エ．江戸時代中頃に洋書の輸入が進むと，杉田玄白らはオランダ語の辞書を使って「解体新書」を書き上げた。

（２）憲法や法律の整備について述べた文として正しいものをア～エから１つ選び，記号で答えよ。なお，すべて誤っている場合はオと答えよ。

ア．聖徳太子は十七条憲法のなかで，家がらではなく能力に応じて豪族を役人に取り立てるしくみを示した。

イ．北条氏が幕府の政治を進めるようになると，鎌倉幕府の力は朝廷をもしのぐようになり，律令制度も新たに整えるようになった。

ウ．３代将軍の徳川家光は大名を統制するため，参勤交代の制度を定めて大名の父母を人質として江戸に住まわせた。

エ．大日本帝国憲法では国民の権利も法律の範囲内で認められており，25才以上の男性には等しく選挙権が与えられた。

を損なわないような工夫がなされている。こうした取り組みにより，河川Aが流れる都道府県は各種の農作物の生産統計において上位となっているが，特に工芸作物である［ Y ］の生産は全国唯一となっている。」

（2）河川Bについて，この河川が流れる都道府県で主に栽培されている果実の組合せとして誤っているものを，ア～エから１つ選び，記号で答えよ。

ア．西洋なし・りんご　　イ．メロン・おうとう　　ウ．ぶどう・りんご　　エ．みかん・おうとう

（3）河川Cについて，表中の下線部aの都市名を答えよ。

（4）河川Dについて，①・②の問いに答えよ。

①表中の下線部bの県名を２つとも答えよ。

②次のⅠ～Ⅲの文は，河川Dの河口に位置する漁港について述べたものである。Ⅰ～Ⅲの正誤の組合せとして正しいものを右のア～クから１つ選び，記号で答えよ。

Ⅰ．水揚量では国内最大の漁港である。

Ⅱ．水揚げされる魚種は，いわし・さけ が中心である。

Ⅲ．国内各地の漁船を受け入れる漁業基地である。

	ア	イ	ウ	エ	オ	カ	キ	ク
Ⅰ	正	正	正	正	誤	誤	誤	誤
Ⅱ	正	正	誤	誤	正	正	誤	誤
Ⅲ	正	誤	正	誤	正	誤	正	誤

（5）河川Eについて，表中の空らん（　c　）に当てはまる語をカタカナで答えよ。

（6）河川Fに関連して，①～③の問いに答えよ。

①表中の下線部dについて，近年，台風や梅雨末期などの集中豪雨の際，河川が氾濫（はんらん）して広範囲に浸水被害が出ることがある。河川の氾濫とその対策などについて述べた文として誤っているものをア～エから１つ選び，記号で答えよ。

ア．氾濫すると大きな被害が出る大河川では，堤防の内側に河川敷を整備することで河川の幅を広げたり，流れ込む支流に排水機場を設けたりして氾濫を防ぐ対策をとっている。

イ．堤防は，高くすればするほど氾濫を防ぐ機能も高くなるが，景観や予算の関係上，無限に高くすることはできない。そのため，一部の河川では堤防に隙間（すきま）をつくることで決壊を防ぐという工夫がなされている。

博士「そうだね。てこの原理を利用しているものは身の回りにもたくさんあるんだ。たとえばはさみやつめ切りもそうだ」
太郎「つめ切り（写真）って複雑な形ですよね」
博士「ちょっとわかりやすくするために図4で説明しよう。つめ切りには支点が2つあって，図4の●がそれぞれ支点になっている。それぞれを支点a，支点bとしよう。また▨の部分は自由に動くことができ，支点aにつながる部分をA，支点bにつながる部分をBとすると，アに力を加えるとイがBに当たり，Bをおし下げて，ウの部分でつめを切ることができるんだ」
太郎「支点が2つあるの！？ということは力点や作用点も2つあるんですか？」
博士「そうだね。どこにあるかわかるかな？」

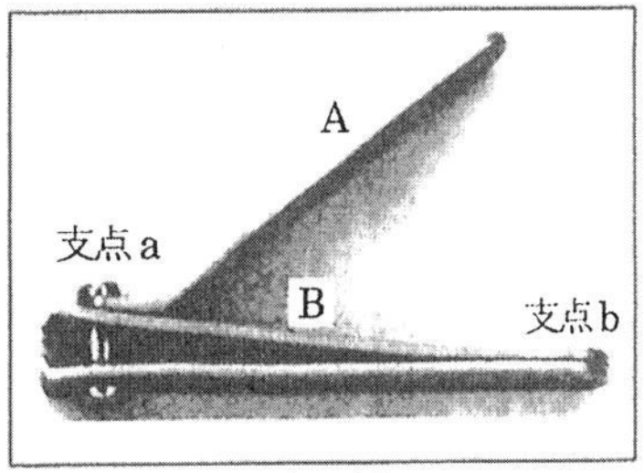

(写真)

問1　空らんの あ ～ う にあてはまる数値を答えよ。ただし い ， う にあてはまる数は最も簡単な整数比となるように答えよ。

問2　図4において支点a，支点bに対する力点，作用点を示す部分を図4のア～ウの中から1つずつ選び，記号で答えよ。ただし，イはBとふれている場合を考え，また，同じ記号を何度選んでもよい。

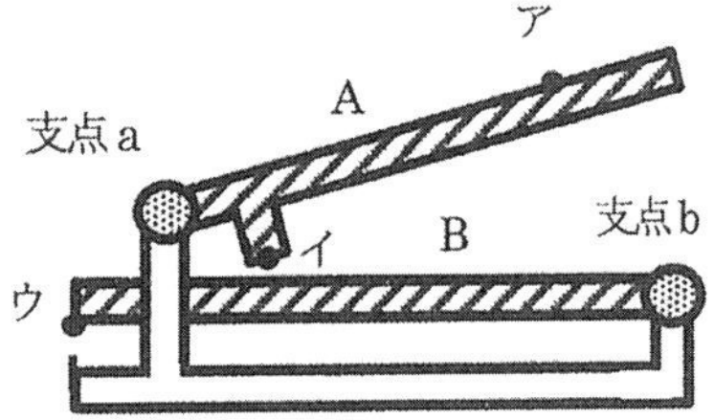

図4

図4の各点の位置が図5で示すものだった。ここからはイとBがふれて，AとBが平行になった場合を考える。また，Aの端（はし）Xは支点bの真上にある。

問3　アに120 gの力が加わったとき，イはBを何gの力でおすか答えよ。

問4　イがBを120 gの力でおしたとき，ウでは何gの力が発生するか答えよ。

問5　ウで120 gの力が発生したとき，アに加えられた力は何gか答えよ。

問6　アの位置を支点aと図5のX間でいろいろと変化させたとき，ウで発生する力はどのように変化するか，縦軸（じく）にウで発生する力の大きさ［g］を，横軸に支点aからアまでの距離［cm］をとり，グラフで表せ。ただし，アに加えた力は常に125 gとする。

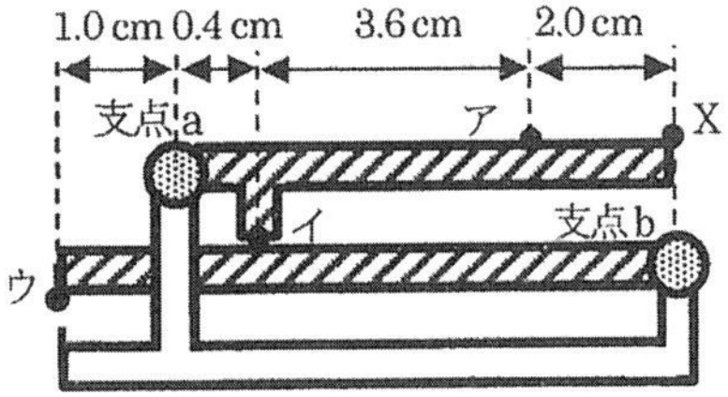

図5

問7　図6はAの部分をひっくり返したときのようすである。図5のアと図6のアに同じ大きさの力を加えたとき，図6のウで発生する力は図5のウで発生する力の何倍になるか，最も簡単な分数で答えよ。

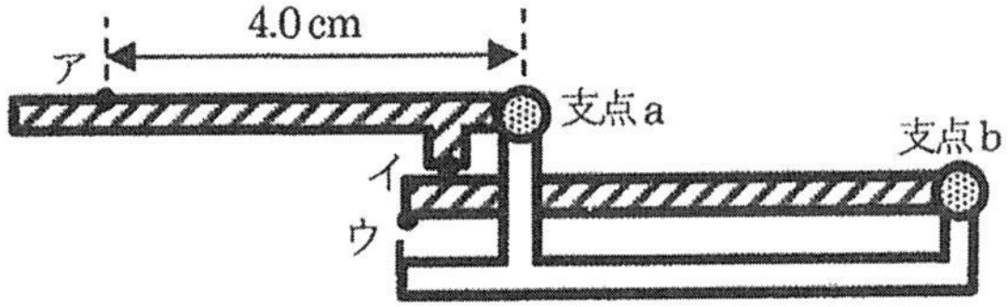

図6

ア．乾燥剤　　イ．冷却剤　　ウ．酸化防止剤　　エ．防腐剤　　オ．硬化剤

問３　文中の（　C　）～（　E　）に適する語句を入れよ。ただし，文中の語句を用いてもよい。

問４　文中の{　①　}～{　③　}中の適切なものをそれぞれ選び，記号で答えよ。

問５　文中の[a]，[b]に適する色を次のア～オからそれぞれ選び，記号で答えよ。

ア．青色　　イ．緑色　　ウ．黄色　　エ．赤色　　オ．黒色

問６　下線部(あ)について，炭酸水のように２種類以上の物質が混ざっているものを混合物という。次のア～オから混合物をすべて選び，記号で答えよ。

ア．空気　　イ．金　　ウ．ダイヤモンド　　エ．ねん土　　オ．食塩水

問７　マグネシウムと下線部(い)の物質が，異なる物質であることを確かめられる実験は以下の実験Ⅰ～Ⅲのどれか。すべてを正しく選んでいるものを次のア～キから１つ選び，記号で答えよ。

実験Ⅰ　みがいたときのようすを調べる

実験Ⅱ　磁石にくっつくか調べる

実験Ⅲ　塩酸を加えたときのようすを調べる

ア．Ⅰ　　イ．Ⅱ　　ウ．Ⅲ　　エ．Ⅰ，Ⅱ　　オ．Ⅰ，Ⅲ　　カ．Ⅱ，Ⅲ　　キ．Ⅰ，Ⅱ，Ⅲ

問８　ドライアイス１ cm^3 あたりの重さは1.6 gである。ある温度で，ドライアイス10.0 gを空気をぬいた袋に入れてしばらく放置したところ，ドライアイスは消えてなくなり，この袋の体積は5.6 Lになった。次の各問いに答えよ。

(1)　放置した後の袋の体積は放置する前のドライアイスの体積の何倍か。

(2)　気体の体積は気体の種類によらず，温度が1.0 ℃上がるごとに，0 ℃のときの気体の体積の0.0037倍ずつ増えていくことが分かっている。0 ℃のときの袋の体積が5.1 Lだったとすると，袋の体積が5.6 Lになったときの温度は何℃か。小数点以下を四捨五入し，整数で答えよ。

また，メダカは（　し　）をもつ。（　し　）は中央がくびれたふくろ状の構造をもち，この中の空気の移動によってうきしずみを調節できる。うくときには（　し　）の｛イ： A. 前に　B. くびれ部分に　C. 後に｝空気を入れ，もぐるときには（　し　）の｛ウ： A. 前に　B. くびれ部分に　C. 後に｝空気を入れる。

魚類のメダカはえら呼吸を行い，えらぶたを｛エ： A. 開いて　B. 閉じて　C. 開閉することなく｝，｛オ：A. 口から　B. 鼻から　C. えらぶたから｝水を吸いこみ，えらぶたを｛カ： A. 開いて　B. 閉じて　C. 開閉することなく｝，｛キ：A. 口から　B. 鼻から　C. えらぶたから｝水を出す。水がえらを通るときに，水中にとけている酸素をとりこみ，二酸化炭素を出す。

メダカを飼うときに使う水そうは｛ク： A. 口が広くて大きい　B. 口がせまくて小さい｝ものがよい。これは｛ケ： A. 空気中の酸素が水にとけこみやすく　B. メダカが周囲の様子におどろかないように｝するためである。水そうは直射日光をさけた明るい場所におき，じゃりや水草などを入れてメダカがすんでいる自然の状態に近づける。水はくみおきの水か井戸水などを用い，えさは｛コ： A. 少し食べ残る　B. 食べ残さない｝程度に与えるのがよい。

オスとメスをいっしょに入れておくと，メスは水温が18℃をこえると卵を産み始め，｛サ： A. 20℃　B. 23℃　C. 25℃｝程度が最もよく卵を産む。また，産卵には明るさが関係するために｛シ： A. 朝早く　B. 正午ごろ　C. 夜おそく｝に卵を産む習性がある。メダカの産卵時にはオスとメスとが特徴的な行動を見せる。始めにオスがメスを追いかけ，求愛ダンスをすると，メスが動きを止め，オスが（　す　）で抱きかかえるようにするとメスは卵を産み始める。卵には付着毛がついているため，ふ化直前は｛ス： A. メスにぶら下がった　B. 水草にからみついた　C. 水底のじゃりに固定された｝状態になっている。

かつて日本の小川や水田ではごくふつうにメダカの群れが見られたが，近年では野生のメダカが減少し，2003年には環境省（かんきょうしょう）が（　せ　）データブックに記載（きさい）し，（　そ　）種に指定された。減少の主な原因は，農薬の使用や生活排水（はいすい）などによる環境の悪化，護岸工事や水路の整備により流れの緩（ゆる）やかな小川が減少したこと，農地の改良に伴い，繁殖（はんしょく）時に水田への進入が困難になったこと，カダヤシなど繁殖力の強い（　た　）による影響（えいきょう）などが考えられている。

ウ　月も地球と同じように自転しているため，時間によっては，地球から月の裏側を観察することができる。

（4）ア　オリオン座を形づくっている星の中で特に明るく見える7つの星はいずれも1等星である。

イ　星座早見を使って南の空の星を観察するときには，星座早見の「南」が自分の方に向くように持たなければならない。

ウ　夏の大三角をつくっている1等星は，こと座のベガ，わし座のアルタイル，はくちょう座のリゲルである。

（5）ア　地面の温度を測定するには，温度計の球部を地面にちょうど触(ふ)れるように設置し，直射日光が当たらないように全体におおいをかけるようにする。

イ　「真夏日」というのは，最高気温が30度以上になった日のことである。

ウ　気温を測定するには，風通しのよい日かげで温度計を直射日光に当てないように注意し，地面から1.2 m～1.5 mの高さのところを測るようにする。

（6）ア　台風の風の向きを地表で観測すると，おおまかに，風は周辺部から中心付近へ向かって吹いていた。

イ　雨が少なく，水不足が心配される年は，ダムに水を十分にためておく必要があるが，下流の生物のすむ環境(かんきょう)を守るためにダムからは水を放水し続けなければならない。

ウ　川の上流から下流にかけて石のようすを調べてみると，川の下流に行くほど小さく角ばった石が多く見られた。

（7）ア　日本のいろいろな場所で北極星を観察すると，どの場所でも北極星は同じ高さに見えた。

イ　太陽の表面には，黒点と呼ばれる周りよりも温度が低い場所ができることがある。

ウ　地表にふった雨のうち地面にしみこんでしまった水は，全て地中にたくわえられるため地球規模での水の循環(じゅんかん)からは外れてしまう。

（8）ア　地層をつくっている層の中に火山灰の層があったので，その中に含まれる火山灰をルーペで拡大して観察すると，角ばったり，とがったりしたつぶが多くあった。

イ　化石とは，主に生物の体が変化したもののことであり，動物がすんでいたあとは化石には含まれない。

ウ　地球の空気には二酸化炭素が含まれているため，人間の活動によってその量が増えなかったとしても，地球には温室効果がもたらされる。

(1)　右の（図１）のように、長さ 16 cm のえんぴつ AB が机の上にあり、AB の真ん中の点を M とします。また、MO = 6 cm のところに点 O があり、AB と MO は垂直です。このえんぴつを、点 O のまわりに机の上で１回転させたとき、えんぴつが通ってできる図形の面積は何 cm^2 ですか。ただし、えんぴつの太さは考えないものとします。

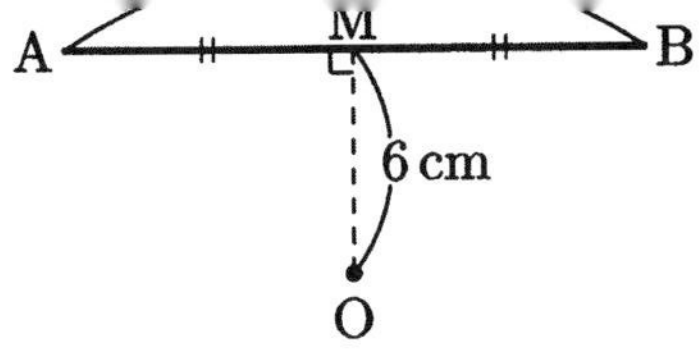

（図１）

以下、長方形の対角線の交点を、長方形の中心と呼ぶことにします。

(2)　右の（図２）のように、縦 12 cm，横 16 cm，わくのはば 1 cm の長方形の額ぶちが机の上にあります。この額ぶちを、額ぶちの中心 O のまわりに机の上で１回転させたとき、わくが通ってできる図形の面積は何 cm^2 ですか。

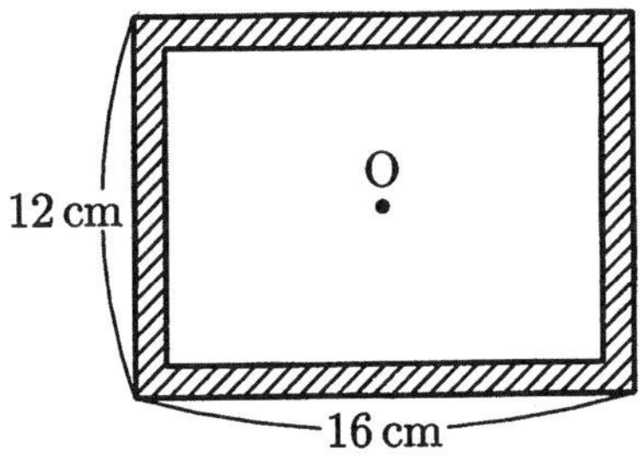

（図２）

(3)　右の（図３）のように、厚さ 1 cm の長方形の板を６枚組み合わせて作った、中身が空どうの箱が机の上にあります。この箱を、上下の面の中心を通る直線を回転の軸（じく）として机の上で１回転させたとき、この箱の板の部分が通ってできる立体の体積は何 cm^3 ですか。

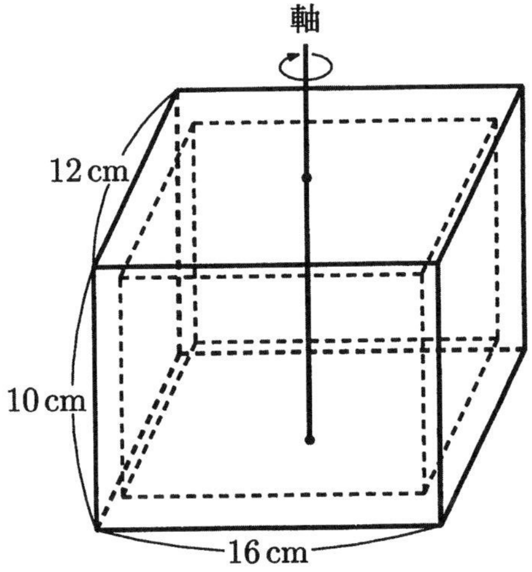

（図３）

三角形 AEF は正三角形です。図中のアの角度は何度ですか。

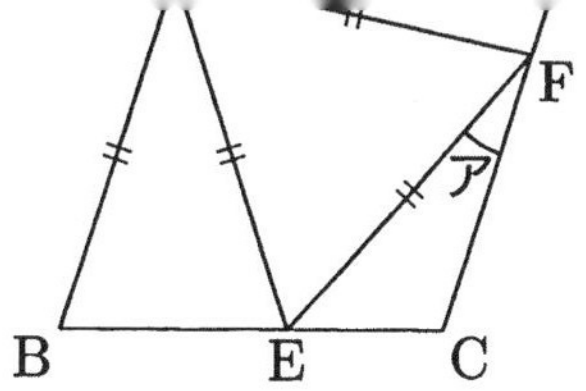

2　A 君は 1 周 3000 m の池のまわりを、12 時にスタート地点から一定の速さで走り出しました。A 君は 1 周走ったあと、スタート地点で 1 分休んでから 1 周目の速さの 1.2 倍の速さで 2 周し、さらにスタート地点で 9 分休んでから 1 周目の速さにもどして 3 周すると、合計で 6 周走り、走り終えた時刻は 13 時 18 分でした。

(1)　A 君が 1 周目の速さの 1.2 倍の速さで 2 周走るときにかかった時間は、A 君がスタートしてから 1 周走るときにかかった時間の何倍ですか。分数で答えなさい。

(2)　1 周目の A 君の走る速さは分速何 m ですか。

B 君の時計は正しくない一定の速さで進みます。A 君が 1 周目を走り終えたとき、B 君の時計は 12 時 15 分でした。また、A 君が 6 周目を走り終えたとき、B 君の時計は 13 時 15 分 30 秒でした。

(3)　B 君の時計は正しい時間の何倍の速さで進みますか。分数で答えなさい。

(4)　B 君の時計が正しい時刻を示したとき、その時刻を答えなさい。またそのとき、A 君はスタートしてから全部で何 km 走りましたか。

「いや、実は要らない。」玄知はその梅の実のような円い頭をふった。「乃公は花を見ればいいのだ。実はお前にくれてやるから、精々樹に気をつけてやってくれ。」

「実は要らねえだって。」百姓は眼を見張って不思議な茶道の顔を見た。「俺実が生るから金を貰っただ。花見するだけなら、お前さんが幾度来たって彼是吐言いう俺でねえだ。金は返すだよ。」

百姓が金を取りに家へ帰ろうとするのを、玄知は遽てて引きとめた。

「いや、止しにしてくれ。花がお前のものなら、幾ら見たって面白くない。自分のものにして初めて熟々と見ていられるのだから。」

百姓は自分の知らなかった珍しい嘘でも聞かされたように、胡散そうな表情をして首をふった。

（薄田泣菫『茶話』「梅の下かげ」より）

「へえ。あの子は、寺育ちのくせに、どういうものかとんかつが大好物でやんして……。」

母親は、はにかむように笑いながらそういった。

だから、夕食には、④これまでいちばん厚いとんかつをじっくりと揚げて出した。しばらくすると、給仕の女中が降りてきて、

「お二人は、しんみり食べてますよ。いま覗いてみたら、⑤お母さんの皿はもう空っぽで、お子さんの方はまだ食べてます。お母さんは箸を置いて、お子さんがせっせと食べるのを黙って見てるんです。」

といった。

それから一年近く経った翌年の二月、母親だけが一人でひょっこり訪ねてきた。面会などしないと強気でいても、やはり、いちど顔を見ずにはいられなくなったのだろうと思ったが、そうではなかった。修行中の息子が、雪作務のとき僧坊の屋根から雪と一緒に転落し、右脚を骨折して、いまは市内の病院に入院しているのだという。

「もう歩けるふうでやんすが、どういうことになっているやらと思いましてなあ。」

相変わらず地味な和装の、小鬢に白いものが目につくようになった母親は、⑥決して面会ではなく、ただちょっと見舞いにきただけだといった。

息子の手紙には、病院にきてはいけない、夕方六時に去年の宿で待っているようにとあったというから、

「じゃ、お夕食は御一緒ですね。でも、去年とは違いますから、

オ　少年が、一日で雲水になってしまうとは、予想もしていなかったから。

問二　傍線部②「この親子にまつわる謎」とあるが、「謎」とは具体的にどのようなことか。簡潔に説明せよ。

問三　傍線部③「とんかつ」と⑦「とんかつ」にはそれぞれ強調の働きの傍点が付されているが、どのようなことが強調されているか。それぞれ説明せよ。

問四　傍線部④「これまでいちばん厚いとんかつをじっくりと揚げて出した」とあるが、ここには旅館の女将のどのような思いが込められているか。説明せよ。

問五　傍線部⑤「お母さんの皿はもう空っぽで、お子さんの方はまだ食べてます」とあるが、これは二人のどのような様子を言っているのか。分かりやすく説明せよ。

問六　傍線部⑥「決して面会ではなく、ただちょっと見舞いにきただけだといった」とあるが、「母親」がこのように言ったのはなぜか。その理由として適当なものを、次のア〜オから一つ選び、記号で答えよ。

ア　五年間の修行が終わるまで息子とは面会しないという決意を翻したわけではないことを示すため。

イ　息子に会いたいという気持ちをどうしても我慢できずにここへ来たことをごまかすため。

ウ　息子のけがも心配だが、それよりも修行について行けてい

通ずる生まれつきの能力であるので文化とは言えない。

オ　人間は地域によって異なるさまざまな生活様式やさまざまな言語活動によって文化の多様性を生み出してきた。

カ　より良い生活を送ることに生きがいを感じる人間は、その共通の欲望によって独自の文化を生み出してきた。

キ　二つの言語文化圏で同じようなことわざが使われている場合、それは偶然の一致によるものとは限らない。

四　次の文章を読んで、後の問いに答えよ。

> 北陸地方のある街の旅館に、遠く青森から親子連れが訪れ、宿泊した。旅館の女将と女中は二人の様子から親子心中しにきたのかと怪しむ。翌朝、親子は行き先を告げずに外出した。

親子は、約束通り日暮れ前に帰ってきたが、それを玄関に出迎えて、思わず、あ、と驚きの声を洩らしてしまった。母親は出かけたときのままだったが、息子の方は、髪を短く伸ばしていた頭がすっかり丸められて、雲水のように青々としていたからである。①あまりの思いがけなさに、ただ目を瞠っていると、

「まんず、こういうことになりゃんして……やっぱし風が滲みると見えて、嚔を、はや三度もしました。」

母親は、仕方なさそうに笑って息子をかえりみた。息子の方はにこりともせずにうつむいて、これまた仕方がないというふうに青い頭をゆるく左右に振っている。どうやら、どちらも納得ずく

ず語りにこんなことを話してくれた。自分は寺の梵妻だが、おとしの暮れ近くに、夫の住職が交通事故で亡くなった。夫は、四、五年前から、遠い檀家の法事に出かけるときは自転車を使っていたが、町のセールスマンの口車に乗せられてスクーターに乗り換えたのがまずかった。凍てついた峠道で、スリップしたところを大型トラックに撥ねられてしまった。

跡継ぎの息子はすでに得度を済ませていたが、まだ中学二年生である。仕方なく、町にあるおなじ宗派の寺に応援を仰いでなんとか急場を凌いできたが、出費も嵩むし、いつまでも住職のいない寺では困るという檀家の声も高まって、一刻も早く息子を住職に仕立てないわけにはいかなくなった。住職になるには、大本山で三年以上、ほかに本科一年間の修行を積まねばならない。ゆくゆくは高校からしかるべき大学へ進学させるつもりだったが、もはやそんな悠長なことはいっていられない。十五で修行に出すのは可哀相だが、仕方がなかった。

自分は明日、息子が入門するのを見届けたら、すぐ帰郷する。入門後は百日面会はできないというが、里心がつくといけないから面会などせずに、郷里で寺を守りながら、息子がおよそ五年間の修行を終えて帰ってくるのを待つつもりでいる……。

「それじゃ、息子さんは今夜で娑婆とは当分のお別れですね。お夕食はうんと御馳走しましょう。なにがお好きかしら。」

そう訊くと、母親は即座に、

「んだら、とんかつにして頂きゃんす。」

といった。

「③とんかつ……そんなものでよろしいんですか？」

【Ⅱ】

推理作家で、日本のSF小説の始祖と言われることもある、海野十三（うんのじゅうざ）（一八九七〜一九四九）の「火星兵団」という作品に次のようなくだりがあります。

　一般の人々にとっては、まさに寝耳に水をつぎこまれたような大きな驚きであった。
　地球が、近く崩壊するのだ！
　モロー彗星というやつが、われわれの住んでいる地球にぶつかるのだ！

右には「寝耳に水をつぎこまれたような」とありますが、「寝耳に水」というかたちでも使われる、いわゆる「ことわざ」です。この「寝耳に水」はよく使われることわざの一つといっていいでしょう。そして、④このことわざは江戸時代にすでに使われていました。

　寝ている時に耳に水が入ったら……びっくりしますよね。実際にはそんなことはないわけですが、実際にあるかどうかではなくて、そういうことがあったらさぞかし驚くだろう、ということです。「寝耳に小判」とか「寝耳へスッポン」という表現もあるようですが、スッポンが入ったら困りますね。いや、大きさからいって入らないか。

　さて、「寝耳に水」と似たことわざに「青天の霹靂（へきれき）」があります。「霹靂」は〈かみなり〉という語義の漢語です。英語には「A bolt out of the blue」あるいは「A bolt from the blue」という表現があって、これが「青天の霹靂」とほとんど同じ意味になってい

二羽の鳩をとらえる」、ロシアには「一撃で二羽の兎をたおす」、台湾には「アサリ採りとズボン洗いを兼ねる」や「一つの餌（えさ）で魚二匹」という表現があるようです。

　何を二つ得るのか、というところにお国柄、つまり言語文化があらわれているようでおもしろいですね。

（今野真二『日本語の教養100』）

問一　傍線部①「文化ということばには、いろいろな意味や使い方がある」とあるが、『明鏡国語辞典』（第三版）では、「文化」の意味を次のように説明している。これを読んで、後の各問いに答えよ。

ぶんか【文化】①ある民族・地域・社会などでつくり出され、その社会の人々に共有・習得されながら受け継がれてきた固有の行動様式・生活様式の総体。
②人間がその精神的な働きによって生み出した、思想・宗教・科学・芸術などの成果の総体。物質的な成果の総体は特に「文明」として区別される。
③世の中が開けて、生活水準が向上すること。

(1)　右の①〜③の説明のうち、文章Ⅰの中で筆者が「文化」だと考えているものに当てはまるものを選んで、数字で答えよ。

(2)　文章Ⅰの中で、筆者が「文化」だと考えているものの具体例としてふさわしくないものを次のア〜オから一つ選び、記

エ　なさる　オ　いれる　カ　はいる
キ　かける　ク　かかる

問三　次の①〜④の二つの（　）には、ひらがな三字の同じ言葉が入る。それぞれを正しく埋めよ。

①　その腕時計は（　）高価で、私には（　）手が届かなかった。

②　傘を忘れてしまった（　）に、買った（　）の服が雨にぬれてしまった。

③　森の中は（　）迷路そのもので、どちらへ進めばよいか（　）見当がつかなかった。

④　せっかく教えてもらった（　）、それから（　）数分もたてば完全に忘れてしまっていた。

問四　次の①〜④の問いに答えよ。

①　「々」は、同じ漢字を続けて用いるときに二度目の漢字の代わりに書く記号であり、次のア〜ウの傍線部は全て「●々」という書き方をする熟語である。例にならって、「●」に当たる一字をそれぞれ答えよ。

例　準備はチャクチャクと進んでいる。【解答・着】
ア　それについてはジュウジュウ承知している。
イ　これまでの苦労をセツセツと訴えた。
ウ　意味のない議論がエンエンと続いている。

①文化ということばには、いろいろな意味や使い方がある。一般の人々はこのことばを、何等(なんら)かの意味で文学、音楽、絵画といった人間の芸術活動に結びつけて理解することが多いようだ。また文化国家、文化人、文化的な生活のような表現から、何か香り高い格調のあるものとして文化を考える人も少なくないと思う。

しかしこの本の中で私が文化と称するものは、ある人間集団に特有の、親から子へ、祖先から子孫へと学習により伝承されていく、行動及び思考様式上の固有の型（構図）のことである。文化をこのようなものとして把(とら)えることは、今や言語学や人類学の領域では常識となっている。たとえば日本人は自分のことを言う場合に、人指ゆびで鼻の先をさすようなことをする。これに反し、多くの西欧人は親指で胸のあたりを突くような動作をする。②この二つの異った行動様式は文化の違いを示しているというふうにいうのである。つまり文化とは、人間の行動を支配する諸原理の中から本能的で生得的なものを除いた残りの、伝承性の強い社会的強制（慣習）の部分をさす概念だと考えて頂いてよい。

ところが人間の言語活動の大部分にも、このような文化の定義があてはまる。

人は生れ落ちたときには唯(ただ)泣くだけである。しかし成長するにつれて、ことばを話すようになる。そして具体的に③どの言語を、どのように話すようになるかということは、彼をとりかこむ人々に全く依存しているのである。

（鈴木孝夫『ことばと文化』岩波新書）

㊥ 令和三年度　久留米大学附設中学校入学試験問題

国語科（60分）

注意　**1**　**解答はすべて解答用紙に記入せよ。解答用紙だけを提出すること。**
　　　2　**設問で、字数を指定している場合は、句読点などを含んだ字数である。**

一　設問と解答欄とは、解答用紙（全2の1）にある。

二　ある漢和辞典で「道」を調べた。後の問いに答えよ。

問一　「道」は何画の漢字か。漢数字で答えよ。

問二　次のように説明された熟語があった。①～③について、例にならって「道」の下に漢字一字を補い、熟語を完成させせよ。

（例）道徳　＝　人のふみ行うべき正しい道。

①　道（　）　＝　武芸を練習する所。

②　道（　）　＝　物事の当然のすじ道。

③　道（　）　＝　道のり。

三　ある国語辞典で「手」を調べた。後の問いに答えよ。

五　次の文章を読み、後の問いに答えよ。

今日は、日本語の語彙（ごい）力を強化する方法をご紹介します。学校教育では、どの教科を学ぶにしても、そのもとになるのは国語力だと言われます。企業でも、新入社員に求める能力の第一位は、一〇年以上コミュニケーション能力で変わりません。国語力やコミュニケーション能力の基盤となるのは、言葉の力、すなわち語彙力であり、語彙力がその人の理解力や表現力、さらには思考力を支えています。それでは、どうすれば語彙力が身につけられるのでしょうか。

言葉をたくさん知っている人が語彙力のある人だという考え方があります。それは半分正しくて、半分誤りです。【　A　】、ボキャブラリーが貧困なのに語彙力のある人はいないでしょう。しかし、言葉をたくさん知っていたとしても、それを頭のなかからうまく引きだす力がないと、語彙力がある人とは言えません。【　B　】、語彙の知識が豊富にあるだけでは不十分で、それを実際に使いこなす力、運用力がないと、語彙力がある人だとは言えないのです。

ここで、語彙力とは何か、定義しておきましょう。語彙力は、「語彙の知識」×「語彙の運用」で決まります。つまり、語彙力には、言葉をたくさん知っているという量の側面と、それをうまく使いこなせるという質の側面があるわけです。

す。【　D　】、「旅行の写真をブログにアップした」の「アップ」はアップロード、「映画のラストシーンで主役の俳優がアップになった」の「アップ」はクローズアップ、「試合の後半になって、③控え選手がアップを始めた」の「アップ」はウォーミングアップです。ソフトクリームもソフトボールもソフトコンタクトレンズもすべて「ソフト」ですし、コーヒーやジョーク、企業に使われる「ブラック」などもやっかいで、外来語の略語の理解には、高い語彙力が必要になります。

一方、理解の反対の表現を考える場合、「電気」の話でお示しした類義語というもののなかから、文脈に合った形を的確に選びだせる力が必要です。ゴミ出しを例に考えてみましょう。燃やせるゴミと燃やせないゴミに分けて出すとき、ゴミを「分類する」と言うのはおかしいでしょう。ゴミを「分別する」と言わないと文脈に合いません。また、燃やせるゴミと燃やせないゴミはふつう清掃業者が「収集」に来ますが、リサイクル可能なものはどうでしょうか。「収集」ではなく「回収」に来ると思います。さらに、引っ越しのときに要らなくなったものをまとめて捨てる場合はどのように言ったらよいでしょうか。不用品を「廃棄する」でもよいのですが、「処分する」というと、まとめて捨てる感じが出てしっくりきます。

このように、多義語ではどの意味を選ぶか、類義語ではどの形を選ぶかに、その人の言葉のセンスが表れます。言葉をたくさん知っていさえすれば語彙力が高くなるというのは幻想です。知識の量だけでなく、文脈に合わせて適切な語を選ぶという運用力が備わって初めて、真の語彙力が身についたことになるのです。

（石黒圭『段落論　日本語の「わかりやすさ」の決め手』光文社新書）

語彙の数　と　ア　を備えることで真の語彙力が身につく

語彙の数 → イ　と　ウ　が必要

ア → エ　と　オ　が必要

六　次の文章を読んで、後の問いに答えよ。なお、本文には、一部省略している箇所がある。

「僕」（松岡清澄）は高校1年の男子生徒である。彼は、幼い頃に祖母から教わって以来縫い物が趣味で、近く結婚する姉のウェディングドレスを縫いたいと思っている。

入学式から半月以上過ぎた。僕は教卓の近くの、机みっつ分の島にいる。宮多を中心とする、五人組のグループだ。

宮多たちは、にゃんこなんとかという僕の知らないスマホゲームの話で盛り上がっている。猫のキャラクターがたくさん出てきて戦うのだという。ゲームをする習慣がないから、意味がよくわからない。さっきからぜんぜん会話に入れない。課金とかログインボーナスという単語が飛び交っている。もう、相槌すら打てなくなってきた。

祖母の顔を思い出して、①懸命に話についていこうとした。だって友だちがいないのは、よくないことなのだ。家族に心配されるようなことなのだから。

「なあ、松岡くんは」
宮多の話す声が、途中で聞こえなくなった。ふいに高杉くるみが視界に入ったから。
世界地図なら、砂粒ほどのサイズで描かれる孤島。そこに彼女はいた。箸でつまんだたまごやきを口に運んでいる。唇の両端がきゅっと持ち上がった。虚勢を張るわけでもなく、おどおどするでもなく、たまごやきを味わっている。②その顔を見た瞬間「ごめん」と口走っていた。
「え」
「ごめん。俺、見たい本あるから席に戻るわ」
ぽかんと口を開ける宮多たちに、背を向ける。
図書室で借りた、世界各国の民族衣装に施された刺繍を集めた本を開く。宮多たちがこの本に興味を示すとは到底思えない。わかってもらえるわけがない。ほんとうは『明治の刺繍絵画名品集』というぶあつい図録がよかった。残念ながらそちらは貸出禁止になっていたのだ。どのように糸を重ねてあるか、食い入るように眺める。ここはこうなって、こうなってて。勝手に指が動く。
ふと顔を上げると、近くにいた数名がこっちを見ていた。男女混合の四人グループのうちのひとりが僕の手つきを真似て、くすくす笑っている。
「なに?」
自分で思っていたより、大きな声が出た。他の島の生徒たちが気づいて、こちらに注目しているのがわかった。宮多たちも。でももう、あとには引けない。
「なあ、なんか用?」

「だいじょうぶ。④慣れてるし」
けど、お気遣いありがとう。そう言って隣を見たら、くるみはいなかった。数メートル後方でしゃがんでいる。灰色の石をつまみあげて、しげしげと観察しはじめた。
「なにしてんの?」
「うん、石」
うん、石。ぜんぜん答えになってない。⑤入学式の日に「石が好き」だと言っていたことはもちろんちゃんと覚えていたが、まさか道端の石を拾っているとは思わなかった。
「いつも石拾ってんの? 帰る時に」
「いつもではないよ。だいたい土日にさがしにいく。河原とか、山に」
「土日に? わざわざ?」
「やすりで磨くの。つるつるのぴかぴかになるまで」
放課後の時間はすべて石の研磨にあてているという。ほんまにきれいになんねんで、と言う頰がかすかに上気している。
ポケットから取り出して見せられた石は三角のおにぎりのような形状だった。たしかによく磨かれている。触ってもええよ、と言われて、手を伸ばした。指先で、しばらくすべすべとした感触を楽しむ。
「さっき拾った石も磨くの?」
くるみはすこし考えて、これはたぶん磨かへん、と答えた。
「磨かれたくない石もあるから。つるつるのぴかぴかになりたくないってこの石が言うてる」
石には石の意思がある。駄洒落のようなことを真顔で言うが、意それから、明日。⑧明日、学校に行ったら、宮多に例のにゃんこなんとかというゲームのことを、教えてもらおう。好きじゃないものを好きなふりをする必要はない。でも僕はまだ宮多たちのことをよく知らない。知ろうともしていなかった。

靴紐をきつく締め直して、歩く速度をはやめる。

（寺地はるな『水を縫う』）

刺繍＝針と糸とを用いて、布や革の上に文字や模様を施すこと。

問一　傍線部①「懸命に話についていこうとした」とあるが、「僕」がこのようにした目的は何か、「〜ため。」に続くよう、二十字以内で具体的に説明せよ。

問二　傍線部②「その顔」とあるが、「高杉くるみ」の「顔」にはどのような態度があらわれているか、次のア〜オから適切なものを一つ選び、記号で答えよ。

ア　自分を理解してくれない人間には興味がなく、周囲と関わることをかたくなに拒む態度。

イ　友だちがいないことを気にしていると思われたくなく、平気をよそおっている態度。

ウ　誰かに話しかけられるのを恐れて、出来るだけ目立たず静かにしていようとする態度。

エ　周りとの関係よりも自分の興味関心を優先して、一人でいることを全く気にしない態度。

オ　つるんで騒いでいるクラスメイトたちを内心で見下して、決して交わるまいとする態度。

問八　傍線部⑧「明日、学校に行ったら、宮多に例のにゃんこなんとかというゲームのことを、教えてもらおう」とあるが、「僕」がこのように考えたのはなぜか、次のア〜オから適切なものを一つ選び、記号で答えよ。

ア　刺繍を褒めてくれたことで初めて「宮多」への興味が生まれ、彼の趣味であるゲームの話を通じて「宮多」ともっと仲良くなりたいと思ったから。

イ　「宮多」も刺繍を褒めてくれたのだから、好きにはなれないかも知れないけれど、「宮多」のゲームについても知っておくのが礼儀だと思ったから。

ウ　実際に刺繍を見たことで「宮多」も褒めてくれたのだから、ゲームをよく知らないまま自分は興味がないと決めつけるのは早計だと思ったから。

エ　刺繍を褒めてくれた「宮多」が夢中になっているものなら自分も好きになれるかも知れず、ゲームのことをもっと知りたいと思ったから。

オ　刺繍を見て褒めてくれた「宮多」のように、自分もゲームについて聞くことで「宮多」の新しい一面を知ることができるかも知れないと思ったから。

問九　本文中の波線部a〜dのカタカナを漢字に直せ。

a　シグサ　　b　ホカン

c　ウ（せる）　　d　サイダン

令和3年度　久留米大学附設中学校入学試験問題

㊥ 算数

（注意）解答はすべて解答用紙に記入しなさい。解答用紙のみ提出しなさい。

（1）円周率は **3.14** とします。

（2）**3** 辺の長さの比が **3：4：5** であるような三角形は、すべて直角三角形です。

（3）角すいの体積は（底面積 × 高さ）÷ **3** として計算します。（高さとは、頂点から底面に引いた垂線の長さのこと）

(60分)

1　次の各問いに答えなさい。

(1)　次の□にあてはまる小数を答えなさい。

$$162.1 \div 20 + 22.2 \div 1\frac{17}{20} - 3 \times \square = 14.042$$

(2)　1辺の長さが 4 cm の正方形の折り紙を、右の図のように 1 cm 分だけのりではりつけ、長方形を作ります。いくつかの折り紙をつなげてできた長方形の面積が 400 cm^2 のとき、つなげた折り紙は何枚ですか。

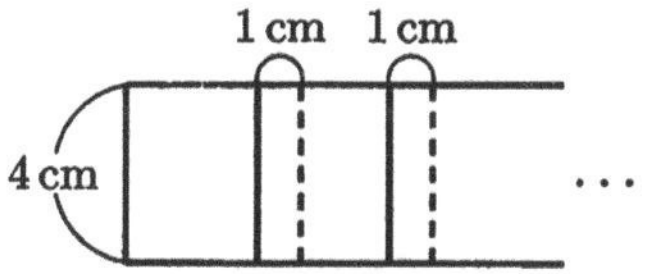

(3)　2種類の三角定規を重ねた右の図で、図中のアの角度は何度ですか。

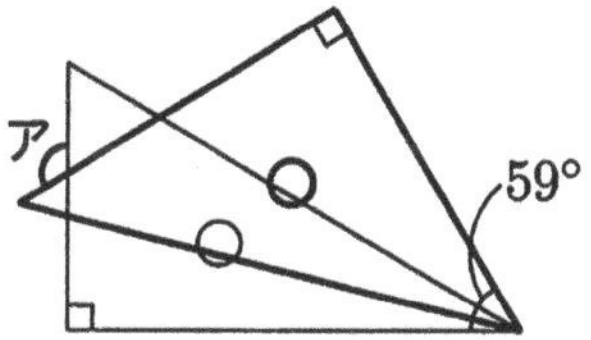

(4)　右の図のように、AB ＝ 4 cm，AD ＝ 5 cm の長方形 ABCD があります。

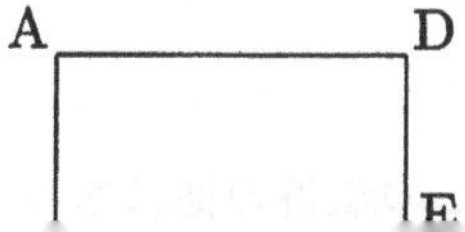

3　右の図のような２×２のマスを用意して、それぞれのマスの中に数字を書きます。はじめに、すべてのマスに０を記入します。A, B, C, D と書かれたカードが１枚ずつ、合計４枚あります。このカードから１枚引いてアルファベットを確認し、もとに戻すことを繰り返します。このとき、引いたカードのアルファベットごとに、以下の操作を行います。

0	0
0	0

最初の状態

　A のカードを引くと、上の２マスの数字に１を足し、B のカードを引くと、下の２マスの数字に１を足す。

　C のカードを引くと、左の２マスの数字を 10 倍し、D のカードを引くと、右の２マスの数字を 10 倍する。

たとえば、最初の状態から A→B→C→D→・・・ の順にカードを引くと、マスの数字は

0	0
0	0

→

1	1
0	0

→

1	1
1	1

→

10	1
10	1

→

10	10
10	10

→ ・・・ のように変化します。

(1)　最初の状態から B→D→A→C の順にカードを引いた結果、マスの数字はどうなりますか。

(2)　最初の状態から４回カードを引いた結果、マスの数字が右の図のようになりました。このとき、カードを引いた順番を、アルファベットで答えなさい。

12	3
0	0

(3)　最初の状態から B→D→A→B→D の順にカードを引いた結果、マスの数字が右の図のようになりました。最初の状態から５回カードを引いた結果が右の図のようになる引き方は、この順番の他にもう１通り考えられます。その順番を、アルファベットで答えなさい。

1	10
2	110

5　下の図１の展開図で表される立体を組み立てたところ、図２のような、対角線の長さが 12 cm の正方形 ABCD をそそぎ口にもち、深さが 15 cm の容器ができました。この容器の残りの頂点を、図２のように E, F, G, H, I, J とします。いま、この容器を水でいっぱいにしています。

(1)　この容器に入っている水の体積は何 cm^3 ですか。

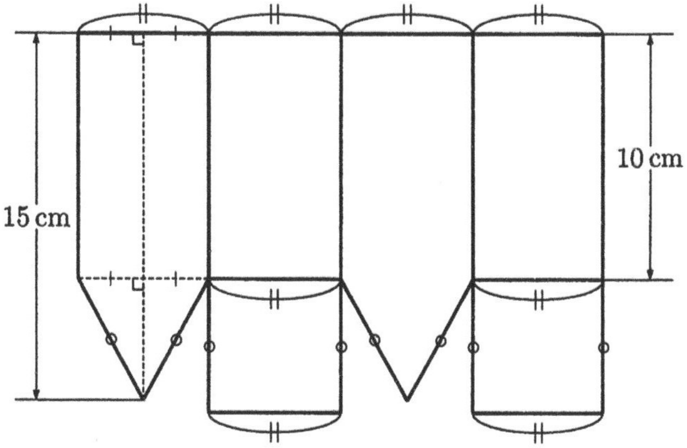

図１

AC = BD = 12 cm

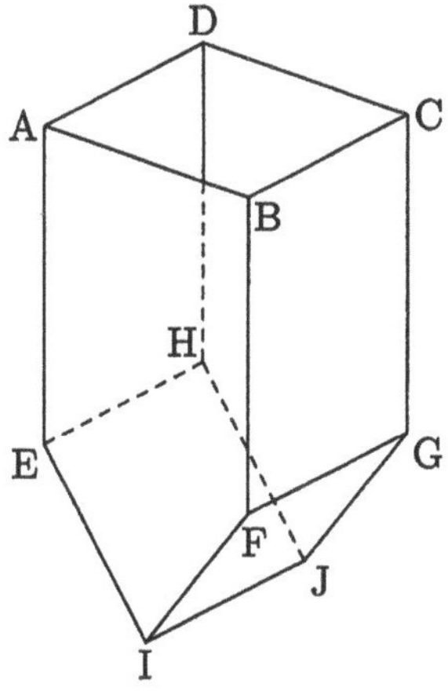

図２

次に、下の図３のように BD を水平にして容器を傾けていき、頂点 C から水をこぼすことにします。

(2)　水面の面積が $90\,cm^2$ になったとき、水面と辺 AE の交点を P とすると、EP の長さは何 cm ですか。

令和３年度久留米大学附設中学校入学試験問題

㊥　理科

（注意）　解答はすべて解答用紙に記入しなさい。解答用紙のみ提出しなさい。

（40分）

1　以下の文は地球上のさまざまな現象について記述している。問題ごとに正しい文をすべて選び，記号で答えよ。なお，すべて誤っている場合は×を記入せよ。

問１　ア．日本付近では雲はおおむね西から東へ移動する。それにともなって天気もおおむね西から東へ変化していく。

イ．台風は発生してから消滅（しょうめつ）するまで，ほぼ西から東へ進行する。

ウ．一般に晴れの日の一日の気温の差は，曇りや雨の日に比べて小さい。

問２　ア．雨をもたらす雲のうち，積乱雲の下では短い時間に強い雨が降り，乱層雲の下では比較的長い時間におだやかな雨が降りやすい。

イ．積乱雲が通過した後は，急に気温が上昇する。

ウ．空をながめていると，高い雲がだんだん低い雲になって雨が降り出した。このとき雨をもたらした雲を積乱雲という。

問３　ア．川の上流では水の流れが速く，しん食作用が大きいので，大きく丸い石が多くみられる。

イ．川の下流では水の流れがおそく，たい積作用が大きいので，小さく丸い石が多くみられる。

ウ．川の上流では水の流れが速く，しん食作用が大きいので，川の両側斜面（しゃめん）の傾きが小さくなる。

問４　ア．地層は，川や海の流れによって川や海の底にたい積した，たい積物のみで形成される。

イ．はなれた場所にある地層ができた時代を比べるには，地層の中の同じ種類の火山灰の層を基準にすればよい。

ウ．たい積物は上のたい積物の重みなどでかたくなり，たい積岩となる。れき・砂・泥・火山灰はかたくなるとそれぞれ，れき岩・砂岩・

[redacted]

令和３年度久留米大学附設中学校入学試験問題

（注意）解答はすべて解答用紙に記入しなさい。解答用紙のみ提出しなさい。

2 次の文を読み，以下の各問いに答えよ。

塩酸は，塩化水素という①気体を水に溶かしてできる水溶液である。塩化水素は水に非常によく溶ける気体で，30℃において水 100 g に溶かすことができる塩化水素の体積は最大約 46 L である。②塩酸は酸性の水溶液であるため，マグネシウムや亜鉛などの金属と反応し，水素が発生する。

問１　下線部①について，塩酸と同じように気体を水に溶かしてできた水溶液はどれか。また，塩酸と同じように酸性の水溶液はどれか。下のア～カからそれぞれ２つずつ選び，記号で答えよ。ただし，同じ記号を何度選んでもよい。

ア．石灰水　　イ．炭酸水　　ウ．食酢　　エ．アンモニア水　　オ．食塩水　　カ．水酸化ナトリウム水溶液

問２　下線部①について，気体を水に溶かした水溶液に共通する性質を述べた次の文章の｛　　｝内から適切な語句を選んで答えよ。

水の温度が (1)｛高く・低く｝なると，溶けていた気体が空気中に飛び出しやすくなるので，水の温度が (2)｛高い・低い｝方が，気体は水に溶けやすい。また，気体を水に溶かした水溶液の温度を上げて水を蒸発させると，(3)｛結晶が残る・何も残らない｝。

下線部②について，次の実験を行った。ただし，実験中に気温や気圧は変化しないものとする。

【実験】30℃の水 100 g に塩化水素を 250 cm^3 溶かした塩酸をつくった。この塩酸にマグネシウム 0.12 g を入れると水素が 125 cm^3 発生し，マグネシウムは溶け残らなかった。水素の発生が終わったあとの水溶液に BTB 液を入れると緑色になった。また，水にマグネシウムを入れても反応は起こらなかった。

問３　この実験において，水に溶かした塩化水素がすべて反応したことを判断できる現象はどれか。次のア～ウから１つ選び，記号で答えよ。

（注意）　解答はすべて解答用紙に記入しなさい。解答用紙のみ提出しなさい。

3　次の文を読み，以下の各問いに答えよ。糸の重さ，空気の抵抗（ていこう）は考えない。

［実験１］

いま，振（ふ）り子の性質を調べるために，図１のように天井に糸の一端（たん）を取り付け，他端に球の形をしたおもりをとりつける。図中の点線は，振り子が静止しているときの糸の位置を表している。振り子につけたおもりの重さ[g]（おもりの大きさはすべて同じ），振り子の長さ，振れ幅（はば）をそれぞれ変えて，10往復するのにかかる時間をストップウォッチで測定した。振り子が振れている間は糸はたるまないで，ピンと張っているものとする。下の表はその実験データの一部である。

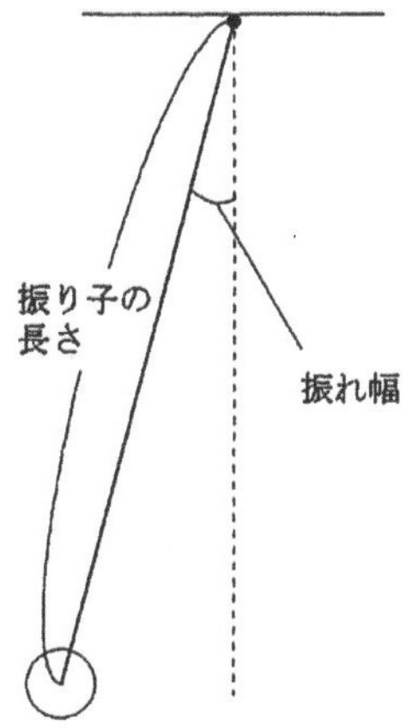

図１

表　おもりの重さ 50 g，振れ幅 5°における振り子の長さと10往復の時間の関係

振り子の長さ[cm]	100	125	150	175	200	225	250	275	300	400
10往復の時間[秒]	20.1	22.4	24.6	26.5	28.4	30.1	31.7	33.3	35.0	40.1

問１　振り子の長さ 100 cm の振り子に 50 g のおもりをつけ，振れ幅 10°で振らせると１往復する時間は約何秒になるか。次のア～カから１つ選び，記号で答えよ。

ア．0.5 秒　　イ．１秒　　ウ．２秒　　エ．４秒　　オ．８秒　　カ．20 秒

問２　振り子の長さ 100 cm の振り子に 200 g のおもりをつけて振れ幅 5°で振らせると１往復する時間は約何秒になるか。次のア～カから１つ選び，記号で答えよ。

ア．0.5 秒　　イ．１秒　　ウ．２秒　　エ．４秒　　オ．８秒　　カ．20 秒

問３　振れ幅，おもりの重さを変えないで，振り子の長さだけを２倍，３倍，４倍とすると，１往復する時間はそれぞれ何倍になるか。小数第２位を四捨五入して小数第１位までで答えよ。

問４　振り子の長さが 450 cm，振れ幅が 5°，おもりの重さが 100 g の振り子が１往復する時間は何秒になると考えられるか。データと問３の答を用いて計算し，小数第２位を四捨五入して小数第１位までで答えよ。

問５　振り子の長さが 75 cm，振れ幅が 10°，おもりの重さが 200 g の振り子が１往復する時間は何秒になると考えられるか。データと問３の答を用いて計算し，小数第２位を四捨五入して小数第１位までで答えよ。

［実験２］

次に，おもりの重さは 50 g，振り子の長さは 200 cm の振り子，太さの無視できる釘（くぎ）２本ＡとＢを用意し，振り子の振れる面に垂直に釘を打って，釘に糸が触（ふ）れると，糸が釘に引っかかるようにする。そのとき釘に対して糸が右にあるか，左にあるかに注意せよ。糸と釘の間のまさつは考えない。手をはなす最初の振れ幅は，すべて下図の点線（振り子が静止しているときの糸の位置）から左に5°とする。なお，図の釘Ａ，Ｂの位置は正確には示されていない。

[redacted]

令和３年度久留米大学附設中学校入学試験問題

（注意）解答はすべて解答用紙に記入しなさい。解答用紙のみ提出しなさい。

4 次の文を読み，文中の空らん（　あ　）～（　さ　）に適切な用語を記入せよ。ただし，文中に出てくる用語や，同じ用語をくり返し答えてもよい。また，｛　ア　｝～｛　ソ　｝中の適切な語句を１つずつ選び，記号で答えよ。

血液は肺で取り入れた酸素や，小腸で取り入れた栄養素などを体内の細胞に供給し，細胞から排出（はいしゅつ）された二酸化炭素や老廃（ろうはい）物を回収し，肺や腎臓（じんぞう）に運ぶはたらきをしている。血液を体中にめぐらせる機能を担っている器官をまとめて（　あ　）と呼び，心臓や血管などが含まれる。

心臓は筋肉でできた丈夫なふくろ状の構造を持ち，胸部のうち，肺にはさまれたすきまの｛ア：a. 上部　b. 中央部　c. 下部｝の｛イ：a. 右はし　b. 中央付近　c. 左はし｝にあり，内部は４つのへやに分かれている。４つのへやとは，（　い　）につながる左心室，（　う　）につながる左心房（しんぼう），（　え　）につながる右心室，（　お　）につながる右心房である。また，心房と心室の間には房室弁，心室と動脈の間には半月弁と呼ばれる逆流防止の弁がある。

心臓はたえず縮んだり，ゆるんだりをくり返し，血液を送り出すポンプの役割をしている。心房が縮んだとき｛ウ：a. 心室も縮み　b. 心室はゆるんでおり｝，血液は｛エ：a. 心房から心室に入る　b. 心室から心房に入る　c. 心室から動脈に入る｝。心室が縮みはじめたときに｛オ：a. 房室弁が開き　b. 房室弁が閉じ　c. 半月弁が開き　d. 半月弁が閉じ｝，さらに心室が縮むと｛カ：a. 房室弁が開き　b. 房室弁が閉じ　c. 半月弁が開き　d. 半月弁が閉じ｝，血液は｛キ：a. 心房から心室に入る　b. 心室から心房に入る　c. 心室から動脈に入る　d. 静脈から心房に入る｝。その後，｛ク：a. 房室弁が開き　b. 房室弁が閉じ　c. 半月弁が開き　d. 半月弁

令和３年度　久留米大学附設中学校　入学試験問題

（注意）　解答はすべて解答用紙に記入しなさい。解答用紙のみ提出しなさい。

(40分)

1　日本の工業や農業の統計に関して，第１次産業～第３次産業という分類方法がある。第１次産業は農業・林業・漁業，第２次産業は鉱業・建設業・製造業，第３次産業はそれ以外の産業が分類されている。表１は，主な都道府県でまとめた産業別人口構成を示している。これを参照し，（１）～(10)の問いに答えなさい。

表１

都道府県	産業別人口構成(2017年)※			
	総数(千人)	第１次産業(%)	第２次産業(%)	第３次産業(%)
1970	52593	19.3	34.0	46.6
1980	55811	10.9	33.6	55.4
1990	61682	7.1	33.3	59.0
2000	62978	5.0	29.5	64.3
全国	**66213**	**3.4**	**24.1**	**72.5**
北海道	2613	6.1	17.4	**76.5**
青森	649	**12.0**	20.8	67.2
岩手	655	**9.9**	26.3	63.8
秋田	500	7.8	25.5	66.6
茨城	1515	5.4	30.6	64.0
栃木	1034	5.9	31.1	63.0
群馬	1029	4.4	31.9	63.7
埼玉	**3907**	1.7	23.6	74.7
千葉	3274	2.8	19.6	**77.6**
東京	**7887**	0.5	15.8	**83.8**
神奈川	**4901**	0.8	21.1	**78.1**
富山	554	2.7	**33.9**	63.4
岐阜	1059	3.4	**32.6**	64.1
静岡	1945	3.3	**33.4**	63.3
愛知	**4069**	2.1	**32.7**	65.3
三重	[illegible]	[illegible]	[illegible]	[illegible]

（１）表１の第１次産業の推移をみると，1970年の19.3%から一貫して割合が下がっている。1970年代以降の農業に関して述べた文として誤っているものをア～エから１つ選び，記号で答えよ。

ア．日本が高度に経済成長をみせた時期にあたり，農業以外の産業の所得が高く，労働力が他の産業へと移動した。

イ．1990年から米以外の作物を農家にすすめる生産調整が実施された。

ウ．食生活が豊かになり，米の消費量が減少し米が余るようになった。

エ．労働力が高齢化し，耕作されなくなった土地の面積も拡大している。

（２）稲作に関して，1965年には10アール当たり141時間も必要だった米作りの作業時間が，2012年には約24時間にまで減少している。この背景に関する文中の空らん(　①　)～(　③　)に当てはまる語を答えよ。なお，①は漢字４字である。

「日本各地の平野で用水路の改良が進められ，地下用水路も活用して引水をコ府県における外国人労働者割合を示している。表１・表２を参考にし，日本国内の外国人労働者や在留外国人について述べた文のうち，誤っているものをア～エから１つ選び，記号で答えよ。

表２

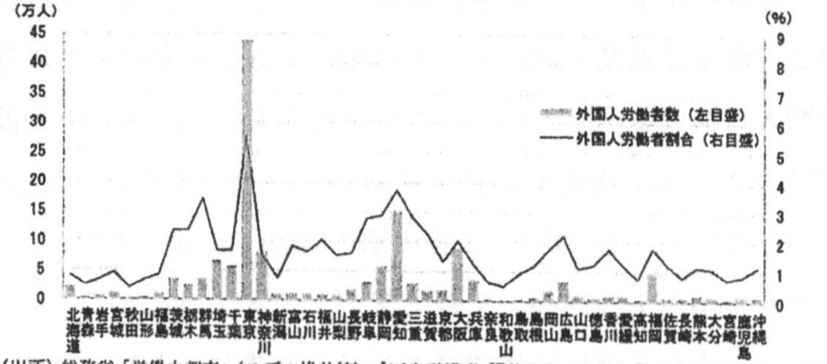

（出所）総務省「労働力調査」（モデル推計値）、「厚生労働省『外国人雇用状況』の届出状況まとめ（平成30（2018）年10月末現在）」より作成

ア．就業人口の総数と同様に，外国人労働者数も東京都が突出しており，外国人労働者割合も最も高い。

イ．栃木・茨城・群馬など，関東内陸工業地域に位置する県では，自動車関連工業や食品加工業などで働く外国人労働者が多く，その割合も高い。

ウ．就業人口の総数が少ない道県では，外国人労働者割合も低くなる傾向がみられる。

エ．国内で生活する在留外国人のうち，国籍別にみると，最も多く生活しているのはアメリカ国籍の人々である。

（7）日本国内に住んでいる外国人の中にはブラジル人も多い。ブラジルの産業や日本とのつながりについて述べた文のうち，誤っているものをア～エから１つ選び，記号で答えよ。

ア．かつて多くの日本人がブラジルに移住し，現在150万人以上の日系人が居住している。近年は，その日系人たちが仕事を求めて来日するようになっている。

イ．ブラジルの公用語はスペイン語である。ヨーロッパやアフリカ，アジアなどから移り住んだ人々が暮らす多民族国家で，フェイジョアーダと呼ばれる豆や肉を煮込んだ代表的な料理は各地の文化を取り込んだ料理といわれている。

ウ．日本は，ブラジルから鉄鉱石・アルミニウムなどの鉱産資源や，コーヒー豆・サトウキビなどの農産物を輸入しており，経済的にも強いつながりを持っている。

令和３年度　　久留米大学附設中学校　　入学試験問題

ひかり：わたしたちの県は，東京，京都，奈良に次いで国宝・重要文化財の件数が全国第４位となっています。なぜ，こんなに多くの文化財があるのでしょうか。

先　生：石山寺のほか，三井寺や日吉大社など歴史のある寺院・神社が多いというのも理由の一つでしょう。特に寺院の数は京都よりも多いと言われています。

けんた：太平洋戦争のときの空襲が少なかったのも文化財が残った理由だと思います。

先　生：そうですね。文化財には，歴史的な建築物や美術品以外にも，④衣食住や年中行事に関するものを文化財に指定する民俗文化財があります。けんた君は民俗文化財について調べてきたようですね。

- 長浜曳山祭は毎年４月に行われる祭りで，重要無形民俗文化財に指定されている。また日本三大山車祭の一つに数えられ，2016年に指定されたユネスコの無形文化遺産「山・鉾・屋台行事」の一つ。
- 曳山祭は，1574年ごろに羽柴秀吉(後の豊臣秀吉)が城下町を築いたときに始まった。
- 祭には13基の曳山が参加する。曳山は舞台付きで，舞台では子ども歌舞伎が上演される。
- 曳山は，豪華な飾金具や彫刻・絵画で飾られ，「動く美術館」ともよばれる。曳山のうち翁山と鳳凰山の後部を飾る織物(見送幕)は重要文化財に指定されている。

曳山で上演される子ども歌舞伎

翁山の見送幕

けんた：翁山と鳳凰山の見送幕はヨーロッパで作られたタペストリーと呼ばれる壁掛けで，京都の祇園祭の山車にも使われています。でも，⑤このタペストリーがどのようにして曳山の飾りに使用されたのか，くわしく分かっていません。

（４）下線部③に関連して，弥生時代について述べた文として誤っているものをア～エから１つ選び，記号で答えよ。

ア．弥生時代の稲作は，春や夏に田げたをはいて種もみを直にまいたり，苗を育てて田植えをし，秋に石包丁で稲の穂をかり取るものであった。

イ．米作りには，多くの人手が必要だったため，人びとはかしらを中心に力を合わせて，米作りや豊作をいのる祭りを行い，むらとしてのまとまりを強めていった。

ウ．弥生時代の人びとは，稲作だけでなく，秋にワラビ・ゼンマイなどの山菜を採集し，冬にシカ・イノシシなどの動物を狩って食べていた。

エ．吉野ヶ里遺跡からは中国の貨幣や南方の貝で作られたうで輪などが出土しており，広い範囲の地域と交易したことがわかっている。

（５）下線部④について，ひかりさんたちは昔の人びとの生活に興味をもち，カードに記入した。４枚のカードのうち，１枚だけほかのカードとは異なる時代のことを記したものがある。そのカードをア～エから１つ選び，記号で答えよ。

ア．交通が整備されたことで，人びとが各地の神社や寺などにお参りするようになり，宇治山田、善光寺，日光などは，門前町として栄えた。

イ．村の人びとは共同で農作業を行ったり，おきてをつくったりして，団結を強めていった。地域の祭りや盆踊りなども盛んに行われるようになった。

ウ．お茶を飲む風習が広がり，お茶を楽しむための茶室もつくられるようになった。書院造の床の間を飾るために生け花もさかんになった。

エ．食事は朝・晩２回だったのが，このころからしだいに３回になっていった。茶わんや皿などの陶器が使われることも多くなった。

（６）下線部⑤について，タペストリーがどのようにして東山に飾られたかを考えたとき，その仮説として適当ではないものウ．元土佐藩士の坂本龍馬の仲立ちによって，薩摩藩と長州藩が同盟を結んだ。

エ．廃藩置県が行われて，新たに県や府の長官が任命された。

（３）表中④から⑤の間の出来事について述べた文として正しいものをア～エから１つ選び，記号で答えよ。

ア．徴兵令が出されて，20歳になった男性は一定期間軍隊に入ることを義務づけられた。

イ．国会が開設されるのに先立って，大隈重信は自由党という政党を結成した。

ウ．まゆや米などの農作物価格が上がって生活が苦しくなった農民3000人余りが，秩父事件を起こした。

エ．外務大臣の陸奥宗光が，イギリスとの交渉で条約を改正して，領事裁判権をなくすことに成功した。

（４）表中⑤から⑥の間の時期に活躍した下のＡ・Ｂの人物名を答えよ。

Ａ．伝染病研究所に入って細菌学を学び，1897年には赤痢菌を発見して赤痢の治療薬をつくり，世界的な名声を得た人物。

Ｂ．札幌農学校の出身で，第一次世界大戦後に結成された国際連盟において，1920年に事務次長を務め，世界平和の実現に尽くした人物。

（５）表中⑥から⑦の間の出来事ア～オを起こった順番に並べたとき，２番目と４番目にあたるものをそれぞれ記号で答えよ。

ア．満州国が建国された　イ．国家総動員法が制定された　ウ．日中間の全面戦争が始まった

エ．日本が国際連盟を脱退した　オ．満州事変がおこった

（６）表中⑦以後の出来事について述べた文として正しいものをア～エから１つ選び，記号で答えよ。

ア．国民徴用令が実施され，人々は軍需工場などに動員されるようになった。

イ．生活必需品が不足するようになって，塩・しょう油が切符制になり，砂糖は配給制となった。

ウ．大学生の学徒出陣が行われ，都市部の小学生は地方に集団疎開した。

㊥

中学　国語　解答用紙

全2の1

受験番号

＊の欄には記入しないこと。

一　左の4コマ漫画を読み、母ウサギと子ウサギとの間で起こった出来事の流れを、百五十字以上二百字以内で具体的に説明せよ。

著作権に関係する弊社の都合により
本文は省略いたします。

教英出版編集部

問六
エ
オ

六
問一
ため。
問二
問三
問四
こと。
問五
問六
こと。
問七
Ⅰ
Ⅱ
問八
問九
a
b
c
せる
d

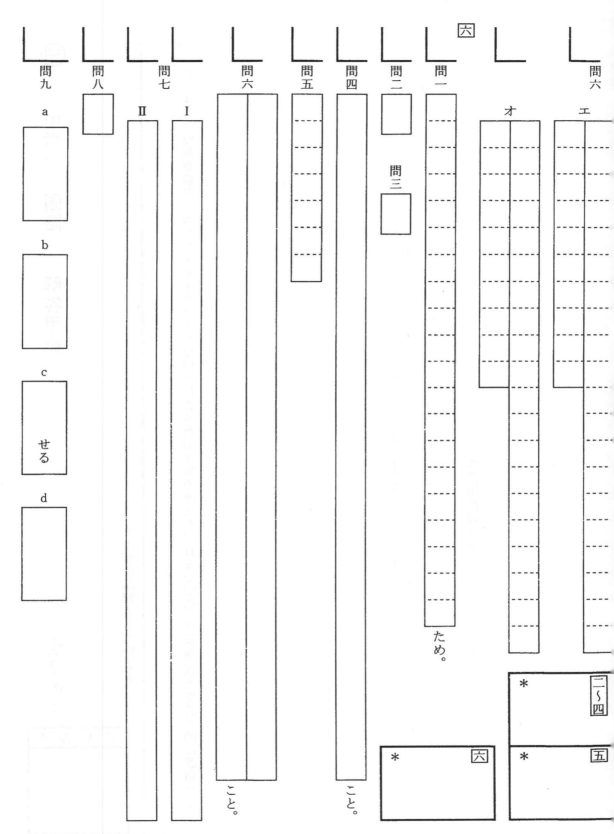

＊ 二〜四
＊ 五
＊ 六

令和３年度　久留米大学附設中学校入学試験　解答用紙

受験番号	

㊥ **算数**

1

(1)		(2)	枚
(3)	度	(4)	cm

※150点満点
(配点非公表)

2

(1)	cm^3	(2)	長さ：　　cm、体積：　　cm^3
(3)	cm		

令和３年度久留米大学附設中学校入学試験解答用紙

受験番号	

㊥　理科

※100点満点
(配点非公表)

1

問１		問２		問３		問４	
問５		問６		問７		問８	

2

問１	気体を溶かしてできた水溶液			酸性の水溶液	
問２	(1)	(2)	(3)		
問３					
問４	(1)　　　　cm^3	(2)　　　　g	(3)　　　　色		
問５	何	どのように			

A

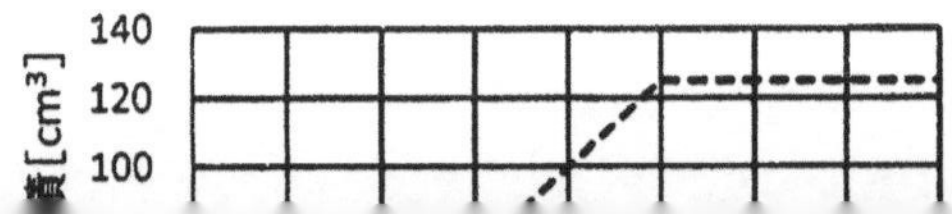

B

令和３年度　久留米大学附設中学校　入学試験問題

解　答　用　紙

中学社会

受験番号	

（注意）　解答はすべて解答用紙に記入しなさい。解答用紙のみ提出しなさい。

（この欄には解答しない）

※100点満点
(配点非公表)

1

（１）	（２）①	（２）②	（２）③

（３）①	（３）②	（３）③	（３）④	（４）	（５）

（６）	（７）	（８）	（９）	(10)

県						

3

(1)	(2)	(3)

(4)		(5)		(6)
A	B	2番目	4番目	

4

(1)		(2)
A	B	
		天皇の　　　　から　　　　者に変わった。

(3)	(4)	(5)	(6)	(7)
		権利		

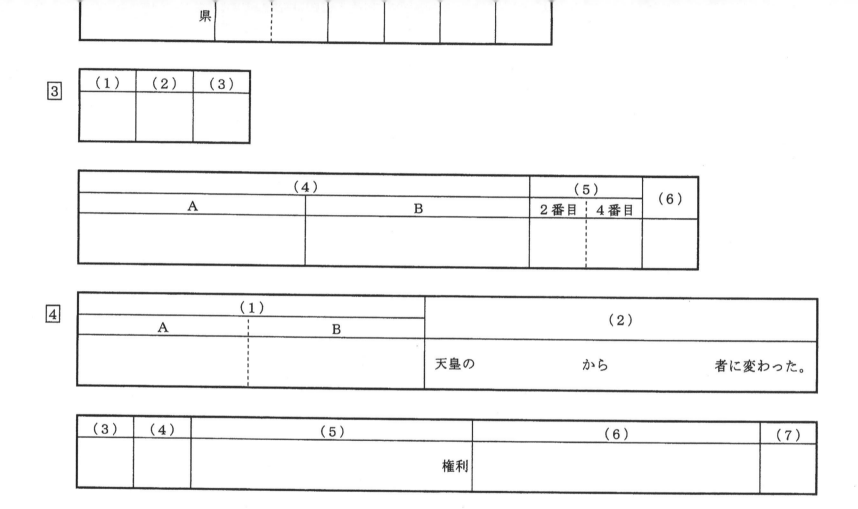

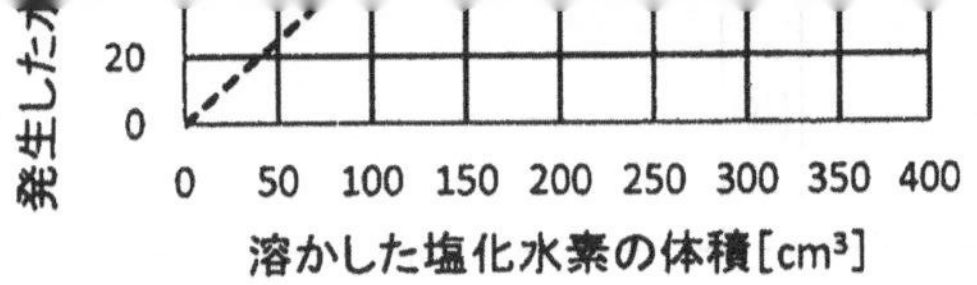

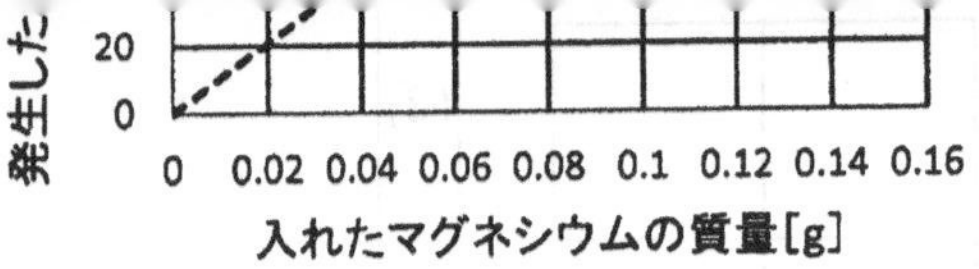

3

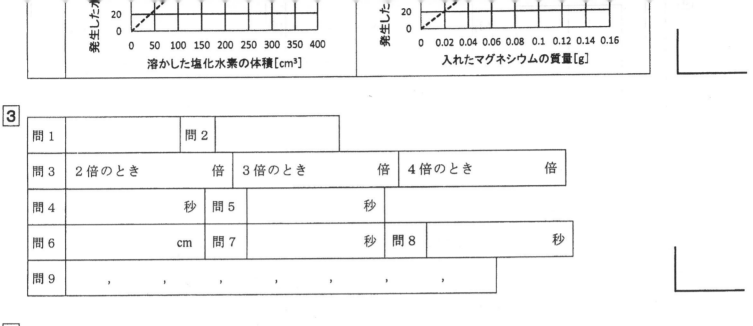

問 1		問 2			
問 3	2倍のとき　　倍	3倍のとき　　倍	4倍のとき　　倍		
問 4	秒	問 5	秒		
問 6	cm	問 7	秒	問 8	秒
問 9	, , , , , , ,				

4

あ	い	う	え
お	か	き	く
け	こ	さ	

ア	イ	ウ	エ	オ
カ	キ	ク	ケ	コ
サ	シ	ス	セ	ソ

(1)		(2)	→ → →	(3)	→ → → →
		(4)	→ → → → →		

4

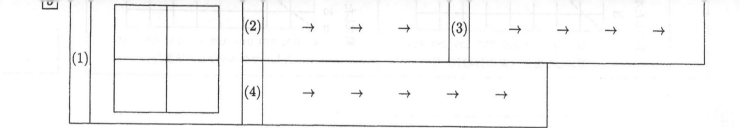

(1)	円	(2)	人
(3)	C駅：　　人、A駅からD駅まで：　　人	(4)	人

5

(1)	cm^3	(2)	cm	(3)	cm^3
(4)	(ア)		(イ)	倍	

㊥ 中学 国語 解答用紙

全2の2

受験番号

＊の欄には記入しないこと。

一　二　解答は解答用紙（全2の1）に書け。

二

問一　画

問二　①　②　③

三

問一　①　②　③

問二　①　②　③　④

四

①　②　③　④　⑤

五

問一　A　B　C　D

問二

問三　X　Y

問四

問五　という意味。

ア

＊ 一	＊ 二〜六

※150点満点
（配点非公表）

（こうの史代『ギガタウン　漫符図譜』）

＊

＊

4 次の文章を読み，(1)～(7)の問いに答えなさい。

憲法は国のありかた，政治のやりかた，国民の権利・義務などを定めたものです。大日本帝国憲法のもとでは，①天皇は神のような存在でした。しかし，日本国憲法のもとでは国と国民統合の［ A ］となっており，②天皇は憲法の定める国事に関する行為のみを行うこととなっています。また，他国を攻撃するための③軍隊は廃止され，外国との争いごとを武力で解決することをせず，そのための［ B ］をもたないと定めています。そして，国民の権利として，あなたが④学校で勉強することや，将来社会に出て⑤働くこと，⑥政治に参加することなどを保障しています。

(1)文中の空らん［ A ］と［ B ］に適する語を答えよ。ただし，憲法の条文中の語句で答えること。

(2)文中の下線部①について，日本国憲法で国民の地位はどのように変わったか。解答らんに沿って，それぞれ漢字2字で答えよ。

(3)文中の下線部②について，憲法の定める国事行為ではないものをア～エから1つ選び，記号で答えよ。

ア．文化勲章を授与すること　　イ．外国を訪問すること

ウ．法律・条約を公布すること　　エ．法律の定める官吏の任命を認証すること

(4)文中の下線部③について，その理由は日本国憲法のどこに書かれているか。ア～オから1つ選び，記号で答えよ。

ア．前文　イ．第1条　ウ．第9条　エ．第27条　オ．第99条

(5)文中の下線部④は，日本国憲法に定められた権利によって保障されている。その権利とは何か答えよ。

(6)文中の下線部⑤とともに日本国憲法で定められている，働く人の立場を守るための権利を1つ答えよ。

(7)文中の下線部⑥について，日本国憲法に定められている権利ではないものをア～エから1つ選び，記号で答えよ。ただし，すべて正しければオと答えよ。

ア．憲法改正の国民投票　　イ．最高裁判所の裁判官に対する国民審査

ウ．国会議員の選挙　　エ．地方公共団体の首長・議員の選挙

ア．堺や長崎などを中心にスペイン・ポルトガルとの南蛮貿易が行われており，その中で日本に輸入された。

イ．曳山祭の担い手であったのは町人たちであり，彼らがタペストリーを購入した。

ウ．曳山祭が始まったのは京都の祇園祭が中断した時期で，祇園祭で使用されていたものが伝わってきた。

[3] 次の日本にかかわる事件・戦争に関する年表を参考にして，(１)～(６)の問いに答えなさい。

1833年	天保の大ききんがおこり，多数の死者が出た	①
1853年	アメリカ使節のペリーが浦賀の沖合いに来航した	②
1868年	明治新政府軍と旧江戸幕府軍との間に戦いが始まった	③
1877年	西郷隆盛を指導者として西南戦争が起こった	④
1894年	朝鮮をめぐって対立していた日本と清国は戦争を始めた	⑤
1930年	前年の世界恐慌の影響もあって，日本はひどい不景気となった	⑥
1941年	日本軍がハワイのアメリカ軍港を攻撃し，太平洋戦争が始まった	⑦

(１)表中①から②の間の出来事について述べた文として正しいものをア～エから１つ選び，記号で答えよ。

ア．杉田玄白や前野良沢らによって，オランダ語の医学書を翻訳した『解体新書』が出版された。

イ．今の大阪市に，緒方洪庵が適塾を開き，医学などの蘭学を教えた。

ウ．近松門左衛門は人形浄瑠璃や歌舞伎の脚本を多く書き，その作品は人気を博した。

エ．本居宣長が『古事記伝』を完成させて，日本人のものの考えなどを研究する国学を大成した。

(２)表中②から③の間の出来事について述べた文として正しいものをア～エから１つ選び，記号で答えよ。

ア．全国で地租改正が行われて，土地に対する税の仕組みが整えられた。

イ．殖産興業政策の一つとして，群馬県に生糸を生産する富岡製糸場が開設された。

（2）下線部①に関連して，平安時代の貴族について述べた文として正しいものをア～オから２つ選び，記号で答えよ。

ア．このころの朝廷の政治は，天皇を中心としながらも，一部の有力貴族が動かしていた。なかでも奈良時代初めの貴族中臣鎌足の子孫である藤原氏が大きな力をもつようになった。

イ．有力貴族たちは，寝殿を中心とし広い庭や池をそなえた寝殿造とよばれる広い屋敷（やしき）に住んでいた。貴族たちは，和歌や蹴鞠（けまり）などを楽しみ，その教養をきそった。

ウ．貴族の社会では，儀式や年中行事がくり返しおこなわれ，細かいしきたりを守ることが大切にされた。この時代の年中行事のなかには，端午（たんご）の節句や七夕など現在に受けつがれている行事も多くある。

エ．貴族たちは，はなやかな暮らしの反面，朝廷での人間関係や病気・死に苦しんだ。そのため，死後に極楽浄土へ行けることを願って清水寺本堂のような阿弥陀堂が建てられた。

オ．平安時代に平仮名・片仮名が生まれ，平仮名は主に朝廷で仕える貴族の女性が，和歌や物語を書くときなどに使った。また平安時代後期に成立した小倉百人一首には，この時代を生きた女性の歌が多くのせられている。

（3）下線部②に関連して，10世紀以降に登場した武士や鎌倉幕府について述べた文として正しいものをア～エから１つ選び，記号で答えよ。ただし，すべて誤っている場合はオと答えよ。

ア．有力な農民や地方の役人の中には，新たに田畑を開いて自分の領地とする者もいた。これらの豪族は地域で治安の乱れや領地争いが増えると，領地と財産を守るために武芸にはげみ，武士となった。

イ．平氏をたおすために挙兵した源頼朝は，富士川の戦いに敗れたものの，弟の源義経の活躍で平氏との戦いに次々と勝ち，壇ノ浦で平氏を滅ぼした。

ウ．源頼朝は有力な御家人を，年貢の取り立てや御家人の取りしまりを行う守護や，軍事・警察の仕事を行う地頭に任命し，幕府の命令を全国に行きわたらせようとした。

エ．東国に幕府が開かれてからも西国を中心に勢力を保っていた朝廷を承久の乱で破り，幕府の力は西国にまでおよぶようになったが，その後，源氏の将軍が３代で絶えたため，幕府の実権は北条氏に移っていった。

(8) 1970年代以降，第2次産業の比率は下がり続けている。日本の工業について述べた文のうち，誤っているものをア～エから1つ選び，記号で答えよ。

ア．1960年頃，原料や燃料を輸入し，工場で製品に加工して輸出する加工貿易がさかんに行われていた。

イ．1950年代から1970年代にかけて，特にイギリスとの間で貿易摩擦問題が発生し，輸出が制限された。

ウ．1970年代後半以降は鉄鋼業や化学工業の割合が下がり，電気機械や輸送機械の割合が上がった。

エ．1980年代後半から，アジア諸国で工業化が進展したこともあり，海外へ工場が多く進出するようになった。

(9) 昼夜間人口比率は，『昼間人口÷夜間(常住)人口×100』として計算される。さいたま市，堺市，熊本市，福岡市の4つの政令指定都市のうち，福岡市の昼夜間人口比率をア～エから1つ選び，記号で答えよ。

ア．110.8　　イ．102.2　　ウ．93.6　　エ．93.0　　(統計：平成27年国勢調査)

(10) 第3次産業人口の上位5都道県のうち，北海道と沖縄県は他の3都県と比べて，ある産業の占める割合が特に高い。その産業は何か，具体的な産業名を答えよ。

2 次の文章を読み，(1)～(6)の問いに答えなさい。

ひかりさんたちは身近にある歴史を調べる授業の一環として，県内の文化財について調べてパネルにまとめた。

●石山寺(いしやまでら)は，真言宗の寺院で，聖武天皇の命により747年に創建された。

●平安時代には，①貴族たちの間で「石山詣(もうで)」が流行し，紫式部なども訪れた。

●石山寺には，本堂や②源頼朝が寄進したとされる多宝塔(たほうとう)などの建造物，「石山寺縁起(えんぎ)絵巻」などの絵画や彫刻をはじめとする多数の国宝・重要文化財がある。また石山寺の文化財の中には，③弥生時代末期の銅鐸もある。

多宝塔(国宝)

「石山寺縁起絵巻」(重要文化財)

高知	359	**10.2**	17.4	72.3
福岡	2558	2.8	21.4	66.7
熊本	881	**9.1**	20.7	70.2
宮崎	549	**10.4**	21.1	68.6
沖縄	704	4.0	15.4	**80.7**

(就業構造基本調査より作成，太字は上位5都道府県)
※15歳以上。割合は分類不能の産業も含むため，合計して100%にならない場合がある。

るようになった。このことは稲作農家の(③)化を一層進め，土日など決まった日にしか農作業を行わない農家を増やす要因ともなった。」

(3)表1の第2次産業人口の比率が高い上位5県の中で，静岡県に注目した。静岡県の工業に関する文中の空らん(①)～(④)に当てはまる河川名・山脈名や産業名を，全て漢字で答えよ。なお，右の地図中の数字と文中の数字は一致し，地図中の●は文中の都市の位置を示している。

「静岡県沿岸部は東海工業地域と呼ばれ，古くから富士山麓(さんろく)の豊かな水や日本アルプスから流れる河川を水運として利用してきた。(①)川は長野県の諏訪湖を水源とし，河川の総延長は短いものの，上流部分が急流であることで有名である。河川の両側には山脈がせまり，西側の(②)山脈と東側の(③)山脈との間を流れる一級河川であり，上流から運ばれた木材は，建築業のほか，河口近くに位置する都市でさかんな(④)製造業にも活用されている。」

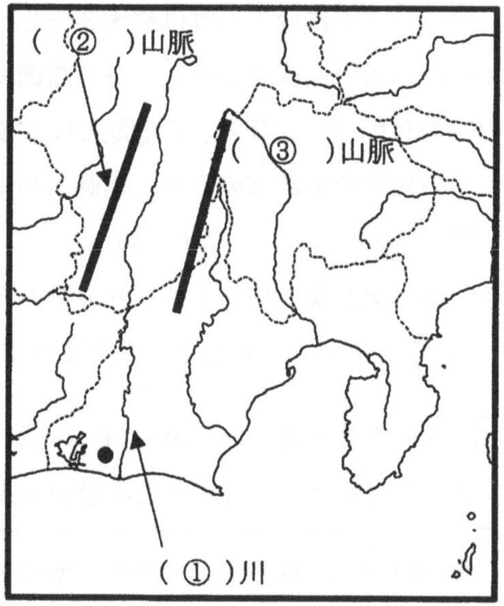

(4)中京工業地帯や東海工業地域では鉄鋼業の割合も高い。鉄鋼の製造工程に関して，溶けた鉄から余分な成分(炭素)などを取り除き，粘り強く加工しやすい鋼を作る設備を何と呼ぶか。ア～エから1つ選び，記号で答えよ。

ア．転炉　　イ．反射炉　　ウ．高炉　　エ．高速増殖炉

(5)日本は多くの原料資源を輸入に頼っている国家である。日本の石炭輸入先に関して，輸入上位5か国に入っていないものが1つ含まれている。その国名をア～カから1つ選び，記号で答えよ。

ア．中国　　イ．ロシア　　ウ．アメリカ合衆国　　エ．ドイツ　　オ．オーストラリア　　カ．インドネシア

(6)表1の産業別人口構成のデータには，日本国内で生活している外国人労働者は含まれていない。2019年4月に入国管理法が改正され，日本で働く外国人労働者は増加傾向にある。次の表2は，都道府県別にみた外国人労働者数と，その都道

左右の心室をへだてるかべのことを心室中隔(ちゅうかく)と呼ぶが，胎児(たいじ)の心室中隔には穴があいており，左右の心室は完全には分かれていない。通常，出生時までにはこの穴が閉じて心臓の形が完成しているが，まれに出生後も心室中隔の穴がふさがっていない心室中隔欠損により，全身で酸素不足の症状(しょうじょう)を起こしてしまうことがある。この症状が生じる理由は，心室の筋肉の強さを比べると，｛コ：a. 右心室の方が強い　b. ほぼ同じである　c. 左心室の方が強い｝ため，心室中隔が欠損していると，｛サ：a. 右心室から左心室に　b. 左心室から右心室に｝血液が流れ込み，（　か　）循環(じゅんかん)の血液量は増加するが，（　き　）循環の血液量が減少してしまうためである。

血液は血球と液体成分の（　く　）に分けられ，血球には酸素を運ぶはたらきをする赤血球，免疫(めんえき)に関わる白血球，血液を固めるはたらきをする（　け　）がある。赤血球に含まれるヘモグロビンという色素は，酸素が多く，二酸化炭素が少ないところで｛シ：a. 酸素と結びつき　b. 酸素と離(はな)れ｝，酸素が少なく，二酸化炭素が多いところで｛ス：a. 酸素と結びつく　b. 酸素と離れる｝性質を持ち，肺から全身の細胞への酸素の供給を可能にしている。

血液は通常，とどこおりなく血管内を流れているが，血液の流れが悪くなり小さな血液のかたまり（血栓(けっせん)）ができて毛細血管につまってしまうことがあり，これを塞栓症(そくせんしょう)という。心臓に戻る静脈の太さは｛セ：a. 太くなっていく　b. 細くなっていく｝のに対し，（　こ　）に向かう血管の太さは｛ソ：a. 太くなっていく　b. 細くなっていく｝ため，（　こ　）には特に血栓がつまりやすい。通称(つうしょう)（　さ　）症候群と呼ばれるものは，国際線の飛行機に長時間乗っているときなどに下半身の血液の流れが悪くなり，下半身でできた血栓が，急に立ち上がったときなどに心臓に向かって流れだし，（　こ　）で塞栓症を引き起こす典型例である。

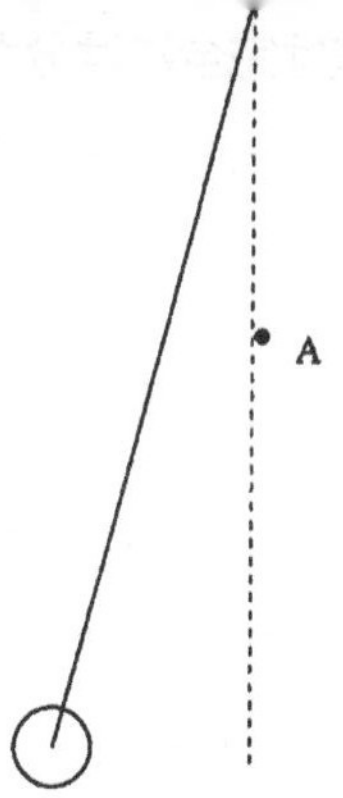

図2

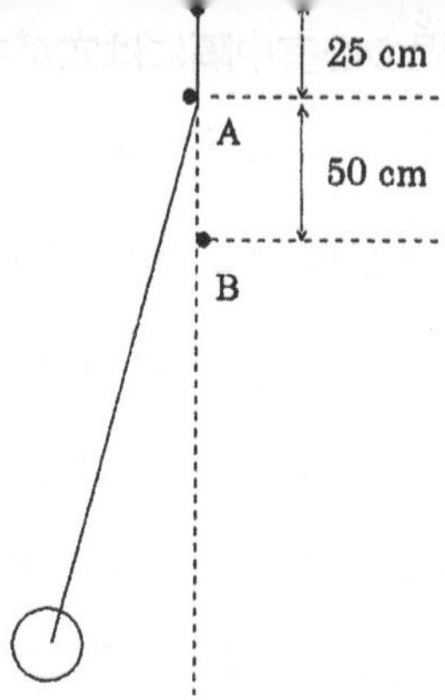

図3

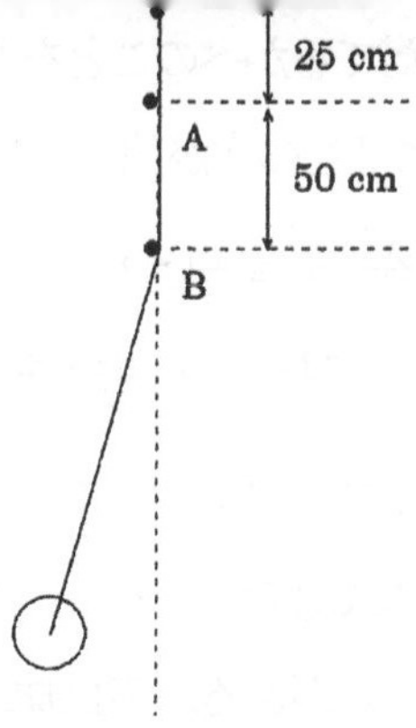

図4

問6　図2で10往復する（手をはなして元の場所に戻ってくるまでが1往復）時間が26.5秒であった。釘Aは天井から真下に何 cm のところに打ってあったか。

問7　図3で1往復する（手をはなして元の場所に戻ってくるまで）時間は何秒か。求めた値の小数第2位を四捨五入して小数第1位まででで答えよ。

問8　図4で，左はしでおもりから手をはなした後，おもりが右はしまでいってから最下点に下りてくるまでの間に釘Bを取りのぞいた。手をはなしてから左はしに戻ってくるまでの時間は何秒か。小数第2位を四捨五入して小数第1位までで答えよ。

［実験3］

図5のように，それぞれ糸の下端に同じ大きさの球の形で，重さが100 g のおもり○と，重さが200 g のおもり●を1個から3個，すき間がないようにつなげて静止させる。その後，同じ振れ幅でそれぞれの振り子を振らせる。図5の点線と点線の間かくは，おもり1つの球の直径の大きさを表し，点線は天井の面に対して平行である。

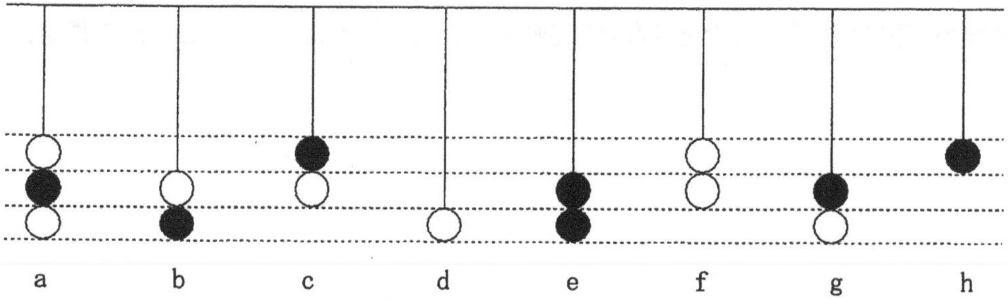

図5

問9　a ～ h を1往復にかかる時間の大きい順に左から並べよ。

問4　30℃の水 100 g にある体積の塩化水素を溶かしてできた塩酸にマグネシウムを 0.15 g 入れたところ，水素が 100 cm³ 発生した。

(1)　溶かした塩化水素は何 cm³ か。

(2)　マグネシウムは何 g 溶け残ったか。溶け残らなかった場合は 0 g と答えよ。

(3)　水素の発生が終わったあとの水溶液に BTB 液を入れると何色になるか。

問5　【実験】の条件を1つだけ変えたところ，水素が 125 cm³ 発生し，水素の発生が終わった後の水溶液に BTB 液を入れると黄色になった。実験の条件のうち，「何」を「どのように」変えたか，それぞれ答えよ。

問6　下のグラフの点線は，【実験】の条件を次の A，B のように変えたときに発生する水素の体積を調べた結果である。水素の発生が終わったあとの水溶液に BTB 液を入れると，緑色になるのはグラフのどの部分か。例にならって解答らんのグラフに実線で示せ。解答例のように，実線の両はしには黒丸を書くこと。

A.　マグネシウムの量は 0.12 g のまま，水 100 g に溶かす塩化水素の体積を変える。

B.　水 100 g に溶かす塩化水素の体積は 250 cm³ のまま，入れるマグネシウムの量を変える。

Aの結果

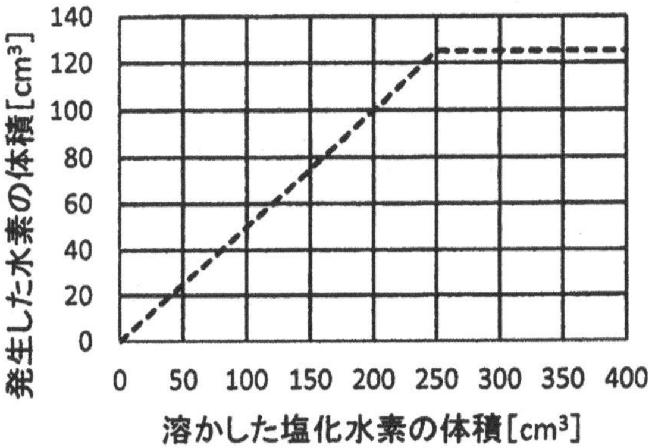

Bの結果

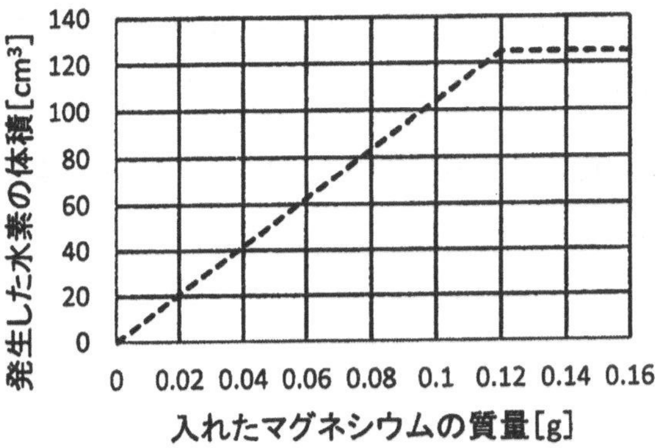

〈解答例〉

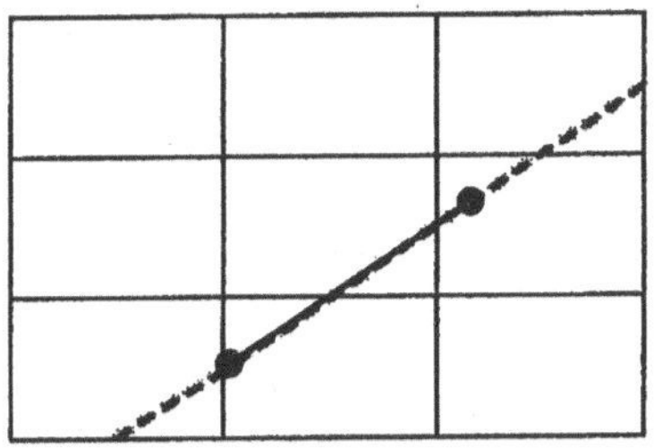

問5　ア．地層内のたい積岩は常に下のたい積岩ほど古く，上のたい積岩ほど新しい。

イ．地層には地下深くの物質の動きなどにより，あらゆる方向から力がかかる。それにともなって地層が割れたり，地層が折れ曲がることがある。

ウ．小石・砂・ねん土に水を入れてよくまぜた。これを，水を入れたとう明な容器に入れてかきまぜた。しばらくして容器を横から見ると，下から小石・砂・ねん土の順にたまっていた。

問6　ア．満月のとき，地球は太陽と月の間に位置し，日の出前に月は西の空に見える。

イ．上弦(げん)の月は右半分が欠けた半月で，日の入ごろに南中する。

ウ．新月のとき，月は太陽と地球の間に位置し，日中に太陽と共に南中する。

問7　ア．新月から上弦の月までの間にできる三日月は，太陽がしずむころ，西の低い空に見える。

イ．下弦の月は真夜中ごろから東の空に見え始め，南中時には左半分が欠けて見える。

ウ．南中時の月の形を毎日観察すると，満月から新月にかけて，月は右側から欠けていく。

問8　ア．北緯35°での，3月20日ごろの春分と9月20日ごろの秋分の南中高度は35°である。

イ．地球に四季があるのは，地球の公転軌道(きどう)がだ円形で太陽までの距離(きょり)が常に変化しているためである。

ウ．北極点では，6月20日ごろの夏至の日から12月20日ごろの冬至の日まで，太陽が一日中沈まない白夜が続く。

(3) 水面と辺 AE との交点が E のとき、残っている水の体積は何 cm^3 ですか。

(4) さらに容器を傾けると、水面は辺 AE と交わらなくなりました。このとき、水面と辺 BF，DH との交点をそれぞれ Q，R とします。また、QR の真ん中の点を M とします。AC と MC の間の角度が 45° のとき

(ア) 水面の形は何角形ですか。　(イ) 水面の面積は、三角形 CQR の面積の何倍ですか。

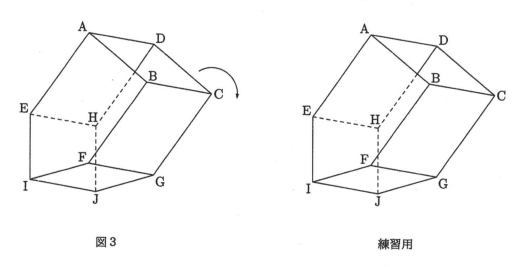

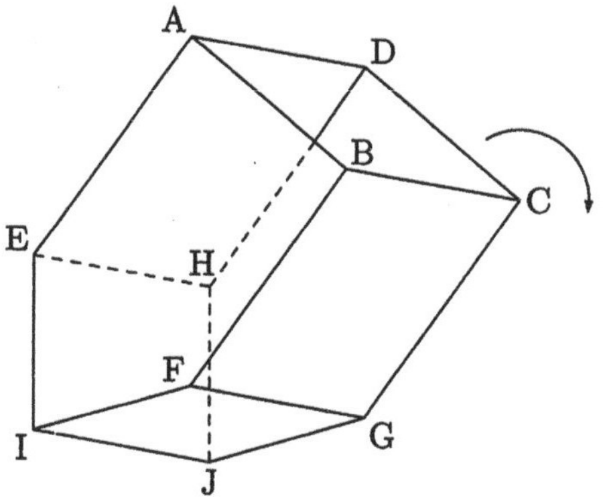

図 3

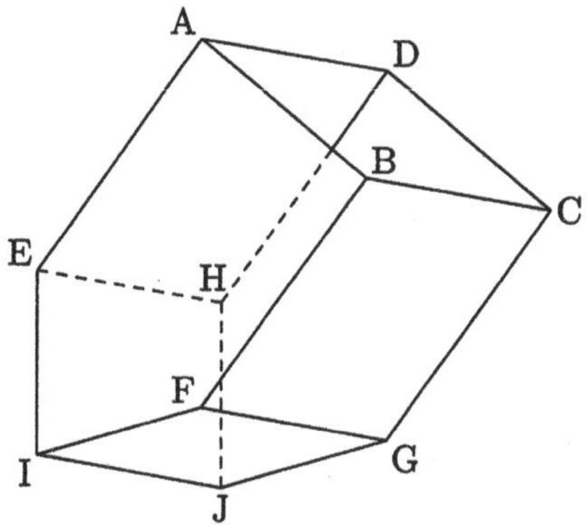

練習用

(4)　最初の状態から6回カードを引いた結果、マスの数字が右の図のようになりました。
このとき、カードを引いた順番を、アルファベットで答えなさい。

2	101
2	20

4　電車がA駅を出発して、途中のB駅、C駅で乗客を乗り降りさせながら、終点のD駅まで行きます。この電車の乗車区間ごとの運賃は、右の表のようになっています。

乗車区間	運賃
A→B	210円
A→C	350円
A→D	600円
B→C	290円
B→D	570円
C→D	460円

(1)　A駅では100人が乗りました。B駅では14人が降りて、誰も乗りませんでした。また、C駅では21人が乗って、誰も降りませんでした。乗客全員の運賃の合計はいくらですか。

(2)　A駅では100人が乗りました。B駅では乗った人と降りた人の比が4:1でした。C駅では、降りた人が乗った人より33人多くいました。そして、D駅では94人が降りました。B駅から乗った人は何人ですか。

(3)　(2)のとき、C駅では乗った人と降りた人の比が2:5でした。C駅で降りた人は何人ですか。また、C駅で降りた人のうち、A駅から乗った人はB駅から乗った人より21人多くいました。A駅からD駅まで乗った人は何人ですか。

(4)　A駅では100人が乗りました。B駅では20人が乗って15人が降り、C駅では10人が乗って20人が降りました。このとき、乗客全員の運賃の合計は64,940円でした。C駅で降りた人で、A駅から乗った人は何人ですか。

2　AB = 5 cm，BC = 3 cm，CA = 4 cm の直角三角形が、右の図のアのように直線①の上に立ててあり、この三角形を右向きにすべらないようにア → イ → ウ → エ と転がしていきます。

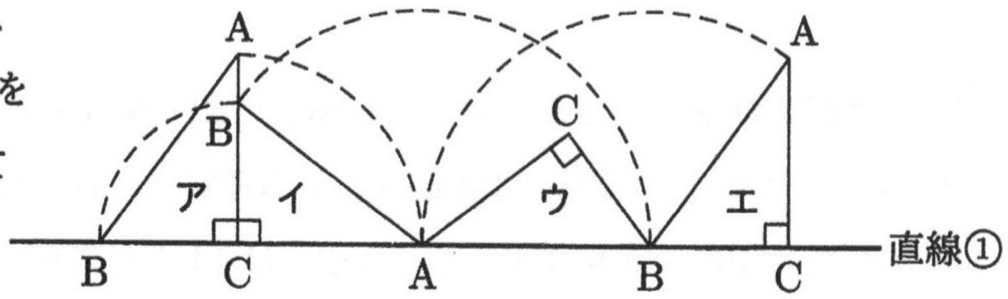

(1)　三角形がイの位置にあるとき、直線①を軸として1回転させます。この回転体の体積は何 cm^3 ですか。

(2)　三角形がウの位置にあるとき、頂点Cから直線①に引いた垂線の長さは何 cm ですか。
また、この三角形を、直線①を軸として1回転させます。この回転体の体積は何 cm^3 ですか。

(3)　三角形がアの位置からエの位置まで動くとき、頂点Aが動いてできる曲線の長さと頂点Bが動いてできる曲線の長さの和（上の図中にある点線の長さの総和）は何 cm ですか。

ポケットからハンカチを取り出した。祖母に褒(ほ)められた猫の刺繍を撮影して送った。すぐに既読の通知がつく。

「こうやって刺繍するのが趣味で、ゲームとかほんまはぜんぜん興味なくて、自分の席に戻りたかった。ごめん」

ポケットにスマートフォンをつっこんだ。数歩歩いたところで、またスマートフォンが鳴った。

「え、めっちゃうまいやん。松岡くんすごいな」

そのメッセージを、何度も繰り返し読んだ。

わかってもらえるわけがない。どうして勝手にそう思いこんでいたのだろう。

今まで出会ってきた人間が、みんなそうだったから。⑦だとしても、宮多は彼らではないのに。

いつのまにか、また靴紐(くつひも)がほどけていた。しゃがんだ瞬間、川で魚がぱしゃんと跳(は)ねた。波紋が幾重(いくえ)にも広がる。太陽の光を受けた川の水面(みなも)が風で波打つ。まぶしさに目の奥が痛くなって、じんわりと涙が滲(にじ)む。

きらめくもの。揺らめくもの。目に見えていても、かたちのないものには触れられない。すくいとって b ホカンすることはできない。太陽が翳(かげ)ればたちまち消え c ウセる。だからこそ美しいのだとわかっていても、願う。布の上で、あれを再現できたらいい。そうすれば指で触れてたしかめられる。身にまとうことだって。そういうドレスをつくりたい。着てほしい。すべてのものを「無理」と遠ざける姉にこそ。きらめくもの。揺らめくもの。どうせ触れられないのだから、なんてあきらめる必要などない。無理なんかじゃないから、ぜったい。

問三　傍線部③「彼らはもごもごと言い合い、視線を逸(そ)らす」とあるが、ここにあらわれている思いはどのようなものか、次のア～オから適切でないものを一つ選び、記号で答えよ。

ア　戸惑(とまど)い　　イ　焦(あせ)り　　ウ　哀れみ

エ　悔しさ　　オ　気まずさ

問四　傍線部④「慣れてる」とあるが、「僕」は何をすることに「慣れて」いるのか、具体的に説明せよ。

問五　傍線部⑤「入学式の日に『石が好き』だと言っていた」とあるが、「高杉くるみ」が本当に「石が好き」だということがよくわかる様子が表現された一文を傍線部⑤以降の本文中から抜き出し、最初の七字で答えよ。

問六　傍線部⑥「自分が楽しいふりをしている」とあるが、具体的にはどういうことか、「ゲーム」の語を必ず用い、「楽しいふりをし」た理由まで含めて分かりやすく説明せよ。

問七　傍線部⑦「だとしても、宮多は彼らではないのに」とあるが、この時の「僕」の気持ちはどのようなものか、左の説明文の空欄（Ⅰ）・（Ⅱ）をそれぞれ埋めて答えよ。

「宮多」が「僕」の刺繍を「すごい」と褒めてくれたことで、「宮多」は他の多くのクラスメイトと違って（　Ⅰ　）人間だと

「いや、なんなん？　そっちこそ」

べつに。なあ。うん。③彼らはもごもごと言い合い、視線を逸らす。教室に、ざわめきが戻る。遠くで交わされるひそやかなささやきや笑い声が、耳たぶをちりっと掠めた。

校門を出たところでキヨくん、と呼ばれた。振り返ったその瞬間に、強い風が吹く。

キヨくん。小学校低学年の頃のままに、高杉くるみは僕の名を呼ぶ。当時は僕も彼女を「くるみちゃん」と親しげな感じで呼んでいたのだが、学年が上がるにつれて会話の機会が減り、今ではもうどう呼べばいいのかわからない。

歩いていると、グラウンドの野球部やサッカー部の声がどんどん遠くなっていく。今日は世界がうっすらと黄色くて、遠くの山がぼやけて見えた。春はいつもそうだ。すべての輪郭があいまいになる。

「あんまり気にせんほうがええよ。山田くんたちのことは」

「山田って誰？」

僕の手つきを真似て笑っていたのが山田らしい。

「私らと同じ中学やったで」

「覚えてない」

個性は大事、ということを人はよく言うが、学校以上に「個性を尊重すること、伸ばすこと」に向いていない場所は、たぶんない。柴犬の群れに交じったナポリタン・マスティフ。あるいはポメラニアン。集団の中でもてはやされる個性なんて、せいぜいその程度のものだ。犬の集団にアヒルが入ってきたら、あつかいに困る。

アヒルはアヒルの群れに交じれば見分けがつかなくなる。その程度のめずらしさであっても、学校ではもてあまされる。浮く。くすくす笑いながらaシグサを真似される。

れいやないってわけでもないやんか。ごつごつのざらざらの石のきれいさってあるから。そこは尊重してやらんとな」

じゃあね。その挨拶があまりに唐突でそっけなかったので、怒ったのかと一瞬焦った。

「キヨくん、まっすぐやろ。私、こっちやから」

川沿いの道を一歩踏み出してから振り返った。ずんずんと前進していくくるみの後ろ姿は、巨大なリュックが移動しているように見えた。

石を磨くのが楽しいという話も、石の意思という話も、よくわからなかった。わからなくて、おもしろい。わからないことに触れるということ。似たもの同士で「わかるわかる」と言い合うより、そのほうが楽しい。

ポケットの中でスマートフォンが鳴って、宮多からのメッセージが表示された。

「昼、なんか怒ってた？　もしや俺あかんこと言うた？」

違う。声に出して言いそうになる。宮多はなにも悪いことをしていない。ただ僕があの時、気づいてしまっただけだ。⑥自分が楽しいふりをしていることに。

いつも、ひとりだった。

教科書を忘れた時に気軽に借りる相手がいないのは、心もとない。ひとりでぽつんと弁当を食べるのは、わびしい。でもさびしさをごまかすために、自分の好きなことを好きではないふりをするのは、好きではないことを好きなふりをするのは、もっともっとさびしい。

好きなものを追い求めることは、楽しいと同時にとても苦しい。その苦しさに耐える覚悟が、僕にはあるのか。

文字を入力する指がひどく震える。

「ちゃうねん。ほんまに本読みたかっただけ。刺繍の本」

う、電器店などで見かける専門的な言い方を思いついた方もいるでしょう。こんなふうに、「電気」を表す言葉には「明かり」「ライト」「照明」「蛍光灯」などさまざまな似た意味の言葉、類義語があります。こうした類義語に詳しくなると、語彙の数を効率よく増やすことができます。

類義語を考える場合、ポイントになるのが、和語、漢語、外来語という語種です。和語は日本固有の語で、漢字だと［X］読みになる言葉です。漢語は昔中国から伝わった語が中心で、［Y］読みになる言葉です。外来語は近年海外、とくに英語から入ってきた語が中心で、片仮名で書かれる言葉です。「電気」で言うと、「明かり」が和語、「照明」が漢語、「ライト」が外来語です。②この語種という物差しを当てると、類義語を考えるのが楽になります。

以上見てきたように、語彙の数を増やすには、世界を知ることと類義語を増やすこと、この二つが有効です。

では、つぎに、語彙力の質的な側面、語彙を使いこなす方法を考えてみましょう。語彙の運用を考えるうえで大切なのが、文脈に合った言葉を選ぶことです。このことを、理解と表現という二つの面から考えてみましょう。

文章の理解を考える場合、文脈に合った意味を選ぶことが重要です。「体調が悪いので、お酒を控（ひか）えている」の「控える」はどんな意味でしょうか。これは控えめの「控え」で、節制する、自粛するという意味を表します。また、「念のため、お名前を控えさせていただきます」の「控える」はどうでしょうか。これは領収書の「控え」と同じで、メモする、書き取るという意味でしょう。さらに、「子役の俳優が、出番を控えて緊張している」はどうでしょうか。

問一　本文中の【A】～【D】に入る言葉を、次のア～オからそれぞれ一つ選び、記号で答えよ。

ア　しかし　　イ　たしかに　　ウ　また
エ　つまり　　オ　たとえば

問二　傍線部①「メールの世界に触れる」とあるが、これと同じ内容を意味する表現を本文中から二十字以上二十五字以内で抜き出し、最初の七字で答えよ。

問三　本文中の［X］・［Y］に入る漢字一字をそれぞれ答えよ。

問四　傍線部②「この語種という物差しを当てると、類義語を考えるのが楽になります」とあるが、なぜか、左の説明文の（　）を四十字以内で埋めて答えよ。

ある語が和語である場合に、（　　　）から。

問五　傍線部③「控（ひか）え」のここでの意味を、「～という意味。」に続く形で十五字以内で説明せよ。

問六　本文全体の内容をまとめた左の図を完成させよ。ただし、［ア］は五字以内、［イ］・［ウ］はそれぞれ十字以内、［エ］・［オ］はそれぞれ三十字以内で埋めること。

［語彙力］を強化する方法

② この子は甘えん坊で手がかかる。

③ 右手の建物。

問二　次のように説明された慣用句があった。①～④について、例にならって空欄を二字で補い、慣用句を完成させよ。

（例）「能力の範囲内にある」　＝　手が届く。

①「自分の能力の範囲を超えていて処理しきれない」　＝　手に（　　　）。

②「処置や対策に困り、てこずる」　＝　手を（　　　）。

③「ひまができる」　＝　手が（　　　）。

④「ある事柄を予測して必要な処置をとる」　＝　手を（　　　）。

四　次の①～⑤の空欄内の語を、後ろにつながるよう正しい形に改めよ。ただし、空欄内で示した字数で、全てひらがなにすること。

① 寒いので部屋を（あたたかい　五字）する。

② 彼女の描いた絵は、とても（きれいだ　五字）た。

③ 優勝された（そうだ　三字）、おめでとうございます。

④ 明日の集会には、ぜひとも行か（ない　三字）ばならない。

⑤ 彼にクラスの代表として参加してもらい（ます　三字）う。

ありません。現実世界の反映として、現実世界と結びつく形で存在しています。

　パソコンや携帯で送りあうメールを例に考えてみましょう。今から三〇年前を考えてみると、パソコン通信が始まったばかりで、ほとんどの人がメールというものを知りませんでした。ところが、メールの世界が発達し、私たちがそれになじむにつれて、メールに関わる言葉が自然と口をついて出るようになってきています。

　私は朝パソコンを開けると、まずメールをチェックします。誰かに連絡する必要がある場合、メールを「作成」し、メールに「件名」をつけ、「宛先」を選び、関係者を「CC」に入れ、ファイルを「添付」し、「送信」ボタンを押します。それが終わると、受信ボタンを押してメールを「受信」します。受信トレイにある「未読」メールを確認し、必要であればそれに「返信」したり、関係者に「転送」したりします。一方、誰から届いたかわからない怪しい「迷惑メール」は「削除」します。

　メールの送受信をめぐるこうした一連の言葉は、三〇年前はおそらくほとんどの人が知らなかったでしょうが、私たちは①メールの世界に触れるなかで、語彙の数を増やすことに自然と成功しているのです。私たちは世界と言葉のつながりを、自分自身の現実の経験をとおして、【　C　】、読書という架空の経験をとおして学ぶことができるのです。

　さて、語彙の数を増やす方法をもう一つ、今度は言葉にそくして考えてみましょう。それは、類義語を増やすという方法です。

　今、みなさんが部屋の天井をふと見上げると、「電気」がついているかもしれません。この「電気」を別の語で言い換えられないか、考えてみてください。「明かり」という和風の言葉や「ライト」という洋風の言葉がまず思い浮かびます。「照明」や「蛍光灯」とい

㊥ 令和二年度　久留米大学附設中学校入学試験問題

国語科

（60分）

注意　1　解答はすべて解答用紙に記入せよ。解答用紙だけを提出すること。
　　　2　一～四の各問いで、字数を指定している場合は、句読点などを含んだ字数である。

一　設問と解答欄とは、解答用紙（全2の1）にある。

二　次の各問いに答えよ。

問一　次の①～④の傍線部の語と、働きや性質が異なる語を、それぞれア～オの中から一つ選び、記号で答えよ。

①　こういう場合は先生に相談しよう。
　ア　父が大きなぬいぐるみを買ってくれた。
　イ　この花の名前はアザミと言うそうだ。
　ウ　机の上にある本は、母のものである。
　エ　引き出しの中にたいしたものは無かった。
　オ　この絵はわが国がほこる至宝である。

②　しあわせな一日を過ごした。
　ア　小さな町で生まれ育った。
　イ　きれいな宝石に目を奪われる。
　ウ　冬にしては暖かな日々が続く。
　エ　彼の長所は素直なところだ。
　オ　心配なことがたくさんある。

③　景色がぼんやりとかすんでいる。
　ア　星がきらきら光っている。

い」「いたいたしい」のように、二字のくり返しの後に「しい」がつく語である。

①　（　　）しい　＝　それほど親しくないのに、無礼に感じるほど親しげにふるまうさま。
②　（　　）しい　＝　さわやかで気持ちが良いさま。
③　（　　）しい　＝　遠慮がなく自分中心に行動するさま。
④　（　　）しい　＝　動作や話し方がなめらかでないさま。

問五　次の①～④の傍線部を漢字に直せ。

①　時間をサいて、人に会う。
②　生糸を精練してキヌ糸にする。
③　自宅の二階をカイチクする。
④　ショウマッセツにこだわる。

三　次の文章を読んで、後の問いに答えよ。

「陽太」は、小学六年生。夏休みに大学の折り紙サークルの看板でドラゴンを見て、自分も作ってみたいと思った。二学期になって、そのサークルのメンバーの「もじゃもじゃ頭」から折り紙教室「折り紙探検隊」に誘われた陽太は、切たというのが私の考えです」

「てゆうかさ、君は何か複雑系、作ったこととかあるの」

ぽっちゃり兄さんが訊いてくる。

ほのかが、

「③あれ、出しなよ」

と陽太を肘でつついた。

「あれって……？」

陽太がまだぼんやりしていると、たまりかねたと見えてほのかが陽太の手提げバッグをひっぱり、そのひっぱり方とはうらはらに、繊細な手つきで、そうっと、陽太が作製したくす玉を取り出した。

「おおー！」

銀縁眼鏡が、大きな声を出し、周りもみんな陽太たちを見た。すぐそばで、他の子どもの相手をしていたぽっちゃり兄さんも聞きつけて、陽太のくす玉を見た。

④銀縁眼鏡がくす玉を、ほのかと同じく優しい手つきで触り、細部を確認するようにじろじろと見ている。ぽっちゃりが、横から、

「へえ、やるじゃん。このくす玉なかなか難しいやつだ。紐までつけたのか。本格的だな。君、幾何のセンスがあるかもね。それに、ユニットひとつひとつがすごく丁寧に仕上げられてる。これ、全部、ひとりでやったの？」

と言い、

「小学生でここまでやれるって、なかなかの才能ですな」

銀縁眼鏡も認めてくれた。

いつの間にか、もじゃもじゃ頭もそばにいて、

順を追って、ちゃんと努力をすれば、いつかは創れるんだ。

「本当に、それって、一枚の紙だけでできてるんですか」

ほのかが訊ねると、

「もちろん。鋏も糊も使わない。ただ、折るだけで様々なかたちを造形する。それが複雑系折り紙」

もじゃもじゃ頭は、きめ顔だった。

結局その日は、ほのかといっしょにネズミを作った。

ほのかは端と端をきっちりそろえて折るのが苦手で、しかも途中で工程を見失いパニックになって、陽太に数回助けを求めた。できあがりは、ちょっと顔の大きい、かわいいネズミになった。

陽太のネズミは、見本よりきれいだと、ぽっちゃりにも銀縁眼鏡にも褒められた。すいすいと折ることができる陽太は、その日だけで五匹ものネズミを作ったが、あまりに上手だったので、遊びに来ていた幼稚園児たちが欲しがり、陽太はその子たちに全部あげた。

「⑥折り紙界へようこそ」

もじゃもじゃ頭は、陽太が作ったネズミを見て、そう言った。

あんなにすごいドラゴンを作れる人が、自分のことを認めてくれたと思うと、陽太の心は晴れ晴れとした。おまけに、最初の日は不機嫌だったぽっちゃりが、今はすごくフレンドリーな笑顔を向けてくれて、

「君、折り紙探検隊の正式メンバーな」

と、陽太に言うではないか。正式メンバー。⑦陽太の頬が持ち上がる。

「それじゃ、最初の課題、これ、笛を吹く人の折り図。ちなみに僕のオリジナル作品ね」

「オリジナル作品？」
「自分で考えた作品なんだ。折り紙作家の人たちが創作した恰好(かっこう)いい作品を色々と作るところから始めて、だんだんと自分で創作することも、やってみてるんだ」
「へえ」
「これは、笛のところが少し細かいし、百工程近くあるから、まあまあむずかしいと思うけど、あれだけネズミを丁寧に折れる君なら、きっと作れるよ」
と、もじゃもじゃ頭は折り図のコピーをくれたのだ。
⑧陽太は、もらった折り図を、宝物みたいに大切に折りたたんで、手提げにしまった。

（朝比奈(あさひな)あすか『君たちは今が世界(すべて)』ＫＡＤＯＫＡＷＡ）

問一　傍線部①「近くにいた銀縁眼鏡が、笑いながら言った」とあるが、なぜ「銀縁眼鏡」は笑ったのか。その理由として最も適当なものを次のア～オの中から選び、記号で答えよ。
ア　折り紙のことを何も知らない陽太が、何よりもドラゴンに興味を持ったことを頼もしく思ったから。
イ　大学生の自分でも満足に作れなかったドラゴンを、小学生の陽太が作ると突然言い出したことがうれしかったから。
ウ　難易度が極めて高いドラゴンを作りたいという陽太の突然の申し出に驚き、さすがに無謀(むぼう)すぎると思ったから。
エ　ドラゴン作りに挑戦しようとしている陽太と比べて、自分の勇気のなさを思い知らされて笑うしかなかったから。
オ　ドラゴンを作りたいという陽太の申し出は全く予想もしていなかったので、笑ってごまかすしかないと思ったから。

オ　今はドラゴンを作れなくても、いつかは作れると言われたので安心している気持ち。

問六　傍線部⑥「折り紙界へようこそ」とあるが、この言葉にこめられた「もじゃもじゃ頭」の気持ちを説明せよ。

問七　傍線部⑦「陽太の頬(ほお)が持ち上がる」とあるが、この時の「陽太」の気持ちを分かりやすく説明せよ。

問八　傍線部⑧「陽太は、もらった折り図を、宝物みたいに大切に折りたたんで、手提げにしまった」とあるが、なぜ「陽太」はこのような態度を取ったのか。その理由の説明として最も適当なものを、次のア～オから選び、記号で答えよ。
ア　自分がもじゃもじゃ頭に期待してもらえた大切な証だと思ったから。
イ　もじゃもじゃ頭の宝物を自分がなくしたりしたら大変だと思ったから。
ウ　誰の手も借りずに自分の力だけでドラゴンを完成させるまで大切に持っておきたいと思ったから。
エ　ドラゴン作りに挑戦することを小学生最後の大切な思い出にしたいと思ったから。
オ　もじゃもじゃ頭がこっそり自分に渡してくれた折り図を自分だけの大切なものだと思ったから。

四　次の【甲】・【乙】の文章は、一九九四年に出版された辰濃和男(たつのかずお)著『文章の書き方』によるものである。これを読んで、後の問いに答えよ。

会話をかわして別れます。ところが、翌日のスポーツ紙を見て沢木は驚きます。

輪島　ワシの考えは古いというかもしれないが、ボクシングをやればやるほど、神の存在がはっきりしてきた。

横綱　それじゃワシは、まだ努力不足だ。コウちゃんの境地にはほど遠い。

という具合で、いかにも横綱とチャンピオン同士らしい話が進んでゆく。この「らしい」がb曲者です。④「らしさ」こそ記者の創作なのです。その「らしさ」を装う道具として、ワシという代名詞が使われているのです。沢木の目撃した限りでは、ボクシングの輪島も横綱の輪島もワシという言葉は使わなかったのに、紙面の二人はワシを連発している。沢木の考えはこう発展します。

「多くの場合、ワシは記事の不正確さを糊塗したり、不十分さを補ったりするために利用されていた。ワシと言わせることで、その言葉に附着している独特な雰囲気を、一語で表わそうとする。だが、ワシとされる彼らのひとりひとりは、その外見と異なるさまざまな内面を持っている。そうであるにもかかわらず、ワシと一括してくくられることで、彼らは逆にひとつの狭いイメージの中に閉じ込められてしまうことになる。ワシというアクの強い人称代名詞によって、むしろ［A］にさせられてしまうのだ」

（辰濃和男『文章の書き方』岩波新書）

【語注】

横井庄一　＝一九一五年生まれの陸軍軍人。グアム島で敗戦を迎えたが、そのことを知らず、二十八年間ジャングルで生活していた。地元漁民に遭遇したことをきっかけに日本に帰国した。

江夏・ファイターズの大沢啓二・カープの山本浩二　＝かつてのプロ野球の名選手

問四　傍線部③「本能的に自分の持っているイメージに合わせて対象を見ようとする」とあるが、具体的にはどのようにすることか。「横井庄一」の取材の例に即して説明せよ。

問五　傍線部④「『らしさ』こそ記者の創作なのです」とあるが、

i　「記者」が「らしさ」を「創作」することができるのはなぜか。次の説明文の空欄に入る最も適当な語を後のア～オの中から選び、記号で答えよ。

読者に（　　　）があるから。

ア　主観　　イ　理想像　　ウ　価値観

エ　好奇心　　オ　固定観念

ii　「らしさ」を「創作」することは、「記者」にとってどのような利点を持つか。次の説明文の空欄に入る適切な表現を【乙】より二十五字以内で抜き出し、その最初と最後の五字を答えよ。

（　　　）ことが出来るという利点。

問六　［A］に入る言葉として最も適当なものを次のア～オの中から選び、記号で答えよ。

ア　孤独な存在　　イ　平凡な存在

ウ　非個性的な存在　　エ　一風変わった存在

オ　実像からかけ離れた存在

問七　もしあなたが新聞記者であったなら、どのような態度で記事を書くべきだと考えるか。【甲】・【乙】全体の内容をふまえて答えよ。

★教英出版編集部注
問題音声は教英出版ウェブサイトで。
リスニングＩＤは解答集の表紙を参照。

観覧車回れよ回れ想ひ出は君には一日(ひとひ)我には一生(ひとよ)
栗木(くりき)　京子(きょうこ)『水惑星』（昭59、雁書館）

京都大学理学部の学生時代に作られた、栗木京子の代表作である。休日、男友達と一緒に遊園地に出かけたのであろう。大きな観覧車に二人で乗った。ゆっくりと地上を離れてゆく観覧車が再び地上に戻ってくるまでの、二人だけの時間。まだ恋人とも言えない友達との淡い会話があったのであろう。そんなふうにして過ごす楽しい今日というこの時間は、私には一生の想い出として残るだろうが、あなたにはたった一日の想い出でしかないのだろうかと、ふと思う。いま二人が共有している時間、それに対する意識のずれが痛切に思われる。

そんな下句の思いを踏まえて読むと、上句「観覧車回れよ回れ」に込められた作者の思いはいっそう切なく響くだろう。片思い、あるいは片思いにも届かない淡い恋情であったかもしれないが、相手の男性には届くことのないみずからの思いを励ますように、あるいはそんな思いのいじらしさをもう一度反芻するように、観覧車に「回れよ回れ」と呼びかけているのである。多くの若い読者の共感を呼ぶ、恋のはじまりを詠って普遍的な歌である。（以下、省略）（永田和宏『現代秀歌』岩波新書）

令和２年度　久留米大学附設中学校入学試験問題

㊥ 算数

（注意） 解答はすべて解答用紙に記入しなさい。解答用紙のみ提出しなさい。

(1) 円周率は 3.14 とします。

(2) 角すいの体積は（底面積×高さ）÷ 3 として計算します。（高さとは、頂点から底面に引いた垂線の長さのこと）

（60分）

1 次の各問いに答えなさい。

(1) 次の空らんにあてはまる数は何ですか。

$$\left\{\left(\boxed{}-12\right)\div 4-2\right\}\div\frac{5}{3}\times 0.375-12.5=100$$

(2) 100 点満点の試験を A, B, C, D, E の５人が受験しました。A, B, C の点数はそれぞれ D の点数の $\frac{1}{2}$, $\frac{3}{5}$, $\frac{4}{3}$ で、E の点数は A, B, C の３人の点数の合計の半分でした。また、得点はすべて整数で、0 点はいませんでした。E の点数は何点ですか。

(3) 正六角形に１つの角が 40°である直角三角形が図のように重なっています。アの角度は何度ですか。

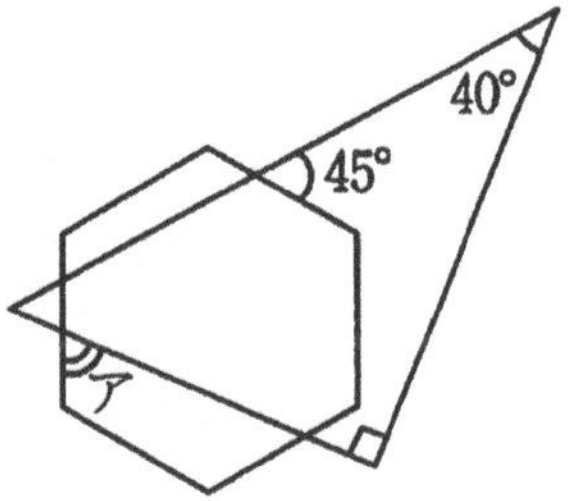

(4) 母線の長さが 8 cm の円すいがあり、図のように頂点を中心として側面が平面上をすべらないように回転させると、$2\frac{2}{3}$ 回転したとき、ちょうど点線上を１周しました。

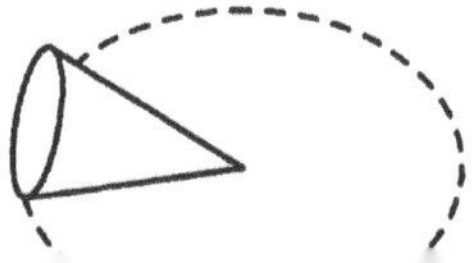

この円すいの表面積は何 cm^2 ですか。

4　☆を１けたの整数として、次のような操作を行います。

操作：ある整数の一の位を消してできる新たな整数から、消した一の位の☆倍を引く。

整数にこの操作をくり返して０になるとき、この整数を「☆の仲間」と呼ぶことにします。

たとえば、☆を９とします。1001にこの操作をくり返すと、1001→91→0となるので、1001は「9の仲間」です。

一方、1002→82，2020→202→2となるので、1002も2020も「9の仲間」ではありません。

(1) 4567654→[ア]→[イ]→[ウ]→[エ]→0となるので、4567654は「9の仲間」です。

ア～エに入る整数はそれぞれ何ですか。

(2) 10けたの整数45676[オ]4404は「9の仲間」です。オに入る１けたの整数は何ですか。

☆を５として、34323にこの操作をくり返すと、34323→3417→306→0となるので、34323は「5の仲間」です。

(3) ３けたの整数[カ]55，[キ]65はともに「5の仲間」です。カ，キに入る１けたの整数はそれぞれ何ですか。

(4) 10けたの整数[ク]777777774は「5の仲間」です。クに入る１けたの整数は何ですか。

(5) 10けたの整数[ケ][ケ]333333[コ][コ]は「5の仲間」です。ケ，コに入る１けたの整数を１組求めなさい。

令和２年度久留米大学附設中学校入学試験問題

（注意）　解答はすべて解答用紙に記入しなさい。解答用紙のみ提出しなさい。

(40分)

1　次の文を読み，以下の各問いに答えよ。

さくらさんはある日，ストローを使って飲み物を飲んでいるときに，図１のように，水面のところでストローが折れ曲がり，カップの底が浮き上がったように見えることに気づいた。この理由をインターネットで調べてみたところ，「光の屈折」という現象が原因であることが分かった。

図１

【光の屈折についての説明】

光は別の物質に入るとき，初めの進行方向から折れ曲がって進む。この現象を「光の屈折」という。光の進行方向と境界面に垂直な線との間にできる角度を入射角や屈折角という。図２のように，光が空気中から水やガラスなど透明な物質へ進むときは，入射角の方が屈折角より大きくなる。逆に，図３のように，光が透明な物質から空気中へ進むときは，同じ道すじを通るので屈折角の方が入射角より大きくなる。

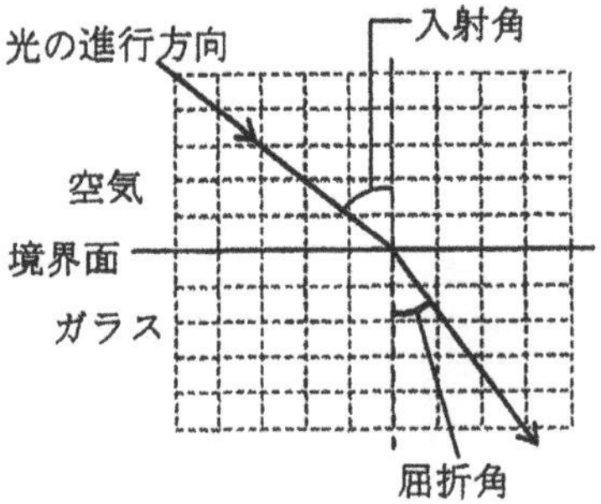

図２

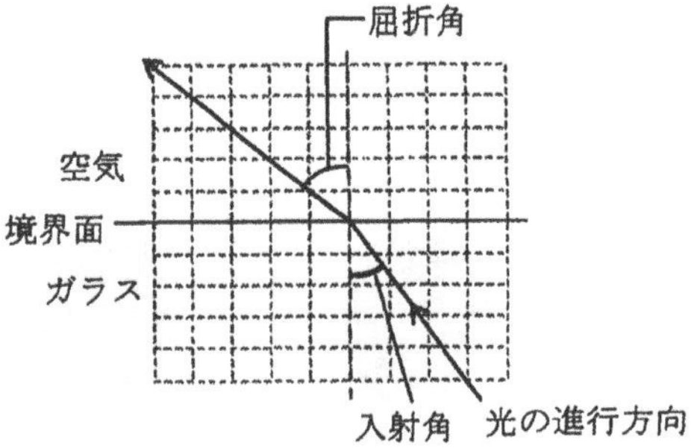

図３

問１　空気中に置かれたガラス板にレーザー光を入射したとき，ガラス板を透過して再び空気中に出てくる光の進み方を，図２，図３を参考にして解答らんに示せ。

問２　さくらさんは光の屈折を考えて，図４のように水中にあるストローの先端から人間の目に届くまでの光の道すじをかいた。空気中から見たときに，ストローの先端が見える位置を図中に点でかけ。ただし，人間の目には，光が直進して届くと感じられる。

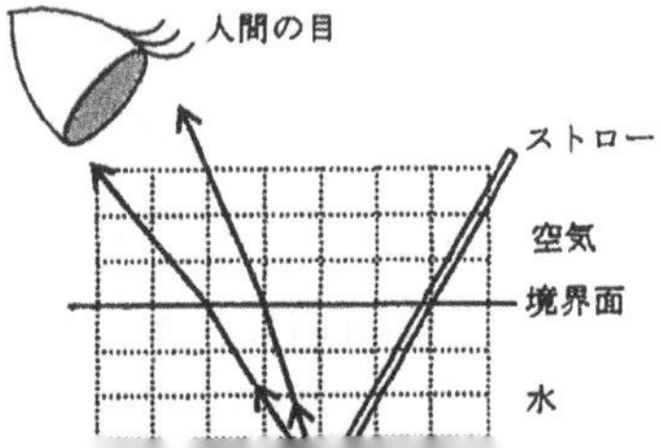

さくらさんは，光の屈折について調べるなかで，雨上がりに空にかかる虹も光の屈折

令和２年度久留米大学附設中学校入学試験問題

㊥　理科

(注意)　解答はすべて解答用紙に記入しなさい。解答用紙のみ提出しなさい。

2　次の文を読み，以下の各問いに答えよ。

2019年5月1日に元号が「令和」となった。この新元号は『初春の令月にして，気淑く風和ぎ，梅は鏡前の粉を披き，蘭は珮後の香を薫す』という「梅花の歌」の序文をもとに考案されている。この和歌は，730年に大伴旅人が同僚や友人を招いた宴で詠まれたものである。この宴で見られていたと思われる月について考えてみる。

問１　暦から計算すると，この宴の日に出ていた月は月齢がおよそ13の十三夜の月であった。この日に南の空に見えていた月の形として最も近い図を次の中から選び，記号で答えよ。ただし，月齢とは月の満ち欠けの状態を知るための目安になる数字である。新月の月齢を0とし，新月から何日が経過したかを表し，30(実際は0に戻る)に近い数字であるほど，次の新月に近くなる。

ア．　イ．　ウ．　エ．　オ．　カ．

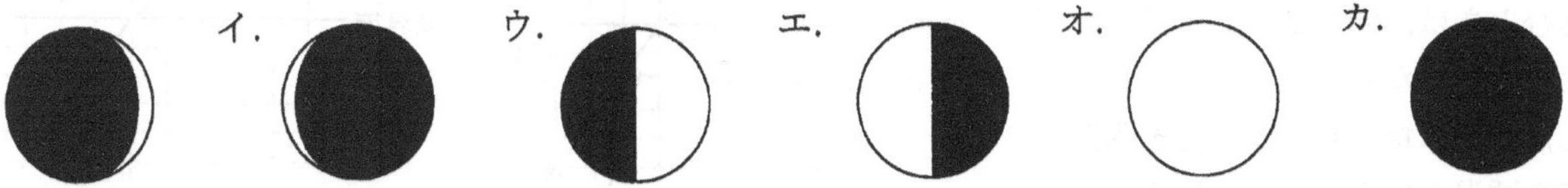

問２　この宴の日の月について，次の文より最も適当なものを１つ選び，記号で答えよ。

ア．日の出の時刻には東の方の空に見えていた。

イ．正午には東の方の空に見えていた。

ウ．日の入りの時刻には東の方の空に見えていた。

エ．午前0時には東の方の空に見えていた。

令和２年度久留米大学附設中学校入学試験問題

（注意）　解答はすべて解答用紙に記入しなさい。解答用紙のみ提出しなさい。

3　次の[Ⅰ]，[Ⅱ]を読み，以下の各問いに答えよ。

[Ⅰ] 動物は様々な食物から栄養素を摂取（せっしゅ）して生活をしている。食塩などの例外を除くと，肉や魚，卵や乳製品，野菜や果物，穀物（こくもつ）などは，すべて動植物そのもの，もしくはそのからだの一部，あるいは動植物が生み出すものである。すなわち，動物は他の動植物，場合によっては菌類（きんるい）や細菌類もふくめた生物のめぐみをうけて生きているといえる。

我々が口にする食品のうち，野菜や果物，穀物は植物由来のもので，ビタミンやミネラル，デンプンなどの摂取を目的として食べられている。一般的に，田畑に栽培（さいばい）される副食物（主食ではない）で，草本植物（草のなかま，樹木のようにかたい幹をもたず，あまり大きくならない）のものを「野菜」，おおむね２年以上栽培する木本植物（樹木のなかま）で，果実を食用とするものを「果物」と分類している。また，「穀物」とはマメやイネなど草本植物の，デンプンを主体とする種子を食用にするものを指す。

問１　多くの食品には賞味期限・消費期限が設定されているが，食塩には消費期限がない。その理由を25字以内で説明せよ。

問２　下線部のような食品の例として発酵（はっこう）食品がある。以下の食品のうち，発酵食品でないものを２つ選び，記号で答えよ。

あ．しょうゆ　　い．とうふ　　う．かつおぶし　　え．紅茶　　お．かまぼこ

問３　上の文を参考に，以下の食品のうち「野菜」にあてはまるものをすべて選び，記号で答えよ。

か．スイカ　　き．リンゴ　　く．ニンジン　　け．コムギ　　こ．モモ

問４　以下の中から，① 主に葉を食べる野菜，② 主に根を食べる野菜，③ 主に果実を食べる野菜，④ 主に茎（くき）を食べる野菜をそれぞれ２つずつ選び，記号で答えよ。

さ．キュウリ　　し．サツマイモ　　す．ブロッコリー　　せ．アスパラガス　　そ．キャベツ

た．タマネギ　　ち．ゴボウ　　つ．イチゴ　　て．ナス　　と．ブドウ

令和２年度久留米大学附設中学校入学試験問題

（注意）解答はすべて解答用紙に記入しなさい。解答用紙のみ提出しなさい。

4　酸素について以下の各問いに答えよ。

問１　酸素は，実験室では図１のような装置を用いて作ることができる。

(1) 図１の三角フラスコには少量の固体Ａを，ロートには液体Ｂを入れてある。固体Ａ，液体Ｂとして適切なものを次のア～コからそれぞれ１つずつ選び，記号で答えよ。

ア．うすい塩酸　イ．水酸化ナトリウム水溶液　ウ．うすい過酸化水素水　エ．砂糖水　オ．食塩
カ．スチールウール　キ．砂糖　ク．ベーキングパウダー　ケ．二酸化マンガン　コ．石灰石

(2) 図１の X の部分を適切に表したものをア～エから，Y の部分を適切に表したものをオ～キから，それぞれ１つずつ選び，記号で答えよ。

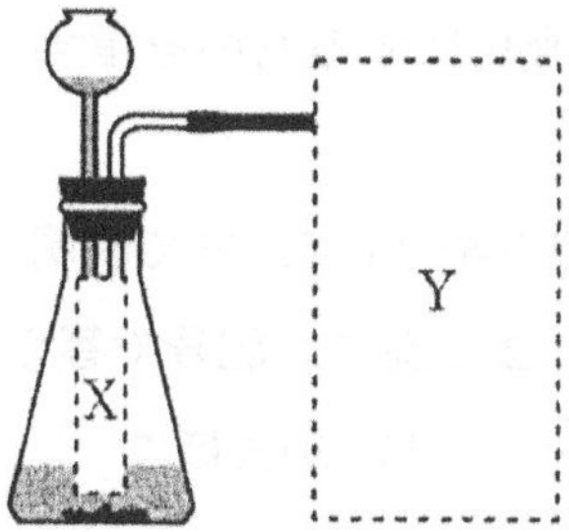

図１

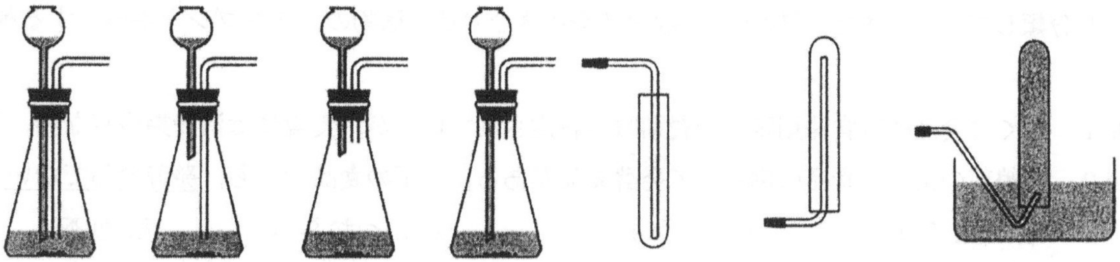

ア　イ　ウ　エ　オ　カ　キ

問２　試験管に集めた酸素に水素を加えて十分に長い時間おいた後のようすとして適当な図を次のア～エから１つ選び，記号で答えよ。ただし，○は水素，●は酸素を表している。

（注意）　解答はすべて解答用紙に記入しなさい。解答用紙のみ提出しなさい。

(40分)

1　日本の交通・都市や工業，農業，貿易に関する（１）～（８）の問いに答えなさい。

（１）右の表は，新幹線の４つの路線の出発地からの距離と，路線沿いの主な停車駅がある都市の人口を示している。なお，表中の停車駅は人口25万人以上の都市にある駅のみを挙げている。例えば東海道新幹線は東京を出発し，営業距離293.6km進むと豊橋（人口37.8万人）に到着（とうちゃく）する。路線Ａ～Ｃは，九州新幹線（博多始発），東北新幹線（東京始発），上越新幹線（東京始発）のいずれかを示している。路線Ａ～Ｃの正しい組合せをア～カから１つ選び，記号で答えよ。

【東海道新幹線】	新横浜	静岡	浜松	豊橋	名古屋	京都	新大阪
出発地からの距離	28.8	180.2	257.1	293.6	366.0	513.6	552.6
人口	373.6万人	70.9万人	80.8万人	37.8万人	227.9万人	141.8万人	269.1万人
【路線A】				X			
出発地からの距離	109.5	226.7	272.8	351.8	535.3	713.7	
人口	52.2万人	32.7万人	28.3万人	105.9万人	29.3万人	29万人	
【路線B】		Y					
出発地からの距離	35.7	118.4	288.9				
人口	30.7万人	73.4万人	60.7万人				
【路線C】				Z			
出発地からの距離	30.3	105.0	270.6	333.9			
人口	128.1万人	37.5万人	27.5万人	80.0万人			

（人口統計2017年）

	ア	イ	ウ	エ	オ	カ
路線Ａ	九州	九州	東北	東北	上越	上越
路線Ｂ	東北	上越	九州	上越	九州	東北
路線Ｃ	上越	東北	上越	九州	東北	九州

（２）表中の停車駅Ｘ～Ｚについて，それぞれの停車駅がある都市の主な特徴（とくちょう）を以下に記した。それぞれの都市名を答えよ。

都市Ｘ：地方中枢（ちゅうすう）都市として，この地方の経済・文化・政治の中心地であり，多くの企業や金融（きんゆう）機関が集中している。

市街地はかつての城下町を中心に平野部に展開している。

（注意）　解答はすべて解答用紙に記入しなさい。解答用紙のみ提出しなさい。

イ．内陸部の門真市・守口市などには，家庭用電気製品の大工場が多く，下請け工場も多く見られる。

ウ．大阪市東部から東大阪市にかけての地域には町工場が多く集まり，金属加工品や日用雑貨などを生産している。

エ．阪神工業地帯は他の工業地帯と比べると，金属工業の割合が少なく機械工業の割合が高いという特徴がある。

（６）東海道新幹線の路線に近い太平洋ベルトでは，石油化学工業が発達している。①・②の問いに答えよ。

①石油について述べた文のうち誤っているものをア～エから１つ選び，記号で答えよ。

ア．石油は日本で使われているエネルギーに占める割合が最も多く，全体の40%以上を占めている。

イ．日本は石油のほぼ全てを海外に依存しており，国内では新潟県，秋田県，北海道などでわずかに生産されている。

ウ．日本は石油の多くを中東諸国から輸入しているが，中東以外で最も輸入量が多い相手国はアメリカ合衆国である。

エ．加熱炉で熱せられた原油は蒸留塔で成分ごとに製品化される。石油化学製品の元となるのはナフサである。

②日本の石油輸入量が最も多い貿易相手国はサウジアラビアである。サウジアラビアに関する説明として最も不適切なものをア～エから１つ選び，記号で答えよ。

ア．降水量が少ない厳しい自然環境のため，都市部では海水を淡水化したものを供給している。

イ．広大なアラビア半島の多くを領有しており，首都は国土のほぼ中央に位置するアンカラである。

ウ．聖地メッカとメディナがあり，多くの海外からの巡礼者を迎え入れている。

エ．ほとんどの国民はイスラム教を信仰している。１日５回の礼拝や禁酒などのしきたりを守りながら生活している。

令和２年度　久留米大学附設中学校　入学試験問題

中学社会　

（注意）　**解答はすべて解答用紙に記入しなさい。解答用紙のみ提出しなさい。**

2　次のⅠ～Ⅴの各文章を読み，（１）～（７）の問いに答えなさい。

Ⅰ　武勇にすぐれた皇子である［　X　］は，天皇の命令を受けて，九州へ行ってクマソを平らげ，休む間もなく東日本のエミシをたおしました。・・・中略・・・　ところが，都へ帰る途中，病気でなくなってしまいました。すると，その魂は大きな白鳥に生まれ変わって，都の方へ飛んでいきました。

Ⅱ　右大将軍が平氏をほろぼして幕府を開いてから，そのご恩は，山よりも高く，海よりも深いほどです。ご恩に感じて名誉を大切にする武士ならば，よからぬ者をうちとり，幕府を守ってくれるにちがいありません。

Ⅲ　室町時代，有力な武将たちは大名とよばれ，将軍に仕えるために京都で生活するようになりました。京都を中心に花開いた室町文化は，こうした大名やその家来，旅の僧などによって，a 地方へとしだいに広がっていきました。

Ⅳ　［　Y　］が始まると，各藩の財政は苦しくなり，幕府に逆らうことは難しくなりました。一方で，これによって街道や宿場町が整備されて，江戸の文化が各地に伝わることに役立ちました。また，幕府は各大名に対し，［　Y　］だけでなく，b お手伝い普請も命じました。

Ⅴ　富岡製糸場の門の前に来たときは，夢かと思うほどおどろきました。生まれてかられんが造りの建物など，［　Z　］で見るだけで，それを目の前に見るのですから無理もないことです。・・・中略・・・　ただ，日本造りの風通しのよい家に住み慣れた私たちに，窓から入る風はどことなく物足りなく感じられ，また山のように積み上がった c まゆの立ちこめる匂いに眠気を感じてしまい，日が長く感じられました。〔『富岡日記』（訳出）〕

（注意）　**解答はすべて解答用紙に記入しなさい。解答用紙のみ提出しなさい。**

（７）文章Ⅴの筆者が生まれたのは江戸時代の末である。日記文より，筆者はどのような家庭で育った人物と推察できるか。筆者の性別および家柄（いえがら）として適当なものをア～カから１つ選び，記号で答えよ。

ア．男性 － 農家　　イ．男性 － 武家　　ウ．男性 － 公家

エ．女性 － 農家　　オ．女性 － 武家　　カ．女性 － 公家

３　次の文章を読み，（１）～（６）の問いに答えなさい。

13世紀になると，［　Ｘ　］民族がユーラシア大陸を広く支配し，東西交易が飛躍的（ひやくてき）に発展した。また，東西を結ぶ海上交易も活性化し，人・モノ・情報の交流が盛んになった。

18世紀にはじまる産業革命によりイギリスは「世界の工場」となった。19世紀になると，ａイギリスやフランスといった国々が，原料の供給地や製品の市場を求めてアジアやアフリカに進出した。このような流れのなか，中国に進出しようとしたｂアメリカは日本に目を向け，ペリーを派遣（はけん）した。その後，ｃ開国した日本は，近代化を進めて欧米（おうべい）諸国に追いつこうとした。この動きにおくれたドイツはイギリスやフランス，ｄロシアと勢力争いをはじめ，第一次世界大戦がおこった。世界大戦を経て成長したアメリカが，世界経済の中心のひとつとなり，国際政治での発言力を増すようになった。

ｅ第二次世界大戦後は，アメリカとソ連が対立し，冷戦とよばれる状況（じょうきょう）が生まれた。

（１）空らん［　Ｘ　］の民族は，各地へ遠征（えんせい）を行う際，火薬を用いた。そのため，火薬が各地に伝わり，西ヨーロッパなどの

（注意）　解答はすべて解答用紙に記入しなさい。解答用紙のみ提出しなさい。

（6）下線部ｅについて，第二次世界大戦中のことを述べた文のうち誤っているものをア～エから１つ選び，記号で答えよ。

ア．日本は石油やゴム，鉄鉱石などの資源を求めて東南アジアに占領地域を広げた。日本軍が占領した地域では，日本の支配に対する抵抗運動がおこるようになった。

イ．北京の近くで日本軍と中国軍が衝突し，戦いが起こった。衝突した当初は，日本政府は戦争を拡大していくことを考えていなかった。しかし，その後，戦いは上海や南京など中国各地に広がっていった。

ウ．日本はドイツ・イタリアと軍事同盟を結び，アメリカやイギリスなどの連合国と対立を深めていった。その一方，アメリカとの戦争にならないよう，日本政府はアメリカと話し合いを行った。

エ．全国で隣組が組織され，住民どうしが助け合う一方，おたがいに監視するしくみが強められた。また，砂糖や米などの生活必需品は切符制・配給制となり，電力の使用が制限された。

4　次の文は小学生の太郎と花子の会話である。これを読んで，（1）～（7）の問いに答えなさい。

花子：去年はいろいろなことがあった年だったね。天皇が退位して新しい天皇が即位したことが一番印象に残ったなあ。

太郎：明治憲法のときは天皇は元首だったけど，新しい天皇は生まれたときから［　X　］に基づいて，象徴としての天皇になることが決まっていた人なんだよね。

花子：そういえば，去年は①参議院議員選挙もあったね。あのときは，老後には年金以外に二千万円くらいお金を持ってないと，それなりの生活ができないといわれ，みんなびっくりしたね。

㊥ 中学 国語 解答用紙

＊の欄には記入しないこと。

受験番号

□一 これから読まれるのは、ある歌人の短歌と、その鑑賞文です。よく聞いて、後の問いに答えなさい。なお、短歌が読まれるのは二回、鑑賞文が読まれるのは一回なので、設問の下にメモを取りながら聞きなさい。

問一 最初に読まれる短歌を聞き取り、すべてひらがなで書きなさい。

問二 短歌の下の句を、鑑賞文の内容を参考にし、漢字に直せる部分を直して、十字で書きなさい。

問三 短歌の下の句には、作者のどのような思いが込められていると鑑賞文では述べていますか。三十字以内で書きなさい。

問四 短歌の上の句には、作者のどのような思いが込められていると鑑賞文では述べていますか。三十字以内で書きなさい。

問五 この短歌は、どのようなことを詠っていると鑑賞文では述べていますか。十字以内で書きなさい。

問六
気持ち。

問七
気持ち。

問八

四

問一
a
b

問二
I
のに、
II
から。

問三

問四
こと。

問五
i
ii
〜

問六

問七
態度。

四 ＊

2020(R2) 久留米大学附設中
K 教英出版 解答用紙5の2

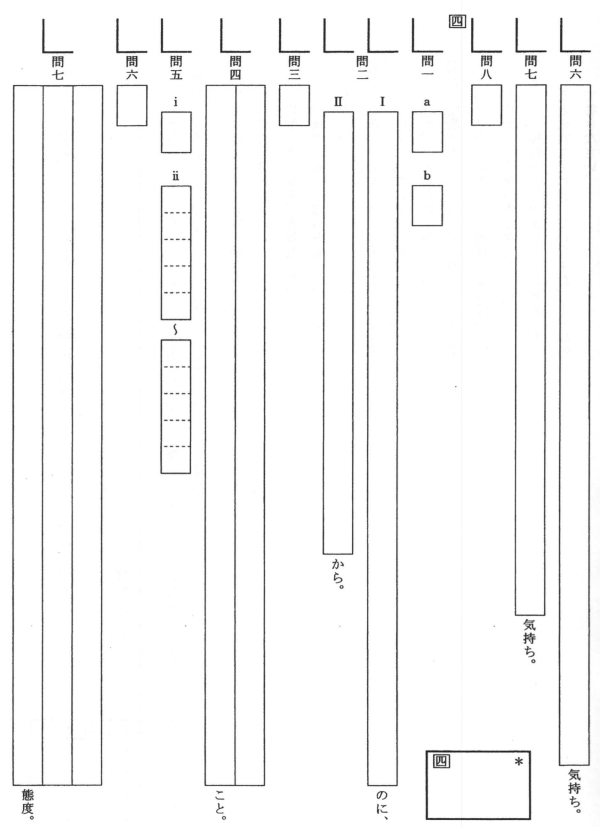

令和２年度　久留米大学附設中学校入学試験　解答用紙

受験番号	

㊥ 算数

1

(1)		(2)	点		(3)		度
(4)	cm²	(5)	①	通り	②		通り

※150点満点
(配点非公表)

2

(1)	円	(2)	個以上	(3)	個	(4)	個

3

(1)	cm^2	(2)	cm^2	(3)	cm	(4)	cm

令和２年度久留米大学附設中学校入学試験解答用紙

受験番号	

㊥　理科

1

問１	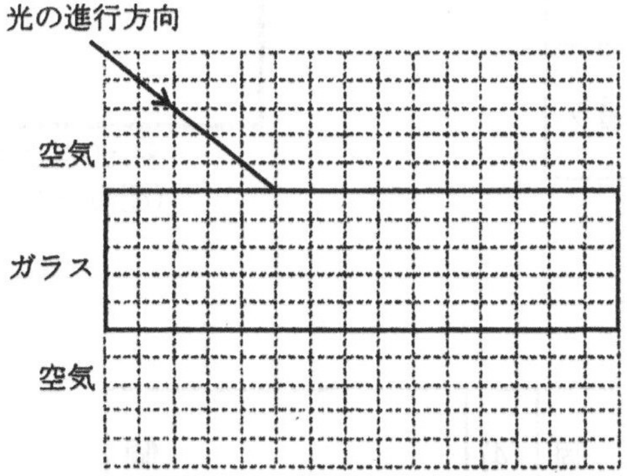	問２	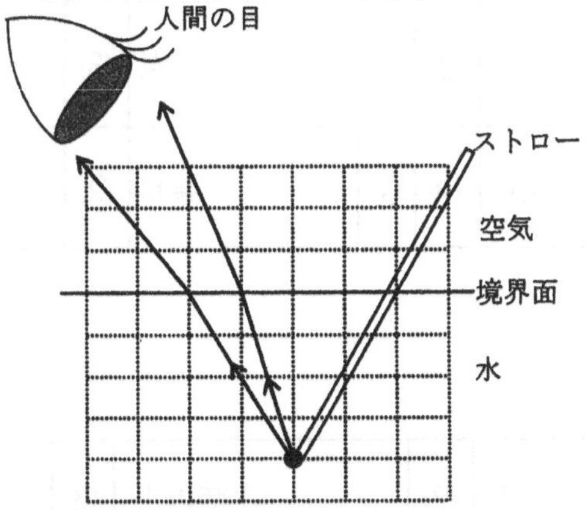
問３		問４	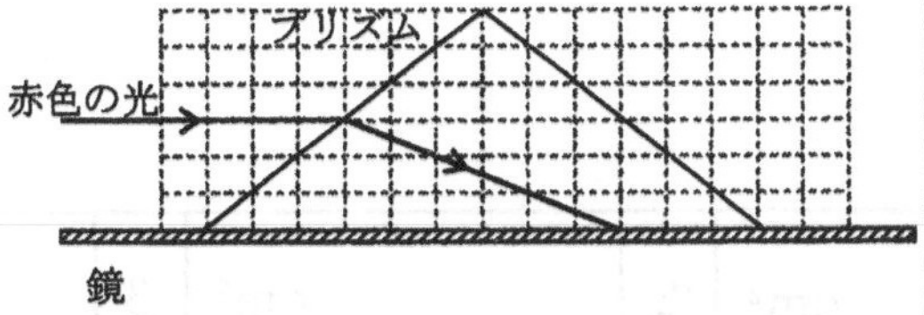
問５			

※100点満点
（配点非公表）

2

問１		問２		問３	①	②	
問４		問５	月齢	形	問６		年

令和２年度　久留米大学附設中学校　入学試験問題

解　答　用　紙

受験番号	

中学社会

（注意）　解答はすべて解答用紙に記入しなさい。解答用紙のみ提出しなさい。

（この欄には記入しない）

＊

※100点満点
（配点非公表）

1

(1)	(2)		
	X	Y	Z
	市	市	市

(3)	(4)	(5)	(6)		(7)	(8)		
			①	②		①	②ｲｷﾞﾘｽ	②日本

(8)③

50字
60字

2

(1)	(2)	(3)	(4)	(5)	(6)	(7)

						事件	

3

(1)	(2)	(3)	(4)	(5)	(6)

4

(1)	(2)	(3)
		生活を営む権利

(4)	(5)	(6)	(7)
	義務		

3

問1		問2	
		問3	
問4	①	②	③	④
問5			
問6	A	B	C	D
	E	F	G	H
	I	J		

4

問1	(1)	A	B	
	(2)	X	Y	
問2				
問3	(1)			
	(2)	①	②	
		③	④	
問4	(1)	L	(2)	L

問4 (3)

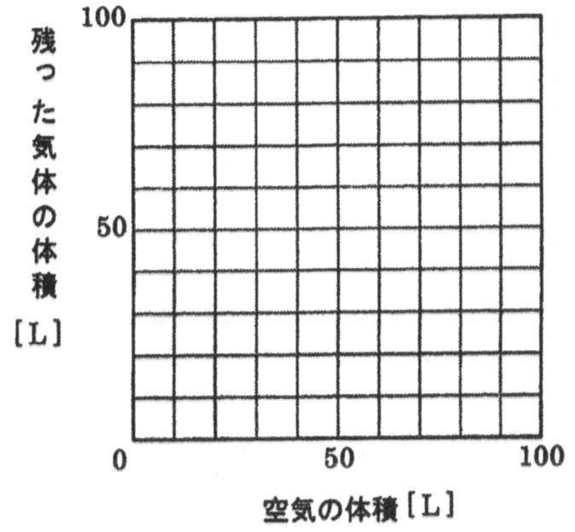

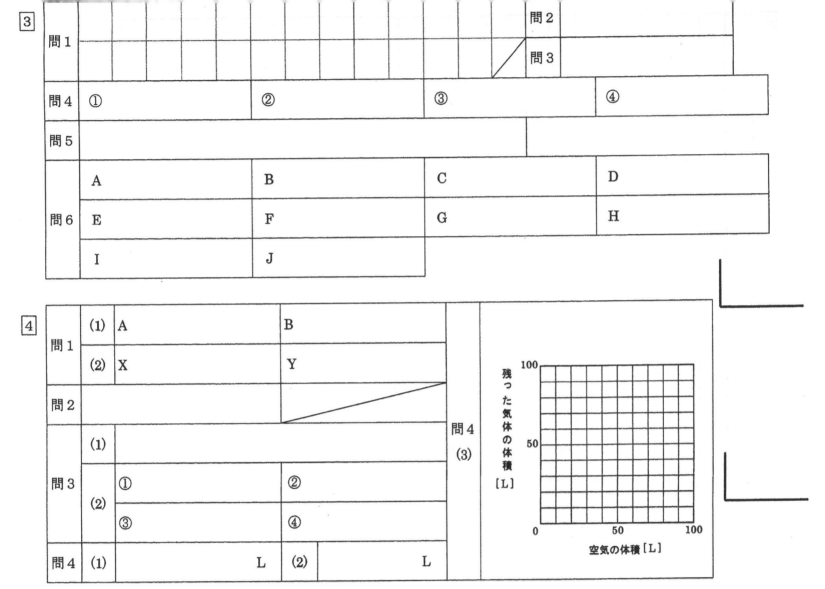

4

(1)	ア		イ		ウ		エ
(2)	オ						
(3)	カ		キ				
(4)	ク						
(5)	ケ		コ				

5

(1)	①	本、 個、 cm³		
(2)	②	cm³	③	cm³

㊥

中学　国語　解答用紙

全2の2

＊印の欄には記入しないこと。

受験番号

※150点満点
（配点非公表）

一

解答は解答用紙（全2の1）に書け。

二

問一 ①　②　③　④

問二 ①　②　③　④

問三 ①　②　③　④

問四 ①　しい　②　しい　③　しい　④　しい

問五 ①　②　③　④

三

問一

問二　気持ち。

問三　から。

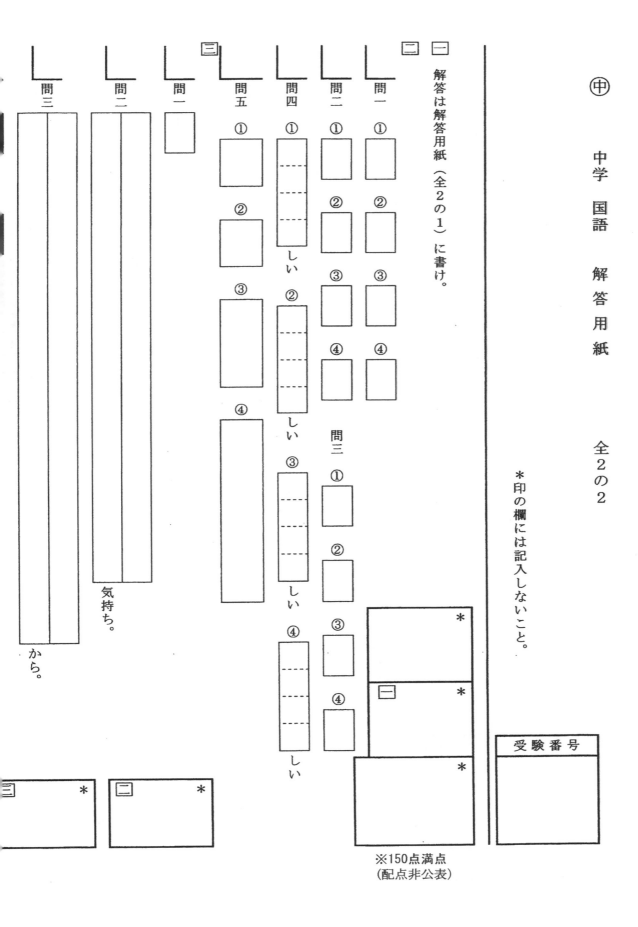

＊　一 ＊　＊　二 ＊　三 ＊

リスニングＩＤは解答集の表紙を参照。

問一

問二

問三

という思い。

問四

という思い。

問五

＊

花子：厳しい意見ね。でも私たちは社会の中で生きているんだから，自力だけでは無理でも社会全体の中で何らかの手助けがあるべきだわ。

太郎：まあ，例えば身体に障がいがある人も自由に行動できるように，③道路の段差をなくすことなどはすべきだけどね。

花子：それだけでは足りないと思う。私たちはまだそれほどではないけれど，大人も子どもも負担をして④義務を果たしているのだから。国や自治体も人々の生活をよくする手助けをしてもらわないと。

太郎：たしかにその通りだよ。でも，そのためには⑤国や自治体が私たちのために役割を果たしているか見ておかないとね。

花子：そうよね，もっと言えば日本のことだけでなく，⑥日本が世界のためにできることをやっているかも見ておかないと。

(1) 空らん［ X ］には日本国憲法の三大原理の一つが入る。［ X ］に適するものを答えよ。

(2) 下線部①について，参議院と衆議院は日本の国会を構成している。国会の権限として正しいものをア～エから１つ選び，記号で答えよ。

ア．予算の案をつくる。　　　　　　　イ．外国と結んだ条約を承認する。

ウ．最高裁判所の長官を任命する。　　エ．法律や命令が憲法に違反していないかを判断する。

(3) 下線部②について，これを保障するために，日本国憲法で定められている権利を解答らんにしたがって答えよ。

(4) 下線部③について，このように社会的な障壁（しょうへき）をなくすことを何というか，答えよ。

(5) 下線部④について，日本国憲法には国民の権利や義務が定められている。そのうち，権利についての規定がなく，義務のみが定められているものを解答らんにしたがって答えよ。

(6) 下線部⑤について，このためには，さまざまな情報の中から必要なものを自分で選び，真偽（しんぎ）を確認（かくにん）し，活用する能力や技能が必要である。このような能力や技能を何というか，カタカナで答えよ。

(7) 下線部⑥について，このために政府が国の予算から発展途上国の経済や福祉の向上のために行う援助（えんじょ）を何というか，アルファベットの略称（りゃくしょう）を答えよ。

(3) 下線部bについて，このときアメリカ大統領が日本に宛てた国書の内容を述べた文のうち誤っているものをア～エから１つ選び，記号で答えよ。

ア．難破船の漂流民を保護すること。　　イ．貿易のために港をひらくこと。

ウ．アメリカからの商品に関税をかけないこと。　　エ．アメリカの船に，石炭と食料・水を与えること。

(4) 下線部cに関連して，日本の貿易に関する**資料１・２**と，当時の社会状況を踏まえて述べた次の文**A・B**の正誤の組合せとして正しいものをア～エから１つ選び，記号で答えよ。

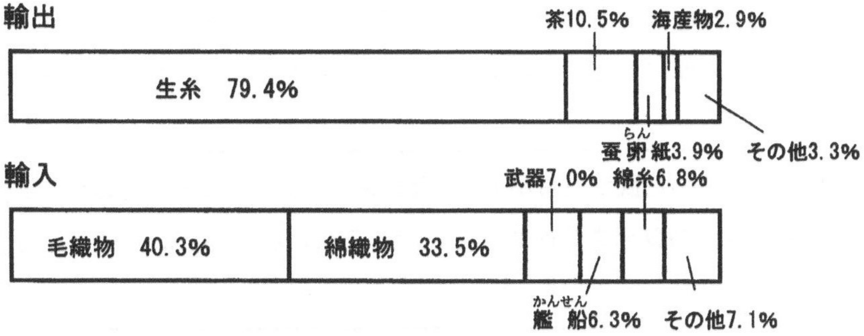

資料１．開国後(1865年)の主要輸出入品の割合

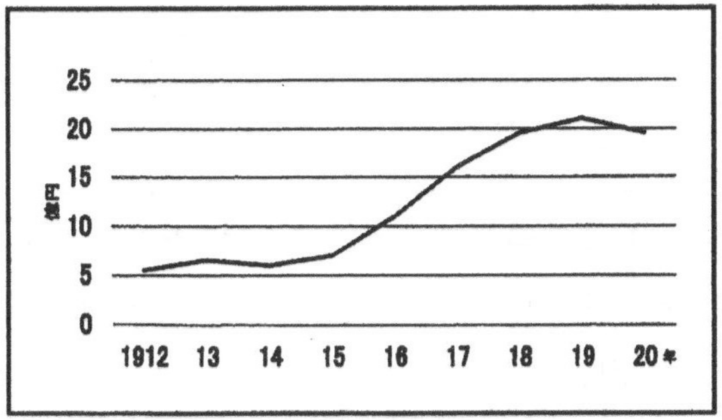

資料２．輸出額の移り変わり

A：資料１から，開国後は生糸の輸出・織物の輸入が多いことがわかる。そのため，国内では生糸が品不足となり，大きく値上がりした。米や菜種油なども値上がりし，人々の生活は苦しくなった。

B：資料２から，第一次世界大戦中に輸出を増やしたことがわかる。しかし，戦後ヨーロッパの国々の産業が立ち直ると，日本の輸出は伸び悩んだ。

ア．**A**－正　**B**－正　　イ．**A**－正　**B**－誤

ウ．**A**－誤　**B**－正　　エ．**A**－誤　**B**－誤

(5) 下線部dについて，1895年にドイツやフランスとともに，ロシアが日本に対して清朝に返すように求めた場所を右の地図中ア～エから１つ選び，記号で答えよ。

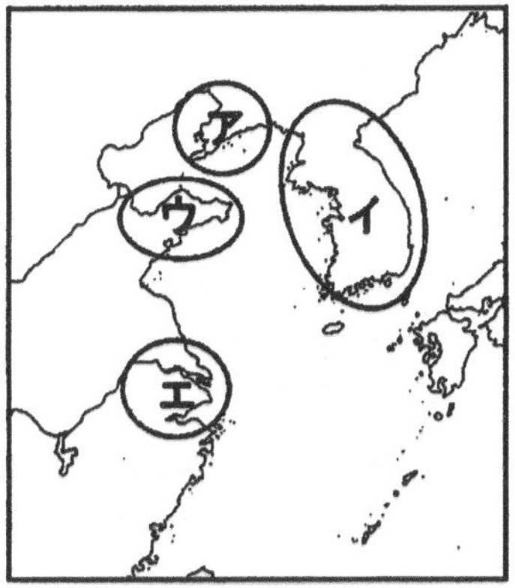

ウ．X：ワカタケル　　Y：版籍奉還　　Z：錦絵　　エ．X：ワカタケル　　Y：版籍奉還　　Z：映画

オ．X：ヤマトタケル　　Y：参勤交代　　Z：錦絵　　カ．X：ヤマトタケル　　Y：参勤交代　　Z：映画

キ．X：ヤマトタケル　　Y：版籍奉還　　Z：錦絵　　ク．X：ヤマトタケル　　Y：版籍奉還　　Z：映画

(2)文章Ⅰは『古事記』の抜粋である。この史料が作成された奈良時代の事柄として誤っているものをア～オから１つ選び，記号で答えよ。

ア．国分寺の建立　　イ．「梅花の宴」　　ウ．大宝律令の制定　　エ．『風土記』の作成　　オ．『日本書紀』の作成

(3)文章Ⅱにみるような「ご恩」を仲立ちとする将軍と武士の関係は，八幡太郎とよばれた人物の行いをきっかけにして始まったといわれる。これについて述べた次の文を読み，八幡太郎にあたる人物として適当なものをア～エから１つ選び，記号で答えよ。

> **11世紀後半に東北地方で起きた争いでは，八幡太郎とともに戦った武士たちが大きな働きをしました。しかし，朝廷から恩賞は出ませんでした。そこで，彼は，一緒に戦った武士たちに自分の財産を分けあたえました。そのことが，源氏をしたう勢力が東国に広がるきっかけとなりました。**

ア．源義仲　　イ．源義家　　ウ．源義経　　エ．源頼朝

(4)下線部ａにみるような地方への文化の広がりは，15世紀のある歴史的出来事をきっかけに起こった。その出来事とは何か，答えよ。

(5)下線部ｂの内容として誤っているものをア～エから１つ選び，記号で答えよ。ただし，全て正しい場合はオと答えよ。

ア．大坂城の修理　　イ．京都御所の修理　　ウ．日光東照宮の修理　　エ．木曽三川の治水工事

(6)下線部ｃに関連して，次の説明文に示される事件の名称を答えよ。

> **西南戦争以降，とくにまゆの価格が下がったことで，多くの農民が借金の延滞や減税を求めて，高利貸しや役所をおそって占領しました。事件に加わった人の中には，自分たちで自由に市政を治める理想をかかげる人もいました。**

ウ．国内の港別で最も貿易額が多いのは東京港である。　　　エ．貿易貨物重量の９割以上を船舶で運んでいる。

（８）日本国内の農業生産減少と農産物輸入の増加は，食料自給率の低下をもたらしている。①～③の問いに答えよ。

①日本は，食料として欠かせない穀物類や飼料も海外からの輸入に多く依存している。下の表は，日本の国別輸入量を示したものである。A～Cに当てはまる作物名の正しい組合せをア～カから１つ選び，記号で答えよ。

	A			B			C		
	国名	輸入量(百万トン)	割合(%)	国名	輸入量(百万トン)	割合(%)	国名	輸入量(百万トン)	割合(%)
1位	アメリカ合衆国	2.9	48.3	アメリカ合衆国	14.5	91.9	アメリカ合衆国	2.3	69.1
2位	カナダ	1.8	33.2	ブラジル	0.8	4.6	ブラジル	0.6	15.8
3位	オーストラリア	0.9	16.7	南アフリカ	0.4	2.1	カナダ	0.3	13.4
	国内自給率	12%		国内自給率	0.001%		国内自給率	6%	

（農林水産省　農林水産物輸出入概況2018年統計より）

	ア	イ	ウ	エ	オ	カ
A	小麦	小麦	とうもろこし	とうもろこし	大豆	大豆
B	とうもろこし	大豆	小麦	大豆	小麦	とうもろこし
C	大豆	とうもろこし	大豆	小麦	とうもろこし	小麦

②食料自給率とは，国内の食料消費が，国内の食料生産でどの程度まかなえるかを示す指標である。ここでは，基礎的(きそてき)な栄養価であるエネルギーに着目した熱量（カロリーベース）の自給率で考えたい。右表は主要国のカロリーベースの食料自給率（2013年）を示しており，ア～オはイギリス・カナダ・フランス・オーストラリア・日本のいずれかを示している。このうち，イギリスと日本に当てはまるものをア～オから１つずつ選び，記号で答えよ。

	食料自給率
ア	264%
イ	223%
ウ	127%
エ	63%
オ	39%

③日本国内で都道府県別に食料自給率を算出した場合，北海道が206%，秋田県が188%，山形県が137%，青森県が117%，岩手県が101%（数値はいずれも2017年度）と自給率100%を超(こ)える道県が存在する。なぜこのような数値となるのか，50字以上60字以内で説明せよ。

都市Ｚ：古くから水陸交通の拠点として栄え，幕末の日米修好通商条約の開港の１つとなった。冬季に降雪量が多くなるが，緯度の割に温暖である。海岸部には砂丘が並ぶ。

（３）東海道新幹線沿いの静岡市・浜松市は東海工業地域に含まれる。この工業地域の特色を述べた文として誤っているものをア～エから１つ選び，記号で答えよ。

ア．工業地域として発達した理由の１つは，京浜・中京工業地帯の中間に位置し，交通が便利だったことである。

イ．富士山ろくの豊かな用水や原木を利用したパルプ・製紙工業が富士市や富士宮市に発達している。

ウ．浜松市ではオートバイの生産がさかんで，以前海外に移転していた工場が国内に復帰し，生産台数は増加した。

エ．静岡市では石油精製などのほか，地元のみかんや水産物を加工する食品加工業もさかんである。

（４）名古屋市がある愛知県は，電照菊の生産でも有名である。右表は2017年における菊の生産量全国１～３位の県および生産量を示している。次の文のうち誤っているものをア～エから１つ選び，記号で答えよ。なお，全て正しい場合はオと答えよ。

	県名	生産量(万本)	割合(%)
1位	愛知県	46420	30.9
2位	沖縄県	28370	18.9
3位	福岡県	9660	6.4
	全国	150400	100.0

（「統計資料　日本　農業・漁業・林業」）

ア．愛知県の菊は，温室などを用いて，日照時間が短くなると花が咲く性質を利用し，照明によって開花期を遅らせて出荷することで有名である。

イ．沖縄県の菊は冬でも温暖な気候を活用し，お彼岸や新年など他の産地の出荷の少ない時期に出荷している。

ウ．沖縄県の菊は，東京や大阪など主な出荷先への距離が遠く，輸送に時間と費用がかかるため，輸送費が高くても早く出荷できる飛行機輸送と，輸送費は安いが出荷に時間がかかる船舶輸送とを使い分けている。

エ．沖縄県では，台風による強風や害虫などから菊を守るため，近年ビニールハウスにかえて平張りの防風施設がつくられている。

（５）大阪府の工業の特色を述べた文として誤っているものをア～エから１つ選び，記号で答えよ。

ア．明治以降，近代的な紡績工場が建設され，さらに大阪湾岸の埋立地に造船などの重工業が発達し，第二次世界大戦前には阪神工業地帯として日本最大の総合工業地域となった。

ア　　　イ　　　ウ　　　エ

問３　容器に液体窒素を入れて，その中に空の試験管を入れた。乾燥した 25 ℃の室内でしばらく放置すると，試験管の中にしだいに液体がたまってきた。この液体は，空気中の[Z]が冷やされて固体になったドライアイスにより，白くにごっていた。次に，液体がたまった試験管を取り出し，この中に火のついた線香を入れたり出したりする操作をくり返し行ったところ，はじめは線香の火が消えそうになったがくり返すにつれて激しく燃えた。このとき，試験管の中の液体は白くにごったままであった。

(1) [Z]にあてはまる物質を答えよ。

(2) 次の文は，下線部のような燃え方がみられた理由と，この現象から考えられることを説明したものである。文中の（　①　）～（　④　）にあてはまる気体を答えよ。ただし，同じ気体を何度用いてもよい。

はじめ試験管内の気体は（　①　）の割合が大きかったので線香の火は消えそうになったが，しだいに（　②　）の割合が大きくなり激しく燃えた。このことから，液体の（　③　）が気体になる温度は，液体の（　④　）が気体になる温度よりも高いと考えられる。

問４　酸素と一酸化窒素を混ぜると二酸化窒素を生じる。一酸化窒素は，水に溶けない無色の気体で，二酸化窒素は水によく溶ける褐色の気体である。いま，一酸化窒素と酸素を同体積で混合したところ二酸化窒素が生じた。生じた二酸化窒素を水に溶かして取り除くと，あとには酸素だけが残っていた。この酸素の体積は，はじめに混合した気体の体積の 25 %になっていた。

(1) 一酸化窒素 50 L と空気 50 L を混合して二酸化窒素を生成させた後，二酸化窒素を水に溶かして取り除くと，残った気体の体積は何 L となるか。ただし，空気の体積にしめる窒素の割合は 80 %，酸素の割合は 20 %とする。

(2) ある体積の一酸化窒素とある体積の空気を混合して 100 L とした気体がある。この気体から二酸化窒素を生成させた後，二酸化窒素を水に溶かして取り除いたとき，残った気体の体積が最も小さくなるのは，空気を何 L にしたときか。小数第一位を四捨五入して整数で答えよ。

(3) (2)に関して，ある体積の一酸化窒素とある体積の空気を混合し 100L とした。空気の体積[L]を横軸にとり，残った気体の体積[L]を縦軸にとったグラフを解答らんにかけ。

動物にとって有用な食物である。右図は「イネのもみ」の模式図である。最も外側にはもみがらがあり，その内側に「ぬか」とも呼ばれる果皮がある。果皮とその内側の糊粉層(こふんそう)との間に種皮がある。そして，将来植物体になる部分が胚(はい)（胚芽）である。

種子の発芽にはいくつかの条件があり，すべての条件がそろうと種子は大量に吸水して発芽が始まる。この条件を調べるために，もみの一部を除いたものを準備して実験を行った。下表は発芽に十分な，大量の吸水の有無を「＋」または「－」で示したものである。

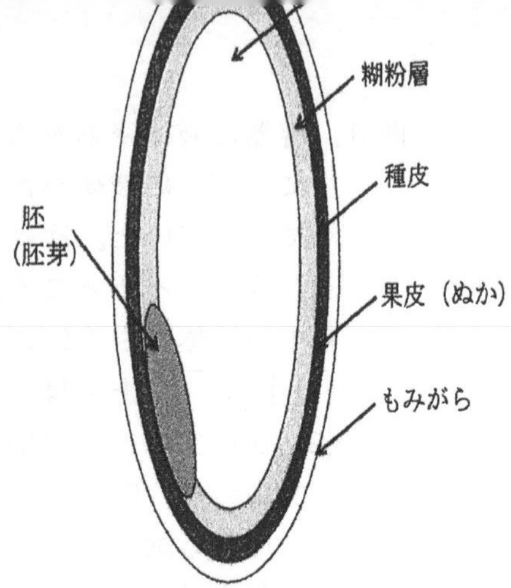

	もみがらのみ除去	果皮まで除去	糊粉層まで除去
5 ℃	－	－	－
25 ℃	＋	＋	－

また，胚を除くと，いずれの条件においても十分な吸水が起こらないことがわかった。しかし，胚を除いても，ジベレリンという物質を加えると十分な吸水が起こることがわかった。

問5　もみがら，果皮，種皮，糊粉層，胚，胚乳のうち，種子にふくまれない部分をすべて答えよ。

問6　上の実験をふまえて以下の文中の空らんに適切な語句を記入せよ。ただし，B, D, F～I については適切なものを選んで記せ。

イネのもみでは，ある一定以上の（　A　）になり，少し吸水が起こると，（ B：もみがら，果皮，糊粉層，胚，胚乳 ）から（　C　）が分泌(ぶんぴつ)されて（ D：もみがら，果皮，糊粉層，胚，胚乳 ）にはたらきかけ，（　E　）という酵素(こうそ)が合成される。

（　E　）は（ F：もみがら，果皮，糊粉層，胚，胚乳 ）に含まれている（ G：デンプン，タンパク質，脂肪 ）を分解し，（ H：糖，アミノ酸，脂肪酸 ）が生じる。（　H　）は（　G　）よりも水に（ I：とけやすい，とけにくい ）ため，大量の水が吸い込まれる。この吸水により，胚では（　J　）がさかんになる。

分解により生じた（　H　）は胚の（　J　）に用いられて発芽のエネルギー源となる。発芽に空気（酸素）が必要なのは胚が（　J　）をするためである。

する数値を，小数第１位を四捨五入して整数で答えよ。また，空らん②には，［早く，おそく］から適当な方を選び解答らんに記入せよ。ただし，月は30日で地球の周りを１周するものとする。

「満月が南中する時刻は，この宴の日よりも，およそ（　①　）分，（　②　）なる。」

問４　上記の宴がひらかれたのは，730年２月頃(ごろ)だったといわれている。この日に見られなかった星座を次の中から１つ選び，記号で答えよ。

ア．オリオン座　　イ．おおいぬ座　　ウ．ふたご座　　エ．さそり座　　オ．しし座　　カ．カシオペア座

問５　この宴の日からちょうど１年後の月齢はいくらになるか。答は，小数点以下を四捨五入し，整数で答えよ。また，このとき同じ場所の南の空で見ることができる月の形に最も近いものを問１のア～カから１つ選び，記号で答えよ。ただし，この日の月齢を13とし，同じ形の月がもう一度見えるまで（１朔望月(さくぼうげつ)という）を29.5日，１年を365.2日とする。

問６　この宴の日とちょうど同じ月の同じ日に，同じ場所で同じ形の月が見られる年で，今年（2020年）に最も近いのはいつか。西暦(せいれき)で答えよ。ただし，同じ月の同じ日に，同じ場所で同じ形の月が見えるまでに19年かかるとする。

空気中の小さな水滴に入るときと，出るときに光の屈折がおこることで虹ができる。

図4

問３　虹は次のア～キの七色を持っている。図５のように空にかかるアーチ状の１本の虹を観察したとき，これらの色を虹の外側から順にならべ，記号で答えよ。

ア．赤色　　イ．青色　　ウ．黄色　　エ．緑色

オ．だいだい色　　カ．むらさき色　　キ．あい色

図５

色の混ざった光を色ごとに分けることができるプリズムという道具がある。これは三角柱の形をしたガラスで，プリズムの一辺に光をあてると，空気中からプリズムの中に進んでいくときと，プリズムから空気中に出ていくときに光の屈折がおこる。光は色ごとに屈折するときの折れ曲がりの度合いがちがうので，空気中に出てきたときに色ごとに分かれる。

図６は，鏡の上に置かれたプリズムの断面を表しており，断面は二等辺三角形になっている。このプリズムの一辺に，赤色の光を鏡と平行にあてると，空気中からプリズムの中に屈折して進んだ光は，鏡で反射したあと，屈折して空気中に出てきた。

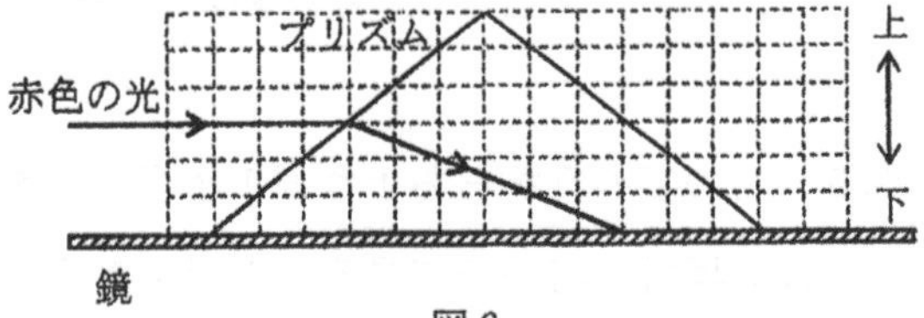

図６

問４　図６において，鏡で反射したあとの赤色の光の道すじをかけ。ただし，光が鏡で反射するとき，光は鏡の表面に垂直な線を対称軸（しょうじく）として線対称に反射する。

問５　図６の赤色の光と同じ道すじで赤色，青色，緑色の光を同時にプリズムにあてた。プリズムから空気中に出てくる光の色について，もっとも適当なものを次のア～カから１つ選び，記号で答えよ。ただし，光が屈折するときの折れ曲がりの度合いは，赤色がもっとも小さく，緑色，青色の順に大きくなる。

ア．プリズムから出てきた光の色は，上から赤色，緑色，青色の順である。

イ．プリズムから出てきた光の色は，上から赤色，青色，緑色の順である。

ウ．プリズムから出てきた光の色は，上から青色，緑色，赤色の順である。

エ．プリズムから出てきた光の色は，上から青色，赤色，緑色の順である。

オ．プリズムから出てきた光の色は，赤色，青色，緑色が混ざっているので白色である。

カ．プリズムから出てきた光の色は，赤色，青色，緑色が混ざっているので虹のように七色に分かれる。

5 右図のように、一辺の長さが3 cmの立方体ABCD−EFGHがあり、向かい合った面にある一辺の長さが1 cmの正方形を底面とする直方体を3個くり抜きます。底面の正方形は各面の真ん中にあります。そうすると体積が20 cm^3の立体ができます。

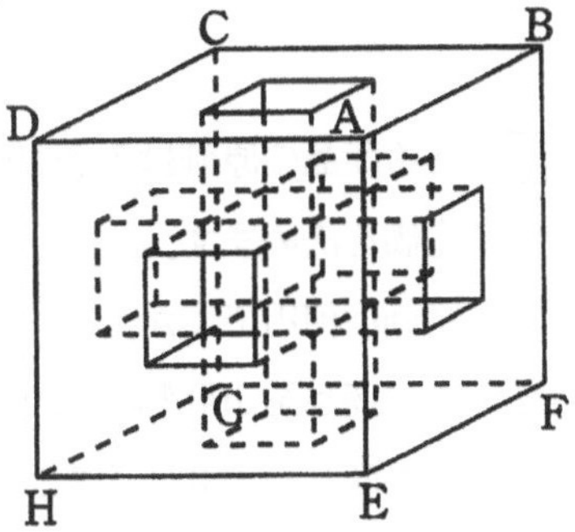

(1) 下の①の3点P, Q, Rを通る平面でこの立体を切断します。このとき、切断面の辺の数は何本ですか。また、点Aを含むほうの立体は四面体A−PQRから、大きさの同じ四面体を何個引いたものですか。さらに、点Aを含むほうの立体の体積は何 cm^3 ですか。

(2) 下の②、③についても同様に、3点P, Q, Rを通る平面でこの立体を切断するとき、点Aを含むほうの立体の体積はそれぞれ何 cm^3 ですか。

① BP=DQ=ER= $\frac{1}{2}$ cm

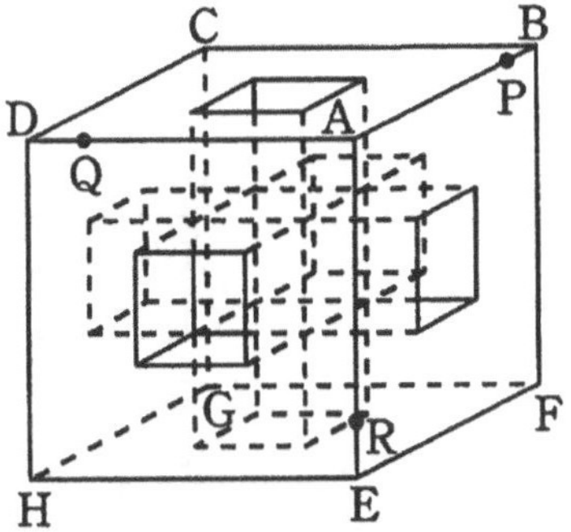

② BP=DQ=DR=1 cm

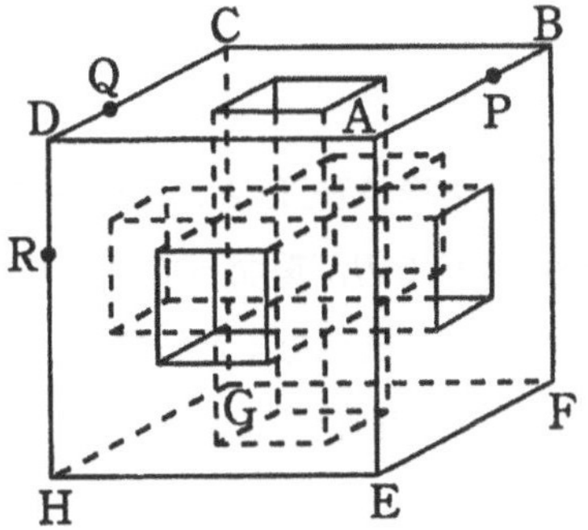

③ BP=DQ=ER=1 cm

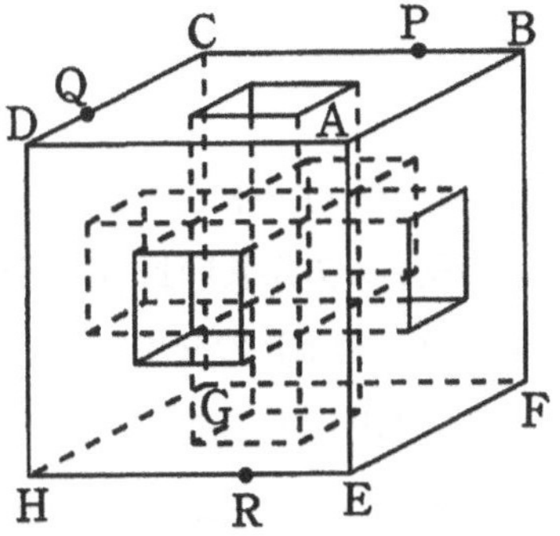

(5)　1回につき2段上がるかまたは3段上がるかのいずれかの上がり方で階段を上がるとき、①7段、②12段の階段を上がる方法はそれぞれ何通りありますか。

2　ある商品の原価は1個250円です。定価の2割引きからさらに20円安くしても1個あたり50円の利益が出るように定価を決めます。

(1)　定価は何円ですか。

(2)　この商品を100個仕入れました。損が出ないのは定価で何個以上売ったときですか。

(3)　この商品を100個仕入れました。はじめは定価で売っていましたが、売れ残りそうだったので途中から定価の2割引きで売ったところ、残りはすべて売れて利益は11800円でした。定価で売れたのは何個ですか。

(4)　この商品を100個仕入れました。はじめは定価で売っていましたが、売れ残りそうだったので途中から定価の4割引きで売ったところ、定価で売れた個数の2倍売れました。ところがまだ売れ残っていたので、1個100円で売ったところ、いくつか売れましたがそれでも売れ残った10個は捨てて、4400円損をしました。1個100円で売れたのは何個ですか。

3　右の図のように、一辺の長さが5 cmの正方形ABCDと、横の長さが5 cmで、縦の長さの方が長い長方形EFGHがあり、CFで辺が重なっています。
辺ADと辺EFの交点をI、辺EFと直線DHの交点をJとします。
三角形BEJの面積が15 cm^2であるとき、次の問いに答えなさい。

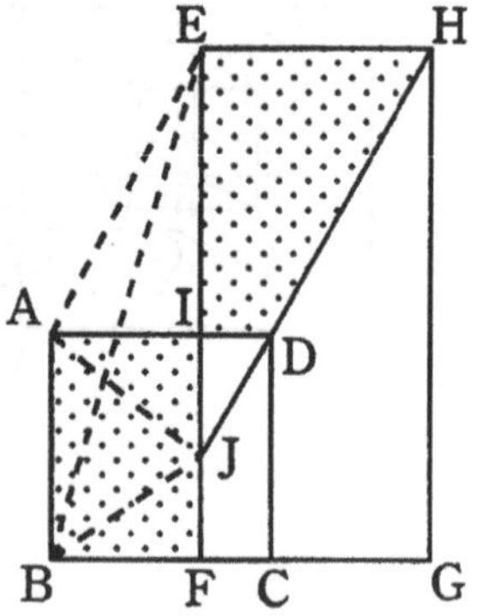

(1)　三角形AEJの面積は何 cm^2 ですか。

(2)　四角形ADHEの面積は何 cm^2 ですか。

(3)　EIの長さは何cmですか。

(4)　四角形ABFIと四角形IDHEの面積が等しいとき、CFの長さは何cmですか。

は、③本能的に自分の持っているイメージに合わせて対象を見ようとする。つまり、自分のイメージに合わないものごとを、意識的に、あるいは無意識のうちに無視したり、切り捨てたりするのである」

孤独なジャングル生活二十八年という思いにとらわれすぎると、それに合わないものを切り捨ててしまう。アパートの建物がかなたに見えても、見なかったことにしてしまう。切り捨ててしまう。

【乙】

沢木耕太郎に「奇妙なワシ」という作品があります。

「私には、a紋切型の表現の中で、どうしても気になって仕方がない言葉がひとつだけある。記事を読んでいて、その言葉が出てくると、急に落ち着きが悪くなってしまう。それが《ワシ》だ」

たとえば、スポーツ紙などに江夏の話が出てくると、なぜか江夏自身が「ワシ」という代名詞を使っているように書かれます。江夏はほんとうに「ワシ」といっているのだろうか。ファイターズの大沢啓二やカープの山本浩二もよく「ワシは……」といっているように書かれています。はたして、ほんとうにワシといっているのだろうか。インタビューのときの言い方を注意深く聞いていると、ワシとはいっていない。おかしい、と沢木は思います。

相撲の場合もそうです。「ワシ」という言葉を使っていないときでも、新聞に載るときは「ワシにとって今場所最高の一番」と発言したことになっています。

沢木はある日、取材でボクサーの輪島功一のところにいたのですが、そこに横綱の輪島が訪れます。スポーツ紙の記者がついて

糊塗する ＝ 一時しのぎにごまかす。

問一　波線部a・bの意味をそれぞれ後のア〜オの中から選び、記号で答えよ。

a　紋切型（もんきりがた）

ア　慣用的な
イ　決まりきった
ウ　よく使われる
エ　面白みに欠ける
オ　大した特徴のない

b　曲者（くせもの）

ア　適切なもの
イ　不必要なもの
ウ　効果的なもの
エ　用心が必要なもの
オ　独特な味のあるもの

問二　傍線部①「こいつはおどろいた」とあるが、なぜ「森本」は「おどろいた」のか。次の説明文の空欄（　Ⅰ　）・（　Ⅱ　）をそれぞれ適切な表現で埋めて答えよ。

「森本」は（　Ⅰ　）のに、（　Ⅱ　）から。

問三　傍線部②「デスクにえらく怒られちゃった」とあるが、「デスク」は報道についてのどのような考えのもとに怒ったのか。次のア〜オの中から最も適当なものを選び、記号で答えよ。

ア　報道では、独自性のある記事を書いて伝えることが重要だという考え。
イ　報道では、現場の事実をそのまま伝えることが重要だという考え。
ウ　報道では、速く伝えることと正確に伝えることが重要だという考え。
エ　報道では、読者のイメージが広がるように伝えることが重要だという考え。
オ　報道では、出来事を取捨選択して伝えることが重要だとい

の気持ちを分かりやすく説明せよ。

問三　傍線部③「あれ、出しなよ」とあるが、なぜ「ほのか」はこのように言ったのか。その理由を分かりやすく説明せよ。

問四　傍線部④「銀縁眼鏡がくす玉を、ほのかと同じく優しい手つきで触り、細部を確認するようにじろじろと見ている」とあるが、この時の「銀縁眼鏡」の気持ちの説明として最も適当なものを、次のア～オの中から選び、記号で答えよ。

ア　小学生ではこんな立派なくす玉は絶対に作れないので、大人の手が入っているはずだと疑っている気持ち。
イ　大学生の自分よりくす玉を上手に作っている陽太を見直して、作り方を教えて欲しいと思う気持ち。
ウ　大学生の自分が、小学生の陽太より折り紙の実力で負けていることを認めたくないと思う気持ち。
エ　小学生の陽太が作ったくす玉の出来の良さに驚いて、その丁寧な作りに感心している気持ち。
オ　これほどのくす玉を作ることができる陽太ならば、ドラゴンもすぐに作れるにちがいないと確信している気持ち。

問五　傍線部⑤「そうか……」とあるが、ここでの「陽太」の気持ちとして最も適当なものを次のア～オの中から選び、記号で答えよ。

ア　今の自分にはドラゴンを作れないとはっきり言われて悔しかったので、もっと頑張って見返してやろうと思う気持ち。
イ　自分の味方をしてくれたほのかのためにもきちんと努力して、絶対にドラゴンを作ってみせると決心している気持ち。
ウ　今の自分ではドラゴンを作れなくても、努力すれば必ず作れると信じて頑張ろうと思う気持ち。
エ　ドラゴンを作れるようになるまでにはかなり長い時間が必要だと分かり、残念に思う気持ち。

森本が、グアム島で生き残った横井庄一のことを取材したときの思い出話は、思いこみということの恐ろしさを私たちに教えてくれます。一九七二年、グアム島で元日本兵が発見された、という第一報とともに、森本は現地へ飛びます。

グアムでは、横井庄一が住んでいたジャングルの洞窟(どうくつ)を検分することが取材の第一歩でした。日本人記者団二十三人はジャングルを抜け、沼を渡り、がけをよじのぼって、ようやく彼が隠れていたという竹藪(たけやぶ)の丘を発見します。そこで森本は驚く。丘のうえから、白い給水塔(とう)とコンクリートのアパートがはっきり見えるのです。

「なんだい、ありゃあ、あんな近くにアパートが見えるじゃないか。①こいつはおどろいた。ぜひ、あれを撮っておいてくれよ」

森本はカメラマンに頼みます。ホテルに戻り、記事を送る。横井庄一の隠れていた穴ぐらが、竹藪の丘にあり、その丘から団地のようなアパートや人家が見えたことを、見たままに書いたわけです。孤独な二十八年というが、横井さんは文明のすぐそばで暮らしていたのだ、と。

ところが、この事実を書かない他の社の記者がいました。森本は帰国後、その記者に会いました。「いやあ、君のおかげで②デスクにえらく怒られちゃったよ。なぜ横井さんのかくれていた場所から人家が見えることを書かなかったのか、って。しかしなあ、それじゃ孤独のジャングル生活がぶちこわしだもんなあ。面白味なくなるものねえ」

この体験から、森本はこんな結論を導き出します。「人間は自分の抱いているイメージが裏切られるとガックリする。そのイメージが鮮やかであればあるほど、拍子抜けは大きい。そこで人間

全4の2

「なんで無理なんですか!?」
怒ったように、ほのかが口を挟む。銀縁眼鏡は、
「これはですねえ、見ての通り難易度がけっこう高いんですよ。二百以上の工程かけて作るわけです。イグアナを五体作った私でも、このドラゴンの頭部の仕上げはなかなか手こずりましたから。まあ、作ったは作りましたし、展示会にも出しましたけど、いまいち納得のいっていない出来映えでした」
早口だったし、内容も暗号のように謎めいて聞こえたが、とにかく今の自分の実力では作れないと言われていることだけは分かった。
「じゃあ、この写真のドラゴンはあなたが作ったんですか」
ほのかが、銀縁眼鏡に訊ねると、
「いや、これは私ではないです。私はこんなに仕上げが上手ではなかったので、この作品は、あそこの、彼です」
銀縁眼鏡は、遠くで幼稚園児たちに折り紙を教えているもじゃもじゃ頭を顎で指した。
あの人が、ドラゴンを作ったのか！
陽太の目に、もじゃもじゃ頭が、急に、眩しく輝いて見えた。
「おれ、いつになったら、作れますか」
陽太は銀縁眼鏡に訊いた。
「いつといいますと、まあ、べつに、小学生でも作れないことはないんですが、仕上げとかは、やはりある程度の経験値が必要だと思います」
「はあ……」
②

「複雑系折り紙に興味ある？」
と陽太に訊いてくれた。
「ある！」
陽太は自分でも驚くくらい大きな声で返事をしていた。
「この少年はドラゴンを作りたいということです。あなたがチラシに載せてた、あれ」
銀縁眼鏡がもじゃもじゃ頭に言うと、もじゃもじゃ頭はきらっと目の奥を光らせて、
「あれは、なかなか難しいよ」
と陽太に言う。
銀縁眼鏡の言葉に、
「二百工程ですからね」
「いや、二百七十五工程。しかも、反対側も同じように折るところがあるから、実際は三百五十工程。ドラゴンにもいろいろあるからね。これはかなり難易度高め。でも、まだ甘い。おれ、次は神谷哲史さん創作の龍神に行こうと思ってるから。龍神は展開図折りで、工程が複雑すぎてよく分かんないレベルだけど、高校の先輩が三か月かけて折った実物を見たらまじで神ってた……」
もじゃもじゃ頭はひとりごとみたいにぶつぶつ言ってから、「まあ、それはいいんだけどさ」と、陽太に向き直り、
「いくら君でも、いきなりあのドラゴンは無理だから、まず手始めに、七十二工程のネズミを折ることを推奨する。そのあと、百工程の笛を吹く人を作って、蛇腹折りに慣れたら、ヴァイオリン奏者やフェニックス。そこまでできて、ようやくドラゴンだ」
⑤

エ 彼にしばらくそこに座っていた

オ はっきりと意見を述べなさい。

④ この鍵がなければドアは開かない。

ア 成功しようがしなかろうが努力が大切だ。

イ そんな話はとても信じられない。

ウ 雨が降らなければ出かけよう。

エ あんなに美しい景色は見たことがなかった。

オ そこまで難しく考えなくてもいい。

問二 次の①～④の慣用句の意味を表す熟語を、それぞれ後のイ～ヌの中から一つ選び、記号で答えよ。

① 足が出る　② 息がかかる

③ 手を切る　④ 鼻にかける

イ 嫌味　ロ 乱暴　ハ 用意　ニ 影響　ホ 信頼

ヘ 育成　ト 超過　チ 絶縁　リ 接近　ヌ 自慢

問三 次の①～④の傍線部と、同じ意味で用いられた漢字を含む熟語を、それぞれア～オの中から一つ選び、記号で答えよ。

① 口数　ア 口元　イ 悪口　ウ 口火　エ 入口　オ 人口

② 道徳　ア 華道　イ 道路　ウ 道中　エ 人道　オ 赤道

③ 明細　ア 明日　イ 照明　ウ 明白　エ 明暗　オ 未明

④ 楽観　ア 楽器　イ 楽勝　ウ 楽園　エ 行楽　オ 楽屋

問四 次の①～④の空欄にひらがな四字を埋め、示された意味に合う語を作れ。ただし、それぞれの語は全て、「よわよわし

玉を自分で作ったり、ドラゴンを作ってみたりしていた。
完成したくす玉は、お母さんやほのかに絶賛された。

折り紙探検隊は、夏休みに来た時と、まるで様変わりしていた。児童館や公民館などにチラシを貼り出していたらしい。たくさんのちびっこや、付き添いのお母さんで賑(にぎ)わっている。

陽太にチラシをくれたもじゃもじゃ頭は、クリスマスパーティのようなぴかぴかした素材の赤い三角帽をかぶっていて、「折り紙のお兄さん」と呼ばれ、子どもたちに慕われていた。もじゃもじゃ頭だけでなく、このあいだいた、背の高い銀縁眼鏡のお兄さんも、ぽっちゃりしたお兄さんも、同じく赤い三角帽をかぶっていて、子どもたちに囲まれている。

ぽっちゃり兄さんは、陽太を見ると、

「おーい、君、この前の子どもだよね」

遠くから手招きしてくれた。近づくと、

「あの時は、なんかショボい企画になっちゃったから、ごめんな。今日は、ネズミを作るコースと、ゾウを作るコースがあるけど、どっちがいい？」

と、この間の不機嫌とは打って変わった明るい口ぶりで訊(き)いてくれる。

「ドラゴン」陽太は言った。「この、チラシの。これを、作りたい」

「えっ、まさかのドラゴン指名。いやあ、これはちょっとまだ無理かもしれませんねえ」

①近くにいた銀縁眼鏡が、笑いながら言った。